卓越系列·高职高专工作过程导向"六位一体"创新型系列教材

高职实用语文能力训练

主　编　何小红
行业指导专家　李干弟

天津大学出版社
TIANJIN UNIVERSITY PRESS

内容提要

本教材基于高职教育“以就业为导向”的理念，针对高职生将来就业所需的基本语文能力选择知识点，改变传统语文教材以文选为主体的结构模式，建立以实用语文能力训练为主体框架的结构模式，在内容上分为5个训练模块，即口语能力训练、文面能力训练、阅读能力训练、写作能力训练、综合能力训练。同时按能力层级设置训练项目，循序渐进，由分步训练上升到综合训练，将课内与课外，技巧、知识和能力统一起来，形成一个有机的训练体系，从而有效地培养学生的听、说、读、写能力，提升学生的综合素质。本书从语文能力训练的视角切入，立足实践，以驾驭实例的方式，全面促成技巧、知识向能力转化，阐述力求简明、精当，举例讲究典范、时新，既方便教师教，也利于学生学。但愿本书的内容能给读者带来全新的感觉，更带来语文能力提升的实效。

图书在版编目(CIP)数据

高职实用语文能力训练/何小红主编. —天津：天津大学出版社，2009.2(2020.1重印)
(卓越系列)
高职高专工作过程导向“六位一体”创新型系列教材
ISBN 978-7-5618-2923-3

Ⅰ.高… Ⅱ.何… Ⅲ.汉语-高等学校：技术学校-习题
Ⅳ.H1-44

中国版本图书馆CIP数据核字(2009)第008282号

出版发行 天津大学出版社
地　　址 天津市卫津路92号天津大学内(邮编：300072)
电　　话 发行部：022-27403647
网　　址 www.tjupress.com.cn
印　　刷 北京盛通印刷股份有限公司
经　　销 全国各地新华书店
开　　本 185mm×260mm
印　　张 21
字　　数 522千
版　　次 2009年2月第1版
印　　次 2020年1月第4次
定　　价 46.00元

总序

教育部《关于加强高职高专教育人才培养工作的意见》明确指出：高等职业教育要以培养高技术应用型专门人才为根本任务；以适应社会需要为目标、以培养技术应用能力为主线设计学生的知识、能力、素质结构和培养方案；以"应用"为主旨和特征构建课程和教学内容体系。为此，高等职业院校都在大刀阔斧地进行教学改革以适应社会的需要。

郴州职业技术学院率先在湖南进行课程教学改革，并形成了"六位一体"课程教学模式：课程教学以职业能力需求为导向，确定明确、具体、可检验的课程目标；根据课程目标构建教学模块、设计职业能力训练项目；以真实的职业活动实例做训练素材；以职业能力训练项目为驱动；根据职业能力形成和知识认知规律，"教、学、做"一体化安排，促使和指导学生进行职业能力训练，在训练中提高能力，认知知识；课程考核以平时项目完成情况和学习过程的考核为主。这种模式突出能力本位，完全摆脱了传统学科型课程教学的思维定势。

基于工作过程导向的"六位一体"创新型系列教材作为"六位一体"教学模式改革的一项重要成果，改变了传统教材以学科知识逻辑顺序来编写教材的模式，以一种全新的模块式、项目式结构来构架整个教材体系。

本系列教材较于传统教材有以下创新之处：

1. 教材编写以职业活动过程（工作过程）为导向，以项目、任务为驱动，按照工作过程形成应用性教学体系。改变传统教材篇、章、节式的编写体例，采用创新性的模块、项目为编写体例，以一个工作过程为一个模块，下设若干个任务项目，按真实工作过程来编写教材。

2. 教材的编著有现场专家或者行业、企业专家参与，编著人员"双师"结合，即教师和行业、企业专家相结合，把行业、企业的新工艺、新设备、新技术、新标准引入教材内容，并根据行业、企业需要确定教材中各方面知识的比例结构，从而保证教材的内容质量。

3. 强调能力本位，理论知识以"必需、够用"为原则，符合国家职业教育精神，适合职业教育特点。

随着课程教学改革的不断深入和完善，我们还将推出适合机电、工商管理、旅游、财会等专业的一系列工作过程导向"六位一体"教学改革教材，从而推动和促进职业教育的进一步发展。

我们相信，职业教育的明天定会更加灿烂！

郴州职业技术学院院长　支校衡

前言

语言是思维的形式，是交际的工具。汉语不仅承载着我们民族的历史和民族的文化，是凝聚和传承民族精神的纽带，也是我们日常生活、学习和工作的基础工具。因此，语言能力是各行各业选人、用人时重要的考虑因素之一。许多单位在招聘员工时越来越看重人的语言交际能力，希望选用一些语言及文字能力强的人。因为母语能力是一个人胜任职业工作的核心能力。

在我国的语文教学中，长期以来过于强调对语文知识的记忆而忽视对实际语言应用能力的训练，过于强调语文知识的系统完整而忽视语文能力的培养，因此，重视知识传授而忽视能力培养是我国语文教育的痼疾。事实上，语文知识并不完全等同于语言能力。在实际生活中不难发现，一些持有大学中文系文凭的人，实际的汉语语言运用能力并不理想，口头和书面的表达能力都难以满足职业工作的需要。我们认为，语文教学不仅具有工具性、人文性，更应具有实用性，它应培养学生的语言表达和交流沟通能力、运用语言获得信息和传递信息的能力，以及运用语言完成一定工作和学习任务的能力。

基于以上理解，我们特地为高职大学语文课程教学编写了本教材。根据大学语文课程的公共基础课性质，按照郴州职业技术学院"六位一体"职业教育教学改革的要求，确定本教材编写的方针为"以就业为导向，以语文能力为核心，以学生主体的语文实践为基点"，即在注意大学语文的工具性、人文性的同时，突出实用性，侧重于学生实用语文能力的培养。

本教材的主要特色为5个方面：

1. 教材针对学生将来就业所需的基本语文能力选择知识点，设置能力训练项目，提高学生的综合素质；

2. 改变传统语文教材以文选为主体的结构模式，建立以能力训练为主体框架的结构模式，寻求将听、说、读、写、练有机结合，特别是将说写训练落到实处，以求在较短时间内提高学生的说写能力；

3. 按照能力层级为序编写5大模块内容，既注意整体性，又注意局部的独立性；

4. 知识内容的选择注意适用、够用原则，着重培养学生的语文实践能力，不刻意追求语文知识的系统和完整；

5. 从语文能力训练的视角切入，立足实践，以驾驭实例的方式，循序渐进地全面地促成技巧向能力转化，阐述力求简明、精当，举例讲究典范、时新。

本教材由何小红担任主编，并拟定写作大纲，由曾良骥审阅写作大纲。主要撰稿人有何小红、谢禾华、余新华、匡素华。由何小红对初稿进行审阅和修改，并总纂和定稿。因编者水平有限，书中尚有不尽人意之处，恳请广大读者不吝批评指正。

对于我们来说，编写《高职实用语文能力训练》是一种新的尝试。为了使教材内容切合职业工作实际，我们特聘请了从事语言交际工作二十多年、有较丰富经验的郴州市政府李干弟副秘书长为行业指导专家，确保了职业岗位能力分析的准确性。在此，我们谨向行业指导专家李干弟、支校衡院长、刘诗安副院长以及学院科研处、基础部等密切关注、全力支持本教材编写工作的领导和有关部门致以最诚挚的谢意！

由于编写时间紧迫，本书所引用的部分作品未能及时与原作者一一联系，在此表示歉意。

编者

2008年8月

目　录

模块 1　口语表达能力训练

模块 2　文面能力训练

模块 3　阅读能力训练

模块4　写作能力训练

模块5　综合能力训练

附录

模块 1　口语表达能力训练

当今社会，一个人的成功，仅仅有15%取决于技术知识，而其余的85%则取决于口才艺术。

——戴尔·卡耐基

实训导航

本模块由演说心理素质训练、语音控制能力训练、介绍能力训练、交谈能力训练、即兴演讲能力训练、求职面试语言能力训练六个训练项目组成。

良好的心理素质是在公众场合镇定表达的基础，演说心理素质训练帮助我们克服恐惧心理，能在公众场合中自信表达。语音控制能力训练侧重有声语言表达的丰富性，提高有声语言的表达效果。介绍是一种常见的口语表达方式，在实际生活和工作中应用广泛，我们应重视培养自荐与介绍事物的能力。交谈能力训练帮助我们在了解交谈的特点、要求和原则的基础上，掌握交谈时听与说、问与答的技巧。即兴演讲能力训练侧重训练快速表达能力，使我们在大庭广众之中口若悬河、滔滔不绝。求职面试语言能力训练能为我们步入社会、走上工作岗位作准备，它着重介绍了应聘的要求与应聘的技巧，旨在提高求职面试语言能力，取得良好的应聘效果。

当代学生在掌握各种知识和本领的同时，必须能言善辩，这是时代的需要。我们应该努力学习，积极实践，力争成为一名具有出众口才的新型人才。

项目1.1 演说心理素质训练

训练目的与要求

通过学习和训练,能明确公众场合中自信表达与不自信表达的不同表现,运用情绪调控技巧克服演说恐惧心理,提高自信心。

在训练过程中,有这样几点要求:

(1)正确认识演说怯场心理,在此基础上进行训练;

(2)重点纠正演说中的不良动作;

(3)心理素质训练贯穿于整个口语表达能力训练,在以后的实践中也要加以重视。

训练方法与步骤

选择难度不大的话题上台演练,体验在公众场合演说中自己的情绪变化,然后作自评与互评。

训练示例与分析

为什么我在演说时紧张得忘词?

示例一:名人的演说恐惧症

古罗马的雄辩家西塞罗在一次演讲后说:“演讲一开始,我就感到自己的面色苍白,四肢和整个心灵都在颤抖。”爱尔兰政治家潘乃尔第一次上台时紧张得握紧了拳头,直到指甲扎进肉里,掌心也出了血;世界闻名的政治家林肯在最初上台演讲时,也总有一种畏惧感;我国著名的演说家李燕杰年轻时在小组会上发言都紧张得脸红心跳。除此之外,运动员在比赛开始前,演员在登台表演前都会感到紧张而怯场。

【简析】在公开场合进行表演或演说时怯场,是一种普通的心理现象,演说大师也曾有过恐惧经历,对于一般人来说更难避免。演说恐惧症常常在第一次演说时表现得尤其明显。

名人也有演说恐惧症?由此看来,紧张并不是我独有的经历,今后不必太在意这种情绪,多实践几次就好了!

有好的办法让我在演说时看起来很自信吗?

示例二:演说体态展示

上台发言训练,纠正不良体态,要求完成以下步骤:

(1)练习者从座位上或者教室门口走上讲台;

(2)站定,用眼神与观众交流;

(3)问候,开讲;

(4)敬礼致谢;

(5)走下讲台,回到原处。

【简析】自信心体现在演讲的整个过程,包括上下台的走姿,讲话时的站姿、手势、表情与眼神,语言表达的清晰响亮、条理性、完整性等。

练习时请按照有声语言与无声语言的要求去做。

支撑知识

一、有声语言与无声语言

口语是人们进行社会交际的一种语言形式。它以声音作为信息载体,是有声语言,是人们在表达思想和情感时以声音形式诉诸听众的一种语言运用过程。人们在演讲时,有声语言的优与劣将产生不同的表达效果。好的声音不仅能准确地表情达意,且能娓娓动听、声声入耳,吸引听众,并使听众产生情感共鸣。

说话者在用语音表达时常常辅之以身姿、手势、面部表情等形体语言,即态势语言或无声语言,以达到好的表情达意效果与审美效果。在演讲中,态势语言的作用是协助有声语言表情达意,渲染气氛,加强语言信息的可信度,塑造演讲者自身形象。

二、无声语言的基本要求

(一)自然协调

无声语言应是情感的自然表达,个性自然流露,不生硬做作,不刻意表演。有的人说话时,动作生硬刻板如木偶,有的人则刻意表演,动作姿态做作、夸张,这都使人觉得别扭,不真实,缺乏诚意。一般来说,无声语言不是独立进行的,它往往与有声语言同步使用,这就要求无声语言与有声语言协调一致。有些初学演讲者,往往事先设计了一些手势、动作,可是在实际演讲时,其手势、动作不是早了就是晚了,使无声语言与有声语言严重脱节。

(二)准确适度

无声语言应与所要表达的思想内容相吻合,恰当地传情达意,不能手口不一。无声语言运用得不准确,会严重影响表达效果,甚至会给人滑稽可笑之感。所以无声语言要以能辅助有声语言充分表情达意为度,过多会喧宾夺主,该用无声语言而没有用会削弱表达的感染力。另外,还应注意动作幅度不要过分夸张,形式不宜复杂,力度、频率要适中,注意多种无声语言的配合,才能体现出无声语言的艺术魅力。

三、无声语言的运用与训练

(一)表情语

所谓表情,主要是指人们通过自己的脸、嘴、眉、眼等的变化所表达出来的感情。比如:横眉冷对表示轻蔑,眉头紧锁表示忧愁,抿嘴表示害羞,撇嘴表示不屑,咧嘴表示高兴等。在口语交际活动中,表情语占有重要的地位。国外一些心理学家曾列出这样的公式:

感情表达 = 7% 的言词 + 38% 的声音 + 55% 的面部表情。

在表情语当中，最重要的有两种。

1. 目光语

眼睛是演讲者与听众交流思想感情的重要手段，同时，还可帮助演讲者控场和调节会场气氛。一个优秀的演讲者应该发挥好自己眼神的作用，把眼神运用得自如、准确而传神，这就需要掌握一定的技法。演讲中常用的目光语技法有以下几种。

(1)前视法

运用前视法时，演讲者的视线要平直向前流转，统摄全场听众，目光自然、亲切、专注。一般来说，视线落点应放在最后一排听众的头顶部位。这样的视线，可以使听众感到“他是在向我演讲”，引起注意，也有利于演讲者随时保持良好的身姿，注意观众的情绪和变化。

(2)环视法

环视法又称扫视法，即有节奏或周期性地把视线从会场的左方扫到右方，再从右方扫到左方，从前排扫到后排，再从后排扫到前排，与所有听众保持眼神接触，增强感情联系。有经验的演讲者，刚走上讲台面对观众时，并不急于讲话，而是采用环视法扫视听众，暗示演讲即将开始，并借此向听众打招呼。在演讲过程中，还可运用环视法观察听众情绪及现场气氛，检查演讲效果，以便随时调整自己的演讲。但运用环视法不宜太频繁、太有规律，造成“眼睛滴溜溜地转”，像电风扇一样扫个不停，让人感到滑稽可笑。

(3)虚视法

虚视法是指演讲者表面上在看听众，其实是“视而不见”，是一种似看非看的方法。演讲者是把听众作为一个整体来看的，目光并没有聚集在某一点上。这种方法可以用来克服怯场心理，特别适合初上讲台的演讲者。其缺点是不利于演讲者与听众眼神的双向交流。

(4)点视法

点视法是把视线集中到某一点或某一方面的方法。根据内容表达和现场变化需要，演讲者运用点视法重点视察、注视不安静处或不注意听讲的听众。一般听众感受到目光，就会停止窃窃私语，安静下来。

另外，在演讲中运用目光要注意几点：一是眼神的变化要有一定的目的，眼神要同演讲者的思想感情同步产生和停止；二是不要过多地凝视，这样会对听众形成压力，可根据情况交替运用目光语技法，如虚视法与点视法配合使用，可消除点视法造成的目光呆滞的缺点，还可表示思考，引导听众进入想象的理想境地；三是眼神要与有声语言以及手势、身姿等其他无声语言密切配合。

2. 微笑语

微笑，是略带笑容、不出声地笑、含蓄地笑。微笑在面部表情中最具有感染力，它可以传达愉快、欢迎、友好、欣赏等信息，甚至还可以表示歉意、拒绝、否定等消极意义。微笑是口语交际活动中很好的润滑剂，它可以迅速缩短交际双方的心理距离，体现人与人之间融洽的关系。微笑是情感的自然流露，不能皮笑肉不笑，给人以虚伪的感觉。

(二)手势语

手势语是演讲者运用手指、手掌、拳头和手臂的动作变化表达思想感情的一种无声语言。在整个无声语言系统中，手势语的使用频率最高。

演讲中的手势，不仅能强化演讲的信息内容，而且能生动地表达演讲语言所无法表达的内容，使演讲生动形象，为听众看得见、悟得着。例如：当你的演讲上升到锐不可当、一往无前时，可用右手做推进势；当你表示赞同时，可用双手作拥护势；当你表示否定、斥责的态度时，可将右手与手腕垂直，从胸前向外坚决果断地推出等。手势为演讲增添感情色彩，弥补有声语言的不足。

1. 手势的类型

根据表达功能的不同，手势可分为以下几种。

(1)情感手势

这种手势主要用来表达喜、怒、哀、乐等情感，使之形象化、具体化。如拍手表示高兴，捶胸顿足表示悲痛，挥舞拳头表示愤怒，敲打前额表示悔恨，手摸后脑表示尴尬，双手叉腰表示挑战或自豪，双手推开表示坦诚或无奈等等。

(2)指示手势

指示手势是用来指明演讲中谈论的人或事物及其方位的手势动作，便于听众通过视觉形象感受到具体事物。如：手指自己胸口，表示谈论的是自己或与自己有关的事情；伸出一只手指向某一座位，是示意对方在该处就座。指示手势还可以用来指点对方、他人、某一事物或方向、表示数目等。指示手势动作简单，一般不带感情色彩，只适合于表示视觉可及范围内的事物。

(3)象形手势

象形手势主要用于摹形状物，比如伸出手臂比划某人的高矮，双手环形相向比划某物的大小，左右伸出双臂而手柔软地上下摇动是模拟小鸟的飞翔等等。这类手势给人一种直观的感觉，在一定程度上能使听众如见其人、如临其境，具有较强的感染力。

(4)象征手势

象征手势是用听众可以理解的手势表达抽象的概念，这种手势往往具有特定的内涵。例如：在欧美，握拳伸出右手的食指和中指构成“V”字形状，象征胜利；大拇指与食指构成一个圆圈，其余三指伸直张开的“OK”手势，表示良好、顺利、赞赏。在我国，举起握成拳头的右手宣誓表示庄严、忠诚和坚定，少先队员将右手举过头顶象征人民的利益高于一切。

2. 手势的区域及内涵

手势活动范围，有上、中、下三个区域，区域不同，内涵也有所不同。

(1)上区：肩部以上，一般表示理想、希望、积极、赞许、兴奋等意义，常用于表达强烈的感情。

(2)中区：肩部至腰部，一般表示坦诚、平静、和气等中性意义，多用于叙述、说明、说理等。

(3)下区：腰部以下，一般表示憎恨、鄙视、压抑、否定等思想感情。

3. 演讲中常见的手势错误

(1)手势过于频繁、单调、重复、多余；

(2)手势的含义不明确；

(3)手势活动的区域与所表达的褒贬义不符；

(4)习惯性的下意识动作，如揉眼睛、扶眼镜、抓头发、摸下巴、捂嘴巴、拉耳朵、挖鼻孔、捻衣角、抠指甲等。

(三)身姿语

身姿指人的身势动作,包括头、颈、肩、胸、腹、腰、四肢及它们之间互相联系的协调的动作形态,如坐、站、行、蹲、卧等。与演讲有关的主要是行姿、站姿和坐姿。"站如松,坐如钟,行如风",这是对人的身姿的基本要求。演讲作为一种在公众场合的实践活动,在这方面更应做到正确、规范、得体、优美。

1. 行姿

行姿也叫步姿或走姿,就是行走的姿势。对于演讲者而言,包括上台和下台两个方面。

(1)上台

就是"亮相",要给听众一个好的第一印象。上台常见的毛病有:低头弯腰、东摇西晃、左顾右盼、搔首挠耳、扭扭捏捏、拖拖拉拉、矫揉造作、步履迟缓。

正确的上台应该是:昂首挺胸、目光平视、步伐稳健、面带微笑、神态自若。手臂自然摆动,给人以精神饱满、准备充分、信心十足的印象。上台之后要自然转向观众。演讲时如果使用扩音设备,选择站位时应考虑与话筒保持在15~20厘米的距离处比较合适。

(2)下台

下台常见的毛病有:随随便便、摇头晃脑、慌慌张张、仓皇逃跑、洋洋得意、手舞足蹈、神情沮丧、步履沉重。

正确的下台应该是:说声"谢谢"或"谢谢大家",向听众敬礼,然后与上台时的神态、举止一样,落落大方地走下台。

(3)走动

在演讲中,有时演讲者根据现场的情况、听众的反应及自己在讲台上的位置等情况,可进行适当的走动。如:演讲者对左边的听众产生兴趣或表示特别的关注时,就可向左走几步。当然,演讲者在台上的走动应有明确的目的,且走动的步子要轻稳,走动速度以中速为宜。

2. 站姿

演讲中,站姿常见的毛病有:身体左右摇晃,脑袋摇摆不定,斜着身子,耸着肩膀,两腿交叉站立,轮流抖动,脚尖在地上划来划去,双手不知放哪儿好,等等。

正确的站姿是:挺胸收腹,肩平腰直,身正立稳。具体的站法有两种:一是自然式,即两脚自然分开,基本平行,相距与肩同宽,双手自然下垂;二是前进式,两脚一前一后大致呈45°角,重心在前,相距适中。两种站法,男女不限。对于时间较长的演讲,后一种更为合适。

3. 坐姿

演讲以站姿为主,但也会出现坐着演讲的情况。演讲中,常见的不规范坐姿有:猛起猛坐,弄得桌椅乱响,把头仰靠在椅背上,伏在讲台上,双手支着脑袋,左右晃动,扭来扭去,两腿分得太开或不停地抖动等。

正确的坐姿:走到座位前,背向椅子,向主持人和观众颔首致意,轻缓落座。女性演讲者若着裙装,落座时应用手理一下裙边,把裙子后片向前拢一下。演讲过程中,应保持头正、肩平、腰直、挺胸、收腹,两手自然地放在膝盖上、椅子扶手或桌面上,臀部坐在占椅子二分之一的位置即可,不要坐得太满,两脚张开大致与肩同宽,平放在地上。起坐要端庄稳重,向听众敬礼后,方可离开。

(四)服饰语

服饰语是说话者在交际场合通过服饰、发型、饰物及化妆所传递的信息。服饰可以反映一个人的文化素质、精神气质和审美观念,演讲者在选择和运用服饰方面,可遵循以下原则。

1. 合乎自己的身份

演讲者与演员不同,他可以有一定的修饰,但要适度,只宜淡妆,不可浓抹,更不可标新立异、花里胡哨、奇装异服、珠光宝气。演讲者的服饰应符合自身的年龄、体形、肤色、职业等条件。体形肥胖的人,穿深色会显得匀称些,而过于紧身的款式则应该摒弃;体形消瘦的人,穿浅色服装会显得丰满些,而过于肥大的款式则最好别穿。年纪较轻者,可穿颜色较鲜艳的服装;年纪较大者,则最好以淡雅的颜色为主。学生的服装可活泼朝气一点,教师的服装则朴素大方为好。

2. 合乎演讲的内容

演讲者的服饰应与演讲的内容相协调。服饰的不同颜色给人的感觉是不同的。深颜色深沉庄重,浅颜色清爽舒适。白色纯洁,蓝色恬静,红色喜庆热情。所以,演讲的内容如果是严肃、庄重的,宜穿深色服装;演讲的内容如果是欢快、喜庆的,宜穿浅色服装或色彩艳丽的服装。

3. 合乎听众的口味

演讲成功与否主要看能否引起听众的共鸣。而引起听众共鸣的主要因素除了演讲本身所蕴含的思想感情,服饰也是不可忽视的一个因素。演讲者的服饰应该让听众感觉到“他和我是同一类型的人”,无形中拉近了相互之间的距离,有利于听众产生共鸣。

因此,演讲者在前期准备过程中,应该了解听众的年龄层次、文化层次以及民族特征和地域特征,然后再考虑听众的心理要求,决定如何装饰自己。面对年轻的听众,不要穿得太古板;面对年老的观众,不要穿得太新潮;面对一般民众,不妨穿得朴素大方些;面对知识分子,则应穿得典雅美观些。

总的来说,不论是在一般的人际交往还是在演讲中,服饰语必须符合国际上公认的TPO原则:T(time)代表时间,通常也可指日期、季节与时代;P(place)代表地方、场所、位置和职位;O(object)代表目的、目标和对象。T、P、O不同,着装也自然不同。遵循这一原则,服装做到因人、因时、因地而异,就能争取口语交际的成功。

四、心理素质训练

口语活动中的心理素质,包括良好的品质、优秀的情感和完整的个性心理素质,它直接影响讲话的效果。

口语活动是一种社会交际活动,若缺乏心理素质的训练,常会出现面红耳赤、心跳过快、口干舌燥、双手出汗、发抖、呼吸困难、讲话吞吞吐吐等情况,这是心理不平衡、情绪不稳定的表现。稳定的情绪、坚强的自信心,善于进行心理调整和自我控制,能帮助我们成功地进行口语活动,因此,我们必须进行心理素质的训练。

怎样培养良好的心理素质呢?

(一)正确认识怯场,树立坚定的自信心

自信心是口语活动应具备的基本心理素质。心理学认为,自信心是个体对自己认识活动和实践活动的成果抱有成功把握的一种预测反应。坚定的自信心是口语活动成功的

第一要素。这种自信心是口语活动成功的第一要素。这种自信心往往表现为在说话前情绪饱满、意气风发、精力旺盛,在说话中情绪镇定、神情自若、思维敏捷、言语流利,并能准确、精当地把握自己要讲的内容和很好地控制自己的风度和技巧。

自信心不足,在口语表达实践中往往表现为怯场。怯场是一种因强烈的畏惧心理而使精神高度紧张,出现心慌意乱、手足无措、心跳加速、呼吸急促等不良反应,是导致演讲失败的重要因素。造成怯场的具体原因主要有:一是不适应演讲情境的特殊性。演讲的对象、时境不同于日常的交谈,容易造成演讲者心理上的巨大压力。有的初学者因听众是陌生人而产生畏惧情绪,在重大场合,会产生一种孤独感,难以激起讲话的热情,若听众过多,会场气氛严肃、隆重,更加感到孤独,对自己的讲话能否得到听众认同更加担心,情绪会更加紧张。二是演讲者缺乏认真的准备,因而缺乏把握和信心。三是演讲者自我意识过强,患得患失。

克服怯场,要对症下药。首先,要认识到怯场只是一种非常普遍的心理障碍,即便是世界一流的演讲家,也曾经有过怯场的经历。在21世纪初,美国著名演讲家、教育家戴尔·卡耐基举办过多期演讲训练班,培养出成千上万的各行各业的有口才的能人,他在《有效演讲术》一书中介绍他"曾几乎用毕生的时间,帮助人们摆脱畏惧心理、发展勇气、培养自信"。这从一个侧面说明了畏惧心理是口语表达活动中最普遍的心理障碍,同时也是能够克服和逾越的障碍。其次,情绪的紧张,有人认为并不全是坏事,适度的紧张感能转化为一种成功的动力,激发自己不遗余力地发挥自己的才能,使表达效果更好。所以,我们对紧张情绪应作淡化处理,树立坚强的自信心。

(二)掌握临场情绪调控技巧,培养坚强的自制力

自制是个体根据需要对自我情绪和情感进行调节控制的一种心理现象。在口语表达活动中,我们往往会碰上生疏的、复杂的、甚至意外的情况而产生情感的变化。这时或表现为欢愉和兴奋,或表现为恐惧和忧虑。这些情绪对口语活动有利也有弊。所以不能任凭自我情绪的放纵,要借助于意志的力量对自己的情绪加以控制,作出抑制或开放的反应。这种自我调节控制能力,就是口语表达活动中的自制力。

自制力的根本作用是控制和克服消极情绪的反应,调动和发挥积极情绪的功能,使自己适应环境,迅速调节自己的情绪、情感,支配自己的言语、举止,使口语表达活动获得成功。

为调节和控制情绪,可采用以下方式进行训练。

1.生理调控法

(1)呼吸调节法:怯场、情绪紧张时,可做深呼吸,用长呼和长吸的呼吸方式能稳定情绪,降低紧张感。

(2)运动调节法:当情绪低落和过度紧张时,可以弯腰伸臂活动全身骨节,达到舒筋活血、放松全身肌肉的目的,或轻揉面部,使面部肌肉有放松感,也可以想想自己高兴的事,强迫自己笑一笑,都可以使紧张感得到缓解。

2.心理调控法

(1)暗示调节法。暗示调节法也就是我们平常说的自己给自己壮胆。比如因领导突然召见而情绪紧张,可以给自己暗示:不是去做什么特别的事,而只是合情合理地去例行公事。演讲时情绪紧张,可以想:听众都是自己所熟悉的人,没什么可怕的;或者,我准备得很充分,今天的演讲一定会成功。还可以联想以往自己参加的活动,自己都能镇定自若

地应付,这些暗示可以平静情绪。

(2)心境调节法。在参加比较重大、比较正式的口语活动前,如谈判、求职、应聘、演讲等,可以听听音乐、读读小画册、讲点幽默故事,或与别人开个玩笑,甚至嚼点口香糖或吃点话梅,都有助于冲淡紧张的情绪,保持轻松良好的心境。同时,闭目仰首,用心想象一个静谧、优雅的环境与情致,或在电扇上寻找点凉意,都是调节心境的好办法。

(3)注意调节法。注意是人们的一种意向活动。它使人的认识活动和行为有一定方向,以保证某种认识和行动得以有效进行。注意调节法的运用,是指在口语表达活动前为克服因害怕讲话引起的情绪紧张而将注意分散,转移到其他的人、物、事上。比如单位领导突然召见,由于不知是何事,不知该如何应付而产生紧张情绪,心里忐忑不安,甚至浑身打战。此时应将注意力从目前的处境中分散开来,可考虑将要进行的谈话主旨,或者放在近来所做的主要工作上。在公开场合的演讲,演讲前可把注意转移到一种具体的物品、物体上,如对一盆花或麦克风等细心地观察,揣摩其颜色、质地、产地等,或扫视一下周围的墙壁,欣赏会场的建筑特点等,以对某一事物产生新的兴趣而使大脑紧张度得以控制,使情绪处于平稳状态。

训练素材及提示

【知识题】

1. 心理素质训练的意义是什么?
2. 怎样调节和控制情绪?
3. 怎样看待演说怯场心理?
4. 演说中应力戒哪些不良体态?
5. 在演说中,拥有怎样的有声语言与无声语言,才是自信的表现?

【实践训练题】

1. 讲述并讨论:你在哪些场合下容易产生紧张的情绪?有何表现?你会想办法控制吗?

2. 向全班同学作一分钟的自我介绍,讲述自己是如何克服这次练习的紧张情绪的。

3. 以“我”为表述中心,面对全体同学,在讲台上作介绍。

(演练要求:口齿清晰,发音准确;时间2~3分钟;可持发言提纲;介绍时要做到落落大方,音量适中。如果怯场,请尝试运用临场调控技巧。)

4. 阅读下列材料,联系自己的实际,上台讲述自己的感想。(提示:可以“我的演讲经历”或“我对演说恐惧症的看法”为题讲述。)

学生台上讲课　教授台下打分
——美国人从小练演讲

在美国大学里听课,令我印象最深刻的是美国课堂教学中对演说的重视。

刚到美国时,我在新闻学院念研究生,发现上课人人都得讲,课课都要讲。除了课堂上的演讲之外,博士研究生还必须到学术会议上去演讲。美国课堂上教授布置的阅读量相当大,很多时候读不过来,这时大家就得每人分一部分,把材料吃透,然后轮流到讲台上去讲给大家听,并接受提问。教授则在一边对你的演讲做一些记录,或者为你的演讲打分。

至于讨论类课程,差不多是让学生从头讲到尾。我曾经选过一门“媒体内容分析”的课程,选修这门课程之前必须学过传播学研究方法,因此上课时教授不再讲授研究方法,而是直接帮助你选定研究题目,剩下的就是你自己课下研究了。在课堂上,每位同学都要向大家报告自己的研究进展,如找了哪些材料,采用了什么方法,发现了哪些结论等等,大家观摩分享,教授则在一边发现问题,予以指点。

课堂上演说不光内容重要,同时学生们也很注重形式。美国的课堂设备较好。不少同学使用笔记本电脑,直接连上教室里的幻影机,搞得图文并茂。

新闻学院的课演讲虽多,但和商学院一比,形式上就算随意了。商学院的学生在课堂上演讲,非常隆重。首先,要西装革履,精神焕发;其次,要讲究团队配合。他们以小组为单位进行,小组成员要分工合作,讨论题目,寻找资料,写成文章,然后制作出图文并茂的电脑演示文件。演讲的时候,小组成员每人讲一个部分,别人演说之际,其他成员肃立一旁,为同伴操作电脑,播放演示文件。演讲完成后,教授和同学打分,小组成员也相互评价,基本上都是自我鼓励和表扬。

美国人十分重视沟通交流的能力,演说能力的培养从小就受到重视。从上幼儿园开始,每个小朋友就要到台上去和别人分享自己的观点、想法,或向别人展示和讲解自己的物品,还会像模像样地要求大家提问,别的小朋友也不会客气,五花八门的问题都会提出来。老师会予以鼓励赞扬,给小朋友以无比的勇气和自信。到了小学和初中,则都有演讲练习课。在高中阶段,演讲是美国学生的必修课。

(《环球时报》2003 年 11 月 5 日费伟文)

项目1.2 语音控制能力训练

训练目的与要求

通过学习和训练,能明确口语表达中有声语言应达到的要求,熟悉和初步掌握停顿、重音、语调、语气等语音控制技巧,克服声音形式单调平直、以不变应万变的单调固定腔调,提高有声语言的表达效果,达到具体的思想感情与恰切的声音形式的统一。

在训练过程中,有这样几点要求:

(1)一定要在具体语境中把握各种语音控制技巧的运用特点;

(2)既要弄懂理论,又要掌握运用技能;

(3)要根据语言实际,重点突破。

训练方法与步骤

依据具体需要,选择适当的句子、段落、文章,有针对性地循序渐进地进行训练。

训练示例与分析

你能将一句话读出不同的效果吗?

示例一:单句训练

一、体会不同停顿带来的不同表意效果:

亲爱的爸爸妈妈/欢迎您!

亲爱的爸爸/妈妈欢迎您!

亲爱的/爸爸妈妈欢迎您!

【语音处理简析】停顿在口头表达中有调节气息、显示语气、突出重点的功能,和语意的表达有着十分密切的关系。由于停顿处理的不同,一句话可产生不同的表意效果。

二、根据要求确定重音:

"原来你在这儿。"(表达出"原来你并未离开"的意思)

"原来你在这儿。"(表达出"原来你并不是在别的什么地方"的意思)

"原来你在这儿。"(表达出"原来是你而不是别人在这里"的意思)

【语音处理简析】第一句重音落在"在"上;第二句重音落在"这儿"上;第三句重音落在"你"上。

三、用恰当的重音处理方式朗读下面几句话:

1. 让暴风雨来得更猛烈些吧!

2. 我的妈妈是世界上最好的妈妈。

3. 漓江的水,真静啊!

【语音处理简析】第一句重音在"更猛烈"处,可以强显重;第二句重音在"最好",可以慢显重;第三句重音在"静", 可以轻显重。

四、用恰当的语调朗读下面几句话:

1. 这一切都是原始生命得以产生和发展的必要的条件。

2. 起来,不愿做奴隶的人们!

3. 我们决不允许这样的事情发生!

4. 七七四十八,你真是太聪明了!

【语音处理简析】第一句是陈述语气,表追忆,宜用平调;第二句表示号召的语气,宜用升调;第三句表示坚决的态度,宜用降调;第四句是反语,宜用曲调。

同样的一句话,通过对停顿、重音、语调的不同处理,可读出不同的表达效果。单句读法的多样性,为克服单调固定的腔调奠定了基础。

让我们进入更高层次的练习吧!

示例二:段落训练

试练习下面两段演讲:

今天我站在这里,和所有的女人一样,由豆蔻年华的少女到温情脉脉的妻子,再到含辛茹苦的母亲,并一步步走向人生的夕阳。面对理想与现实的错位、事业与家庭的冲突,特别是扑面而来的改革大潮,我们女人到底该怎样去刻画自己的完整人生呢?

新世纪的浪潮为我们这一代女人推出了更加广袤的空间,使我们别无选择地创造属于自己的一片天、一片地。这时,如果有人问我,新世纪的女人是什么?我会回答:自信!刚毅!顽强!豪迈!美丽!

【语音处理简析】演说这两段演讲词,节奏应由第一段的低沉转向第二段的高亢,最末的"自信!刚毅!顽强!豪迈!美丽!"这五个词语应说得坚定有力,字字铿锵,充分表达出一个新世纪女性的风貌和对自身价值的肯定。其中"妻子、母亲、夕阳、完整人生"也可稍作强调,以突出前后语意的连贯。

示例三:篇章训练

试朗读下面一篇文章:

麻　雀

屠格涅夫

我打猎回来,沿着花园的林荫路行走,我的狗跑在我的前面。

忽然,它缩短步伐,开始潜行,好像前面有什么野物。

我沿着林荫路望去,见有一只嘴部嫩黄、头生柔毛的小麻雀。它是从巢中掉下来的(因为风势很猛,正狂摇着路旁的桦树),立着不能动弹,失望地拍拍尚未丰满的羽翼。

我的狗慢慢地走近它。这时,突然从身旁的树上落下一只毛色灰黑的老麻雀,势如飞石一般,正投到狗的鼻前来。它惊惶万状,倒竖起全身的羽毛,发出绝望而哀求的叫声,两次投向那齿牙发光的张大的口边。

它为救护而来,用它自己的身体庇护自己的小雀儿……但它整个的小身体面对恐怖而战斗了!它的音调哽咽而怪异。它虽恐怖失神,却还是愿意牺牲自己。

在它看来,这狗是多么庞大的怪物啊!但它不能因为有危险,就高高地躲在树枝上……有一种比它的自卫本能更强的力,使它扑下身来。

我的铁莱莎(狗名)呆呆地立住了……显然也认识了这种力。

我急忙唤回了这惊愕的狗,而且怀着敬意走开了。

是啊,请勿见笑,我怀着敬意——对于那悲壮的小鸟,对于它那爱子的冲动。

爱,我想比死或比死的恐怖更强烈。全靠这个,全靠爱,物类的生命才得团结而进步。

【语音处理分析】作者写了一个很小的生活片断——打猎回家路上碰到的一件事。老麻雀为了救护自己的小雀儿,冒着生命危险与狗搏斗。读这篇散文,我们感悟到了什么呢?感悟到了爱的力量。你看,有了对幼子的爱,老麻雀连死都不怕,敢于跟狗搏斗。作者崇敬"那悲壮的小鸟"和"它那爱子的冲动"。作者为我们揭示出一个发人深省的哲理:爱,比死或比死的恐怖更加强烈,依靠爱,生命才能维持下去,发展下去。文章可分成两大部分。第一部分写打猎回家的路上碰到的一件事,第二部分写由这件事引发的感悟。第一部分又分成三个层次:第一层,一至三自然段——幼子遇险;第二层,四、五、六三个自然段——舍身救护;第三层,七、八两个自然段——救护成功。第二层是重点,通过老麻雀与狗的生死搏斗,歌颂了老麻雀的精神,歌颂了爱的力量。

朗诵这篇作品,要怀着对老麻雀崇敬的心情,语气要热情、激动、有力,不可无动于衷、轻描淡写。三个层次又有变化:第一层平和、亲切;第二层激动、有力;第三层深沉、徐缓。具体来说,第一自然段,平和叙述,速度适中。第二自然段,惊异,提高,加快,末句略带判断色彩。第三自然段，观察，怜悯，稍慢，亲切。第四自然段，第一句，慢，稍低，但语气较紧张；第二、三句，快，高，有力，“老麻雀”、“飞石”两个重音要突出。第五、六自然段，议论，是文章重点所在，语气热情，激动，有力。第五自然段的中间两句，稍低，稍轻，稍柔，后面一句又扬起，加重。第六段开头一句稍低，“但”以后语势上扬，语速加快，语气加重，特别是“比它的自卫本能更强的力”这个词组，要突出加以强调，以表现对老麻雀的肯定、赞扬之情。第七、八两自然段，语势转缓，“敬意”这个重音要强调出来。最后两段完全是议论，感情真挚，语气厚重、有力。“爱，我想比死或比死的恐怖更强烈。”这一句集中表达了作者的感悟，一定要强调出来。

支撑知识

北京广播学院播音主持艺术学院博士生导师张颂教授在《真话实说——名主持人访谈录》一书的序言中写道：“有声语言起着三个层面的作用：对不对——信息能否共享；准不准——认知能否共识；美不美——愉悦能否共鸣。这都需要较强的语言功力。”他实际上提出了对有声语言要求，对我们口语表达的语音处理很有启发。口语在使用时会受到时间和空间的限制，不具留存性而具临场性，声音一发即逝，无法再进行推敲和修改，因此人们在说话或演讲时，语音必须准确清楚，并恰当地掌握语调的高低升降变化，合理地安排停顿、速度，及运用表达各种感情色彩的一些特殊技巧，准确无误地把所要说的意思表达出来，把一个个文字符号变成鲜活的话语，让听众受到思想感情的启迪，又获得声音美的享受。

具体来说，有声语言应达到哪些要求呢？

一、正确清楚

这是对语音的最基本要求，主要是指普通话语音标准；吐字清晰，字正腔圆；丢掉口头禅，克服口吃等毛病。

（一）语音标准规范，讲好普通话

讲好普通话，是正确清楚的前提。讲好普通话，首先要明确自己的方言在声母、韵母、声调方面与普通话存在的差异，多做语音辨正练习。其次，平时要做到“五多”：多看——看普通话的理论书籍，勤查字典；多听——听广播、听磁带、听人讲；多记——记字音、记规律；多读——读各种体裁、各种风格的文章；多说——大胆说、自觉说、坚持说。

（二）吐字清晰，丢掉口头禅

有些人说话时吐字模糊，发音含混不清，或者在语句中常夹杂些没有任何实际意义的词语，如“是不是、晓得不、这个、那个、嗯哪”等，使语句变得断断续续，前后不连贯。还有一些人说话时由于没有做好充分的准备，说了前面忘了后面，显得前言不搭后语，再一紧张，更不知所措，发音也不清晰，疙疙瘩瘩地出现口吃的毛病。这样，既会影响意义的表达，也会使语音不优美、不动听。

纠正这些毛病的办法有：①进行吐字归音的训练。吐字归音是语言艺术中的咬字发声的方法。吐字是对语音音节中声母的发音要求，归音是对韵母中韵腹、韵尾的发音要求。发音时一定要把声母的发音部位把握好，声母要像喷出来那样清晰有力，要靠这股力量带动韵母的发音。韵腹要拉开立起，使整个音节响亮，圆润饱满。尾音收音要归到应有

的位置，不能含混。尾音是前一个音节的结尾，又是下一个音节的开始。如果归不到位的话，就会影响下一个音节的发音。②加强思维训练。平时要训练自己的逻辑思维能力，坚持对某一个问题考虑好了再说。③调控临场情绪。说话时精神不要紧张，因为一紧张就可能怯场，一怯场，说话就可能口吃，口头禅也会多起来。

(三)语意内涵准确

口语的表达手段是声音形式，语音表达的意义一定要非常清楚、准确，听众才能准确地理解。语言中一些语音相同或相近而语意不同的词语，在口语交际中声音一发即逝，可能会给听众带来误解。因此，在口语表达时要尽量避免使用语音相近、容易引起误解的词语，要使用时，也应在前后加上一些词语界划。如"这次参加征兵体检的同志全部合格"，这句话在书面语中决不会引起误会。但在口语中，听众则有可能把"全部"听成"全不"。"全部合格"和"全不合格"仅一字之差，可意义却完全相反。汉语语汇中有些常用的多音多义字，在不同的结构中读音不同意义也不同，这也是我们在说话或演讲时要注意的。

二、清亮圆润

"清亮圆润"是指语音清晰响亮、优美圆润。这是对语音的艺术化的要求。

人们的日常说话所需的气流量不大，任何一种自然状态的呼吸形式都可以满足发声的需要。演讲或者当众讲话，要让在场的听众都听得清楚，声音应该比日常说话更洪亮。这就需要足量的气流，就必须采用更科学的呼吸方式，调节好气流，科学地发声。整个发音过程中，气息的控制和声音的清晰、响亮是密切相关的。胸腹呼吸方式是演讲等当众讲话活动时的一种较为科学的呼吸方式。这种呼吸方式是靠胸部呼吸肌肉群的收缩来提高肋骨，吸气时能尽量扩大肺和胸腔的容积，这种呼吸方式蓄气量大，也有利于控制气息，自如地用气发声。

掌握这种呼吸方式并不难。训练的方法是：吸气时，可用如闻花香的感觉深深地用鼻吸气；呼气时，像用嘴轻轻地吹掉桌面上的灰尘一样，平稳、均匀、慢慢地用嘴呼出气流。通过训练，逐渐延长一呼一吸间隔的时间，尽量多地吸气，尽量延长呼气的时间。要做到吸气从容适度，呼气舒畅自如，按演讲等的要求调节气息。

发声的基本要求是：发声时喉部要放松，喉部放松了，声带就能振动自如，发声也轻松省力，声音自然悦耳动听，再借助适度的共鸣来扩大音量，美化音色。

三、抑扬顿挫、起伏有致

这是指根据表达内容的需要，适当处理语句的重音、停顿、语调等因素，使语音起伏多变。

(一)轻重强调适度

重音与轻音是相对而言的。语句的轻重能显示出语意的层次、主从和体现语句目的。说话或演讲时，根据演讲内容的需要，有些需要强调的地方，会有意识地把一些词语乃至句子说得重一些，这就形成了重音。重音是突出语言意义和感情倾向的重要手段，对于增强语言的表达效果十分重要。重音的确定首先要准确理解说话或演讲的内容，找出为了突出思想内容而应该强调的词语。重音不能确定错了，如果确定错了，那么意思也就可能会表达错误。其次重音不能确定得太多，重音多了，就等于没有了重音；相反重音越少，主题越突出。在口语表达中，表达重音的方式多种多样，常见的有以下几种。

（1）加强音量，另起一行，以强显重。即把音节说得重一些，响一些。一般用于表达明朗的态度、观点以及形象鲜明的事物。

（2）拖长音节，以慢显重。即把重音音节拖长。一般用于宣泄内在的情感，表达深挚的情意，富有抒情色彩。

（3）减弱力度，以轻显重。即把需要突出的词语故意压低音量，以造成突出的效果。这种方式常用来烘托意境，表达深沉含蓄的细腻感情，听起来轻柔深挚、真切感人，给人以回味的余地。

（4）变换音色，以变显重。即采用特殊的语言技巧——颤音、破嗓音、沙哑音等显示重音，以表达特殊情感。颤音表示激动或恐惧，尖叫声或破嗓音表示歇斯底里，沙哑声表示疲劳等。

（二）停顿长短适度

停顿是指语流中声音的间歇。停顿是体现语言节奏和意义的不可缺少的表达手段。恰当的停顿，可使讲话内容得到更清楚的表述，加强语言的清晰度和感染力，使语言呈现鲜明的节奏感，还可以引起听众的注意和思考。如果停顿不当，就会使语气混乱。影响语意的表达，甚至造成误解。

停顿的方式一般分为以下几种。

1. 生理停顿

说话或演讲时，不能一口气连续不断地说下去，词与词之间、句与句之间都应有相应的停顿。生理停顿是由一定的呼吸量来决定的，说话过程中有时需要做适当的停顿来补充气息。生理停顿要尽可能地借助结构停顿和强调停顿，在需要停顿补气时抓住补气的机会，要补得巧妙，不要深吸气息，要使听众感觉不到其间的停顿。

2. 语法停顿

语法停顿又称结构停顿。它是反映句子、句群等结构关系而作的停顿。结构停顿是根据语句的构成成分而作的适当的停顿，结构停顿是运用的较多的一种停顿方法。一般来说，段与段之间的停顿较长，句群的各句之间的停顿稍短，句子内部成分之间的停顿则更短。在有标点符号的地方，就按照标点符号表示的间歇进行处理。一般来说，停顿的时间以顿号为最短，逗号稍长一些，分号和冒号再长一点，句号、问号、叹号更长一点，省略号、破折号则根据表意的需要可长可短。

3. 强调停顿

强调停顿又称逻辑停顿或感情停顿，它是为了充分表达说话人的思想感情、立场态度，在需要突出的词语间所作的适当停顿，它不受语法关系的制约。

强调停顿一般分为前停、后停、前后都停三种。

（1）前停

前停是在被强调的字词或结构前面确定的停顿。它能引起听者注意和期待，从而增强表达的感染力。如：

一阵清风徐来，娇艳鲜嫩的盛期牡丹/忽然整朵整朵地坠落，铺洒一地绚丽的花瓣。

在“忽”字前停顿形成强烈的对比，突出了牡丹由青春而死亡、由美丽而消遁，充分表达了对牡丹花落的惋惜和赞赏之情。

（2）后停

后停是在被强调的字词或结构后面确定的停顿。它能让听者的思绪在此流连、回味。

如：

三十多年过去了，我戴着满头霜花回到故乡，第一紧要的/便是去看望小桥。

强调“第一紧要的”，传神地表现出希望看到家乡巨大变化的急切心情。

(3)前后都停

前后都停是强调两停之间的字词或结构的停顿，它突出中间部分的语意，给人深刻的印象或强烈的撼动。如：

我认定/科学本身/就是最伟大的。

强调“科学本身”，突出对科学的由衷热爱。

需要注意的是，无论何种停顿，其时间的长短都不是绝对的，必须根据语言环境与表达的需要恰当掌握。停顿只是声音的中断，不是感情的中断，表达时要注意音停意不断，音断情相连。

(三)语速快慢得当

语速就是语流的速度，即在相同时间内所发音节(字数)的多少和口头表达进展的快慢缓急程度。语速同个人的风格、心理状态、演讲内容、语言环境等多种因素密切相关，和语言的轻重、停顿也密切相关。说话或演讲时，要从实际内容出发，根据情节的发展、感情的变化来确定演讲或说话的速度，要做到快慢得体、缓急适合、快而不乱、慢而不滞，使语言极富节奏变化。语速可分为快速、中速、慢速。就现代汉语来讲，凡每分钟说250个字以上的为快速，每分钟读200个左右的音节为中速，每分钟少于150个音节的为慢速。

不同的语速可以用来表达不同的内容和感情。

(1)中速。一般用于感情没有多大变化的地方，或用于一般的记叙、议论和说明的场合。

(2)快速。一般用来表示紧张、激动、惊惧、愤恨、欢快、兴奋的心情，叙述急剧变化的事情，表现人物活泼、机警、热情、狡猾的性格，显示说话人斥责、质问、雄辩等等。

(3)慢速。大多用来叙述平静、庄重的情景或用来表示沉重、悲伤、哀悼、沮丧的心情，还可以起强调的作用。

一个句子，说出的快慢不同，表达的态度感情就不一样。例如：“好吧”，快速说，表示同意或不耐烦；慢速说，表示无可奈何的勉强态度。在口语表达中，应根据表情达意的需要，综合运用这三种语速，做到有张有弛，有缓有急，富有节奏感。切忌语速太快、太慢或太平：语速太快，如打机关枪，对方难以听清所讲内容；语速太慢，像老牛拉破车，慢慢悠悠，对方听得着急；语速太平，缺乏变化，对方容易分散注意力。

(四)语调变化有致

语调的基本单位是句调，表示一个句子的高低升降变化。语调一般可分为高升调、平直调、抑降调、曲折调四类。

1. 高升调

语调由低逐步升高，语势呈上升趋势。常用于呼唤、号召、命令、惊疑、反问等情感较为激昂的句子。如：

(1)让我们高举起振兴中华民族的希望火炬，去奋斗，去开拓，去创造我们美好的未来！(号召)

(2)什么是永远不会回来的呢？(疑问)

(3)我怎么比拟得出呢？(反问)

2. 平直调

语调平直舒缓，没有太明显的高低升降变化。多用于一般的叙述、说明句，表示庄重、严肃、冷漠、追忆、思索、迟疑等感情色彩。如：

(1)刘胡兰冷冷地回答："不知道"。(冷淡)

(2)可是，我……我还没有向你请教呢……(迟疑)

(3)记得我十三岁时，和母亲住在法国东南部的耐斯城。(陈述)

3. 抑降调

声音从高扬逐渐低抑，语势渐降。多用于祈使、感叹等句子。如：

(1)等待着，等待着，载着您遗体的灵车，辗过我们的心。(沉重)

(2)我是唯一一个找到真金的人！(肯定)

(3)交给我们吧，你磨光的扁担！(请求)

4. 曲折调

语调成先降后升或先升后降的语势，把句中某些特殊的音节特别加重加高或拖长，形成一种升降曲折的变化。一般表示含蓄、反诘、夸张等复杂情感。如：

(1)什么"人权自由"、"博爱平等"，全是骗人的鬼话。(讽刺)

(2)是我的错，你没错！(反语)

语调是说话或演讲时的重要手段，与语音的高低、强弱、轻重，语言的停顿、速度等的变化有着密切的联系。这些变化形式构成了语言表达中的抑扬顿挫的调式，并通过这些调式显示出说话者或演讲者的立场、观点和情感态度。语调的高低升降变化，不仅在句子中体现出来，还要贯穿于整个演讲或说话的过程。基本的句调形式体现了整个言语过程的语调语势而形成语调群。

(五)语气交错相宜

语气是语调、语势的综合形式。语调是依附于句子之上的，又是表示一定语气的语音形式。而语势是语句在语流中的态势和趋向，与语句在整个演讲过程中的语调密切相关。所以，语气是一种综合的表现形式，是一种艺术创作。它与演讲者的思想感情、声音形式以及演讲内容融合在一起。不同的语句，有不同的语气，就会有不同的语调。恰当的语气首先要服从语句的内容、语句的表达方式，同时还要运用重音、停顿、速度等其他的口语表达方式。如何把握说话中的语气呢？北京广播学院播音主持艺术学院博士生导师张颂教授在《朗读学》一书中的阐述，对演说者来说具有一定的指导意义和参考价值。

爱的语气一般是气徐声柔，
憎的语气一般是气足声硬，
悲的语气一般是气沉声缓，
喜的语气一般是气满声高，
惧的语气一般是气提声凝，
欲的语气一般是气多声放，
急的语气一般是气短声促，
冷的语气一般是气少声平，
怒的语气一般是气粗声重，
疑的语气一般是气细声粘。

对这些语气变化的了解与运用，应在实践中反复练习、体会，这样才可以达到运用自如的境界。

(六)情感表达适度

口语表达,特别是演讲,除了要准确地表达思想内容之外,还应使自己的思想感情抒发得淋漓尽致,紧紧地吸引听众,让听众的感情随着演讲的行进而起伏跌宕,时而紧张严肃,时而轻松愉快。要做到这一点,演讲者就必须具有驾驭语言的表达艺术,也就是说要能根据表达内容的需要对语言进行艺术化的处理,如借鉴其他表演艺术门类中处理语言艺术的摹声、气音、颤音、拖腔等表现手法。不过,演讲是以语言为主的口语运用的艺术,而不是一种表演艺术。演讲者表现的是自我,而不是艺术角色。演讲者直接用语言和听众交流,把自己的思想感情讲给听众,让听众受到感染。因此,这种借鉴只能根据演讲内容作恰如其分的“表演”,在语言特点上给人以不同的感觉,不能像扮演角色那样活灵活现、生动渲染、过分强调表演意味。只能将这些表达技巧恰当地运用到演讲中来,使演讲合理地艺术化,合乎演讲主题、情感表现的要求,合乎演讲内容的要求。

训练素材及提示

一、方言语音辨正训练

(一)声母辨正

1. 区分 zh、ch、sh—— z、c、s

札记——杂记	正品——赠品	嘱咐——祖父	找到——早到
木柴——木材	推迟——推辞	初步——粗布	长住——藏住
诗人——私人	收集——搜集	使者——死者	商业——桑叶

2. 区分 zh、ch、sh—— j、q、x

朝气——娇气	四川——四圈	开除——开渠	领受——领袖
新书——心虚	通顺——通讯	证书——禁书	展开——剪开
征兵——精兵	传球——全球	声望——兴旺	柳树——柳絮

3. 区分 n——l

牛年——流连	眼内——眼泪	男女——褴褛	浓重——隆重
鲇鱼——鲢鱼	鸟雀——了却	暖房——卵黄	南边——监边

4. 区分 f——h

开发——开花	附近——互敬	防空——航空
翻阅——欢跃	公费——工会	废话——绘画

5. 区分 j、q、x——g、k、h

艰苦——甘苦	巧计——口技	解放——改放
红鞋——红孩	简化——感化	敲打——拷打

6. 区分 zh、ch、sh ——d、t

砧板——钉板	掌声——党参	中东——咚咚
大潮——大桃	冲过——通过	超生——偷生

7. 防止丢掉声母 r

如果——雨果	润例——运力	忍痛——隐痛
睿智——位置	热饭——夜饭	换人——欢迎

入席——预习　　儒家——渔家　　阮氏——远视

8. 读准零声母音节

爱戴　挨次　盎司　岸然　恶劣　懊丧　拗口　偶然　运气
牙齿　烟草　迎春　疑问　岩层　眼神　严肃　哑巴　远近

(二)韵母辨正

1. 练读下列词语,分辨前鼻音韵尾 n 和后鼻音韵尾 ng

担心——当心　　一半——一磅　　反问——访问　　关顾——光顾
深根——深耕　　长针——长征　　吩咐——丰富　　车船——车床
临时——零食　　信服——幸福　　金星——精心　　双环——双簧
新鲜——新乡　　简章——奖章　　新年——新娘　　引线——涌现
开垦——开孔　　森林——松林　　心地——兄弟　　音容——雍容
前天——晴天　　烟花——樱花　　鲜红——猩红　　勋章——胸章
人群——人穷　　运行——用刑　　顿时——定时　　门墩——门丁

2. 练读下列词语,区分 i 和 ü,区分 ü 和 u

积极——狙击　　忌讳——聚会　　前程——全程
你的——女的　　切点——缺点　　截然——决然
老锡——老徐　　结交——绝交　　闲书——悬殊
云彩——文采　　匀净——文静　　红运——宏论
熨斗——问倒　　芸豆——文斗

3. 练读下列词语,分辨 o 和 u

破布——瀑布　　泼皮——扑鼻　　陷没——羡慕
薄厚——不厚　　泊位——铺位　　婆姨——仆役

4. 练读下列词语,分辨 uo、ou、u、e

豆子——肚子　　凑成——促成　　漏水——露水
朔月——数月　　若干——褥单　　玉镯——玉竹
豁然——赫然　　络绎——乐意　　锅子——鸽子

5. 练读下列词语,防止丢失韵头 u

耍笑——傻笑　　抓紧——扎紧　　刷锅——沙锅
摔掉——筛掉　　奇怪——乞丐　　损坏——损害
灰色——黑色　　不轨——不给　　一会——贻贝
端面——单面　　团粒——弹力　　条款——调侃
小孙——小森　　存寄——岑寂　　尊严——谮言
黄叶——行业　　金光——金刚　　装潢——张皇

(三)读下列绕口令,速度可由慢到快。

1. s—sh

四是四,十是十,十四是十四,四十是四十。
要想说好四十四,得靠舌头和牙齿。
谁说四十是细席,那是舌头没用力。
谁说四十是适时,那是舌头没伸直。
认真听,常练习,十四,四十,四十四。

2. c—ch
这是蚕，那是蝉，
蚕常在叶里藏，蝉常在林里唱。
3. b—o
八百标兵奔北坡，炮兵并排北边跑。
炮兵怕把标兵碰，标兵怕碰炮兵炮。
4. h—f
灰化肥发黑会花飞，黑化肥发灰挥发会飞花。
5. n—l
老龙恼怒问老农，老农怒恼问老龙，
龙怒农恼龙更怒，农恼龙怒农怕龙。
6. d—t
谭家谭老汉，挑担到蛋摊，
买了半担蛋，挑蛋到蛋摊。
买了半担炭，满担是蛋炭。
老汉往回赶，回家蛋炒饭。
进门跨门槛，脚下绊一绊。
跌了谭老汉，破了半担蛋。
翻了半担炭，脏了木门槛。
老汉看一看，急得满头汗。
连说怎么办，蛋炭完了蛋，老汉怎吃蛋炒饭。
7. j—q—x
七巷一个锡匠，西巷一个漆匠。
七巷锡匠拿了西巷漆匠的漆，
西巷漆匠用了七巷锡匠的锡。
七巷锡匠气西巷漆匠用了锡，
西巷漆匠讥七巷锡匠拿了漆，
请问漆匠和锡匠，谁拿了谁的锡？谁用了谁的漆？
8. ing—eng—ong
东洞庭，西洞庭，
洞庭山上一条藤，
藤条头上挂铜铃。
风吹藤动铜铃动，
风息藤定铜铃停。
9. an—ang
小光和小干，抬着水桶上山冈。
上山冈，歇歇凉，拿起竹竿玩打仗。
乒乓乒，乓乒乓。打来打去砸了缸。
小光怪小干，小干怪小光。
小光小干都怪竹竿和水缸。

10. en—eng

陈庄程庄都有城，陈庄城通程庄城，

陈庄城和程庄城，两庄城墙都有门。

陈庄城进程庄人，陈庄人进程庄城。

请问陈程两庄城，两庄城门都进人，

哪个城进陈庄人，程庄人进哪个城？

二、朗读短文《施氏食狮史》，注意读准声调。

石室诗士施氏，嗜狮，誓食十狮，氏时时适市视狮，十时，适十狮适市。是时，适施氏适市，氏视是十狮，恃矢势，使是十狮逝世，氏拾是十狮尸，适石室，石室湿，氏使侍拭石室，石室拭，氏始试食十狮尸，食时，始识是十狮尸，实十石狮尸。试释是事。

三、快口训练：将下面一段文字一口气说下来，若有断气之处则重来。反复练习。直到能坚持一口气说完为止。（提示：练习时必须准确、快速、流畅，做到快而不乱，语气连贯。）

出东门儿，过大桥，大桥底下一树枣儿，拿着竿儿去打枣，青的多，红得少，一个枣儿，两个枣儿，三个枣儿，四个枣儿，五个枣儿，六个枣儿，七个枣儿，八个枣儿，九个枣儿，十个枣儿，十个枣儿，九个枣儿，八个枣儿，七个枣儿，六个枣儿，五个枣儿，四个枣儿，三个枣儿，两个枣儿，一个枣儿。这是一个绕口令儿，一口气说完才算好。

四、朗读短文，依句号停顿换气。要有明显的换气动作，体会呼与吸的要领。反复练习。直到能自然地换气，顺畅地读下来为止。

望夜空，满天星，光闪闪，亮晶晶。好像那，小银灯，大大小小、密密麻麻、闪闪烁烁、数来数去也数不清。仔细看，看分明，原来那群星，分了星座还起了名。按亮度，分了等：一等、二等、三等、四等、五等、六等一共分六等。谁最亮，是一等，谁最暗，是六等，一等到六等，总共不过6 900多颗是恒星。星空中，还能看见那大行星和卫星，小行星和彗星，更有那无数点点繁星看不清。要想看清它，请你借助现代化的天文望远镜。

五、从下列每组词中选出普通话的词语。

愚蠢　蠢　宝气　哈气　蠢气

很软　稀软　软那软的

细伢子　小孩子　小孩儿　小把戏　小鬼

老公　男人　丈夫　他爹　老倌子

搞吗哩　干吗　干啥　做么哩　做么子

小伙儿　后生家　后生子

一会儿　一下子　一下下子

痞子　流氓　烂崽　痞棍　瘪三　流痞

派赖　邋遢　肮脏

六、把下面不符合普通话说话标准的句子改成普通话。

我昨日冒吃早饭，就去上课哒。

哇噻！好开心耶！

我今日早起呷饭。

他对我蛮好的。

那只人我认不得。

我昨日买了一块衣衫。

到那里去有蛮远，你晓得路吗？

我硬是喊他名字不出。

七、选择教材中的一些阅读文章做练习，并进行朗读比赛。

八、请学生分组进行讲故事练习，要求叙述完整清楚，有较生动的细节和动作描述，态势自然大方。（可由各小组推荐同学在全体同学面前讲述。）

九、对下列句子进行语音控制与态势设计，然后在同学面前演示。

1. 一个孩子如果在十岁就知道什么是美，他将会一辈子寻求美。

2. 朋友们，“国家兴亡，匹夫有责”，这匹夫便是我，便是你，便是他。

3. 四川，古称华阳，又名巴蜀，那里民风淳朴，物阜人康，被人们誉为“天府之国”。

4. 我赞美你，太阳！你照亮了人间的道路，照亮了历史的长河，孕育出一部壮美多姿的史诗。

5. 让我们张开双臂，热烈地拥抱这个春天吧！

6. 秋天，无论在什么地方的秋天，总是好的；可是啊，北国的秋，却特别地来得清，来得静，来得悲凉。

7. 难道真是这样吗？不！大量事实驳倒了这种谬论！

十、下面是两篇选自《演讲与口才》的优秀演讲词，请运用语音控制的各种技巧进行演讲练习。

让青春飞扬

郑晶

朋友：

时常听别人哼唱，自己也时常哼唱着姜育恒的那首《再回首》，唯独对“曾经在幽幽暗暗反反复复中追寻，才知道平平淡淡从从容容是最真”这一句不愿认同。“孤独王子”唱得未免太超然了——一生反复追寻，就只得出了平淡是真的结论。

平平淡淡是最真，说到底不就是自甘平庸、自甘无为吗？曾几何时，我们这些带着中学彩色梦走进大学校门的莘莘学子也在高喊着：平平淡淡是最真。且有人变为只要“与世无争，恬淡一生”便可无忧无虑地生存，颇有要把老庄的“无为”发扬光大之势。是什么使我们丰富的校园生活渐退了缤纷的色彩呢？又是什么使我们真实的熔浆凝固，不再有来自内心深处的热血沸腾？是因为我们没有走进梦想中的象牙塔？是因为我们未走出自我困惑的地带？还是因为我们的心真的不再年轻，确实把一切都看得平淡了呢？不！都不是！主宰世界的是你，放弃世界的仍然是你。

生活得最好的人，不是寿命最长的人，而是最能感受生活的人。除了你没有走进理想的大学，除了你没有把握住一次几乎成功的爱情，除了你心中那份虚荣和倨傲，你对生活究竟有多少正确的感受？生活究竟给你过多少真正的重荷与不平呢？没有！只因为在当代中国，在我们这个文盲、半文盲数以亿计的国度里，大学生既被社会过高地期待，也过高地期待着社会，只因为我们不能正确地估计自己，也不能正确认识社会。那种求平淡的心态，仍是不思进取的借口。于是，你曾经也想要有所作为，却不知道从何做起，跟着感觉走，在各种诱惑面前远离本真状态，被泥沙俱下的时代大潮裹挟着四处漂游。当你疲倦地走过无数个三百六十五里，你才发现留在身后的除了那份平淡，什么也没有。

不再回头的,不只是那古老的的辰光,也不只是那些个夜晚的星群和月亮,还有我们的青春在流逝着。四年,我们有幸拥有着这四年,但有多少人的四年已一去不返;更还有多少人在为能拥有这四年而埋头于题海和各种各样的模拟考试中呢?当初我们从他们这种状况中走出来,走进许多人梦寐以求的大学,难道就是为了追求“平平淡淡是最真”吗?

在我们四年的每个日子里,倾注了亲人的多少关怀和温暖,他们流淌着辛勤的血汗,默默地支持着子女的选择,他们唯一的希望就是我们能自己走自己的人生之路。还有,有许多许多的眸子里时时刻刻地流露着对我们的期待,期待我们能用知识建构的大脑、用我们的手去为人们描绘更美的生活。在亲人面前,在那些关注我们的人面前,我们又有什么理由去认为“平平淡淡是最真”呢?难道我们付出我们金色的年华,挥洒着父母的血汗仅仅是为了换取这份平平淡淡吗?仅仅是为了换取那一张各科都过了60分的毕业证吗?小到为了每个家庭的付出,大到为了那如水流逝的时光,我们怎么就可以轻易认同“平平淡淡”才是真呢?

最欣赏把撒哈拉沙漠变成人们心中的绿洲的三毛,也最欣赏她的一句话:即使不成功,也不至于成为空白。成功女神并非垂青所有人,但所有参与、尝试过的人,即使没有成功,他们的世界却不是一份平淡,不是一片空白。记得有一天和班上几个新近参加美术班学习的女孩谈起了她们学习美术以后的感受与收获。她们告诉我:并没有什么大飞跃,但确实已学会了怎样用心去观察一个事物。也许她们永远成不了画家,但是我赞叹她们的这份参与意识与尝试勇气。我想告诉她们:即使你们不成功,你们也没有成为空白。

说到这里有人会说:我的确平凡得很,无一技之长,不会唱不会跳,更不会吟诗作画,注定这四年就这么平淡了。世上不过只有一个天才贝多芬,也不过只有一个神童莫扎特,更多的人是通过尝试,通过毅力化平淡为辉煌的。毅力在效果上有时能同天才相比。有一句俗语说,能登上金字塔的生物只有两种:鹰和蜗牛。虽然我们不能人人都像雄鹰一样一飞冲天,但我们至少可以像蜗牛那样凭自己的耐力默默前行。

不要再为落叶伤感,为春雨掉泪;也不要再满不在乎地挥退夏日的艳阳,让残冬的雪来装饰自己的面纱;岁月可使皮肤起皱,而失去热情,则使灵魂起皱。

拿出我们尝试的勇气,拿出我们青春的热情,四年大学毕业时,再回首,我们没有平淡、遗憾的青春。让我们的青春飞扬吧!

人类只有一个地球

福建　郭春喜

朋友们:

当人类第一次离开地球,在太空遥望自己的家乡时,人们这才惊讶地发现,在目前已知的宇宙星体中,唯有我们人类的家园——地球,才是一颗蔚蓝色的星球。

生命意味着蔚蓝,而蔚蓝意味着生命;使地球上的一切生命能够得以生存的大气和水,也使我们的地球成为一颗蔚蓝色的星体,一颗充满生命的星体。不过,大自然在人类面前,有时也会变得光怪陆离,越来越难以驾驭了。

从加利福尼亚的暴风雪到孟加拉平原的大洪水,从席卷地中海沿岸的高温热流到持续多年不肯缓解的非洲高原的大面积干旱,地球仿佛在发疟疾似地颤抖,人类竟然也像倒退了一万年似的束手无策。

如果说,人类受到大自然的威胁,这多少有点“无可奈何花落去”之哀叹;那么人类去

“威胁”大自然，这岂不是莫大的罪过？曾经是中亚地区最大水域之一的罗布泊湖，在本世纪70年代还是一个大湖，但是到了80年代，一湖汪汪之水已被可怕的满地鸟尸所代替，难怪彭加木找不到水！又如，被誉为“华北明珠”的白洋淀在1984年的春夏之际再次干涸，波光粼粼的水面从此不见，白洋淀底黄沙朝天。这种人为造成的后果，怎不叫人痛惜？在对大自然的索取与探索中，作为“征服者”的人类，还未来得及欢庆自己的胜利，大自然就已经作出无情的报复。

据某报记载：中国目前的沙漠约16万平方公里是人为造成的，目前正以平均每年1 560平方公里的速度继续扩展，若不能加以控制，到2000年又会有7万多平方公里的土地，相当于一个宁夏，将沦为不毛之地！这一现象怎不令人担忧，叫人着急？去年6月初，中央电视台新闻联播节目报道了一则消息：由于掠夺性的地下水开采，使北京、天津、唐山的地下水已经是十水九空了。其中辽河平原已开采了近三分之一，黄河平原近二分之一，海河平原更高达十分之九，结果导致地面沉降，水质恶化，咸水面上升，地下水枯竭，这个警钟使多少蒙在鼓里的人幡然醒悟。请大家想想，我们究竟要给后代留下什么？

中国人太相信“柳暗花明”了，即使“山穷水尽”也不觉可怕，只是到下一个危机来临时，就容不得人们再盲目乐观了：空气、大气、河水的污染，贫氧、臭氧层的破坏和热岛效应。几年前联合国一个环保监测组，带一套仪器到中国检查，在北京机场下机后打开仪器一看，指针已到污染最高数字的尽头，超出最大测量能力，仪器失灵了！难怪北京奥申委把治理首都空气污染作为头等大事来抓。这个世界可能没有什么东西比空气更重要了，中国的许多城镇，特别是工业集中区，长期烟雾弥漫，真是“黑龙天上舞，黑雨头顶下”，迫使人们发出内心的呐喊：“还我蓝天，还我红日！”

无独有偶。举世闻名的长江，是中华民族灿烂文化的象征。一部电视系列片《话说长江》，以它豪迈的气势描绘出波澜壮阔、汹涌澎湃的长江画景，在人们的心中唤起多少美好的回忆……而今天的长江却不能不让人担忧了，长江边上的某市造纸厂的污水瀑布般倾出，黑乎乎的污水泡沫铺满一江，过往的轮船乘客纷纷掩鼻锁眉。长江的很多港口、江面全都蒙上尘埃和煤屑。如果李白、杜甫在世，畅游长江一定会不解，一腔诗兴从何发起？或者白居易的诗该会写成：“一道残阳铺水中，半江乌黑半江浊”。

“只有一个地球”。这是1972年在斯德哥尔摩召开的人类环境会议上提出的一个响亮口号，去年世界的“环发”会议，各国首脑再次呼吁人们注意：人类“只有一个地球”。朋友们，听到这里，大家应该猛醒了：“保护环境，人人有责”！再不要让大量的森林被砍伐，植被遭破坏，水土遭流失。地球，美好的家园，谁不想那蔚蓝色的海风化为雨水，重新滋润那片干涸的湖泊和干裂的土地？谁不想让那清新的空气迎面吹拂，叠翠的山峦、明净的河水、蔚蓝的天空永远向人类展示勃勃生机？

自古以来，从夏禹治水到今天三峡工程的筹建，从女娲补天到营造绿色长城，这一切无不体现了中国人民保护大自然、改造大自然的雄心大略。朋友们，我们也应该踊跃加入“环保”的行列，积极行动起来，为让那一片蓝天永远保持蔚蓝，让大自然的森林永远郁郁葱葱，让碧波荡漾的河水永远明净……努力吧！

朋友们，让我们都永远记住：人类，仅有一个地球！

项目1.3 介绍能力训练

项目1.3.1 人物介绍能力训练

训练目的与要求

通过学习和训练，在掌握人物介绍的基本内容及介绍技巧的基础上，能根据情境选择介绍内容及运用人物介绍技巧，能恰切介绍自己和介绍他人。

在训练过程中，有这样几点要求：

(1)要在具体情境中选择人物介绍的内容，不求面面俱到，力求突出特点，切合交际情境；

(2)根据学生将来的求职实际，重点突破自我介绍。

训练方法与步骤

上讲台作自我介绍，或模拟求职、班干部竞选等情境作自我推介，并对活动完成情况作自我评价。

训练示例与分析

作自我介绍时，我该重点介绍什么内容呢？

示例一：有的放矢的自我推介

某师范学校语文组急需招聘一位语文老师，此时有三位大学中文系的毕业生前来应聘，于是决定第二天面试。其中两位早早就休息了，而另一位女应聘生却没有休息。她心想，三人竞争一个教师职位，自己并无优势可言，必须留心做些准备。于是，她去找该校一位语文组的老师打听情况，她问道："请问老师，语文组一般设有哪些课程？"老师告诉她，语文组设有语音、语法修辞、文选三门课，现在急需语音老师。第二天面试时，校领导请三位同学自报特长，一位说他对古典文学很感兴趣，并有论文发表；另一位说，他对现代文学很感兴趣，而且擅长散文创作，已有六七篇文章见报了。那位女生则操着一口流利的普通话说："我喜欢现代汉语，尤其是语音部分。我希望能为推广普通话尽自己一份力量。"听了三位同学的自我介绍，校领导一致通过，录取了这位女大学生。

【简析】这位女大学生之所以能够在并无多少优势的情况下成为角逐的胜利者，就在于她做到了切合对方需要的针对性自荐，当然胜利就非她莫属了。

怎样介绍，才能让我在别人心目中留下深刻的印象？

示例二：个性化的自我介绍

在某民间团体举办的礼仪先生(小姐)评选活动中，一位参赛者作了如下自我介绍：

我姓朱，撇未朱，单名枫，枫树的枫，唐代诗人杜牧名句“霜叶红于二月花”，咏的就是我的名字。这名字似乎有些女性化，但我的性格绝对男性，只是多了一份温柔。我是旅游职业学校的三年级学生，专修宾馆管理。我的兴趣爱好比较广，音乐、戏曲、电影、小说、旅游、书法、足球、围棋都喜欢，但都不着迷，它们使我的精神得到调剂，业余生活不感枯燥。我爱交朋友，原则是真诚坦率相待，不求志趣相同。走亲访友，一般我是不带礼品的，必要时，送一束鲜花。如果我拎着一盒奶油蛋糕、两瓶酒走在街上，我会像发高烧一样浑身难受。我的处世原则是“以不伤害他人为前提，求得尽可能的个人自在”。《红楼梦》里一位老先生说：“自在不成才，成才不自在”。我信。显然，他老先生是反对自在的，但他没有成才。我乐意帮助弱者，看到别人确有难处，不管是否认识，我都乐意伸出援助之手，我这样做，感觉上非常好，是一份享受。但对马路、车站、码头上的求乞者，我一毛不拔。我喜欢英语和电脑，常常整天伴着放音机，或者把自己关在机房里，自在得很。爱好不敢说精通，但一定会精通的。谢谢！

【简析】朱枫的自我介绍词与特定的语境（场合）十分吻合。既合常规，又不落俗套，内容丰富，又简洁明快，语言率直，又不失幽默。除了介绍姓名、专业、兴趣爱好、特长外，重点介绍了自己待人接物与处世的原则，塑造了一个富于个性的美好形象。

支撑知识

人物介绍，是社会场合人们相互认识，建立联系的必不可少的手段。一般分为自我介绍、第三者介绍、别人为你介绍和名片介绍等四种方式。

一、自我介绍

自我介绍是在没有中间人的情况下自己介绍自己，实际上是一种自我推销，它能给别人留下第一印象。自我介绍要注意以下几点。

1. 镇定自信

初次交往，都想了解对方，又都想被对方所了解。自我介绍时可以用语音和眼神表达自己的关怀和愿望，大大方方，不卑不亢，切不可羞答忸怩，神态慌张，吞吞吐吐。现代人应勇于向他人展示自己，树立自信，让别人产生希望与你交往的愿望。

2. 繁简得当

自我介绍的内容包括：姓名、年龄、籍贯、职业、职务、工作单位、住址、联系电话、毕业学校、主要经历、特点或兴趣等。上述内容不必逐一全部说出，应视交际的需要来决定介绍繁简。一般来说，参加聚会、演讲、为他人办事、偶尔碰面、为单位公关等，自我介绍宜简约些，而在另一些场合，如求职、恋爱、找人办私事、招标与投标、深交朋友等，则可以细致一点，但也不必自吹自擂，让人觉得你孤芳自赏。

3. 把握分寸

介绍自己要有自谦和自识，首先要符合实际，实事求是，符合自身的成长规律。如夸大其词达到违反生活常规的地步，反而事与愿违，只会降低信任度。既要介绍自己“过关斩将”之功，也不要回避“兵败麦城”之过。一般不用“很”、“最”、“第一”一类的字眼。这样才能使对方产生信任感。

在求职时应把握自赞的技巧。

自赞应目的明确、有的放矢。当今社会，无论是招聘人才、工程招标，还是购买商品，都有一定规格、要求。如果你的优点、长处非对方所需，那么自夸自赞犹如隔鞋搔痒。要使自夸自赞为对方所接受，就必须事先对人才市场、商品市场做深入细致的调查研究，做到知己知彼，心中有数，才能使自赞自夸有的放矢，获得成效。

自赞既可直接出自当事人之口，也可转借他人之口，最好还辅以奖状、奖品、名人评价、新闻传播媒介的表彰等旁证，以增强可信度、说服力，避免直接自夸自赞过多，引起听者的逆反心理。

自赞，要避免给人留下自吹自擂、狂妄自大的嫌疑。因此，在自夸自赞的同时，应承认有待改进之处。这种小贬大褒，轻贬重褒，体现了实事求是的态度，给人以谦虚的印象，无损于自己美好的形象。

4. 巧报“家门”

自我介绍首先要介绍自己的名字，并对“姓”和“名”加以解释，你解释得越巧妙，别人的印象就越深。这也反映一个人的文化水平和性格修养，也体现一个人的口才。如有个青年叫聂品，“三只耳朵三张口，就是没有三个头”（“聂”字的繁体字由三个“耳”字构成），这样一说，“聂品”二字就深深印在别人的脑海里。

二、居间介绍（第三者介绍）

居间介绍也叫第三者介绍，或者说是“为他人介绍”，即替另外两方的人相互介绍，为他们相互认识牵线搭桥。居间介绍应注意以下几点。

（1）要了解双方是否有结识愿望。如果双方或一方没有这种愿望，最好不要冒昧地引见。

（2）要遵循一定的原则。一般说来，要先介绍客人再介绍主人，先介绍年长的、身份高的再介绍年轻的、身份低的，先介绍女的再介绍男的。在年龄差别不大的同性之间，向已婚的引见未婚的，向一对夫妇引见时，先向女性引见男性。介绍时要伸开手掌示意，不要用手指去指点。在人员较多的场合，作为被介绍的双方，也可主动地自我介绍，以缓解介绍人的忙乱，如果有后来者，可先介绍后来的，然后逐一介绍在场的人，也可有选择地介绍，不必带着客人在室内团团转。

（3）为他人介绍的内容，除了介绍彼此的姓名、工作单位外，还要为双方找一些共同谈话资料。如双方的共同爱好、相互经历、共同兴趣以及各自的特长，并分别给予一定的评价，让他们相互产生好感，用话语搭起结识的桥梁。

（4）为他人介绍的言语形式应是直接陈述，三言两语画出一个人的轮廓，不要拐弯抹角，故弄玄虚。也可采用征询意见的口气，如：“王某，我可以介绍李某同你认识吗？”这样既是对他人的尊重，也使自己的话亲切感人。

注意：居间介绍，一忌说话含糊其辞，模棱两可；二忌对被介绍者过分颂扬，大肆吹嘘；三忌否定被介绍者的优点。

三、别人为你介绍

如果有人特将你介绍给别人时，你作为被介绍人，应站在被介绍者的对面。等介绍完后，应握一下对方的手，并说“您好”、“认识你很高兴”、“久仰久仰”等。也可递上自己的名片，说声“请多关照”、“请多指教”。

四、使用名片

现代社会对名片的使用越来越广泛,以名片代替语言介绍,既显得慎重,又免却对方劳思费神地去记自己的姓名、住址、职业、电话号码等,可谓一举多得。在使用名片时要注意以下几点。

(1)要把自己的名片放在易于拿出的地方,以免在需要取出时手忙脚乱。

(2)出示名片时,目光要正视对方,并用双手递上,口中说“请多关照”一类的寒暄语。

(3)出示名片要适时。通常有两种机会适于出示名片:一是谈话比较融洽,对方愿意与你建立联系时;二是双方握手告别时。

(4)接到对方名片,要认真看一下,再郑重地放进口袋。切不可接过名片看也不看就随意扔在桌上,那会伤害对方的自尊。如果自己没带名片,要向对方说明情况,并主动作自我介绍。

训练素材及提示

【知识题】

1. 人物介绍的种类有哪些?

2. 怎样做好居间介绍?

3. 使用名片时要注意哪些方面?

【实践训练题】

1. 假如你要去某单位求职,你如何面对某单位领导作自我介绍?请注意说话风格要平实。

2. 如果你被邀请参加其他系里的文艺晚会,并表演节目,你将如何自我介绍?请面对老师和同学们说一遍。

3. 如果你的父母到学校来会见班主任老师,请你作居间介绍。

4. 在实际生活中,可有意进行居间介绍练习,如把你的同学介绍给你的朋友,把你的朋友介绍给你的老师等。

5. 选出两则在不同社交场合、不同交际目的的自我介绍,让学生进行比较,指出它们各有什么侧重点,并说明为什么?

6. 对自己的姓名作分析,设计一个巧报家门的方式,请班上同学评价。

7. 在烟台市旅行社招聘业务导游员的口试场上,尹浩洋同志以压倒多数的应试成绩而被旅行社破格录取了。请评析他的自我介绍词。

各位主考:

晚上好!

本来我想朗诵一首诗,但在看了前面十几位考生的口试后,我忽然醒悟到:旅游工作更多的应该是娓娓而谈,才能更好地完成导游任务。因此,我这儿想和各位主考说说心里话。话题呢,就叫“我为什么报考导游员”。

我报考导游员有两个不利条件。

第一,是我的年龄。你们的启事上说是招19~24周岁的,而我却已是30岁了。不过任何事物都不是绝对的。一方面,我可以通过充满青春活力的热情和幽默来弥补;另一方面，年龄大些或许正可以成为成熟、稳重、可以信赖的标志呢！——而这些，好像正是导游工作所需要的。

我的第二个不利是我的性别。毋庸讳言，导游工作，大多是由温柔美丽的女性来干的。但是，当今世界，导游已不是女性们的专利了。在某些情况下，具有阳刚之气的男性导游或许会备受青睐呢。

因此，我来了。因为我知道，报考导游员我还有7个有利条件。

第一，我热爱导游工作。

第二，由于我的职业关系，夏季，这个烟台旅游的黄金季节，正是我们中小学放暑假的时候。我有充裕的时间。我可以做到招之即来，来之能战。

第三，由于长期坚持锻炼身体，我有充沛的精力。我可以胜任长途奔波，完成连续作战的任务。

第四，由于对家乡的热爱，由于对史地知识的爱好，我相信我可以在烟台市范围内的导游工作中做到有问必答、有疑必解。

第五，由于在大学4年中经常有外地同学来烟台，由我为他们担任向导，所以我自认为已具备了初步的导游工作的实际经验。

第六，经过6年多的教师工作的锻炼，我认为自己的普通话和语言表达能力均能胜任导游工作。

第七，我性格和气质属多血型，从心理素质上讲，适应环境的能力和应变能力较强，而这种心理、气质类型，正是被认为做导游工作最适宜、最优秀的一种类型。

所以，我来了，并且相信，如果被录取，一定不会辜负你们——各位主考的选择的！

我的话完了，谢谢各位为我提供的这次机会。

（摘自《演讲与口才》1990年第1期）

项目1.3.2　事物介绍能力训练

训练目的与要求

通过学习和训练，应掌握事物介绍种类 、产品介绍的内容及要求、环境介绍的内容及要求。能根据情境选择介绍内容及运用不同的介绍技巧。能运用事物介绍的方法，有效介绍事物。

在训练过程中，有这样几点要求：

（1）应根据具体情境选择事物介绍的内容及方式；

（2）根据循序渐进的原则，逐步提高训练要求；

（3）听说并举，以说促听，以听促说。要求说得清、说得准、说得好；听得清、听得准、记得牢。

训练方法与步骤

从身边生活出发，选择具体情境，用不同方法介绍事物。采用上讲台演练或实地实习的方式进行，一人说，众人听。

训练示例与分析

我们应该怎样介绍事物?

示例:

家乡的风味小吃

我的家乡安庆,坐落在长江岸边,是个有着悠久文化传统的城市。它的风味小吃,闻名遐迩,每当人们谈论起来,无不津津乐道。安庆小吃品种繁多,但都有一个共同特点:配料讲究,注重色、香、味,并各有其独特之处。大致分来,有以下几类。

一、饺面类。在安庆,挑着担子卖馄饨、小刀面的小贩忙碌的身影,以及顾客们细细品味、洋洋得意的面容,随处可见。这种大众型的小吃味美价廉,食用方便,很受广大群众欢迎。走在大街上,看着路旁出售的各式水饺、小笼汤包、锅贴、龙须面、拉面,还有那用安庆特产大闸蟹为原料精制的蟹黄包、蟹黄饺、蟹黄面等,会叫人食欲大振。在这当中,江万春饺面馆经营的"江毛水饺"更是风味独特,人们称赞它"闻香下马,知味停车",是当之无愧的。它创始于清光绪年间,因创始人江万春脑后有一撮毛而得名。现在的"江毛水饺"选料考究,用上等面粉制皮儿,瘦猪肉做馅儿,作料有山粉、金钩虾米、冬菇酱油、白糖、味精等。做出的饺子透明不破,馅如珍珠,油而不腻,味极鲜美。其汤有两种,一种是用猪筒子骨熬成的,另一种是用老母鸡炖成的。这皮薄、肉嫩、汤鲜的"江毛水饺",若是您没能尝一尝,那可是一件憾事!

二、烘烤小吃类。其中最著名的,当推萧家桥的油酥饼。它分甜、咸两种,个头都不大,圆圆的,上面密密麻麻撒满白芝麻。由于火候掌握得极好,那些白芝麻都变得粒粒金黄,看上去十分诱人,吃起来更香甜可口,素来有"香闻过街入口酥"的美称。它原是由清末饮食小贩李道隆创制,距今已有80多年历史。吃这萧家桥的油酥饼也有个讲究,不能一只手拿着吃,得双手捧着吃;也不能掰,得一个人慢慢独自享用。因为它质地太酥脆,如果你硬要用一只手去拿或掰,它就会"滋啦"一声裂成许多小片片,撒落一地,叫你怪心疼的。其他的像又甜又脆的大薄饼和"一巷香"的烧饼等,不但在市内,就是在省内,也都小有名气。

三、素食类。其中最有名的是迎江寺里的素菜小吃,据传也有上百年的历史。像素锅贴饺,一年四季都有,若在春夏两季,则是选用市郊的地儿菜、蒿儿菜加上冬菇,做馅儿制成。虽说来平常,但吃起来不仅有冬菇的鲜美,还有野菜的清香,具有浓厚的地方特色。此外,用豆、面仿制的鸡、鸭、鱼、火腿、香肠等食品,外形栩栩如生,一进口也别有滋味;煮干丝、烫干丝、烤麸等小吃,也深为大家喜爱。游客到此,莫不以一尝为快。

听了我的介绍,你一定想来亲口尝尝吧,只要你来吃过一次,肯定你会赞不绝口。不信?你就来尝尝吧!

【简析】这篇解说运用多种方法介绍家乡小吃,语言形象,重点突出,条理清楚,给人完整而清晰的印象。

支撑知识

事物介绍的种类较多，从语言特点来看，大体归纳为简约性介绍、形象性介绍、阐明性介绍、纲目性介绍、平实性介绍、谐趣性介绍等六种。下面分别说明。

1. 简约性介绍

简约，就是用比较凝练的语言表达语意。它言简意赅、要言不烦。简约性介绍有助于提高工作效率，也显示一个人的精明和干练。

简约性介绍，可用下定义、抓框架等方法，用几句简明扼要的话把事物的本质属性或陈述要点说得一清二楚。如：

大豆的祖籍：原产在中国，已有5 000多年的历史，外国栽培它只是近三四百年的事。

2. 形象性介绍

形象性介绍，是运用形象化的描述手段，将介绍对象说得更加生动、具体、感人。形象性介绍，常用比喻、拟人、描摹等修辞手法。有时也采用融情入叙、融情于景、融情于理等表现手法，使介绍更有感染力。如：

人们在戏剧《白蛇传》中听过白蛇，现实生活中白蛇是很稀罕的，有一年在我国台湾省中央山脉，一位当地的捕蛇者意外地捉到了一条真正的白蛇，它全身呈白色，十分漂亮。日本人崇尚白蛇，称之为财神，故对此十分感兴趣，人们纷纷出高价购买，但均被蛇主人拒绝。现在此白蛇在高雄市地下街一家蛇店展出。

3. 阐明性介绍

阐明性介绍是对一个看法作符合逻辑的言之成理的说明。它通过分析、推理、判断和归纳，得出令人信服的结论。阐明性介绍常常运用举例子、作比较、列数字、抓特征、作分析等方法。如：

睡前用热水洗脚好：人们一天工作完毕，特别是长时间的走路或运动后，腿部肌肉不停地作收缩运动，大量的氧气和养料被消耗掉，同时还产生乳酸和一些其他废物，下肢肌肉就会胀疼。用热水洗脚，能使血管扩张，促进血液循环和新陈代谢，改善足部和全身组织营养，降低肌肉张力，从而使脚部的氧气和养料得到充足供应，减少局部乳酸的废物积聚，清除疲劳，人也觉得舒服了。对于失眠的人来说，睡觉前用热水洗脚，可以使皮脂腺的分泌和毛孔的散热机能得到充分利用。

4. 纲目性介绍

纲目性介绍是提纲挈领地分点说明事物、事理的方法。这种介绍方式语言浓缩，以少胜多，常常给人以深刻印象。纲目性介绍，常用方法有列条款、分类别和按顺序等。如：

我国有四尊特别卧佛。最大的木胎泥塑卧佛：在甘肃省张掖市宏仁寺。这尊释迦牟尼像全长34.5米，肩宽7.5米，耳长2米，金装彩绘，势态自然。它睡眼蒙眬，面部表情安详。最大的铜质卧佛：在北京市寿安山十方普觉寺。它身长5米有余，左臂直伸，右手支颐，侧卧在娑罗树下，表现了释迦牟尼向弟子嘱咐后事的情景。这尊卧佛造型浑朴精致。铸此佛据称用精铜25万公斤。最大的白玉卧佛：在福州市西郊西禅寺内。这尊用白玉雕成的卧佛从缅甸迎回，光洁细腻，刀法流畅，长3.7米，重达10吨。唯一的向左侧卧佛：所有的卧佛无论大小，都向右侧卧，但四川省安岳县八庙场卧佛沟却有一尊背北面南，向左侧的释迦牟尼像。它可能是由于地形条件的原因，依崖凿成，风格别致，全长23米，曲眉合眼，神态安详，头东脚西，赤足双并，向坐而睡，而今已有1 200多年。

5. 平实性介绍

平实性介绍是朴实、严谨的介绍方式。一般极少修饰性、描摹性的语言，直截了当地把事物、事理讲清楚。这种介绍朴实无华，会使人觉得可靠和值得信赖，容易赢得对方的认同和好感。如：

握手也有学问。初次相识，或朋友久别重逢，除了握手，再将身子欠一欠，是有涵养，有礼貌的表示。不管谁向你伸出了手，最好不要拒绝，拒绝握手是很大的失礼。性别相同，通常由年纪轻的人先伸出手；不同性别，要由女方先伸出手来。女方不伸手，可能囿于传统意识不愿握，你可以欠欠身表示礼貌。冬天，应摘下右手手套握手，如果来不及摘对方就同你握了手，应说一声："请原谅，我没脱手套。"而对女人来说，同男人握手一般不一定非得脱手套。

6. 谐趣性介绍

谐趣性介绍是指用诙谐和幽默的语言来介绍人、事、物，语言俏皮、有趣，从而使你的表达更有吸引力。如：

毛泽东在井冈山讲战术课："……白军强大，红军弱小，我们以弱斗强，只能采取游击战术。什么叫游击战术？简单扼要地说就是'敌退我进，敌驻我扰，敌疲我打，敌退我追'，十六个大字。"

"从前井冈山有个山大王，叫朱聋子，他和当时的统治者斗了好些年，总结一条经验：'不要会打仗，只要会打圈'。朱聋子前一句话不对，后一句话是对的，我们改变一下就好了，既要会打仗，又要会打圈，这样才能歼灭敌人，使根据地不断巩固，不断扩大。"

"打圈是为了避实就虚，迷惑敌人。强敌来了，先领着他兜几个圈子，看出他的弱点，抓准就打。要打得干净利落，要缴到炮，抓到人，打得赢就打，打不赢就走，赚钱就来，蚀本不干。"

从事物介绍的内容来看，事物介绍的种类包括产品或商品的介绍、自然环境或人文环境的介绍等。下面分别说明。

1. 产品(商品)介绍

随着经济、科技的发展，新产品不断涌现、层出不穷。消费者在选购商品时，迫切需要营业员作详细介绍，当好导购。这种介绍，一般都是在买卖成交过程中以谈话的形式进行。所有商品都有其不同名称、价格、产地、性能、特点、用途；有各自不同的原料、工艺、造型、规格结构、使用保养及维修方法。当前在营销领域产品竞争、价格竞争的热潮已经向服务竞争的方向推进，"好货还得凭吆喝"，产品介绍的水平高低也决定了服务竞争的成败。这就要求营业员熟悉业务知识，学习语言表达，洞悉顾客心理，掌握介绍技巧，使顾客满意而归。

产品(商品)介绍的基本要求如下。

(1)真：就是内容客观、科学，不摆噱头。商品的材料、加工、性能、质量、售后服务等状况，都要介绍得实在、真实，重要数据必须准确可靠，不含糊其辞。

(2)活：就是抓住商品特征，选准介绍重点，有针对性；还要了解顾客要求，掌握顾客心理，切合特定情景，融知识、情趣于一体，使你的介绍激起顾客浓厚的兴趣。

(3)趣：出色的产品(商品)介绍词往往是真实性和艺术性兼长，知识性与趣味性交融。语言不仅要通俗、易懂，还要生动、幽默、富于表现力，充分发挥描述功能，产生微妙的

"煽情作用",使顾客愉快地接受你的产品。

2. 环境介绍

如果你是导游员或其他接待人员,陪同来宾、游客参观城市、小区、商场、展览馆,以及名胜古迹、风光景点,少不了要做些环境介绍,使他们增广见闻,激发游兴,不虚此行。这里所说的环境,主要是指具有空间实体特征的"自然环境"与"人文环境",比如市政设施、文化设施、居住环境、购物环境、休闲娱乐环境,以及风景名胜、旅游景点等等。

环境介绍的方法要根据对象、需求及环境本身的特点而变化。或以空间为序作横向介绍,按方位、内外、主次的顺序进行介绍;或用移步换景、转变视角的方式,多侧面、多角度介绍环境的特点;或以时间为序作纵向介绍,即介绍环境的历史沿革与今昔变迁;或纵横结合,从各个角度对环境作全面的介绍。要抓住环境的特征,突出其主体,给人深刻的印象。语言要清晰、通俗、生动。

旅游景点介绍不仅要抓住特征,绘声绘色,而且要突出它的文化价值和历史价值,注重鉴赏性和趣味性,结合景物、环境的介绍,饶有情趣地讲解有关的人文掌故、轶事传说、碑碣题诗等,不失时机地插入风趣言词、高雅的调侃,有叙述,有说明,有虚拟,有实描。叙述宜用短句,选词应通俗化,做到知、情、理、趣的统一。

训练素材及提示

【知识题】

1. 事物介绍的种类有哪些?
2. 阐明性介绍常用的方法有哪些?
3. 如何把握纲目性介绍?
4. 产品(商品)介绍的基本要求是什么?
5. 环境介绍应注意什么问题?

【实践训练题】

1. 先认真看中央电视台的新闻节目,然后摘其主要新闻,每条作一句话的介绍。
2. 用一两句话讲一篇小说,或者一部电视剧的梗概。
3. 用形象性介绍说说你所在的某个城市的某种特色的建筑物。
4. 用形象性介绍讲讲从学校到火车站(或汽车站)怎么走。
5. 用形象性介绍说说吸烟的坏处。
6. 用阐明性介绍说说体育锻炼的好处。
7. 用阐明性介绍说明怎么安排一日三餐才合理。
8. 用纲目性介绍说说某种物品(如热水袋、MP3 等)的使用和保养方法。
9. 用纲目性介绍说说你所熟悉的某种食品或饮料的制作方法。
10. 用平实性介绍说说某一个产品性能、特点、使用和保养。
11. 用谐趣性介绍说说自己的家乡。
12. 用谐趣性介绍说一件你所熟知的奇闻逸事。
13. 对自己所学的专业进行解说。
14. 试以导游员或解说员的身份介绍本地的某一景观。
15. 请解说你所就读学校的校训。

16. 假如你是迎新接待员，你怎样介绍我们的学校？

17. 一位业绩很好的服饰店员是这样推销服装的：如果客人是胖子，她会拿一件小一号的衣服给对方试穿；如果是瘦子，则取大一号的衣服。客人当然知道自己穿几号的衣服，会对店员说："不行，我是穿×号的！"这时，这位店员就会很惊讶地说："啊！真的吗？可是我一点都没看出来呀！"请问，这位店员的做法有什么高明之处？

18. 评论下面一篇解说词。

双林寺罗汉殿解说词

这是罗汉殿。

罗汉，是梵文"阿罗汉"的简称，为小乘佛教的最高果位。我国宋代有人于十六罗汉外另加两罗汉，成为十八罗汉。

这里的十八罗汉，十四尊两侧，四尊立像，每尊大小与真人一般，分列观音两侧。左方似在讲经，右方颇像论道，气氛热闹非常。整体构思绝妙，坐立朴实自然，高矮肥瘦各异，身世外露，性格鲜明。您看，这位个性豁达，那位能言善辩，这尊纯真虔诚，那尊自负清高……这一个个形神兼备、栩栩如生的罗汉形象，可以看出是融会了真人的特点塑造的。由于形象逼真生动，生活气息浓厚，所以当您走进殿堂的时候，仿佛置身于人群之中，毫无其他庙殿那种沉寂、肃穆之感。

罗汉塑像为双林寺之精华。迷人的艺术魅力，引诱着大家的联想，透过无言的泥塑，似乎想到了他们沸腾奔流的热血。

您看这尊"哑罗汉"坐在那里似座小山，首先给您以稳定而静止的印象，但细看则会感到他精气上行，那圆睁的双目，凝视着人世间的不平，那凌厉的目光，仿佛若有所思，那转动流盼的眼神、微蹙的眉宇间，表现了一种复杂的内心状态，似乎是有满腹的不平事要说；而那通红的脸膛、紧抿的双唇，又似乎表现了有口难言的神情。造型与性格相呼应，刻画得非常成功，十分精彩。

再请看这尊"伏虎罗汉"。他是以人物造型所表现的力量和猛虎驯服听用的情节，来展现其修行的功力的。他右手指虎，左手撑腿，衣纹洗练，动势雄健，可以看出是一个很有修养的长者。坚定而自信的表现手法，直截了当，罗汉法力之大，不说自明。

再请看这尊"瘦罗汉"。他喜悦心情的自然流露，朴实善良的微笑神态，是饱经风霜的奋斗者形象。您看他这一对勉强睁开的眼睛，面部的皱纹，颈项和胸部显露的筋骨，不是使您联想到他那虔诚的苦行生活吗？越看越耐人琢磨。

古代雕塑家为了充分利用空间，在两个转角处有机地安排了两组由门内而出的罗汉，意境的妙用，丰富多彩的变化，增加了满堂生动活泼的气氛。

全堂罗汉像，从脸型、身段、动态，以及发型、帽子和道具等的塑造，都设计精妙，恰到好处，写实而富修饰，变化中有统一，手法精炼，风格严谨。通过外形的塑造，反映了每一个罗汉不同的身份、年龄、学问，表现了不同的个性和内心活动，是一堂形象真实、亲切、理想化的彩塑珍品。大家尽可以根据您自己的生活经验加以想象，确是古代罗汉群像的杰作。不少国内外专家、学者和游人，对这十八罗汉视为珍宝，流连忘返。

这群罗汉彩塑的创作年代，国内不少人认为是宋塑。如果是这样，那就距今已有八九百年的历史了。

项目1.4 交谈能力训练

训练目的与要求

通过学习和训练,应明确交谈的原则、形式和技巧,电话交谈的特点及要求,能运用交谈的技巧进行有效的交谈。

在训练过程中,有这样几点要求:

(1)在具体语境中把握交谈技巧的运用;

(2)听说兼顾,注意纠正倾听中的不良习惯。

训练方法与步骤

有意识地练习同一情境中的不同交谈方式,通过比较体会交谈的原则与交谈效果。

训练示例与分析

我该怎样引出话题呢?

示例一:

墨子巧劝楚惠王

墨子是春秋战国时期的思想家,他为了劝说楚惠王不要攻打宋国,首先对楚惠王发问说:“听说有这样一个人,自己华美的车子不坐,却要偷窃别人的破车坐;自己有绫罗绸缎不穿,却穿着偷来的破衣裳;自己有鸡鸭鱼肉不吃,却偷吃邻居的糟糠烂菜。你说这算是一种什么人呢?”楚惠王很好笑地说:“这个人必定有偷窃的癖好。”墨子接着就分析了楚国与宋国的情况,提出楚国要攻打宋国,人家也会认为大王和偷窃者有共同的癖好。听了墨子的话,楚惠王最终放弃了攻打宋国的想法。

【简析】墨子在交谈中采用迂回发问的技巧,运用打比方的方法说服了楚惠王。

示例二:

导购员的问话

小王在一家小家电商店做导购员,第一天上班就让顾客上了一堂口语交际课。第一次看见顾客进来,小王迎上去招呼说:“先生,您要什么?”这位顾客说:“我要的东西多着呢,你给吗?”小王意识到自己的问话出了问题。看见一位女顾客进来后,小王改变了招呼方式:“大姐,您想买什么?”没想到她竟说:“不买,就不能看吗?”小王仔细思考了问话的方式,最后采用了这样的招呼方式:“您好,请随便看看。”或者说:“您好,您想看点什么?”没想到,顾客倒是爽快地说出了自己的购买意向。

【简析】发问的方式、措辞、语气不同,效果就不同。小王最后设计的问话,体现了对顾客观赏商品和选购商品两种权力的尊重，因而顾客乐于接受。

支撑知识

交谈，指两个或两个以上的人有明确目的或无明确目的而进行的相互交流信息的口语交际活动。如果说介绍是一切社交活动的开始，交谈就是社交活动通向成功的桥梁。交谈在人们的日常生活、工作、学习和社会交往中占有重要的地位。人们通过交谈，可以沟通思想，交流感情，加强交往，增进友谊，从而建立良好的人际关系；交谈还可以交流信息，获取知识，扩大知识面等等。“聪明的人懂得说，高明的人懂得听，智慧的人懂得问”，聪明的人、高明的人、智慧的人有自己的做事方式，但他们都懂得交谈的某些要领。

一、交谈的特点和交谈训练的意义

交谈是人际间最直接、最广泛、最简便的言语交往形式。交谈作为口语交际的重要形式，具有如下特点。

1. 听说兼顾

交谈往往处于多向信息传递活动中，说与听须相互配合，才能保证交谈的进行。

2. 话题灵活

交谈时可以就一个共同话题展开，也可以随时提出新的话题。交谈具有极大的随意性和不确定性，参与者可以无拘无束地把自己的所见、所思、所想“谈”出来。正因为这样，交谈就具有话题宽泛、信息量大的特点，便于人们加强联系、沟通感情、传播和获得信息。

3. 口语化

交谈时说的话一般不作刻意的修饰，随想随说，有自然明快的口语特征。

随着人类社会的高度发展，交谈已成为一种最为常见的社交形式，它可以交流思想，沟通感情，传递信息，还可以畅快精神，缓解疲劳，分享快乐，分担忧愁。心理分析学派创始人，奥地利的医生弗洛伊德就是用“聊天法”治好了许多精神病患者。现代社会已有了为孤独的人带来精神慰藉的“陪聊”的职业。此外，交谈还可使口头表达能力得到锻炼，话语练习水平得到提高。实际上一个人的许多知识，许多词汇和口语表达方式，都是从交谈或听人聊天中学到的。

二、交谈的基本要求

成功的交谈必须符合以下几个方面的要求。

1. 要善于寻找话题

一般说来，交谈涉及的范围十分广泛。但是，如果是三朋四友凑在一处时，究竟谈什么呢？要是没有合适的话题，大家都会觉得兴味索然。此时，如有善于寻找话题的人加入，便可打破僵局，使气氛活跃起来。寻找话题有这样几种方式：一是寻找共同点。如同事可以聊聊单位情况，老同学可以回忆同窗共读的趣闻轶事，年龄相近的人可以谈身体状况、家庭情况等，这样便会话语投机，越聊越对劲。二是就地取材。如今日的天气，墙上的字画，架上的书籍，电视、广播的内容，周围玩耍的孩子……均可信手拈来，构成聊天的话题。三是按照自己的主观思路入题。把自己的想法、经历、见闻、感受告诉大伙儿，让大家发表议论,从而见仁见智,引发聊天兴致。

2. 要善于控制话题

交谈虽无一以贯之的话题,但却有一规范和约束。比如,违背原则、搬弄是非、不合道德的话是不能讲的。还有令在场的某些人或某个人忌讳的话题也不宜讲,一旦发现话题不合适,要伺机调整。具有口才技巧的人,往往会暗示、或提问、或旁引等,巧妙地引开话题,因势利导使交谈步入正途。

3. 要讲究用语的文明礼貌,善于寓庄于谐

人们常说"慧于心则秀于言",交谈时用语讲究礼貌,能适应人们普遍存在的亲和需求,能够增进双方的了解和感情,为交谈双方创造一种和谐融洽的气氛,因而,我们首先应学会选择和运用一般的礼节用语,使说话和气、文雅、谦逊。同时,在采用口语,使语言通俗易懂的前提下,还要适当运用比喻、夸张、双关等修辞手段,使语言生动形象、幽默风趣,以活跃交谈的气氛,提高交谈双方的兴趣,增强交谈的吸引力,为以后双方的交往留下深刻而美好的印象。

4. 要有针对性

一是指要分清对象,因人施语。交谈的对象不同,交谈的内容、措辞、方法等也往往有所不同。交谈时应根据交谈对象的具体特点(包括对方的职业或文化水平;对方的性格特点和对方对自己的看法或态度;对方的处境、心境或思想动向等)选择适当的内容和方法,做到因人施语,以收到满意的交谈效果。

二是要把握交谈地点和交谈时机。交谈的环境和地点是一种"副语言",它影响着交谈对象的心理。另外,客观情境所提供的时机是否利于交谈,也应该在交谈前作出正确的判断。

5. 要认真聆听别人的谈话

在交谈中首先要学会聆听别人的谈话,要真诚地表现出对对方及其谈话的兴趣。这是起码的礼貌行为,也是交谈取得成功的基础。有句老话:"人长着两只耳朵,却只有一张嘴巴,就是为了少说多听。"在交谈时,耐心聆听是对对方的尊重,也是获取信息的重要手段。因此,要学会耐心聆听,善于聆听。

怎样才是耐心聆听呢?要注意交谈中的"宜"与"忌"。

宜	忌
身体前倾,适时点头	心不在焉伴随小动作,如以笔敲桌等
目光交流	东张西望
适当、简短的提问	打断对方的说话
对对方未说清的主要问题和主要情节,应询问清楚	阻碍对方的话头
记录对方陈述的要点,并复述一遍,加以确认	转变他人话题

三、交谈的具体形式与技巧

在交谈中,人们常常由于交际目的、情感等的不同,采用不同的交谈形式,如发问与应答、说服与拒绝、赞美与批评、劝慰与道歉等,这里介绍发问与应答、赞美与批评的技巧。

(一)发问与应答

1. 发问

发问就是口头提出问题,是以解疑为主要目的的言语表达方式。发问在交谈中可以起主导作用,直接决定着交际的效果。只有巧妙的提问,才能获取所需的信息,促进双方的交流与理解,营造宽松融洽的交际氛围。

发问的方式很多,大体有以下几种分类:根据是否直接关涉内容,分为直接发问和迂回发问;按句式结构分,又可分为是非问、特指问、选择问、非正反问;从发问的角度分,分为正问、反问;从发问的情态分,分为商问、询问、追问、质问;从发问的逻辑角度分,分为直言逼问、假言套问、选言诱问、类比反问、两难限问;从发问的数量和难度分,分为单问、连环问、隐含问等。

发问的技巧有哪些呢?

(1)把握发问情境

就是针对发问对象、发问场合、发问话题的不同来设计发问。发问的方式、发问的内容、发问的时机,甚至发问的措辞与语气,都要根据发问情境进行精心设计。发问者应是个心理学家,对不同的人、不同的需要,有时单刀直入,有时迂回曲折,有时步步紧逼,有时声东击西。

(2)采取不同的方式发问

发问要讲究方式,问什么,怎样问,应精心设计。人们常用“查户口”的比喻来讽刺那些僵死的、一问一答的说话,这种死板的问答会窒息友善的空气,使谈话难以维系,也很难达到发问的目的。

有时因为种种原因,不便直接提出问题,就需要试探,从语法上讲,常用两种句式:一是用选择问句,将需试探的几个项目并列,让回答的人来做选择。二是用否定的形式去探问。例“您没有借过我的钢笔吧?”表面说“没有”,实际意为“有没有”。

2. 应答

应答是对发问的反馈,在交谈中具有传递信息、阐明道理、消除疑惑、澄清事实、表明观点、维护尊严、回击挑衅等功能。这需要表达者具有渊博的知识、敏捷的思维、灵活的应对技巧等。应答的基本方式按照不同的标准,可分为不同类型。

(1)直接回答

就是根据对方的提问,用简明扼要、详略得当的话语回答,直陈需要解答的内容,明确表示自己的态度或意见。回答时注意抓住关键,并要实事求是。

(2)婉转回答

在交谈中,有时我们遇到不便直言的场合和事情,就要含蓄委婉地回答,让人思考揣摩后明白,尽量不使双方陷入尴尬的境地。

(二)赞美与批评

1. 赞美

心理学研究表明,爱听赞美是一种正常的心理需求,是人们出于自尊的需要,是渴求上进,寻求理解、支持与鼓励的表现。赞美是人际交往中的润滑剂,在交谈中适时给予别人真诚的赞扬和夸奖,别人会感到喜悦、兴奋,从而与你亲近、友好。

赞美别人的语言技巧有哪些呢?

(1)发自内心,恰如其分

赞美别人,贵在真心实意。当你毫无根据、虚情假意、夸大其词地赞美一个人时,不仅会使被赞美者感到莫名其妙,还会觉得你是油腔滑调、随口敷衍,甚至把你的夸赞误解为讽刺挖苦,产生反感。所以,赞美别人时,应符合事实,发自内心,使赞美收到实效。

(2)要能满足对方的自我意识

要使赞美赢得对方的好感,必须在赞美前弄清对方希望怎样被夸奖,以便在赞美时满足对方的自我意识。如果在尚未确认对方的好恶时,就轻易夸赞,可能会弄巧成拙。

(3)要掌握时机和方法

要养成第一时间给别人以肯定的习惯,不要在有事求人时才称赞别人,这种赞美会使人觉得太过功利。赞美既可坦诚直言,又可间接表述。在初次见面时,不要针对对方的人品和性格发表赞辞,而应对他过去的业绩,或身上的饰物等已成形的具体事物做适当的间接赞美。在双方初次见面,了解不多,就赞美对方的人品,易使对方产生怀疑与戒心。夸赞对方过去的业绩或身上的衣物、饰品,是对既成事实的评价,与彼此交情的深浅毫无关系,对方也较能接受。换句话说,不必正面夸奖对方,只要做好有关的间接夸奖,在初次见面时便能收到较好的效果。

以抽象的、含有多层意思的话夸奖异性。在夸奖异性时,如不多加注意,常会招致误会,甚至惹人讨厌,无法将自己的意思完全传达给对方。用较抽象的、含有多层意思的话夸奖异性,能使对方不自觉地向好的方面解释。当你夸奖一位姑娘眼睛很漂亮时,可以告诉她:“你的气质很好”。这种含有多层意思的话,会使她十分高兴。

最有实效的赞美之辞不是锦上添花,而是雪中送炭。最需要赞美的不是那些早已美名远扬的人,而是那些不引人注目而有自卑感的人。他们平时难得听到赞扬,一旦被人当众赞美,就能唤起他的自尊心和自信心,使之精神焕发。重复司空见惯的夸赞辞,会使对方毫不在意,相反,你若能发现蕴藏在他身上还鲜为人知的优点,并对其进行赞美,就能满足对方扩大自我的需求,使赞美收到独特的效果。

2. 批评

俗话说“忠言逆耳利于行”,作为批评者,要使自己的批评为被批评者所接受,做到忠言不逆耳,需要讲究批评的语言艺术和方式、方法。

(1)先赞扬后批评

美国著名的演讲家戴尔·卡耐基说:“矫正对方错误的第一个方法——批评前先赞美对方。”如果在批评前,先抓住对方的长处给以真诚的赞美而后批评,就能化解被批评者的对立情绪,使批评在和谐的气氛中进行,达到预想的效果。这种方法尤其适用于个性倔强的人。

(2)选择恰当的时机和场合进行批评

批评时机的选择和把握,是使批评收到良好效果的重要环节。

一是待双方交谈比较融洽时再批评。批评前,可找一些双方都感到比较轻松愉快的话题闲聊,待双方感到比较接近,谈得很投机时,便提出忠告或建议性批评。

二是待双方冷静后再批评。当事人比较激动时,必须稍加等待。一方面批评者本身冷静下来,言词就会缓和,避免偏激;另一方面,被批评者冷静下来,可以比较客观、公正地反省自己,认识自己的错处。

三是尽可能避免在大庭广众面前指名道姓地批评别人。

(3)讲究批评方式

一是批评方式因人而异。年轻人涉世未深,思想上不够成熟,对他们进行批评时,最好是语重心长地直接批评,不宜转弯抹角、含含糊糊,以免误解批评的意图。对于自觉性较高的成年人,对其缺点、过失,宜选择适当时机、场合,略为提醒,没有必要多言多语。下级对上级,晚辈对长辈,难以启齿批评对方,不妨以自责来促使对方深思反省,以自我批评的方式达到委婉、含蓄地批评对方的目的。

二是不要故意渲染对方的错误,更不要算老账。

三是不要侮辱对方的人格。批评要具体、有针对性,就事论事。切忌以“老子天下第一”的方式批评人,要言之有理,使人心服口服。

(4)批评时巧用幽默

巧用幽默的批评,往往以半开玩笑、半认真的方式提出,其语言轻松、温和、含蓄,有的还蕴含有深刻的智慧与哲理,引人深思,发人深省。这样就能消除被批评者的恐惧、不安或对立、拒绝,或沮丧、泄气的心理状态。让被批评者在笑声中心情舒畅地接受批评。

四、电话交谈

现代社会中,电话是人际交往的一个重要工具。电话交谈已成为商务洽谈的重要形式。

电话交谈的原则如下。

1. 礼貌热情

(1)注意礼貌,常说“请”和“谢谢您”。哪怕只有少许的不便,也要说“对不起”。

(2)要让对方知道你是谁。不要让来电话的人老等着,接听电话要及时、友好。如果受话人正忙着,应告诉来电话的人留言或以后再打电话来。如果遇到人事打搅,不得不中途停止通话,要向对方说明。通话完毕不要急于放下电话。通话完毕后要说“再见”、“谢谢”,要让对方自己结束通话,然后轻轻地放回电话,切不可不耐烦地把话筒扔回原处或随便挂断电话。

(3)语调热情,声音悦耳,不宜用平淡而单调的声音。注意发挥语气的表情达意功能。电话不仅传递声音,也传递说话者的情绪、态度和风度,平淡而单调的声音会拉开与听者的距离。与对方谈话要像在一个房间里一样,要用那种最能表达你的个性的语句和音调。要聚精会神、热情、愉快、有耐心。这样就比较容易使对方对你产生好感。

2. 准确清晰

音量要适中,控制语速节奏,防止过快过急,注意发音和咬字要准确清晰。有的人一拿起话筒,声音就高了八度,大喊大叫,这不但给人缺乏修养的感觉,而且不恰当地加大音量,有时反而会引起声音失真。

要愉快而谨慎地回答问题,如果你不敢确定来电话的人是什么身份,有什么意图,他所需要的信息是否可以提供,那你可以这样回答:“让我查一查再给您回电话,怎么样?”或“我得跟×先生商量一下才能决定下来。”

留言要准确。如果来电话的人要留言,就要准确地记下日期、来电话人的单位、姓名及电话号码。为了准确无误,要将这些内容在电话里重复一遍。

3. 诚恳耐心

在通话过程中要仔细倾听对方讲话,为了表示已经听懂,应及时地用“嗯”、“对”、“是”等语给对方以积极的反馈。如果聆听对方谈话,没听清楚,应礼貌地打断对方,请他再讲一遍,“对不起,我刚才未听清楚,麻烦您再讲一遍,行吗?”

训练素材及提示

【知识题】

1. 交谈的妙处何在?
2. 怎样调节聊天的话题?
3. 赞美与批评的技巧有哪些?

【实践训练题】

1. 谈谈你与人交谈的方式。
2. 当你与人交谈时遇到尴尬之事,你是怎样避开的?
3. 通常与人通电话时,你是采用什么形式?
4. 你善于倾听吗? 乐于倾听吗? 请完成下列“听话技巧测验”进行自我测试。

(1)你听别人讲话时有强烈的交流愿望吗?

[A] 几乎都是　[B] 经常　[C] 有时　[D] 很少　[E] 几乎从不

(2)你不喜欢的人在说话时,你也注意听吗?

[A] 几乎都是　[B] 经常　[C] 有时　[D] 很少　[E] 几乎从不

(3)无论说话人是男是女,年长年幼,是朋友、熟人或是陌生人,你都注意听吗?

[A] 几乎都是　[B] 经常　[C] 有时　[D] 很少　[E] 几乎从不

(4)你是否忽略足以使你分心的事物?

[A] 几乎都是　[B] 经常　[C] 有时　[D] 很少　[E] 几乎从不

(5)你是否注视说话者或与谈话者进行目光交流?

[A] 几乎都是　[B] 经常　[C] 有时　[D] 很少　[E] 几乎从不

(6)听人讲话时,你是否采取身体前倾的倾听姿势?

[A] 几乎都是　[B] 经常　[C] 有时　[D] 很少　[E] 几乎从不

(7)你在听的过程中是否微笑、点头以及用简短的言辞,如“好”、“是吗”等表示兴趣或态度?

[A] 几乎都是　[B] 经常　[C] 有时　[D] 很少　[E] 几乎从不

(8)你是否试着指出说话者所说的意思?

[A] 几乎都是　[B] 经常　[C] 有时　[D] 很少　[E] 几乎从不

(9)你是否让说话者说完他的话,在说话者讲完之前,你是否避免批评他?

[A] 几乎都是　[B] 经常　[C] 有时　[D] 很少　[E] 几乎从不

(10)你是否试着指出他为何说那些话?

[A] 几乎都是　[B] 经常　[C] 有时　[D] 很少　[E] 几乎从不

(11)当说话者在犹豫时,你是否鼓励他继续说下去?

[A] 几乎都是　[B] 经常　[C] 有时　[D] 很少　[E] 几乎从不

(12)无论说话者的态度和用词如何,比如说话人讲得哆哆嗦嗦,你也耐心地听下去吗?

[A] 几乎都是　[B] 经常　[C] 有时　[D] 很少　[E] 几乎从不

(13)若你事先知道说话者要说什么,你也会注意听吗?

[A] 几乎都是 [B] 经常 [C] 有时 [D] 很少 [E] 几乎从不

(14)你是否询问说话者有关他所用字词的意思?

[A] 几乎都是 [B] 经常 [C] 有时 [D] 很少 [E] 几乎从不

(15)你在听人讲话过程中适当记住要点吗?

[A] 几乎都是 [B] 经常 [C] 有时 [D] 很少 [E] 几乎从不

(16)为了请他更完整解释他的意见,你是否询问?

[A] 几乎都是 [B] 经常 [C] 有时 [D] 很少 [E] 几乎从不

(17)你会顺着谈话人的思路脉络抓住其主要观点吗?

[A] 几乎都是 [B] 经常 [C] 有时 [D] 很少 [E] 几乎从不

(18)你在听的时候能根据讲话人的言语了解其性格吗?

[A] 几乎都是 [B] 经常 [C] 有时 [D] 很少 [E] 几乎从不

(19)听人讲话时,你注意观察讲话人的体态语以了解其内在情感吗?

[A] 几乎都是 [B] 经常 [C] 有时 [D] 很少 [E] 几乎从不

(20)你能从谈话者的言谈中寻找启迪,举一反三吗?

[A] 几乎都是 [B] 经常 [C] 有时 [D] 很少 [E] 几乎从不

【评语】

将你的得分加起来。如果你是——

(1)80 分以上

你善听人言。你能排除干扰用整个身心去捕捉声音,吸取信息。你对对方讲话作出积极反应,使谈话深入。你积极思索对方讲话的目的、意图、要点。你既可准确理解对方的话意,又可发现问题。

(2)60 ~ 80 分

你比较善于倾听。你能专心致志地听,注意讲话内容以便抓住讲话人的主要观点。你积极参与,适当插话,并伴以“对”、“好”等话语配合对方的讲话内容,造成一种愉快的谈话气氛。但你有时会因为周围环境分散注意力。

(3)50 ~ 60 分

在有效倾听方面,你确实需要再训练。

(4)50 分以下

你不会倾听。你听人讲话时,漫不经心,心猿意马,抓不住要领,不能准确获取对方的话语信息。别人讲话,你不是插话,就是东张西望,使交谈难以正常进行下去。

5. 要善于交谈,还要善于倾听。“听话听声,锣鼓听音”,才不致“表错情”。请辨析下面几种回答中的“话中话”。

(1)小王约小李共进晚餐:“今晚 7 点,我们老地方见。”小李说:“啊,对不起,今晚我已有约会,改日吧!”小王:“那么明天?”小李:“到时我再打电话,好吗?”——小李的意思是什么?

(2)一位姑娘穿了件新衣,问:“你觉得好看吗?”答:“我对服装的鉴赏能力很差。”——话中话是什么?

(3)甲送乙一本书,乙说:“这是一本很好的书,可惜我最近没时间读,先留在你这儿吧。”——乙的意思是什么?

(4)小张说:“我这支歌唱得好吗?”老张答:“有意思!”——话中话是什么?

6. 情境练说。

(1)你去拜访朋友,在友人家中,好客的女主人给你端上一杯茶,正当你端起要喝时,却发现杯中有根头发。这时你该怎么办?应该怎么说?

(2)有位朋友到你家串门,天很晚了,你也很累,他却没离去的意思。这时,你该怎么办?准备怎么说?

7. 班上一位同学总是不做早操,作为体育委员,你怎样批评他?

8. 有一位女青年,因相貌丑陋而丧失自信,请以此为题拟定一份谈心提纲。

9. 中午休息时间,厂长看见几个工人在写着“严禁吸烟”的警告牌下抽烟。厂长走过去,友好地递上几支香烟给那几个工人,说:“诸位,如果你们能到外面去抽掉这些烟,我真感激不尽。”请问,这位厂长采用了什么样的批评办法?这种做法有什么好处?

10. 请去同学或老师家作一次拜访,并写出心得体会。

11. 一位平时学习、表现都很差的学生,在一次偶然的机会救起一名落水的儿童,请对这位同学进行赞美。

12. 下例中陈科长是如何平息对方的“战火”的?如果是你,应该如何与对方交谈?

某无线电元件厂欠了提供生产原材料单位的一笔款。催款人来到供销科把合同往桌上一摔:“你说说,你们这么不讲信用,以后还想不想再合作了?我们的那些材料可不是嫁不出去的姑娘啊!”

科长很有礼貌地把他按在沙发上,和他并排坐了下来:“贵姓啊?”“免贵,姓陈。”“噢,这么说五百年前我们是一家了,怎么称呼啊?”“副科长。”“那么我们又是干同一行当了。”科长一番话语暂时压下了陈副科长那股直冒的“火”。“原来你们吴科长曾来电话说要来的呢?”“他到外地参加一个订货会去了,家里等不及,才让我来的。”“原来如此。我和吴科长讲了一些情况,用我们元件的厂家,产品严重积压,资金不得周转,就殃及你们了。前天我让小李去催款了,我们正在内外设法筹集资金还清你们的款。这还请老本家回厂后多多美言了。”“原来是这样,请原谅我的冒失。”“嗳,一回生两回熟嘛”……

13. 下面的交谈采用了什么方法?其效果如何?

(1)李燕杰在一次演讲后,一位青年特地去登门说他不信马列,最腻政治说教。

李燕杰微笑着问他:“那你希望什么?”

青年说:“我别无他求,只希望人与人之间不要尔虞我诈,说远一点,希望世界大同。”

李燕杰又问:“你知道古今中外希望世界大同的有哪些著名人物吗?”

青年摇摇头。李燕杰从孔夫子谈到孙中山,从耶稣基督谈到释迦牟尼,“但是谁也没有拿出灵丹妙药,还是那个白头发、大胡子的才有办法。他,就是马克思!”

接着,又谈到马克思主义的产生,谈到马克思一生的“两大重要发现”,侃侃而谈,娓娓动听。正当青年听得入迷时,李燕杰话锋一转,含笑问道:“谁说你不信马列,不听说教?”把青年人问得不好意思地笑了。

(2)一天,有个青年因为对另外两青年的恋爱不满,便跑来向陶行知告状,他说:“陶先生,您应该管一管,他们太不像话了,简直是把恋爱当饭吃!”

“是吗?”陶行知好像发现新大陆似的,眼睛里闪耀着惊奇的目光,“他们真的是把恋爱当饭吃吗?”

“谁还对您说假话,他们就是这样嘛!您应该批评批评他们。”

“批评?——不,我认为应该赞扬他们。”陶行知若有所思地说,头在不停地点呀点。

“陶先生,请您不要说笑话,他们这样发展下去,对集体的影响是很大的。”

“为什么?”

“因为他们把恋爱当饭吃,如果不管,就会影响别人也把恋爱当饭吃。”

“那很好,我一定完全赞同。”陶行知一本正经地拍拍他的肩膀说,“假如今后你搞恋爱,我也希望你和他们一样。”

“陶先生又在讲笑话了。”

“不,这绝不是笑话,把恋爱当饭吃,这是人生最正确的恋爱观!”陶行知的态度变得很严肃,并开始把他的理由全部叙述出来,说:“人每天吃饭不过三顿,每顿按10分钟,加个倍,一共也不过一个钟头,其余时间就可以专心工作,专心学习,就可以发生力量,发生热,发生光。一句话,就可以使一天的工作和学习得到更大的成效,这岂不是很好吗?我想应该是很好的,我担心你们的,并不是你们把恋爱当饭吃,恰恰相反,我就怕你们不把恋爱当成饭吃,而是把它当成工作和学习,当成生活的全部啊!”

这位青年听罢,理解地笑了。

项目1.5　即兴演讲能力训练

项目1.5.1　快速构思能力训练

训练目的与要求

通过学习和训练,在掌握即兴演讲的特点、原则和构思法的基础上,能在短时间内针对情景快速构思,并列出发言提纲。能根据特定情景致辞。

在训练过程中,有这样几点要求:

(1)认识语词、语句、语气形成不同的语境表达,从而注意日常语词、语句的积累,能一言多表;

(2)重视联想在即兴演讲中的作用;

(3)应重点训练即兴演讲构思模式的运用。

训练方法与步骤

依据具体情境完成限时快速表达。

训练示例与分析

在一些特殊的场合该怎样展示自己的口才呢?

示例一:

送桃李　情依依

——在中师毕业生毕业典礼上的讲话

亲爱的同学们：

今天，你们要告别几年的师范生活离我们而去了。别时容易见时难，这在我难免有几许凄凄，几许依恋。然而，当我想到你们告别了母校将走向高山，走向平原，走向碧波荡漾的水乡，去开辟你们崭新的生活的时候，我又有几分释然，几分激动，我祝福你们走向新的生活。

几年来，同学们在教师的摇篮里，在老师们的辛勤培植下，刻苦学习，成了德、智、体、美全面发展的新人。我永远忘不了你们运动场上龙腾虎跃的英姿，忘不了你们挑灯夜战摇曳的烛光，忘不了你们展现在母校的美好的心灵。此时此刻，我想起了你们被白色领奖台托起的健美的身躯；想起了变幻的彩灯下，你们踏出的青春旋律；想起了你们在奖学金领奖大会上，送给校领导羞赧而自豪的一笑；想起了更多的同学们，那默默无声却沉稳有力的身影；我还想起了你们有时皱起的眉头，我更想起了你们渴求未来的闪着异彩的眼神。啊！一切都过去了，一切都那么铭心刻骨。亲爱的同学们，你们的汗水浇灌过母校美丽的玉兰，你们的脚印深深地刻在母校厚实的土地上，作为母校的老师，我祝贺你们取得的成绩，也感谢你们为学校作出的贡献。

同学们喜欢唱"我们今天是桃李芬芳，我们明天是国家的栋梁"。我亲眼看到你们从带着泥土气息的农村娃子变成了健壮的小伙子亭亭玉立的大姑娘，变化的不仅是你们的外表，知识的琼浆玉液，浸润了你们的心灵，使它日益成熟，日益深邃。你们将给广袤的无为大地，带去青春的朝气和时代的气息。新的事业在召唤你们，千百双渴望的眼睛在企盼着你们，像那天上的明星。在这片闪烁的星光里，你们将找到清澈如水的真、善、美。你们像那饱满的种子播在无为县的山山水水，我敢相信，春风化雨，你们会生根、发芽、开花、结果。征程漫漫，我不能廉价地断言你们的未来一切如意，也许校舍是破旧的，桌椅是粗糙的。但我要说：坐享其成，只能是纨绔子弟的品性，在没有路的地方最容易踩出令人惊奇的新路，让我们坚信："艰难困苦，玉汝于成"。

这几天同学们忙着写毕业留言，字里行间流动着行将离别的缠绵悱恻，作为刚送走第一届学生的我，其心情又何止惘然若失呢？但我知道羽翼已成的小鸟，是属于蓝天白云的，我深情地目送你们离去，我更盼望着听到你们成功的喜讯。最后送大家两句诗："莫愁前路无知己，天下谁人不识君"。

（仇后亮《演讲与口才》1989.7）

【简析】这篇讲稿首尾呼应，开头表述自己在毕业典礼情境中的特殊感受，中间两段说明这种复杂情感的产生原因，结尾回应开头，提出希望与祝福，体现了即兴演讲的基本构思模式。

示例二：

中国人能够创造奇迹

侯赛因·伊斯梅尔·侯赛因（埃及）

亲爱的朋友们：

我想，在座的各位一定与我有着共同的感觉：在短短的几分钟里表达我对中国的感情，确实是一个艰难的任务。

之所以说其艰难，是因为中国具有五千年的文明史，她的天空下生活着世界上1/5的人口，她是绘制21世纪世界蓝图的最大参与者。我说艰难，是因为中华人民共和国的诞生是20世纪后半叶世界上最重要的事件之一；是因为中国在最近20年中取得的成就，是许多国家和民族在同样短暂的时间内难以实现的；是因为整个世界应该授予中国最伟大的人权勋章。请问有比把占世界1/5的人口从穷困和死亡中拯救出来，使其过上体面的生活更伟大的成就吗？

我真要嫉妒自己，嫉妒任何一位生活在中国，特别是在这一时刻生活在中国的外国人了。因为，我亲眼目睹了这里目不暇接的发展，亲身感受到这里惊天动地的变化。如果说我对中国成就的一切惊叹不已，那并不意味着我诧异不已。因为建筑了万里长城的人们是能够创造奇迹的！拥有如此深厚文明遗产的人们，决不会因一次跌倒、一次失足而放弃伟大的征程。

亲爱的朋友们，我的出生地——埃及的金字塔与你们的长城相距万里，但是，我从未觉得自己是中国土地上的陌生客，是中国人中的外国人。每当我离开北京时，心中总怀有深深的眷恋和强烈的回返之感。在我与中国的一切之间、与中国有关的一切之间，出现了一种奇怪的关系，使我于1997年7月1日之前背上行囊，前往香港，以把它的回归深深地镌刻在我的记忆之中；也是这种关系，使我非常珍重在1999年10月1日与你们同在，置身于你们中间；还是这种关系，会在今年12月把我带向澳门，目睹其投向中国怀抱的回归。我真诚地希望能在不远的将来，与你们同庆台湾问题的解决，使中国大家庭得以团圆。就是这种关系，使我在谈起中国时，如我们的一些朋友们所说的那样，感情同中国人一样深厚。

亲爱的朋友们，50年前，中国的伟大领袖毛泽东在天安门上庄严宣告：中国人民站起来了！1982年，邓小平在中国共产党第十二次全国代表大会的开幕式上果断地宣布：我们坚定不移地实行对外开放政策，在平等互利的基础上积极扩大对外交流。到1997年中国共产党召开第十五次全国代表大会时，江泽民主席又郑重宣布：中国决不放弃改革开放政策。此时此刻，我想起中国伟大的思想家和哲人孔子曾经说过："吾少也贱，故多能鄙事"，"吾十有五而志于学，三十而立，四十而不惑，五十而知天命"。今天，中国确确实实地知道上天所欲。

亲爱的朋友们，在中华人民共和国欢庆成立50周年之际，授予我"友谊奖"，是一件意义深远的大事，因为它正式表明了12亿中国人民的友谊。生活在中国人民中间的人们，都了解中国人民对友谊的崇尚和珍视，他们把友谊视为一种生命的价值。作为一个国家，中国将其体现在对和平与发展的呼唤、提倡及其坚持不懈地与其他国家人民建立友好关系上。

再一次在新中国成立50周年之际向你们表示祝贺。我要对你们说，是你们伟大的人民使我热恋这个国家，成为她忠诚的情人。在这个国家里，我感受着中国的温暖，享受着友朋的挚爱。最后，我要对你们说：我爱你们，中国人民！

【简析】这篇致辞情真意切，感人肺腑。其成功之处主要体现在三个方面：语言真挚，运用排比、反复、设问等修辞手法，表达真挚的情谊；材料取舍精当，紧扣"中国人能够创造奇迹"这一立意，选取真实材料表情达意；结构独特，跌宕起伏，以四个"亲爱的朋友们"领起几个段落，组成一个并列结构，再用最后一段总结，把演讲者的真情实感全部抒发出来了。

支撑知识

一、即兴演讲的含义及特点

即兴演讲是指事先没有准备，没有现成讲稿，因事而发，触景生情的演讲。人们在一生中，不可能每次讲话都能深思熟虑，写成讲稿。常常是站起来就讲话或者演讲，这种讲话或演讲就是即兴演讲。即兴演讲与命题演讲虽然没有本质的区别，没有优劣之分，但即兴演讲使用的范围更广，频率更高，难度更大。

这类演讲，有的虽然没有讲稿，但是有所准备，有腹稿。譬如出席某种会议，参加某种聚会，估计要讲话，或因为某种话题、某种情境，引发了讲话的欲望，在讲话之前，已选定了话题，形成了思路，打好了腹稿。还有的是毫无准备，压根就没有打算讲话也不想讲话，可迫于情势，不得不讲话，譬如，会议被点名讲话，聚会中被推举又很多人附和，无法推脱，只好站起来就讲。这两种情势的讲话或演讲，虽然都可以视为即兴演讲，但后者更是严格意义上的即兴演讲。

即兴演讲与其他类型的演讲比较，有其自身的特殊性。

1. 时境的突发性

即兴演讲最突出的特点就是临时性。也许正当你与别人窃窃私语，也许正当你在潜心思索别的什么，也许当你朝窗外张望的时候，被突然提名就某个问题发表看法；或者你参加校长主持的一次座谈会，或者被同学邀请参加茶话会，或者参加即席演讲比赛，你明明知道要讲话，也做了准备，可临近讲话时，话题被指定了。一切都发生得那么突然，不讲不行。即兴演讲大多只有两三分钟时间打腹稿，是靠“临阵磨枪”即兴发挥，故而得名。因此，演讲者只能就地取材，当场捕捉话机。即抓住现场的某个人、事、物、氛围，或某个人的发言为媒介，联系当时的情况，临场发表演讲。因此比起命题演讲来，即兴演讲的现场感和针对性更鲜明。

2. 话境的多样性

相对命题演讲而言，即兴演讲未提出具体的要求。在材料的取舍，主题的确立，语言的运用，结构的形成等方面都有很大的灵活性。演讲者面临的是话题的多样选择，有经验的演讲者往往是机敏地选准一点，迅速组合思维，把话讲少些，讲风趣些。

3. 篇幅短小

比起命题演讲来，即席演讲更显得单一短小，生动活泼。演讲者在特定的时境快速构思，发表演讲，内容不能过多，时间不宜过长。由于临时准备、即兴发表的讲话，很难构思出长篇大论来。所以即兴演讲一般是主题单一、篇幅短小、时间短暂的演讲。有的两三分钟，有的甚至寥寥几句。

4. 使用面广

即兴演讲在日常生活中使用面很广，如小范围社会聚会中的欢迎、欢送、哀悼、竞选、就职、答谢、婚礼、寿庆、参观访问等场合下的发言或讲话。对于教师而言，在主题班会、迎新仪式、毕业典礼、节日联欢等场合下，即兴演讲也有广泛的运用。可以说即兴演讲是使用频率最高、应用范围最广的一种演讲类型。

二、即兴演讲者的素质要求

1. 一定的知识广度

只有学识丰富，才能在短暂的准备时间内从脑海中找到生动的例证和恰当的词汇，使即兴演讲增添魅力。这就要求演讲者具备一定的自己所从事的专业知识，并能了解日常生活知识，如风土人情、地理环境等。

2. 一定的思想深度

这是指即兴演讲者对事物纵向的分析认识能力。演讲者对内容应能宏观地把握，通过表层迅速深入到事物本质上去认识，形成一条有深度的主线，围绕着它丰富资料，连贯成文，以免事例繁杂、游离主题。

3. 较强的综合材料的能力

即兴演讲要求演讲者在很短的时间里把符合主题的材料组合在一起，这就使演讲者应具备较强的综合能力，有效地发挥出其知识的广度和思想的深度。

4. 较高的现场表达技巧

即兴演讲没有事先精心写就的演讲词，临场发挥是特别重要的。演讲者在构思初具轮廓后，应注意观察场所和听众，摄取那些与演讲主题有关的人物或景物，因地设喻，即景生情。

5. 较强的应变能力

即兴演讲由于演讲前无充分准备，在临场时就容易出现意外，如怯场、忘词等现象。遇到这种情况，只有沉着冷静，巧妙应变，才能扭转被动局面，反败为胜。

不少演讲者对于命题演讲，认为有规律可循，主要是因为有相当长的准备期，可以事先从容写好甚至背熟演讲稿。而即兴演讲则往往成为人们的一大心病。时间短、对象不明确、材料需临时搜集。这些不定因素给演讲者带来难度，因为它需要演讲者有敏捷的才思、丰富的学识，所以一般人谈“讲”色变。其实，即兴演讲并不那么可怕。要做好即兴演讲，首先得做好准备工作。

三、即兴演讲的准备

美国的戴尔·卡耐基认为，即兴演讲并不是“无任何准备的演讲”，他说，“那是信口漫话，或叫信口开河”。这就是说，即兴演讲在任何情况下都是可以有些准备的。不管临场演讲开始前的时间多么短暂，即使只有两三分钟，也提供了宝贵的准备时间。所以，即兴演讲虽然不像有稿演讲那样准备充分，但还是有一些东西可以事先做好准备的。

（一）心理准备

1. 自信

应对自己的能力充满信心，有一个全面积极的分析和评论，不要使自己有不安的反面的刺激因素。不要设想别人会如何挑剔你的毛病，要把演讲当成一个展示、推销自己的机会。

2. 随时准备演讲

心理上作好各种场合即兴演讲的准备。参加某次会议、某个活动，可以先想一想，如果要我讲话，我讲些什么？

(二)临场准备

1. 可以备思路

一般来说,即兴演讲大多属议论式,即围绕一个观点组织几则材料进行论证和说明,有的可分成几个方面横向说,有的可从现象到实质纵向说,有的可正反、古今等对比说。许多赛场即兴演讲题不外乎这些思路,当演讲者抽签抽到一个题时,首先就要看它适合以何种思路或者模式展开。如"年轻,OK",这个题目一看抒情味较浓,实际上它是要人们阐明"如何珍惜青春"的话题。它的思路可以是先横向,后纵向——开头用几个排比句道出年青的种种美妙,随后托出珍惜青春的主旨,然后列举当今种种浪费青春的现象并分析原因,最后回到主旨,照应题目,进一步强调。这样思路清晰了,语言材料可以在抽题后有限的几分钟内准备,甚至可以边说边组织都来得及。生活即兴演讲也可备思路的,如某人被邀请参加一项活动,就得事先根据自己的身份地位预料一下是否有可能被要求发言,如果有,就要有心理准备。如教师参加学生的活动,如果被要求讲话,一般都是点评式的。这样的生活即兴演讲大致在事先可这样准备思路:先说自己总的感受,一般以肯定居多,结合活动实例分条说明,再指出缺憾之处并简析原因,最后提自己的建议或希望。

掌握常见的快速构思模式也很重要。有经验的即兴演讲者习惯以一个基本模式框架作为快速构思的依据,使自己的表达既符合人们的认识规律,又能引起人们兴趣。这种模式框架的种类很多,可以选择运用。

(1)三么结构模式

模仿议论文的结构模式,在即兴演讲前的短暂准备时间里,快速思考三个基本问题,即"是什么"、"为什么"、"怎么办",以理清思路,构思演讲框架。

①是什么?(我的看法与感受)

②为什么?(强调提出问题的必要性,事实与依据)

③怎么办?(提出希望与建议)

在表达时应选准切入口,不露"三么"痕迹。

(2)结构精选模式

此模式由美国公共演讲专家理查德归纳提出,是比较实用的一种快速构思模式。理查德认为,即兴演讲应当记住以下几句话,它是个层次的提示信号:

①喂,请注意!(开头就激起听众的兴趣)

②为什么要费口舌?(强调指出听演讲的重要性)

③举例子。(用具体事例形象化地将一个个论点印入听众的脑海里)

④怎么办?(具体讲清大家该做些什么)

这四句话,既可作演讲前构思的启发,又可作演讲的过程中思路线索的提示;既可预防放野马式的信口开河,又有助于较好地表达题旨。

(3)八格构思模式

用"客、背、评、理、感、绩、法、表"八字提示结构层次,然后进行"填意",即在各格后面填好精练的词语,填出表意要点。

①客:讲话前的客套语、礼貌语和祝贺语部分。

②背:在讲话中需交代的背景,或者描述空间环境的部分。

③评:在讲话中对事物进行评价,褒贬或者对情况进行介绍和说明的部分。

④理:在讲话中说理、驳理、推理部分。

⑤感：讲话中谈认识、感想和心得体会部分。

⑥绩：在讲话中谈成绩、失误和讲述事迹的部分。

⑦法：讲话中宣传政策、法律、法规以及提出措施和交代方法部分。

⑧表：在讲话中提出希望、要求和建议以及表明态度的部分。

注意其八格并非必须全部使用，可选用其中几格即可，这要看你参加的是什么会议。

2. 可以备语言

即兴演讲中可以不失时机地穿插几句俗语谚语、名人名言、古典诗词等。这类的言语可以分类准备，如发奋类的、勉励类的、警醒类的等，它们往往有凝练、适用性强的特点。有时它们可作观点，有时它们可作点缀，恰当地使用将会使演讲文采大增。而这些是平时该熟记的，讲时可随意提取的。甚至有些内容较明朗的生活即兴演讲，在事先就可选出几句针对性较强的句子或作开头，或作转折，或作结尾，如当要讲自励或勉励他人之意时，这些句子就可作选择，如“梅花香自苦寒来”、“腹有诗书气自华”、“为伊消得人憔悴”等。

四、即兴发挥技巧

即兴演讲是人们在特定的场景中，受客观事物的触发，产生某种兴致而临时发表的演讲，“兴之所至，有感而发”是即兴演讲的基本特点。既然“兴”在这类演讲中如此重要，那么，它是从何而来的呢？实践经验表明，即兴演讲的“兴”，是处在特定场景中的人通过以下几条主要途径感受和激发起来的。

1. 感“时”起兴

特定的时间，是演讲活动的一个构成因素。倘若这一时间具有某种特殊意义，就可以成为一种现场触媒，从而引发即兴演讲。例如：

你们好！“教师节”是我们在座每一位师生自己的良辰吉日，可喜可贺！现在不正是如此吗？师生汇聚一堂，情意殷切；你我竞相赞美，激情满怀！此时此刻我感触良多。

这是一位教师在教师节师生联欢会上即兴演讲的开场白。显然，演讲者对“教师节”这一特定的时间概念，有着真切的情感体验和深刻的思想认识，正是这具有特殊意义的“此时此刻”，使他“感触良多”，从而不可抑制地产生了即兴演讲的强烈兴趣。

2. 感“地”起兴

指因演讲的地点与演讲内容、主题的相关而引发演讲。特定的地点与构成演讲的环境因素密切相关。如果处在现场环境中的某人对这一地点有着难以忘怀的人生记忆，就可能由此激起内心强烈的情感活动，从而产生的一吐为快的表达欲望。例如：

今天，我们这些老知青，为了重温一个旧梦，顶着烈日，冒着酷暑，从四面八方汇集到阔别二十多年的第二故乡——南江。在这片红色的土地上，曾洒下革命先烈的斑斑血迹，也曾留下知识青年的深深足印。当我又一次踏上这方热土时，心中涌起了多少感慨、多少欣喜……

这是一位知青在第二故乡联谊会上即兴致辞的一段话。作为在农村插队八年的老知青，他重返故地，青春时代那些难忘的生活情景一下子在头脑中浮现出来。这让人刻骨铭心的地方，就成了演讲者即兴发言的情感动因。

又如，一次在江西上饶的三清山召开的学术研讨会议，一位大学老师做了一次即兴演讲，他是这样开篇的：

各位领导、各位专家、各位学员：

我们这次会议在道教灵山——三清山召开是有特殊意义的。三清山又叫少华山，东晋时代葛洪在此修炼仙丹，从此这里成了道教福地。道教思想蕴含哲理，是中国文化的重要组成部分，其核心是讲“妙”。第一妙是难易相依，第二妙是有无相依，第三妙是险处逢生。起最高境界为“玄之又玄，众妙之门”。思想的哲理光辉可以照射到各个领域，包括我们要研究的领域。

由葛洪的哲学思想引发，集中谈此次学术研讨，应该向道教追求“玄”那样：执着不舍，悟出“真道”来。

3. 感“人”起兴

作为演讲活动中的人，演讲者和听众的关系是十分密切的。从实际情况来看，处在语言交际场合中的某人，面对他人的时候，往往会受到这一特定对象的影响，从而激发兴致，情不自禁地临时发表演讲。例如：

刚才，我听会议主持人说，在座的都是来自农村的小学校长。我也当过农村小学校长，我深知在贫困落后的偏远山区当好这个校长是多么艰辛和劳苦。尽管如此，你们却义无反顾地肩负起了培养跨世纪农村建设人才的重担。我本来不准备讲话，现在却想借此机会，向你们表示崇高的敬意，并说几句心里话……

这是某市教委副主任在小学校长培训班结业典礼上即兴讲话的开场白。显然，这位领导同志是临时被邀到会的。当他了解面对的特定对象以后，类似的经历，深切的体验，就促使他产生了说话的兴致，并发表了真切动人的即兴演讲。

4. 感“事”起兴

指从自己亲身经历、见闻中寻找刺激源，也许是更加行之有效的。在社会生活中，人们的热门话题固然可以成为即兴演讲的材料，其实，即使是所谓小事只要蕴含着重要的意义，对善于体察和感悟生活的人来说，也同样可以激发强烈的兴趣，促成一次富有启示性和感召力的即兴演讲。例如：

最近，我上街的时候，发现商店招牌和商品广告上的错别字大大减少了。也许有人觉得这是小事，可我认为这是一个令人高兴的好现象。因为它说明社会用字的规范化问题已经引起了政府部门的重视并得到了人民群众的理解和支持。同学们是未来的人民教师，更有义务承担起规范用字的社会责任。

这是一位中师语文教师的一段课前即兴讲话。他出于职业的敏感，由社会上商业用字的变化，体察出了一种语言文明的新趋向，并怀着喜悦的心情，感“事”起兴，对学生讲述了自己的见解和希望。

又如，某城市曾经举行过一次关于加强城市交通安全管理的演讲比赛，比赛将近尾声，一位老工人突然要求作即兴演讲。他一上台，就异常激动地讲了这样一件事：不久前，一位孕妇下班步行回家，在她的斜对面，一辆黄河牌大卡车朝她撞来，她躲闪不及，被撞出了十多米，当即死去。她腹中的孩子也被撞出来了，鲜血淋漓地摔在离母亲一米多远的马路上，她丈夫目睹这一惨状，当场就疯了。他一手抱着孩子，一手搂着妻子，又是笑，又是哭，围观的人，无不为之掉泪。事后查明，是司机酗酒开车。这位老工人大声疾呼，要确保城市交通安全，一定要杜绝司机酒后开车。演讲十分成功。老工人为什么一定要讲呢？就是因为这件事太惨了，太刺激他了。

5. 感“景”起兴

指演讲者受到眼前某种特定景象的触发，如现场的氛围、听众的情绪、场地的布置、周边的环境，甚至刮风、下雨、或晴或阴等自然气候等的引发，导致一段精美的即兴演讲。例如：

今天天气真好，春风特别和煦，春光格外明媚。蓝天的流云飘拂，青山飞鸟啼鸣。苍松翠柏掀起阵阵林涛，红花绿叶织出幅幅彩锦。在这充满生机与活力的季节里，我们走进美丽的大自然，一颗颗年轻的心怎能不感奋、激动和欣喜！让我们放开喉咙，尽情歌唱这美好的春天！

这是一位中学班主任在春游中即兴演讲的一段话。当他带领学生登上山顶，举行联欢活动的时候，面对大自然多彩多姿的景色，他兴致勃勃地讲起话来。这情景交融的演讲，产生了非常强烈的激发性和感染力。

6. 感“物”起兴

在会议现场，有时会出现某种引人注目的物品。一个善于观察和联想的人往往能够感悟到此“物”的特殊内涵，从而即兴发挥，以开场白的方式，发表一段精彩的即兴演讲。例如：

我这个人作报告，很容易激动，激动起来就会手舞足蹈，这花瓶放在台上就有点碍手碍脚了，说不定碰翻摔破了，我这个供给制市长还赔不起呢？

这是一位领导干部在计划经济年代为某文联作形势报告的一段即兴开场白。他走上台来，一眼就看到讲台洁白的台布上放置着一个插着鲜花的花瓶，他小心地把花瓶移到台下，然后讲了这段话。显然，这感“物”起兴的演讲，不仅活跃了气氛，而且委婉地批评了讲排场的风气，给人以深刻的启发和教育。

又如，某厂职工三岁半的孩子身患急性粒细胞白血病，家里倾其所有，也无法承受高昂的治疗费用，为此，该厂团委组织了一次街头义演募捐活动。一位抱着孩子的母亲捐钱之后，对着话筒作了一次反响很大的即兴演讲，她的开头是这样说的：

各位父老，各位姐妹：

我是一个孩子的妈妈（怀里抱着刚满一岁的孩子），我想对在场所有的妈妈讲几句话：

“大家都看到了吧，照片上这个小男孩长得多可爱（募捐倡议书上贴着孩子12寸相片），大大的眼睛，圆圆的脸，他正在向您微笑，笑得那么甜。可是，有谁会想到，残酷的病魔正在吞噬他的笑容……”

引发这位母亲作这篇令现场听众震撼的即兴演讲的，显然是充满爱心的现场氛围，尤其是孩子的这张照片。

7. 感“言”起兴

会议的主题，别人的讲话，旁人的议论，一句格言，一首诗，等等，激发了兴奋，引起了一段想法，即兴演讲便由此开端。例如在家长座谈会上一位与会者的即兴发言：

刚才这位家长先生的发言是太好了。我十分赞同他提出的家长要给自己的孩子建立家庭档案的意见。是的，把孩子在家庭中的表现情况记成文字材料，并装入档案，这不仅能够反映孩子的思想变化，而且可以检查他们的性格缺陷。这样，就便于从家庭的角度配合学校，更有针对性地教育孩子，引导他们不断成长和进步。

显然，这位家长是在聆听了别人的言论之后，兴之所至，才有感而发的。因为这“兴”是被一种强烈的赞同感激发出来的，所以，他立即发言，表明了自己的看法和态度。

五、致辞

致辞是演讲的一种重要形式，是在社交礼仪活动的正式场合，作为个人或集体的代表，向对方表示欢迎、感谢、祝贺、慰问、勉励等意思的一种讲话。

（一）致辞的特点

致辞是与交际联系在一起的，是交际的方式。它既使用演讲这种形式进行交际，又必须体现出交际所必须依据和表现的一定礼仪。因此，致辞作为演讲中的一个独立的类别，有着它自身的特点。

1. 目的独立

各种各类的演讲都有各自的目的。而致辞的目的相对于一般演讲来说是独特的，致辞是在演讲者（个人或他代表的单位、团体）与听众（个人或他的代表单位、团体）之间架起一座感情的桥梁。目的在于增进双方的了解，加深双方的友谊，以便今后更多地交往与合作，共同促进事业的发展。

2. 处境特殊

这里所说的处境，是指演讲者在演讲时所处的时空境况。这个境况是由演讲时的社会环境和自然环境两方面构成的。关于致辞处境的特殊，我们可以从三个方面理解。首先，致辞者就是代表。在一般的演讲中，演讲者以个体身份出现。而在致辞中，讲演者总是代表相互交往中的两个或几个方面中的某一方面。有时即使致辞者只能代表着一个方面，比如在欢迎会上，被欢迎的只有一个人，但他的答谢词却代表着一个方面，即新来的一方。有许多致辞，直接说明自己代表的一方，如："请允许我代表……向你们……"，有的并不直接说明，但人们也能直接或间接地清楚了解他所代表的是哪一个方面。其次，听众是心理相同的群体。参加致辞场合的听众，都是出于一定礼节集中到一起来的，在这个听众群体中，不论包含几方面的人士，他们都是某一方面的代表，而且他们作为某一方面的代表的意识又十分明显，他们的心理期望是相同的、一致的。这就是使他们在这种场合中，十分注重礼仪，表现得很有礼貌，显示出较高的修养。第三，现场气氛是和谐一致的。由于致辞就是代表，所有的听众又都是某一方面的代表，致辞者和听众之间，听众和听众之间，都怀有共同的心理，所以，他们的情绪必然是和谐一致的。该怎样做，致辞者一提出，大家会积极地响应，马上行动，这就构成了整个现场的和谐一致的气氛。

3. 情感起主导作用

在一般演讲中，内容占据着主导地位，情感因素虽然不能忽视，但他毕竟属从属地位。而致辞中，情感懂得表现是第一位的，因为致辞本身就是演讲者情感的流露。致辞的目的是建立和增进彼此间的情感，是以情感交流情感。因此，只有充分表现出炽热、真挚的情感，才能获得致辞的成功。有一点需要注意，那就是情感的表达和好的内容是相辅相成的，内容为情感所决定，又反过来为情感的表达提供发挥的依据。所以在致辞时，既要充分表达情感，又要组织好致辞的内容。

4. 即兴成分较多

致辞和一般演讲相比，即兴成分是比较多的。首先这是因为致辞准备的时间有限，一般都来不及形成完整的演讲稿。有时，致辞者被人临时举荐或自己临时决定，才在会上讲一讲，演讲之前，没有充分的准备，主要靠登场之后即兴发挥。其次，致辞是为了情感的交流与传达，演讲者绝不能低着头照本宣科，为了追求良好的现场效果，不能不即席发挥。

即兴成分是致辞活泼、生动、自然、贴切、真挚、愉快、感人的来源，少了这个成分，致辞就会味同嚼蜡。

（二）致辞的注意事项

1. 感情真挚

致辞要做到态度诚恳，感情真挚，充分表达自己的美好祝愿或深切之情。只有这样，才能加深彼此间的友好关系。

2. 言简意赅，言之有物

致辞要抓住对象的特点，要有实质内容。也就是说，要有一定的事、情、理，使人感到真实可信，亲切感人。同时，致辞内容要有针对性，应根据活动宗旨、活动要求，表明自己的态度和观点立场。在礼仪场合，演讲者只要言简意赅，当场表示某种心意即可，不宜做过于冗长的演讲。常规致辞时间一般控制在3～5分钟，特殊情况下的致辞时间可视具体情况而定。

3. 要入乡随俗，尊重对方的风俗习惯

各地区、各民族在举行某种仪式的时候，往往有着传统的风俗习惯，致辞者要注意顺应，否则就会犯礼仪交往的大“忌”。

4. 用语得体

致辞要顾及在场人的情绪和活动气氛，在不同的场合，根据活动的不同性质（喜庆、告别、悼念等），针对不同的听众来选词用语，以形成或庄重、或活泼、或典雅、或通俗的不同言语风格。重视礼貌语言的运用，如尊称、敬辞、祝颂词等。同时，在致辞中适当运用幽默，能取得良好的效果。

训练素材及提示

【知识题】

1. 即兴演讲的含义及特点是什么？
2. 即兴演讲构成因素有哪些？
3. 怎样快速引发思维？如何快速展开？
4. 致辞的特点有哪些？
5. 致辞的种类有哪些？

【实践训练题】

1. 教师准备若干题目并制成签，学生抽签，抽到什么题目，就按题目当即发表1～2分钟演讲，依次进行。

2. 由教师领头说一段话，学生依次接着说下去，不得改变话题，每人不得超过2分钟。

3. 课外学生自愿组合，长期坚持训练。

4. 从报刊上找一篇致辞，分析其特点，从中增长见识，学习表达技巧。

5. 组织一次第二课堂活动，模拟致辞训练，比如可以向获得三好学生称号的同学表示祝贺；向任教三十年以上的老师表示祝贺；向在全国或本省书法或本校书法比赛、演讲比赛等竞赛活动中获奖同学表示祝贺；还可以模拟向毕业生致欢送词；向新同学致欢迎词；向全国劳动模范致贺词；向勇斗歹徒光荣负伤的英雄致祝词等等。

6. 评论下面这份致辞。

为庆贺朱总司令六十大寿的祝词
(1946 年 11 月 30 日)

周恩来

亲爱的总司令朱德同志:

你的六十大寿,是全党的喜事,是中国人民的光荣!

我能回到延安亲自向你祝寿,使我万分高兴。我愿代表那反动统治区千千万万见不到你的同志朋友和人民向你祝寿,这对我更是无上荣幸。

亲爱的总司令,你几十年的奋斗,已使举世人民公认你是中华民族的救星,劳动群众的先驱,人民军队的创造者和领导者。

亲爱的总司令,你为党为人民是忠贞不贰,你在革命过程中,经历了艰难曲折,千辛万苦,但你永远高举着革命的火炬,照耀着光明的前途,使千千万万的人民,能够跟随着你充满信心向前迈进!

在我们相识的二十五年当中,你是那样平易近人,但又永远坚定不移,这正是你的伟大!对人民你是那样亲切关怀,对敌人你又是那样憎恶仇恨,这更是你的伟大!

全党中你首先和毛泽东同志合作,创造了中国人民的军队,建立了人民革命的根据地,为中国革命写下了新的纪录。在毛泽东同志旗帜之下,你不愧为他的亲密战友,称得起人民领袖之一!

亲爱的总司令,你的革命历史,已成为二十世纪中国革命的里程碑。辛亥革命、云南起义、北伐战争、南昌起义、土地革命、抗日战争、生产运动,一直到现在的自卫战争,你是无役不与。你现在六十岁了,仍然这样健壮,相信你会领导中国人民达到民族解放的最后胜利,亲眼看到独裁者的失败,反动力量的灭亡!

你的强健身体,你的快乐精神,象征着中国人民的必然兴旺。

人民祝你长寿!

全党祝你永康!

(选自《周恩来选集》)

7. 请转述和介绍一个文学作品的内容,有意识地训练自己的语言表达能力。要求:要准确,要概括;要生动形象;要完整严谨。

项目 1.5.2 主持能力训练

训练目的与要求

通过学习和训练,应了解主持人的素质要求,掌握主持的要领与技巧,能完成简单的主持项目。

在训练过程中,有这样几点要求:

(1)依据具体情境,完成情境主持;

(2)应同时训练主持的文本操作能力与现场言语生成能力。

训练方法与步骤

可启发学生模拟自己喜爱的电视节目主持人的主持风格来完成情境主持。

训练示例与分析

主持的技巧是什么？

示例一：

教育局长的经典串联语

有位教育局长主持先进教师经验介绍会，用了这样的连接词：

“榜样的力量是无穷的。听了这位班主任的发言，我们深感身教重于言教。但是在整个教育过程中除了身教还要不要言教？言教占怎样的地位？老师应怎样研究言教的艺术？××老师在这方面做了可贵的探索，下面请他介绍。”

“言教需要美好的语言，美好的语言来自美好的心灵，美好的心灵来自不断地自我修养。××老师注重品德修养的故事在许多学校传颂。下面就请××老师讲一讲。”

示例二：

女主播的幽默

前苏联中央电视台的女播音员瓦莲金娜·列昂节耶娃，在上世纪五六十年代红极一时，享有很高的声誉，这和她在电视播音中善于随机应变、别开生面是分不开的。一次，她主持少儿节目，她还没开口，那只准备给观众看的鹅就叫了起来。这可怎么办？她即兴发挥道：“小朋友们，你们听见了吗？咱们今天请的客人已经等不耐烦了，那么节目就开始吧！”观众笑得前仰后合，唯一没笑的就是坐在摄像机前的列昂节耶娃。

示例三：

独具一格的介绍

黑龙江电视台《当代大舞台》节目的主持人在迎新春联欢会上对歌星毛阿敏的介绍独具一格：

“请问毛阿敏小姐，您是从哪里来的？”

“哦，我是从北京来。”微微一笑。

“您像一只美丽的蝴蝶给冰城哈尔滨带来了欢乐。请问这次能做几日停留呢？”（众笑）

“嗬嗬，五日。”毛阿敏也笑了。

“我们冰城的朋友热烈欢迎您的到来，但愿您与《当代大舞台》节目永不分手！”台下掌声一片。

示例四：

得体的开场白

这是一个监考官的开场白：

“同学们，考试就要开始。大家都是久经沙场的老战将，对考场纪律、考试规则可以倒背如流，那些我就不再重述了。我作为一个监考者，既是一名服务员，又是一位裁判员，我将给大家提供最佳服务，只要你举起一只手，必定回报‘我来了’，不敢有丝毫的怠慢；但裁判员的身份又要求我是公正的，望我们互相关照，并原谅我的公正严厉。最后祝大家考出优异的成绩。”

【简析】开场白设计是否新颖、串联语连接是否巧妙、随机应变的言语能力等是主持人的素质要求。

支撑知识

在社会生活中，人们为了交流信息，沟通情感，保障正常的工作秩序和生活秩序，就需要开展各种形式的活动。在这些活动开展的过程中，负责串联组织的主导人物就是主持。主持一词在《现代汉语词典》里，解释为：“负责掌握和处理”，如主持会议、主持节目等等。有人说：“主持就像交响乐团的指挥”，这句话非常中肯，“指挥”得好，“演奏”就美妙动听，“指挥”不好，“演奏”就会失败。因此，主持人的责任是重大的。

（一）主持的分类

根据主持的内容分：有社会活动主持，如主持会议、演讲、辩论、评比、典礼、面试等；有文化活动主持，如主持文艺演出、舞会、联欢等。

根据主持者在活动中所担负的职责，有报幕式主持和角色主持。前者如主持报告会，主持的职责是向与会者介绍注意事项和报告人，宣布会议的开始与结束。后者如主持文艺晚会，主持担负着晚会的角色。在晚会的开始、中间、结尾都有“戏”。一些电视节目、广播节目的主持，也属于角色式主持。

按照主持的口语表达方式，有报道性主持、议论性主持和夹叙夹议性主持。例如主持大型会议，多用报道性主持，一般只介绍发言人的姓名和发言题目等简单情况。主持演讲和竞赛多用议论性主持，主持者总要评议一下，说说自己的现场感受。主持群众活动、文艺活动多用夹叙夹议性主持，边叙边议，叙中有议，议中有叙。

按主持者的数目，有一人主持、双人主持和多人主持。政治性活动、短小的活动、严肃的场合，多用一人主持；一般的文体活动，多用双人主持。双人主持一般是一男一女、男女声交叉，富有变化，具有艺术气氛。大型文艺庆祝活动多用多人主持，它气势宏大，热烈欢快。

（二）主持的语言艺术

1. 口语化

主持人的语言是“说”给听众的，而不是“念”给听众的。若照着稿子念，那肯定就“说”不好。因为只有口语化才适合“说”，只有口语化，才能说得好。所以甩掉稿子或者拿个提纲，才能谈笑风生，说得亲切自然。

主持的口语，不同于生活中的口语。生活中的口语，一般是边想边说，甚至是不加思考，脱口而出，特点是句子短、结构简单，甚至不完整；有重复、有脱节、有补充、有插说、说不明白或者错了的还可以重说。而主持人的口语，面对的是众多的听众，而且要在有限的时间内传播较多的信息，因此主持人的口语，必须是经过反复加工、提炼的口语，是一种适合于特定场合，具有特殊的语言结构方式、特殊的语感和特殊的语言交流功能的口语。使用这种口语，要使人感到既简练明快、干净利落又温和亲切、活泼生动。

2. 大众化

一般的说，接受主持的，往往是一个群体，因此，主持人事先应对这个群体有所了解。因为一个人的知识水平，往往和他们的经历、职业、文化教养有关，人和人的经历、职业和文化教养不同，对语言形式的识别能力、语言意义的理解水平也不一样，这种差别就是人们接受语言的个性。主持人组织语言的时候，应该充分考虑和掌握听众语言的这种个性。比如主持青年会议和青年节目，就要适应青年人好胜、好强、好思索等特点，其语言应该是活泼明快、充满朝气、哲理性强、寓意深刻的。主持老年人的活动就不能这样。主持人要深入了解生活，熟悉各行各业、各层次的人物的语言和心理，在每一次主持时，都应该研究每一个层次的听众的特殊情况、特殊心理，因人而异、因事而异地用对方容易接受的方法和态度来组织语言，若期间有各个方面各个层次的人物，要做到照顾全体，面面俱到。

其次，主持人在组织语言时还要注意掌握听众语言的共性。听众接受语言的一般规律是：喜新厌旧、喜奇厌平、喜短厌长、喜真厌假。在接受语言的同时，还伴有平等心理、参与心理、逆反心理。因此，主持人在组织语言时，要适应听众的心理变化的要求，使主持有程式但不程式化。

3. 个性化

每个主持人的语言都应该具有自己独特的个性特点，要和自己的身份相符。给人的感觉应该是温文尔雅、有知识、有教养、有人情味，切忌居高临下、锋芒毕露、表现过分。动不动就对文艺节目或会议内容发表长篇大论，势必喧宾夺主、越俎代庖，冲淡主要内容和效果，使听众感到厌烦。切忌语言庸俗、指手画脚，如有的主持人动不动就说“请大家鼓掌欢迎！”“这个节目好不好呀？”之类，成了听众观众的导演，更像老师对待小学生，令人生厌；还有些主持，动不动就说“请允许我……”，给人一种造作之感，使人听了不舒服。

（三）主持的技巧

要当好主持，做好活动的主持人，那就应该掌握主持的技巧。这里，主要介绍三个方面：一是开场巧妙，二是连接巧妙，三是随机应变。

1. 开场巧妙

巧妙的开场，可以为活动的气氛奠定基调，从而保证活动的顺利开展。主持开场的技巧有三条。一是直入点题，提纲挈领，简明扼要地把活动内容主体讲明白。二是调动全场情绪，使全场人人情绪高涨起来，注意力集中起来，处于亢奋状态，并造成一种氛围，一种与全场和鸣共振的态势。主持人的语言要富于启示性、诱导性，导引全场进入角色、进入境界。三是要周到得体，要照顾全体，面面俱到。

在现实生活中，常见有的主持人老是用一套死板、陈旧、千篇一律的语言来做开场白：“现在开会，首先请××局长讲话”，“×××文艺晚会现在开始，第一个节目……”。这是我们必须坚决摒弃的。巧妙的开场，应该根据活动的具体实际，做些灵活的设计，或者说说内容，或者讲讲形式，或者提提要求，或者聊聊“历史上的今天”，或者谈谈“此时在别处”。在能够幽默的地方，适当来点儿幽默，肯定会得到观众的欢迎和赏识。

2. 连接巧妙

一切活动的主持，既是整场活动的有机组成部分，又是演说者（或表演者）与听众间的桥梁。因此，主持人要特别设计好各项内容的连接语，使之自然流畅，接续无痕，使整场活动浑然一体。在1989年的春节联欢晚会上，有牛群和冯巩的相声表演，当时冯巩正在主持节目，牛群走过来说："您在这儿？我找得好苦！""什么紧急事？"……相声自然就说下去了，这比那种"下面节目由×××表演"，"接下来"等等要高明得多。

主持者的连接用语的作用是承上启下，肯定前面的，画龙点睛，呼出后面的，渲染蓄势。连接用语可以顺带，也可以反推，可以借言，也可以答问。总之，要别开生面，恰到好处。如果一场活动由两人以上主持，要注意配合默契，语言协调，切忌互相矛盾。

3. 随机应变

主持一场活动，难免不遇上麻烦。如果遇上麻烦，应随机应变，用巧妙的语言化解和调节。

比如在座谈讨论会中，主持人讲过之后，无人开头，形成僵局，或者一人发言完毕，无人接上，形成僵局。遇到这种情况，主持应尽快想法打破。或者做表率，自己先讲，做个示范，或者直接点将，安排"下一个"。你可以这样说：××同志在最近曾经对我说过有关文件的事，今天列入了会议议题。请您发言谈谈你的看法。当然，也可以采用迂回的手法，比如讲个故事，讲个笑话，活跃一下气氛，在潜移默化中启迪思路。

对于说起话来没完的人，主持要及时礼貌地提醒他抓住要点，尽量简洁些。如果与会者彼此意见不一致，争吵不休，互不相让，这时主持人应站出来打圆场。或者岔开话题，把争论双方的注意力转移到别的方面；或者帮助双方寻找共同点，缩小感情上的、心理上的距离；或者将双方的意见进行整理和归纳，站在公正无私的立场上进行评价，阐述为双方都能接受的意见；或者引导双方从事实中反省自己的观点和错误，消除误会，认同真理。

有时，主持会碰到来自听众的发难。这时，主持要先冷静地思考分析一下，人家为什么发难？动机是什么？而后分别采用不同的对策。对于善意的发难，应以赤诚相见，可以直接说明和解释，也可以因势利导，引入正题，还可以来点调侃。对于恶意的发难，则应采取外柔内刚的方法针锋相对，可以顺贬，先默认并接过对方给的难题，而后顺理成章地使对方陷入比自己更难堪的境地。可以回敬，套用对方的说法，以其人之道，还治其人之身。也可以釜底抽薪，直接揭出对方心怀的鬼胎。

有时，主持人不小心也会给自己造成失误。遇到这种情况，千万不要慌张，不妨自觉而灵活地利用双向交流的纽带，将错就错，让它产生逆转和突变，化逆为顺，创造出更加健康活跃的情绪和气氛。

训练素材及提示

【知识题】

1. 主持的技巧表现在哪些方面？

2. 主持的语言艺术表现在哪些方面？

【实践训练题】

1. 推选一名同学主持专题班会，大家根据会议内容，事先帮他出主意，想办法，设计好主持语言。事后总结哪些是成功的地方，还有哪些地方需要注意改进。

2. 注意收看电视专题节目,学习电视节目主持人的主持技巧。

3. 学校组织文艺活动,请你注意主持人的优缺点,并思考假如你当主持人,怎样才会做得更好些。

4. 在班内组织一次演讲活动,事先熟悉部分同学的演讲内容,思考怎样开场,演讲者之间怎样巧妙连接?

5. 点评一位你最喜爱的节目主持人,评说他(她)的主持语言有何特点。

(1)用文字写出,字数以600字左右为宜;

(2)用有声语言向大家表述,要求观点明晰,并具有交流感、层次感,时间为3分钟。

6. 利用班级的各项活动,由各位同学轮流担当主持,正确使用主持的各种技巧。要求:(1)设计主题;(2)计划过程;(3)进行评议。

7. 毛泽东的诗词的思想和艺术性都很高,能给人以深刻的启示,有些诗词至今脍炙人口。某班在学习了毛泽东的《沁园春·长沙》后举行了“毛泽东诗词朗诵会”主题活动,现在请你为主持人写一段结束语,来结束这次朗诵会。要求:(1)要引用毛泽东的诗词;(2)语言连贯且富有激情;(3)不少于50字。

项目1.6 求职面试语言能力训练

训练目的与要求

通过学习和训练,学生能了解招聘提问的方式、面试的主要形式,明确应聘交谈的原则,能根据应聘交谈的原则,巧妙面对各种面试提问。

在训练过程中,有这样几点要求:

(1)重点训练求职面试中的自我推介语言与应答语言能力;

(2)运用比较法,比较同类问题的不同言语应答的效果。

训练方法与步骤

依据具体需要,模拟面试情境进行训练。

训练示例与分析

在求职面试时该怎样展示自己的口才呢?

示例一:

进退自如的回答

在一次招聘管理人员的面试中,一位应试者较好地回答了所有问题。这时,主考官提出这样一个问题:“按照你的面试情况,好像也够管理人员的条件。不过,我们招聘的管理人员名额有限,很可能委屈你当一般的工作人员,不知你意下如何?”这位应聘者稍作考虑后，作了这样的回答：

“我注意到了贵单位的招聘公告中讲的是招聘管理人员这一事实，我也是基于这一目的而来应聘的。当然，也许在进入管理层之前，需要做一段一般工作以熟悉具体情况。不少有远见卓识的单位负责人对手下的骨干都是这样安排的。如果真是这样，说明贵公司是立足长远考虑的，我也有充分的自信不会在一般工作岗位上干很久。”

【简析】主考人提出这个问题，可能是因为“名额有限”，也可能是要试一试你的胸怀、你的心理状态。如果你简单回绝，说明你只想当管理人员，不愿当一般工作人员，而这样的人是不受欢迎的。如果你直率地回答：“当一般工作人员也可以”，那等于降低了自己的应聘要求，有可能在以后的工作安排和工资待遇上授人以柄。很明显，这位应聘者的回答是得体的，既不会给自己造成被动局面，也为以后的发展留下了铺垫，同时还给对方留下一个好的印象。

示例二：

丑女善应对，人生更美丽

某经营机构招收女秘书，要求才高貌美。一丑女前往应聘。

总经理：“难道你没有看清楚我们的招聘条件吗？”

丑女：“看了。”

总经理：“那你为什么还要来应聘？”

丑女：“你如果聘用了我，既显出你别出心裁，又显出人格高尚。因为闹出绯闻的总在漂亮的女秘书身上。何况，人不可貌相，漂亮的人未必有才气，而长相不漂亮的人必有其过人之处。我很丑，可是我很优秀，况且，正是貌不如人，所以我会更加努力地工作。”

最后，丑女意外地达到了自己的目的。

【简析】这说明这位求职者沉着自信，具有良好的心理素质，对这次求职有着充分的心理准备。

支撑知识

求职，就是找工作，就是在就业市场上寻找自己理想的工作单位和工作岗位。求职是人生的大事。又是人生的难事。世界不断膨胀的人口与高科技带来的劳动力需求不断减少的矛盾，使得需要求职的人越来越多，求职的难度越来越大。在招聘和求职的场合，羞羞答答、唯唯诺诺者会被人认为是无能；口若悬河、滔滔不绝者又可能被认为是目中无人、自我感觉太好；而一本正经、实话实说者则有可能被视为“脑子不活”或“心眼太死” ……求职之举，事关“饭碗”和养家糊口，又事关事业、前途和人生理想；而求职之难都常常“难于上青天”，难倒英雄汉。作为一个求职者，在面试过程中语言表达的好坏，往往成为能否被录用的关键。那么，求职面试语言有何要求呢？

一、求职的准备

（一）资料的准备

我们知道，无论行兵打仗，还是经商谈判，凡是涉及两个方面的工作或事情，都必须做到知己知彼，才能百战不殆。而作为求职应聘的“知己”就应该知道：(1) 自己在整个劳务市场中所处在一个什么位置上;(2)自己有什么特长可以发挥;(3)自己能做什么和不能做什么;(4)你最需要什么;(5)你有哪些有利的和不利的因素,你准备怎么处理。

而作为"知彼",我们就要知道:(1)对方的社会地位(经营或生产什么,业绩如何);(2)企业需要什么人(是否适合自己);(3)该企业的前景及其可靠性(资产及负债情况);(4)企业的管理水平(如何用人,是否有进修及升职的机会);(5)员工的福利情况(工资、奖金、住房、交通、家属的安排、教育、文娱等);(6)企业高级职员及招聘主持者的个人资料等等。当然,这些材料,并不可能全部都可以顺利地得到。但是只要努力,就一定会得到,而且多一份资料就多一分希望。

"知彼"还包括收集和掌握大量的人才市场信息,常见的信息渠道主要有:(1)通过各类招聘广告获得信息;(2)通过各地人才交流中心获得信息;(3)通过各类供需见面会获取信息;(4)通过就业中介机构如择业指导中心获得信息;(5)通过学校主管部门或就业机构获取信息;(6)通过实习单位获取信息;(7)通过家庭成员、亲戚朋友、师长、校友等获取信息。求职者把所获信息经过甄别、筛选、分析、整理,挑出最适于自己的信息进行沟通联系、洽谈见面,确保最高的成功率。

(二)心理的准备

在面试过程中,很多人会出现下面的情况:(1)担心自己不符合要求;(2)担心自己不能战胜其他竞争者;(3)担心对方对自己不感兴趣。有了这种自卑心理,表现出来的状态,肯定不佳。所以,在面试时,首先要有健康的心理状态。要让自己知道,能否被录取,起决定作用的应该是自己情况和对方的标准是否一致。至于其他原因不值我们过多的考虑,这样,我们就可以在心理上坦然,态度上自然,能力和水平就能得到充分发挥。

另外我们在心理上还要确定对方意识,在面试时,要考虑到对方地位。所以,除了必要的自我介绍外,其他的都应以对方为主,例如当对方问及为何来应聘时,不要说我想转换环境或我想如何如何,一大堆"我"的东西。而应从贵公司怎样怎样,可以令我有所发展这个角度来谈。

最后还要在心理上明白自己在答问中充当一个什么角色,因为在面试过程中,对方可能会以一些实际的问题来考验你。例如:"如果,我现在给你十块钱,你会怎么用?""当公司和税务局产生矛盾时,你将如何处理?"等等。这时你一定要注意到你既是公司的一个职员,而同时又是一个国家的公民。当你意识到这一点时,你的答话就不难了。

二、求职交谈的要求

在求职交谈中,用人单位重点要了解的一般是以下三个方面的情况:一是求职者对这个工作的热爱、向往的程度;二是求职者是否适合做这个工作;三是求职者是否有能力做好这个工作。

因此,求职者无论面对什么情况,在作应答时都应把这三个方面作为重点说清楚。

在求职交谈中,还要注意以下几点:

(1)听清主试者的提问,根据当时的情况迅速确定表述的侧重点,从容不迫地作答;

(2)珍视认同点,创造良好气氛;

(3)答语真诚而客观,不故作谦虚,也不故意卖弄、夸饰;

(4)多从对方的表述中引申作答,而不节外生枝与对方争论;

(5)适度赞美对方,表达求职的诚意。

三、求职应对技巧

招聘与求职是一种“面对面”的洽谈，其间既有智慧的较量，又有口才的较量，求职者需要掌握一些应对技巧，以做到处变不惊。

在回答问题过程中，问题的花样可能很多，但归结起来不外乎有下面几个方面。只要我们以前面的准备的资料做基础，注意一下表达的形式，效果就会是令人满意的。

(1)谈谈你自己。面对这个问题，应该以简洁的语言来介绍你的学习情况和工作经历。注意：不必强调你的学校或单位是否有名气，而应该突出你的学习成绩和实际工作的业绩。因为对方看重的是你的能力。

(2)你能为我们做些什么。回答这个问题，你应该针对对方的招聘内容去谈你的设想，而不能“公司叫我干啥就干啥”，因为这样说明你毫无准备，甚至连招聘广告也没看。

(3)你还有什么优势或特长。回答这类问题一定要具体，与其说“我会开汽车”，不如说“我有汽车驾驶证”；与其说 “我计算很快”，不如说“我通过珠算×级”。

(4)你有什么弱点。这时你千万别说没有，因为人无完人，金无足赤，但是也不必把自己的不足全部告诉对方，而应该把其中的一至二点说出来，并且把它转变成为一个有利因素。例：“我这个人有点固执，所以有时候别人认为干不来的时候，我偏要试试，直到干成为止。”

(5)你喜欢怎样的领导。这类问题，回答时一定要抽象。如：“我喜欢水平高、能力强，既善于教人以知识，又善于批评别人的缺点的领导。”

(6)如果录用，你想要多少工资。对这个问题，如果你心里没底，最好说：“至于报酬，我没有什么特别的要求，只要和同等条件的职员看齐就行了。”

(7)如果录用你，你将会怎么办。回答这个问题，你千万别卖弄。最好说：“我不知道，不过我首先会熟悉一下公司的情况。”因为没有调查就没有发言权。即使你确实调查过了，而且你的方案确实也切中要害，也不能随便说，因为太有才能也会让人妒忌。其实对方的目的也不是要听你的方案。等到你真正成为企业的一员时，再发挥你的才能也不算迟。

除了上述问题之外，主持人有时可能还会问一些较为敏感的难题。例如：“目前有些单位利用政策不严密，搞些额外经营，为单位及个人赚取高额利润，如果叫你做，你会做吗？”面对这类问题，如果你没有十足的把握，最好用反问的形式来应对：“公司允许吗？我想听听您的意见。”或“法律允许吗？您怎么看呢？”

另外，面试一般用“你还有什么问题吗？”来结束谈话。这时，你最好别说没有。因为这样显得你没有诚意，你可以说：“请问你们对新的员工有什么特殊的要求吗？”或者“我能否知道贵公司对我的评价吗？”等等。

训练素材及提示

【知识题】

1. 求职前的准备有哪些？

2. 求职应对的技巧表现在哪些方面？

【实践训练题】

1. 写一封求职信。提示:每个同学都要上台展示风采,每个同学都是考官,同时每个同学又都是应聘者,接受主考官的提问。

2. 阅读下列材料,制作一份简历,然后带着简历到某公司应聘。

用万能"魔"板制作简历

求职的第一步就是写好简历,新未来业前教育培训中心特别设计出一种简历基本模板,用这个"魔"板做出的简历非常简洁,此模板在武汉部分高校大学毕业生中广为采用。

简历基本模板

1. 个人情况(个人信息要简洁明了,便于查找和联络),包括姓名、性别、出生年月日、身高、最高学历、婚姻状况、户口所在地、联系地址、邮政编码、联系电话、E—Mall。

2. 职业目标(明确就业目标,告诉别人你想干什么。尤其是应届毕业生,至少应该有一个相对集中的目标,否则会让招聘者感到无所适从)。

A 类:十分确定的就业目标,例如:谋××、××之职;

B 类:如果无法确定就业目标,范围可以广一点,如:寻求销售、电子技术、秘书、或××等相关工作……在努力工作的同时随着公司的成长获得个人价值的实现。

3. 自我评价(是最自信的能力总结。要简单明了,这是你对个人的总结,突出自己的强项)。

丰富的……经验,善于……,能够……。

4. 实践经验(验证你的自我评价。重点要列出能够展示自己的工作能力,体现自身优势的事件和荣誉)。

采取倒叙式:

2003——,近期:实践内容,工作成绩,所获经验及感悟;

2002——,中期:稍做总结;

2001——,远期:稍微提起。

5. 教育培训(在学历教育中,要列出与专业相关的奖励、成果。培训经历中,如"业前教育"的综合素质训练,这是你的特殊教育背景,会使你与众不同)。

采取倒叙式:

学历教育

2003——,(起止年月)

2002——……,

培训经历

2003——,(起止年月)

2002——……,

6. 语言技能(要简洁明了,文如其人,忌拖泥带水)。

中文普通话/母语

英语/四级或一般

日文/××××

7. 爱好特长(展现自身另一个侧面,使自身形象更趋完整)。

区别于他人,加深印象。

8. 求职意向(除非你真那么想,如果没有特殊情况,以上要求越少越好,但是一定要提到你的求职意向,不然让某些人误解你“饥不择食”)。

期望工资:月薪 RMB××~××元

期望工作性质:全职/兼职

期望公司规模:××人~××人

期望公司行业:不限/或某行业

期望公司性质:不限/或外企、国企、民营

期望工作地区:北京/武汉/或××

开始上班日期:1 个月内/或面谈/或××

3. 下面是两则求职交谈的片断,试比较其优劣,分析前者败而后者胜的原因。

(1)一个人到银行求职。

主考人:你成绩不错,平时一定很用功。

应试者:没什么,在学校考试有时是瞎蒙,而且分数不能说明问题。

主考人:啊,你有什么特长吗?

应试者:(拿出书法作品)一点小爱好。

主考人:你的书法不错呀!

应试者:没什么,没什么。

主考人:看得出,你是下工夫练习过的。

应试者:差远啦,信笔涂鸦而已。

主考人:……

(2)一个人到报社求职。

主考人:你从事新闻写作多少年了?

应试者:时间不长,三个多月。

主考者:只有三个多月?

应试者:是的。您看看我的文章吧。

主考人:(一目十行)写得不怎么样。

应试者:请相信我没有借鉴别人的写法,这些都是我经过多次采访写出来的。

主考人:(又拿起来看)嗯,写法是与别人不同。

应试者:谢谢您的鼓励。

主考人:你独立采访,有闯劲,也有创造性,很好。暂时录取,试用 3 个月。

4. 求职交谈中,招聘部门常常提出以下几个问题,开列如下,并附交谈提示,请仔细体会练习。

(1)请说说您是怎样的一个人?

(这是自我介绍。介绍学历、简历,要强调专业性优势,指出自己的理想、向往与所求工作的投合之处。开头几句就要给人以良好印象,要简练,不要过多涉及其他方面。讲三、四分钟。)

(2)您为什么要到我们这里求职?

(接语要快,切莫迟疑,显示坦诚与热情,并再次强调“投合”。眼睛看着对方,要恳切。)

(3)您来我们这里能干些什么?

（事先作调查，做到心中有数，并且适当透露自己“一专多能”的优势，显示信心。）

（4）您的能力如何？

（指的是业务水平、工作态度、办事能力、学术业绩、自信心和创造力等，最好能简述事例加以说明，给人深刻印象。但要控制时间。）

（5）您的缺点是什么（或者有什么不足）？

（此问并非真要了解题面所指的内容，而是了解是否诚实正直，心态是否平衡。可以讲一件小事，说明由于什么缺点造成了并不严重的失误。重在讲教训。）

（6）您喜欢什么样的领导？

（此问是了解应试者是否爱同领导闹矛盾。有人这样回答：“这样的领导我喜欢：他有能力，办事果断，给我以效力的机会，指导我、教导我，当我办错事时能严格批评我、帮助我。”）

（7）您最大的成就（收获）是什么？

（重点讲近年来自己的各项引以骄傲的例子，注意顺序，并尽量出示证明材料。）

临别时，再次概述适合此项工作的理由，以表明自己的诚意，并加深印象。

5. 分析下列案例，说说小伙子应聘成功的原因。

某外贸公司招聘6名业务人员，通过笔试和面试后，还剩下20人，公司领导决定请这些人到酒家举行宴会。这20人心里当然非常清楚，这次赴宴实际上是最后的应试。宴会上，不少人主动向总经理和主试人敬酒。有的出言不凡：“×经理，您只要录用我，两年之间，我保证给您赚几十万”。这种轻言取信，戏言赚钱的话语，容易给人言过其实，不可重用的感觉。有的苦苦哀求：“搞外贸是我多年的愿望，这次我是志在必得，就请×经理您多多关照”。有的说：“×经理，我这次是横下一条心来应聘的，我已经向原单位辞职了……”

这时，总经理站起来说话了：“这次招聘，感谢大家前来应聘，但名额有限，招聘的方式也难免有些不够周全，你们中的许多才俊恐怕就只好割爱了，不如你们意的地方还要请各位多多包涵！不知在座的哪位愿意以落聘者的身份与我干这杯酒？”

这时，一个小伙子端着酒杯大大方方地走到这位总经理面前彬彬有礼地说道：“×经理，承蒙您的厚爱，使我们有缘相见。有道是不以成败论英雄，不管结果如何，我们通过这次相识，今后就是朋友。我能结识您这样的朋友，感到非常荣幸，我是立志搞外贸的，十分愿意为贵公司效力。但如果因为名额有限，不能效力帐下，我也不会气馁，我相信总有做外贸工作的机会。如果成不了助手，也有可能争取成为您的对手。不管助手还是对手，我们都会是未来外贸战线上的朋友。因此，我要敬您这一杯！”

第二天，这位敬酒的小伙子得到通知：他被录用了，并担任6位新聘业务人员的主管。

模块 2 文面能力训练

20 世纪 20 年代的美国总统柯立芝看了女秘书交来的文稿后，对她说：“你今天穿的这件衣服真漂亮，你是一个迷人的小姐。”女秘书笑了。总统接着说：“你很高兴，是吗？我说的是真话。不过，另一方面，我希望你以后对标点符号稍加注意，让你打的文件跟你的衣服一样漂亮。”

——人要衣装马要鞍，好文章应有好文面。

实训导航

本模块由文字书写与行款格式布置能力训练和标点符号及修改符号的使用能力训练两个训练项目组成。

文面是文字材料的外在表现形式，它体现了作者的书写风格和文化素养。日常生活工作中，我们经常使用文字材料来交流信息。能利用文面知识，写出合乎文面要求的文字材料，是文化人必备的能力之一。在实际工作中，有些人常常忽视文字材料的文面要求，如标点符号误用和行款格式布置混乱等。

正确书写和使用标点符号有助于文字材料的语言表达，掌握修改符号的使用，能方便我们修改文字材料。

在竞争日益激烈的职场中，许多公司为了求得素质高、能力强的职员，在面试招聘中多从口说与笔写两方面考查应聘者，因此，文面能力也是求职必备能力之一。

项目2.1 文字书写与行款格式布置能力训练

训练目的与要求

通过学习和训练,应掌握文字书写及标点符号书写的要求,掌握一般文章行款格式布置的要求,能根据文面要求制作文字材料。

在训练过程中,有这样几点要求:

(1)一定要认识文面及文面能力的重要性,不单是本门课程,在其他课程的教学实践中也要加以重视,凡是书面文字材料都应注意文面要求,养成良好的文面习惯;

(2)既要弄懂理论,又要掌握运用技能;

(3)本项训练应与阅读能力训练模块和综合能力训练模块的专题论文撰写相结合。

训练方法与步骤

根据阅读能力训练模块和专题论文撰写要求,查阅图书资料,参考项目5.1专题活动设计能力训练的相关知识,制定本期课外阅读计划,并利用文面知识,写一份合乎文面要求的课外阅读计划。

训练示例与分析

文章的基本行款格式是怎样的?

示例:

2000年~2002年上海市信息化实施计划

90年代中期,市委、市政府提出了实现本市国民经济和社会信息化的战略目标,并于1996年启动上海国际信息港工程建设。经过1997年~1999年第一个"三年"的发展,本市信息化建设已经取得阶段性的成果,具备了加快发展的良好条件。2000年~2002年是上海信息化发展三轮"三年大变样"的关键时期。根据今年6月市委常委会专题会议关于要长计划、短安排,也要有三个"三年的打算"的要求,特制订如下实施计划。

一、指导思想

要按照党的十五届五中全会以及市委七届七次全会的精神,根据国家信息化发展战略、总体部署以及本市国民经济和社会发展的实际需要,把全面推进城市信息化作为全市经济和社会发展的基本战略以及实现上海现代化的重要举措,以提高城市综合竞争能力和集聚辐射能力、提高生产力水平和人民生活质量、加速上海国际化现代化进程为根本目的,坚持以信息化带动工业化,坚持"勇于创新、先行一步,发挥优势、重点突破,精心组织、形成合力,服务社会、便利群众"的方针,大力加强信息基础设施建设,加快推进信息技术应用和信息资源开发,创新发展信息产业,带动传统产业优化升级,完善信息化建设环境，从而使本市信息化建设实现第二轮“三年大变样”，为上海信息化整体水平在2005年达到发达国家中心城市的平均之上水平和上海在2010年基本实现城市信息化的宏伟目标奠定基础。

二、建设目标

（一）总体目标

城市信息基础设施达到国际一流水平，信息技术应用和信息资源开发程度位居国内各大城市之首，信息产业总体水平居全国领先地位并具有较强的国际竞争能力，形成有序竞争、鼓励创新、促进发展、具有吸引力的社会和市场环境，信息化综合指数在全国各省市中名列前茅。

（二）具体目标

（略）。

三、主要任务

在继续完善信息基础设施的基础上，加大信息资源开发利用的力度，着力推进信息技术在重点领域的应用，加快发展具有比较优势的信息产业，不断改善信息化发展环境。主要内容详见附件。

四、主要措施

1. 广泛、深入、持久地开展信息化宣传教育，形成全社会的共识。

2. 加强信息化组织领导和政策法规建设，营造健康有序的市场环境。

3. 推动一批重大工程建设项目的实施，尽快形成较大的投入规模和产出效益。

4. 加快信息化人才的引进、培养和使用，提供充足的人力资源。

5. 扩大与国内外的信息化合作和交流，发挥上海的集聚辐射功能。

×年×月×日

【简析】这则实施计划从文章行款格式来看，符合计划的写作格式，采用小标题提示段落内容，条理清晰，一目了然。序号使用符合要求。全文开头写了引言，说明撰写计划的目的和缘由，然后分四个方面撰写计划。首先明确指导思想、建设目标和工作任务，最后撰写实施计划的措施写得非常具体，切实可行。

支撑知识

文面是文字材料的外在表现形式，它体现了作者的书写风格和文化素养。理想的文面应是整洁清楚、美观大方的，这样有助于准确地表达思想内容和方便读者阅读。

文面主要包括文字的书写、标点符号的书写、行款格式的布置和修改符号的使用等。文面工作是写作的重要工作之一。文字、标点、格式看似小事，却直接影响文章的质量，需要认真对待，养成好的习惯。

一、文字的书写

首先要求规范，使字的结构正确美观，不写错字、别字和不规范字。汉字有规范的结构体系，包括基本的笔画、偏旁及其所处的固定位置，不能任意改动，否则会影响表达效果。

其次要求清楚，应把字写得清晰、好认，不能似是而非、模糊不清，不能字迹潦草、龙飞凤舞,否则也难以达到交流的目的。

接着要求美观,字的结构要布置得匀称、谐调,包括笔画的线条圆润、流畅,字的大小错落有致,字间疏密得当等等,这样易于激发读者的阅读兴趣。

最后,还要注意数字和法定计量单位的用法和写法。关于这方面的内容,请参看本节阅读材料中的《关于出版物上数字用法的试行规定》。

手写体的文字材料,还要讲究用笔和用纸的要求。

二、标点符号的书写

标点符号是书面语言必不可少的辅助工具。它不但能表示不同的停顿,标示出词语的不同性质,而且能表达不同的思想、情感,体现不同的节奏、韵律。

1. 标点符号的书写位置

句号、逗号、顿号、分号、冒号占一个字的位置,写在该位置的左下方;问号、叹号也占一个字的位置,写在该位置左半偏下的地方;引号的前一半写在其所占位置的右上方,后一半写在所占位置的左上方;括号、书名号的前一半写在该标点所占位置的右半部分,后一半写在其所占位置的左半部分;破折号、省略号占两个字的位置,写在行的中线上,不能中间拆开分写在两行;连接号、间隔号各占一个字的位置,写在行的中线上;着重号、专名号写在相应文字的下面,不占字的位置,也不单独成行。

2. 特殊情况下的书写

为了文面的整齐美观和读者阅读的方便,有些标点符号不能写在一行的开头或末尾。不能写在行首的有:句号、逗号、顿号、分号、冒号、问号、叹号及引号、括号、书名号的后一半。不能写在行尾的有:引号、括号、书名号的前一半。间隔号既不能写在行首,也不能写在行尾。

使用引号时,如果引用的是几段连续的文字,可在每段段首用引号的前一半,最后一段段末用引号的后一半,不必在每段段末都用引号的后一半。

括号前后其他标点符号的运用情况比较复杂,但总的要求是不影响内容的表达,不割裂句意。一般说来,用于句中注释词语的括号,其前面不加其他标点符号,其后面如有停顿可加相应的标点符号;用于句末注释全句的括号,写在句终标点(句号、问号、叹号)之后。

3. 连用标点符号的书写

有些标点符号连用时,在写法上应做一些变通,如括号中用括号的,里面的用圆括号,外面的用方括号;书名号中又有书名号的,里面用单书名号,外面用双书名号;引号中又用引号的,里面用单引号,外面用双引号;连用三次引号的,最里面的用双引号,中间的用单引号,外面再用双引号。

三、行款格式的布置

行款格式是人们在书面交际过程中逐步形成的习惯或规定。不同的文体在行款格式上有着不同的要求,这里只简介一般文章的主要行款格式。

行款格式的整体布局应当同纸张的大小、字数的多少等相和谐,页面的上、下、左、右(印刷术语分别称为天头、地脚、订口、切口)应留出适当的空白,以便修改。

在考虑整体布局时,要着重安排好以下内容。

1. 标题

文章的标题一般写在格纸第二行的中部，它的两侧尽量空格相等；字数很少时，字间可匀称地空出1～2格；字数太多，需要转行时，既要注意不把词或词组拆开写在两行，又要注意上下行的字数排列及搭配是否匀称。

有副标题的应将其写在正题的下一行，前面加破折号（位置较正题首字退后两格）；字多需转行时，首字仍对准上行的首字。有时，副标题也可以写在正中，两侧空格相等。

标题内可以根据需要用标点符号或空格来表示停顿，但末尾一般不用标点，既使用，也只能加问号、叹号或省略号。

2. 署名

作者的姓名一般写在标题（或副标题）下间隔一行的正中，每个字的中间可空一格，如是单名，字间可空两格，下面再间隔一行写正文；也可以写在标题后面（有副标题的写在副标题后或正、副标题之间的后面），但位置以姓名与标题间至少有两个空格、姓名后也一定有两个空格为宜。

作者的姓名也可以写在文章的末尾。如末行正文较短，可写在末行；末行正文后所剩空格不多，可低一行写，都以署名后还有两个空格的位置为宜，单名字间也应有一个空格。

如果需要，署名前或后还可写明作者的工作单位和职务、职称等。

3. 正文

关于分段，每个自然段开头均需空两格；自然段之间一般不空行，有时根据内容需要，如诗歌的章节之间、文章大的段落（部分）之间，可以留有适当的空行。

关于引文与对话，既可以同上文连写，也可以单独成段。单独成段时，可以同正文的其他段落一样，第一行开头空两格，其他行不空格；也可以第一行开头空四格，其他各行均空两格，行尾可空两格，也可不空。独立成段的引文，可不加引号，但应在引文前的正文末尾加冒号，冒号前未写明引文出处的，可在引文后的括号内注明，或另加注释。

关于小标题与序码，可按下列顺序使用：

一、二、三、……

（一）（二）（三）……

1.　2.　3. ……

（1）（2）（3）……

在科技著作中，则通常使用如下的方法标明序码，以显得内容清晰、条理性强：

1

1.1

1.2

2

2.1

2.2

2.2.1

……

关于附注（附于正文的注解），可有四种表现形式：一是段中注，即夹注，它紧接在被注的正文后加括号写出；二是页下注，即脚注，它把本页正文中需要注释的内容分条写在本页的下端；三是篇末注，它将每篇正文需要加注的内容分条集中写在该篇正文的后面；

四是尾注，它是全文或全书的附注，类似篇末注。后三种注法都必须在被注正文后的右上角用注码①②③……进行标示。如果附注内容是对引文出处的说明，其注解顺序应为：作者、书名或报刊名、章节、页码、出版单位、出版日期等。

4. 写作时间

习惯上位于文末后空一行或两三行的右下方。如果是在较长时间内写成的，也可写明起讫时间。如果写成后经过修改，还可在注明写作时间下一行的相应位置，再注明修改时间。

5. 页码

原稿超过一页的，要标出页码，其位置可标在右上角或右下角。注意，每写一页之前最好先标页码，以防串页。

关于电脑写作的文面知识，请参看阅读材料。

【阅读材料一】

电脑写作的审美追求

目前，不少人已经顺利实现了电脑“换笔”的现代化转型。然而，有的电脑文本的表现形态往往缺乏美感，在一定程度上影响了读者对文本内容的完美接受。电子文本的表现形态，对于其信息的传递至关重要。这里就以最新的 Word 2000 文字处理软件为例，从若干方面谈谈电脑文本的审美原则及其操作技术，从而使它达到赏心悦目的审美境界，给读者以美的享受。

首先，应该明确电脑文本的审美原则。它可以概括为三点：一是简洁。简洁是电脑文本的重要风格。文本中的各级标题、编号、插图以及其他媒体的插入成分，都要少而精、恰到好处，不要给读者一种累赘拖沓、花里胡哨的感觉。文字的表述也要简练，达到言简意赅。二是醒目。醒目是使读者达到完美接受的必要前提。文本的内容通过文面形式，给读者十分深刻的印象，以至难以忘怀。只有空间布局恰当、巧妙的字体搭配、色彩的强烈对比等等，才能给人们一种清晰、强烈的感官刺激，使人久久不忘。三是美观。美观是一个十分笼统、模糊和复杂的概念，实际上它涉及人们的美学观念。由于每一个人都有自己独特的审美观，因此美观的含义也会有一定差异。但还是异中有同，存在着一致的审美趋向。具体来说应该有空间美，即页面要强调虚实相间，除了文字部分之外，还要有充分的天头和地脚，留出左右边距，注重得体的布局；应该有参差美，标题的设计、段落的长短等要错落有致；应该有色彩美，页面、文字的色彩搭配要符合色彩原理，给人和谐、悦目的视觉感受。

其次，应该掌握电脑文本的审美手段。它具体包括以下五个方面。

1. 文面设置

这里主要指文本在页面上所占据的空间位置。页面上下左右要留出一定空间，从而使文本内容醒目、突出，同时也有助于读者思维空间的开拓。在主界面内选择“文件”→“页面设置”，导出“页面设置”对话框。

首先选“纸张大小”栏，确定纸张类型 A4、B5 还是自定义规格。确定纸张的规格有两个作用，一是使打印的程序能够顺利地执行。如果定义的纸张规格大于或小于实际使用的纸张，打印机就会进行罢工。二是可以精确计算文本区域的大小。有了纸张长宽的尺度，就可以随心所欲地确定页面文本区域的宽度和高度。其计算方法是：文本区域宽度＝纸张宽度－（左边距＋右边距）；文本区域高度＝纸张高度－（上边距＋下边距）。

然后选“页边距”栏，确定文本周围留空尺寸。Word 2000在页面设置中，已经为所有文档确定了默认值。但是，为了方便起见上下左右可取同一值。A4纸为2.5 cm，B5纸为2 cm。同理，在表格框内填写文字时，也应注意四周留出一定比例的空白。如果在本栏“方向”框中选择“横向”方式，那么各种纸张类型的单页幅面可以扩大一倍。

也可以运用标尺来确定上下左右的边距。首先进入Word 2000界面上的“页面视图”，把鼠标置于横向标尺或竖向标尺的黑白边距线上，鼠标就会变成双向尖头，左右上下移动，就能改变四周边距的大小。

2. 标题版面

标题一般居中，上下空行。根据文章分量、作用的不同，可以空二行、三行不等，有时甚至整页书写标题和作者署名。作者署名也上下空行，居中或偏右。有时为了追求艺术效果，标题还可以进行移位、竖排等艺术变形。还可运用边框、底纹技术以及美术字，来凸现标题和落款。

有时为了使版面富于变化，还可把一页文字分为两栏或三栏。通常比较重要的文本或较长的文字用通栏，而较短的或活泼自由的文学作品用多栏。选择“文件”→“页面设置”→“字符数/行数”→“栏数”，确定分栏数字。还可以选择“格式”→“分栏”，在对话框中进一步选择“无”、“两栏”、“三栏”、“偏左”、“偏右”，并决定是否采用“分隔线”，最后选定“应用范围”，是整篇文本还是光标插入点之后。有时候标题用通栏，正文用分栏，这时应选定正文，选择“页面设置”→“文档网格”→“栏数”→2，再选“版式”→“节的起始位置”→“接续本页”，“应用于”→“所选文字”。还有一种简便、实用的方法，是利用表格来分栏：如要分两栏，可做一个一行三列的表格，用中间两根直线来调节两栏之间的距离。表格线最后可通过设定“无边框”加以去除。

最后，对多页文本还要加上页码。选择“插入”→“页码”，在浏览框中，选择“位置”和“对齐方式”的选项，最后点击“确定”，页码就自动插入了文本之中。在文本末尾，自动插入写作时间，选择“插入”→“日期和时间”，在浏览框中的“有效格式”中选择一种即时的表达形式，按“确定”就自动插入了文本的结尾。

3. 段落层次显示

运用特定电脑技术，可使文本的段落和层次更加明晰、醒目。

首字下沉。可以表示文本开头，也可标志新层次、新部分的发端。后者的层次、部分之间不用空行，使文本更加紧凑。先切换到“页面视图”，选定下沉字符，选择“格式”→“首字下沉”→“下沉”。“下沉行数”一般设为3；“距正文”栏的设定，篇首文字下沉设为0，层首数字下沉设为0.5 cm以下。

符号和编号。在文本中或某些局部运用一些符号如□、○、☆等，可以清晰显示行文脉络。编号是指层次前1.2.3；①②③；A. B. C；a. b. c以及多级符号如1./1.1/1.1.1等。选择“格式”→“项目符号和编号”。在“项目符号”、“编号”和“多级符号”中进行选择和设定，还可以“自定义”符号。

段旨变体。一般用于段首显其志的层次。把显示段旨的第一句话，采用黑体凸现，不仅可使层次清晰，而且还可突出层次要点，给人以深刻的印象。

4. 字体字符

微软国际全套大字库集，包含了30种繁简字体。在工具栏上，打开字体和字号下拉菜单，可选择特定字体和字号。在字体字号右侧，还提供了给特定字或字块加粗、倾斜、下划线、加框、底纹、缩放的功能键。选择“格式”→“字体”菜单，还可提供各种类型的下划线、删除线、双删除线、着重号，以及上标、下标、阴影、空心、阳文、阴文等特殊效果字。一般来说，宋体、楷体庄重，多用于正文；黑体醒目、有力，常用于各级标题；仿体比较自由，多用于引文。字体的搭配也是相对的，往往因人而异。但文本中如果字体过于繁杂，会令人眼花缭乱；而只用一种字体，则显得过于呆板。字号大小，也要和纸张类型、文本长短相匹配，否则就不会有美感。

关于字符插入。插入常用印刷字符：单击要插入字符的位置，选择“插入”菜单中的“符号”命令，出现一个“符号”栏，然后单击“特殊字符”选项卡，双击要插入的字符。寻找非常用汉字，可用滚动条上下选择，它基本上是按汉字的偏旁部首排列，包括简体和繁体。其字较小，可以按住鼠标左键横向拖曳，来放大每一个汉字，以方便寻找。用 Word“插入”功能，还可插入各种艺术字。在智能 ABC 输入法状态下，插入键盘上没有的符号，可以使用 V+(1~9)的快捷键，寻找自己所需要的符号。

5. 装饰图表

Word 2000 软件“剪辑库”中，就带有预装的插图和图片集。图片的内容包罗万象，从地图到人物，从建筑到风景名胜，应有尽有。选择“插入”→“图片”→“剪贴画”，可进入剪辑库。选择“剪贴画”或“图片”，根据主题类别提示，就可挑选需要的图片了。然后，鼠标点“插入”，该图片就会进入文档。然后单击文档中的图片，它的四周就会出现围成方形的空心小方块，显示编辑状态。鼠标点图片角会出现两端带箭头符号，斜向拖曳可调整图片大小；点图片区域会出现四方尖头符号，它可拖曳图片至正确位置。

表格美化。给表格设置边框和底纹，可美化形式和强调信息。选择“格式”→“边框和底纹”→“边框”，其设置有五种方式可供挑选：无、方框、阴影、三维和自定义。还可选择线型、颜色和宽度。右边“预览”还能显示边框艺术效果。最后确定“应用范围”。然后，从“边框”切换到“底纹”栏，在“填充”中选择颜色，在“图案式样”中确定着色比例，通过预览确认，最后确定“应用范围”。底纹的运用灵活多样，可以隔行(列)设置，也可深浅底纹交错，以获取艺术美的视觉效果。某些统计图表还可转换成形象的图示，给读者更直观的印象。

(金振邦)

【阅读材料二】

电脑写作的文体模板

电脑写作的文体模板，是指一些电脑中文平台所附带的、经过精心设计的文体形式框架。它格式规范，形式美观，允许个性化的选择。它对于美化文体形式，统一文体规范，增强表达效果，提高阅读效率，起着十分重要的作用。

文体模板之所以有这种作用，是由文体的独特性质决定的。文体，是指独立成篇的文本体裁(或样式、体制)，是文本构成的规格和模式，是一种独特的文化现象，是某种历史内容长期积淀的产物。它反映了文本从内容到形式的整体特点，属于形式范畴。每一种文体都具有其他任何一种体裁所无法取代的功能以及审美效应。文体是内容和形式的统一。文本内容决定体裁形式，选择、动用哪种文体，取决于表现对象的特点以及作者反映的具体方式。

文体模板能为写作提供编码程序。文体模板，是文本代码组合的一定方式。作者要通过文本来传递一定的信息，就可以选择相应的文体模板所提供的代码组合程序，它有利于信息的高效传递。在中文平台中，常常存储了具有独特表现功能的众多文体模板。我们在写作前,可以根据自己想表达的主题性质、题材类型及写作意图,来确定所采用的相应文体模板,同时经过写作过程中的创造性、灵活性的变异,写出具有作者个性的优秀文章或作品来。

●Word 2000 **文体模板**

在主界面"开始"菜单中选"新建 office 文档"时,就会弹出一个菜单。在这个菜单中有常用数据库、出版物、备忘录、报告、信函和传真、其他文档、演示文稿、演示文稿设计、电子方案表格、web 页等栏目。

其中,"数据库"就包括:订单入口、分类总账、服务请求管理、工时与账单、讲座管理、库存控制、联系管理、支出、资产追踪、资源调度。

"电子表格模板"包括:改扩建项目表、工业企业财务报表、建设项目报表、金融企业财务报表、经济社会发展计划、旅游企业财务报表、商品流通企业财务报表、运输企业财务报表。

"出版物"包括:典雅型和现代型的通讯、新闻稿向导。

"备忘录"包括:典雅型、现代型、专业型的备忘录。

"其他文档"包括:典雅型、现代型、专业型的简历,以及稿纸、名片和日历向导。

"信函和传真"包括:典雅型、现代型、专业型的信函和传真。

"演示文稿"包括:财务状况、产品概述、公司会议、公司简介、公司主页、计划纲要、介绍演讲人、内部档案、培训、人事信息、商务计划、市场计划、通用信息、推荐策略、推销你的想法、项目状态、项目总结、项目总览、新品推出、形势报告、演示技巧、增进团队精神、证书、主持会议、主题演讲、组织概况。

"报告"包括:典雅型和现代型报告。

这些文体模板都可以进行预览,它们在格式上进行了艺术包装,具有赏心悦目的审美效果。有的文体模板还需借助 Office 2000 中的 Access 2000 数据库软件、Excel 2000 表格软件、Powerpoint 2000 幻灯片软件等来进行制作。

文体模板设计了精美的样式,作者只要照式填写就行。它还包括"预览"的功能,可以具体浏览这种文体模板的文档、实例和样式示范。在工作或交际中运用文体模板,对于加强文体的规范性、统一性、审美性,提高信息传递的效率,加快生活的节奏,是很有意义的。尤其对于比较注重格式要求的应用文来说,它具有较高的实用价值。

我们就以 Word 2000 的两个实例来进行具体说明。

(1)建立名片模板:"开始"→"新建 office 文档"→"其他文档"→"名片制作向导",然后在向导中根据选择名片样式、确定名片大小、生成名片方式、填写名片内容的顺序,最后形成一个个性化的名片文体模板。如:

东北师范大学文学院

王小明　教授

通讯地址:长春人民大街 168 号　　电话:1234567
邮编:130024　　传真:0431—1234567
电子邮件:12345@public.ccjl.cn

在“样式”模板库中存储了九种名片样式，可以供我们选择。这样就免去了我们进行设计排版的麻烦，达到了事半功倍的效果。

(2)建立传真模板：“开始”→“新建 office 文档”→“其他文档”→“信函和传真”→“现代性传真”，这时就会出现一个可以照式填写的传真模板：

【单击此处键入地址】

传真

收件人：[单击此处键入姓名] 传真：[单击此处键人传真号码]

发件人：[单击此处键入姓名] 日期：08－6－18

主题：[单击此处键入传真主题] 页数：[单击此处键入页数]

抄送：[单击此处键入姓名]

□紧急 □请审阅 □请批注 □请答复 □请传阅

附注：请选定这段文字，然后将其删除或直接键入您自己的内容。如果要保存对本模板的修改以备以后使用，请选择“文件”菜单中的“另存为”命令，并在“保存类型”框中选择“文档模板”。下次需要使用此模板时，请选择“文件”菜单中的“新建”命令，然后双击该模板。

模板最后还有机密的标识等级。电脑实际打印出来或实际传送的文本，还附有淡淡的水印，十分漂亮和美观。这是传统文本和一般电脑制作所无法达到的效果。

●写作之星文体模板

在“写作之星”的主界面上，“应用文”菜单主要包括七类文体。

行政应用文：命令、令、指令、决定、决议、指示、布告、公告、通告、通报、报告、请示、批复、函、便函、计划、总结、规章制度、会议记录、会议纪要、简要、提案。

经济应用文：催款书、查账证明书、广告、计划任务书、工程设计任务书、市场预测、综合反映、经济活动分析、贸易会谈纪要、经济合同、经济规划。

诉讼应用文：现场勘察报告、立案报告、破案报告、起诉书、公诉书、抗诉书、一审刑事判决书、二审刑事判决书、案件审理终结报告、一审民事判决书、二审民事判决书、民事调解书、裁定书、笔录、民事起诉书、民事答辩书、上诉状、申诉状、辩护词、公证书。

文教应用文：序跋、编者按、题解、出版说明、内容提要、凡例、发刊词、作者小传、编后记、卡片、教学大纲、教案、科研报告、实验报告、调查报告、毕业论文、消息、解说词。

日常应用文：日记、一般书信、电报稿、读书笔记、条据、启事、贺词、欢迎词、答谢词、讣告、悼词、唁电、对联。

专用书信：感谢信、表扬信、慰问信、推荐信、介绍信、申请信、咨询信、证明信、聘请书、委任书、邀请书、请柬、决心书、倡议书、挑战书、应战书、情书、社交书信。

常用公文：报告、布告、典型经验、调查报告、公函、会议报告、会议方案、会议记录、会议纪要、简报、决定、决议、开幕词、闭幕词、批复、请示、提纲、通报、通告、通知。

这个软件还包括每一模板的文体概念、基本特征、种类划分、使用范围、写作技法、规范例文内容，有利于作者写作时的借鉴和模仿。这对于初学写作者来说，它提供了文体的理论定位，以及可供借鉴的名家范本，有助于作者树立自觉的文体意识，增强写作素质，提高作文能力。

此外还可借鉴《金山书信通》、《中·港·台合同范例大全》、《Works 2000》等文体模板库。它可以大大提高办公自动化的效率。

(金振邦)

【阅读材料三】

出版物上数字用法的规定(GB/T15835—1995)

国家技术监督局1995年12月13日颁布,1996年6月1日起实施

1. 范围

本标准规定了出版物在涉及数字(表示时间、长度、质量、面积、容积等量值和数字代码)时使用汉字和阿拉伯数字的体例。

本标准适用于各级新闻报刊、普及性读物和专业性社会人文科学出版物。

自然科学和工程技术出版物亦应使用本标准,并可制定专业性细则。

本标准不适用于文学书刊和重排古籍。

2. 引用标准

下列标准所包含的条文,通过在本标准中引用而构成为本标准的条文。本标准出版时,所示版本均为有效。所有标准都会被修订,使用本标准的各方应探讨使用下列标准最新版本的可能性。

GB/T 7408—94　数据元和交换格式　信息交换　日期和时间表示法

GB 3100—93　国际单位制及其应用

GB 3101—93　有关量、单位和符号的一般原则

GB 7713—87　科学技术报告、学位论文和学术论文的编写格式

GB 8170—87　数值修约规则

3. 定义

本标准采用下列定义。

物理量 physical quantity

用于定量地描述物理现象的量,即科学技术领域里使用的表示长度、质量、时间、电流、热力学温度、物质的量和发光强度的量。使用的单位应是法定计量单位。

非物理量 non-physical quantity

日常生活中使用的量,使用的是一般量词。如30元、45天、67根等。

4. 一般原则

4.1　使用阿拉伯数字或是汉字数字,有的情形选择是唯一而确定的。

4.1.1　统计表中的数值,如正负整数、小数、百分比、分数、比例等,必须使用阿拉伯数字。

示例:48　302　-125.03　34.05%　63%~68%　1/4　2/5　1:500

4.1.2　定型的词、词组、成语、惯用语、缩略语或具有修辞色彩的词语中作为语素的数字,必须使用汉字。

示例:一律　一方面　十滴水　二倍体　三叶虫　星期五　四氧化三铁　一〇五九(农药内吸磷)　八国联军　二〇九师　二万五千里长征　四书五经　五四运动　九三学社　十月十七日同盟　路易十六　十月革命　“八五”计划　五省一市　五局三胜制　二八年华　二十挂零　零点方案　零岁教育　白发三千丈　七上八下　不管三七二十一　相差十万八千里　第一书记　第二轻工业局　一机部三所　第三季度　第四方面军　十三届四中全会

4.2　使用阿拉伯数字或是汉字数字,有的情形,如年月日、物理量、非物理量、代码、

代号中的数字，目前体例尚不统一，对这种情形，要求凡是可以使用阿拉伯数字而且又很得体的地方，特别是当所表示的数目比较精确时，均应使用阿拉伯数字，遇特殊情形，或者为避免歧解，可以灵活变通，但全篇体例应相对统一。

5. 时间（世纪、年代、年、月、日、时刻）

5.1　要求使用阿拉伯数字的情况

5.1.1　公历世纪、年代、年、月、日

示例：公元前8世纪　20世纪80年代　公元前440年　公元7年　1994年10月1日

5.1.1.1 年份一般不用简写。如：1990年不应简作"九〇年"或"90年"。

5.1.1.2 引文著录、行文注释、表格、索引、年表等，年月日的标记可按 GB/T 7408—94。

5.2.1.1 中的扩展格式。如：1994年9月30日和1994年10月1日可分别写作1994-09-30和1994-10-01，仍读作1994年9月30日、1994年10月1日。年月日之间使用半字线"-"。

当月和日是个位数时，在十位上加"0"。

5.1.2　时、分、秒

示例：4时　15时40分（下午3点40分）　14时12分36秒

注：必要时，可按 GB/T7408—94 的 5.3.1.1 中的扩展格式。该格式采用每日24小时计时制，时、分、秒的分隔符为冒号"："。

示例：04:00（4时）　15:40（15时40分）　14:12:36（14时12分36秒）

5.2　要求使用汉字的情况

5.2.1　中国干支纪年和夏历月日

示例：丙寅年十月十五日　腊月二十三日　正月初五　八月十五中秋节

5.2.2　中国清代和清代以前的历史纪年、各民族的非公历纪年

这类纪年不应与公历月日混用，并应采用阿拉伯数字括注公历。

示例：秦文公四十四年（公元前722年）　太平天国庚申十年九月二十四日（清咸丰十年九月二十日，公元1860年11月2日）　藏历阳木龙年八月二十六日（1964年10月1日）　日本庆应三年（1867年）

5.2.3　含有月日简称表示事件、节日和其他意义的词组

如果涉及一月、十一月、十二月，应用间隔号"·"将表示月和日的数字隔开，并外加引号，避免歧义。涉及其他月份时，不用间隔号，是否使用引号，视事件的知名度而定。

示例1："一·二八"事变（1月28日）　"一二·九"运动（12月9日）　"一·一七"批示（1月17日）　"一一·一〇"案件（11月10日）

示例2：五四运动　五卅运动　七七事变　五一国际劳动节　"五二〇"声明　"九一三"事件

6. 物理量

物理量量值必须用阿拉伯数字，并正确使用法定计量单位。小学和初中教科书、非专业性科技书刊的计量单位可使用中文符号。

示例：8736.80 km（8 736.80千米）　600 g（600克）　100 kg～150 kg（100千克～150千克）　12.5 m^2（12.5平方米）　外形尺寸是400 mm×200 mm×300 mm（400毫米×200

毫米×300毫米）　34℃~39℃（34摄氏度~39摄氏度）　0.59 A（0.59安[培]）

7. 非物理量

7.1　一般情况下应使用阿拉伯数字。

示例：21.35元　45.6万元　270美元　290亿英镑　48岁11个月　1 480人　4.6万册　600幅　550名

7.2　整数一至十，如果不是出现在具有统计意义的一组数字中，可以用汉字，但要照顾到上下文，求得局部体例上的一致。

示例1：一个人　三本书　四种产品　六条意见　读了十遍　五个百分点

示例2：截至1984年9月，我国高等学校有新闻系6个，新闻专业7个，新闻班1个，新闻教育专职教员274人，在校学生1561人。

8. 多位整数与小数

8.1　阿拉伯数字书写的多位整数和小数的分节。

8.1.1　专业性科技出版物的分节法：从小数点起，向左和向右每三位数字一组，组间空四分之一个汉字（二分之一个阿拉伯数字）的位置。

示例：2 748 456　3.141 592 65

8.1.2　非专业性科技出版物如排版留四分空有困难，可仍采用传统的以千分撇“,”分节的办法。小数部分不分节。四位以内的整数也可以不分节。

示例：2,748,456　3.14159265　8703

8.2　阿拉伯数字书写的纯小数必须写出小数点前定位的“0”。小数点是齐底线的黑圆点“.”。

示例：0.46不得写成.46和0·46

8.3　尾数有多个“0”的整数数值的写法

8.3.1　专业性科技出版物根据GB 8170—87关于数值修约的规则处理。

8.3.2　非科技出版物中的数值一般可以“万”、“亿”作单位。

示例：三亿四千五百万可写成345,000,000，也可写成34,500万或3.45亿，但一般不得写作3亿4千5百万。

8.4　数值巨大的精确数字，为了便于定位读数或移行，作为特例可以同时使用“亿、万”作单位。

示例：我国1982年人口普查人数为10亿817万5288人；1990年人口普查人数为11亿3368万2501人。

8.5　一个用阿拉伯数字书写的数值应避免断开移行。

8.6　阿拉伯数字书写的数值在表示数值的范围时，使用浪纹式连接号“~”。

示例：150千米~200千米　-36℃~-8℃　2 500元~3 000元

9. 概数和约数

9.1　相邻的两个数字并列连用表示概数，必须使用汉字，连用的两个数字之间不得用顿号“、”隔开。

示例：二三米　一两个小时　三五天　三四个月　十三四吨　一二十个　四十五六岁　七八十种　二三百架次　一千七八百元　五六万套

9.2　带有“几”字的数字表示约数，必须使用汉字。

示例：几千年　十几天　一百几十次　几十万分之一

9.3 用“多”“余”“左右”“上下”“约”等表示的约数一般用汉字。如果文中出现一组具有统计和比较意义的数字,其中既有精确数字,也有用“多”“余”等表示的约数时,为保持局部体例上的一致,其约数也可以使用阿拉伯数字。

示例1:这个协会举行全国性评奖十余次,获奖作品有一千多件。协会吸收了约三千名会员,其中三分之二是有成就的中青年。另外,在三十个省、自治区、直辖市还设有分会。

示例2:该省从机动财力中拿出1 900万元,调拨钢材3 000多吨、水泥2万多吨、柴油1 400吨,用于农田水利建设。

10. 代号、代码和序号

部队番号、文件编号、证件号码和其他序号,用阿拉伯数字。序数词即使是多位数也不能分节。

示例:84062部队　国家标准GB 2312—80　国办发[1987]9号文件　总3147号　国内统一刊号CN11－139921/　22次特别快车　HP－3000型电子计算机　85号汽油　维生素B12

11. 引文标注

引文标注中版次、卷次、页码,除古籍应与所据版本一致外,一般均使用阿拉伯数字。

示例1:列宁:《新生的中国》,见《列宁全集》,中文2版,第22卷,208页,北京,人民出版社,1990。

示例2:刘少奇:《论共产党员的修养》,修订2版,76页,北京,人民出版社,1962。

示例3:李四光:《地壳构造与地壳运动》,载《中国科学》,1973(4),400~429页。

示例4:许慎:《说文解字》,影印陈昌治本,126页,北京,中华书局,1963。

示例5:许慎:《说文解字》,四部丛刊本,卷六上,九页。

12. 横排标题中的数字

横排标题涉及数字时,可以根据版面的实际需要和可能作恰当的处理。

13. 竖排文章中的数字

提倡横排。如文中多处涉及物理量,更应横排。竖排文字中涉及的数字除必须保留的阿拉伯数字外,应一律用汉字。必须保留的阿拉伯数字、外文字母和符号均按顺时针方向转90度。

14. 字体

出版物中的阿拉伯数字,一般应使用正体二分字身,即占半个汉字位置。

训练素材及提示

【知识题】

1. 什么是文面？它包括哪些方面的内容？

2. 文字的书写有什么要求？

3. 说说自己平时最不重视的文面问题是什么？该如何纠正？

【实践训练题】

1. 以下是刊登在《环球时报》上的一篇文章素材,请按文章行款格式要求书写大标题与小标题,并分段排版。

谈话引用诗句　决策拓宽思路

学文学，照样当CEO

没有人会怀疑MBA在商场中的地位，但是据统计，美国最大的1 000家公司的CEO（首席执行官）中只有1/3有MBA学位。这些美国的CEO们在大学里所学的专业从大气物理到法国文学，什么都有，和现在所从事的职业看起来毫不相干，但是他们所学的知识对其商业决策有很大的帮助。

文学让人懂得与人打交道

迪斯尼的CEO迈克·艾斯纳是英语和戏剧的双学士，他从来没上过和商业有关的课，而且他让3个儿子也都学了文学。他说："文学确实很重要，因为无论你从事哪一行，总要处理人际关系，文学使你明白如何与不同的人打交道。"联合百货公司的总裁苏珊·克罗尼克是学亚洲研究的。由于她对印度的经济体系十分了解，有办法大幅降低从印度进口的费用，因此她很快就从一个普通采购员的位置得到了提升。她说："我的教育背景对我很有好处。"米夏埃拉·罗德尼奥是加利福尼亚大学戴维斯分校法国文学专业的毕业生，她现在是加州一家法国葡萄酒厂的CEO。罗德尼奥流利的法语以及她拥有的有关法国社会、文学艺术的知识令那些法国管理者们惊奇，使她的事业发展一帆风顺。不懂技术，反而给公司带来新鲜感。弗兰克·莫斯是一家电子商务公司的董事会主席，他在读太空航空学研究生时参与了阿波罗太空小组的工作。他说："在航天项目中，我学会了如何与自己的团队在短时间内迅速解决问题，我把这种紧迫感带到了计算机和软件业的激烈竞争中。"莫斯认为，计算机与生物技术联姻将带来下一个前沿技术，这一行业将需要更多拥有历史、哲学等专业背景的明智的领导者，来解决基因技术和克隆技术所带来的伦理问题。史蒂文·亚当斯是英国文学博士，他曾辞去在路易斯安那大学的教师工作，成为Uniscape的CEO。"不久前，我还以为'芯片'是什么蘸酱吃的东西。"Uniscape帮助跨国公司制作涉及多种语言和文化的网站，亚当斯认为自己为公司带来了新鲜的东西，他在与那些计算机专家和电子工程师们谈话时，甚至会经常引用诗句。

大部分CEO不是名校毕业生

一些著名CEO不仅在学校里学的专业和商业无关，甚至根本没有毕业。比尔·盖茨没拿到学位就退学了，他可能是哈佛大学最有名的肄业生。戴尔电脑的创始人和CEO迈克·戴尔在大学是学生物的，但他大一后就退了学。还有一些CEO并没有上过什么名牌大学，他们的母校总共仅有一两千名学生。《财富》杂志排行榜上300位CEO有87%都不是常青藤盟校毕业的。康宁公司前CEO卢斯的母校只有1200名学生。迪斯尼CEO艾斯纳和城市漫游（Travelocity）网站的前CEO特利·琼斯的母校都只有2100名学生。

2. 请为下列消息标题排版。

（1）《中国经营报》的一则消息的双行标题：

不把经济发展建立在重大安全事故频发的高危产业上（眉题）；爆炸惊破江西烟花经济梦（正题）。

（2）《湖南经济报》一则消息的三行标题：

谋划旅游大产业，构筑旅游大格局（眉题）；旅游业成为湖南支柱产业（正题）；去年全省旅游总收入达210亿元，比上年增长41.3%（副题）。

3. 结合阅读教学模块选文类型，配合专题论文写作，根据自己的阅读兴趣，确定课外阅读重点，写一份合乎文面要求的课外阅读计划。

4. 评论下列文字材料的文面：

（作业一）

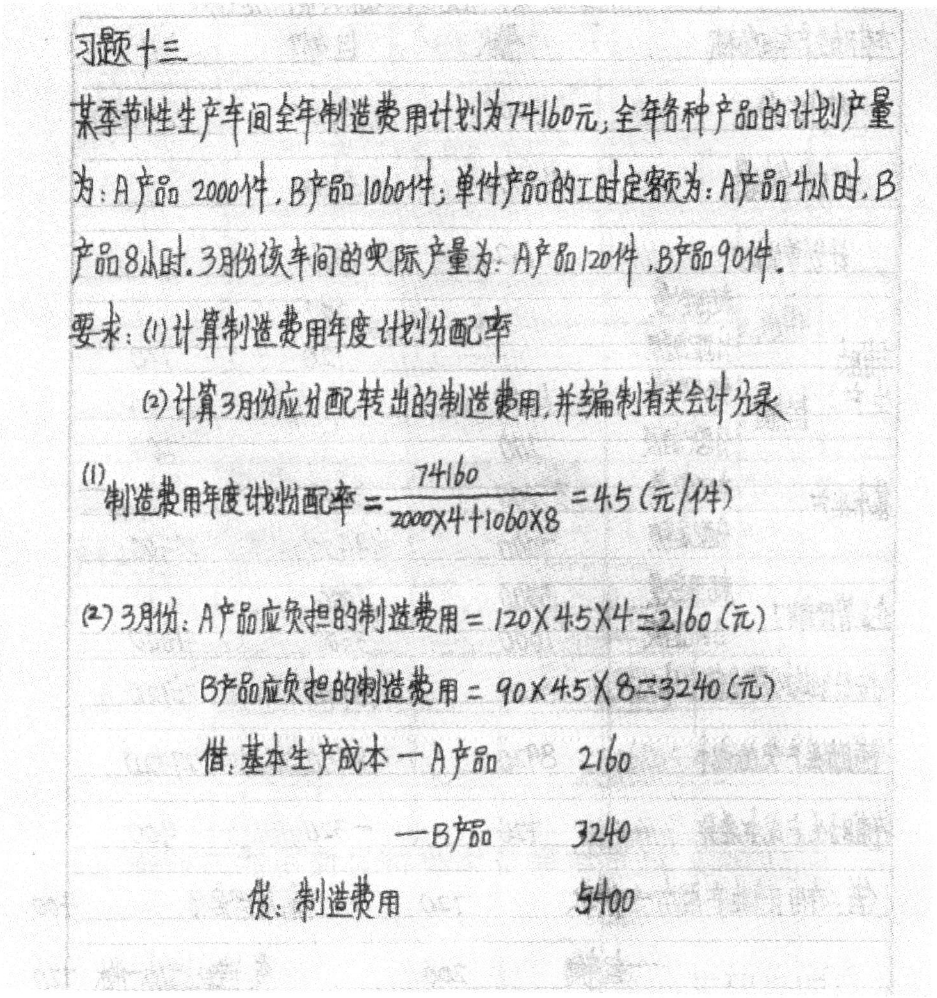

习题十三

某季节性生产车间全年制造费用计划为74160元，全年各种产品的计划产量为：A产品2000件，B产品1060件；单件产品的工时定额为：A产品4小时，B产品8小时。3月份该车间的实际产量为：A产品120件，B产品90件。

要求：(1)计算制造费用年度计划分配率

(2)计算3月份应分配转出的制造费用，并编制有关会计分录

(1)制造费用年度计划分配率 $=\frac{74160}{2000\times4+1060\times8}=4.5$（元/件）

(2)3月份：A产品应负担的制造费用 $=120\times4.5\times4=2160$（元）

B产品应负担的制造费用 $=90\times4.5\times8=3240$（元）

借：基本生产成本—A产品 2160

—B产品 3240

贷：制造费用 5400

（作业二）

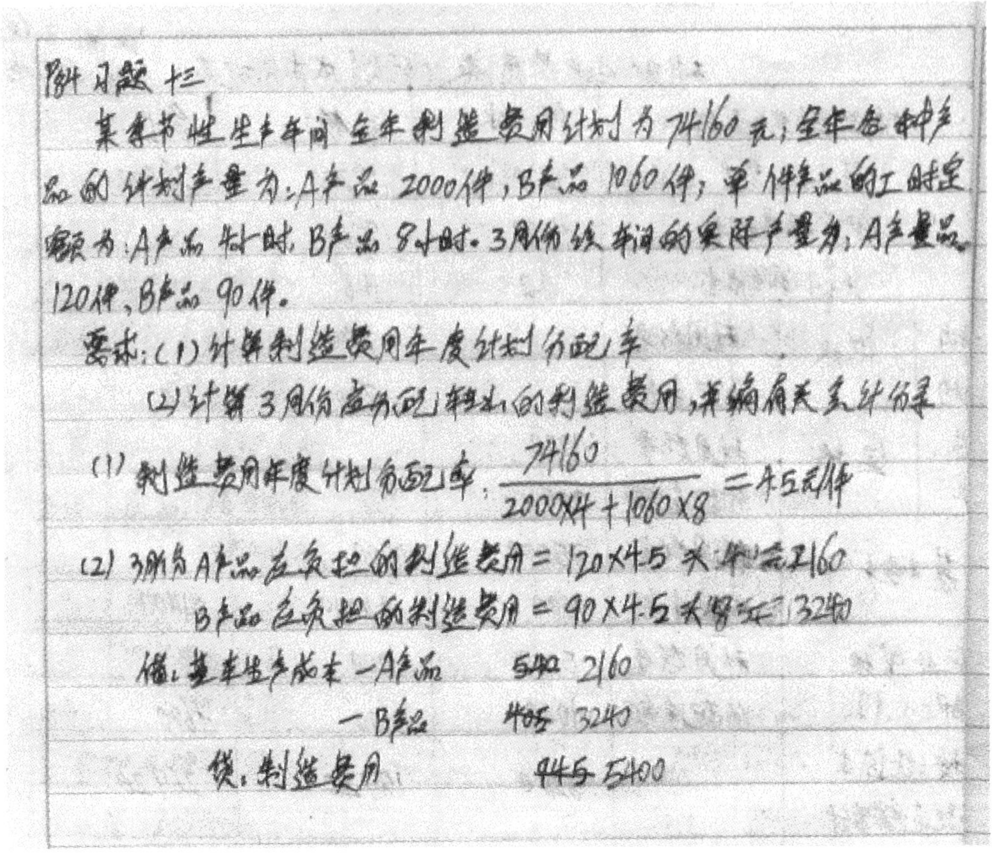
附习题十三

某季节性生产车间全年制造费用计划为74160元；全年各种产品的计划产量为：A产品2000件，B产品1060件；单件产品的工时定额为：A产品4小时，B产品8小时。3月份该车间的实际产量为：A产品120件，B产品90件。

要求：(1)计算制造费用年度计划分配率

(2)计算3月份应分配转出的制造费用，并编制有关会计分录

(1) 制造费用年度计划分配率：$\frac{74160}{2000\times4+1060\times8}$=4.5元/件

(2) 3月份A产品应负担的制造费用=120×4.5×4=2160

B产品应负担的制造费用=90×4.5×8=3240

借：基本生产成本—A产品 ~~540~~ 2160

—B产品 ~~405~~ 3240

贷：制造费用 ~~945~~ 5400

项目2.2 标点符号及修改符号使用能力训练

训练目的与要求

通过学习和训练，应掌握特殊标点符号书写及使用的要求，掌握修改符号的使用方法，能利用修改符号修改习作。

在训练过程中，有这样几点要求：

(1)重点练习日常生活中易误用的标点符号；

(2)一定要在修改练习中把握修改符号的使用。

训练方法与步骤

根据文字书写与行款格式布置要求，利用修改符号修改课外阅读计划。

训练示例与分析

常见的标点符号误用情况有哪些?

示例一:标点符号误用举例

1. 制作香菜必须注意——菜梗要选嫩的,菜丝不要腌得过咸或过淡,香油要熬熟,搽拌要均匀,缸口要封好。

【简析】总说、分说间误用破折号。冒号中总说与分说的用法容易和破折号中表示说明或解释的用法相混淆。例句中前后句之间是总分关系,应用冒号。

2. 笑只和脸(不管是“整体”还是“局部”)有关系吗?

【简析】必读注释误用括号。句中括号里的内容表示解释说明,但又是句子重要的组成部分,起强调作用,必须读出来,否则语意表达不完整,因此,括号应改为破折号。

3. “行喽,”张明停了一会儿说:“你叫我做什么就做什么。”

【简析】提示语在引句中间误用冒号。提示语在一段引语的中间时,后面只能用逗号,不能用冒号。冒号表示提示下文。用了冒号,前面的话就不是张明的语言了。

4. 一个教室坐八、九十人,既拥挤,又嘈闹,不利教学。

【简析】概数中间误用顿号。“八九十”是邻近的两个数连用,表示人数的概数,因此不能用顿号。如果加顿号就表示“八”和“九十”并列。不符合表述实意。

5. 防止近视的方法有:(1)、不要在强光下看书;(2)、不要在昏暗的灯光下写字;(3)、看书时间长了要向远处看。

【简析】表序号的括号外误用顿号。括号用在次序语的外面,这时的括号与顿号的用途相同,后头不能再用顿号。

6. 诸葛亮在《诫子书》中说:“静以修身,俭以养德”。

7. 我们谈的“俭以养德,”在当今社会主义时期,也是美德。

【简析】引句中句末点号误置。引号和引文点号连用的时候,点号是放在引号之内还是引号之外,关键看引文是完整地照录人家的话,还是作为引用文句的一部分。引用的是全句应放在引号之内,引用的是作为文句的一部分,应放在引号之外。因此,第6句的点号应放在引号之内,第7句的点号应放在引号之外。

8. 诗画无不注重绘声绘色,讲究笔力、风神、意境等……因此,古人云:“诗是有声画,画是无声诗。”

【简析】表示省略的“等”“等等”前后误用省略号。句子中的“等”在这里本身起省略作用,再加省略号就是重复多余了,应删其一。

你知道使用标准的修改符号吗?

示例二:

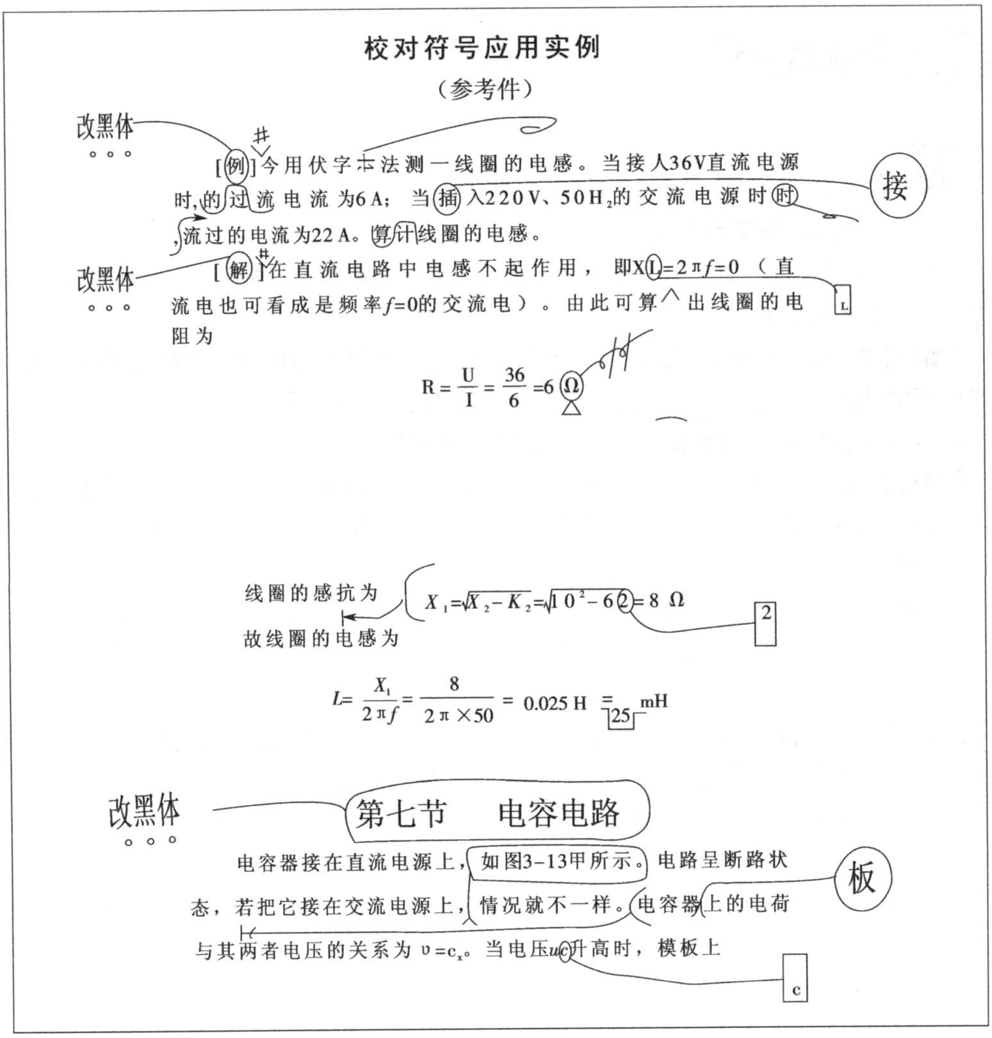

校对符号应用实例

（参考件）

改黑体

[例]今用伏字下法测一线圈的电感。当接人36V直流电源时,的过流电流为6 A；当插入220V、50H₂的交流电源时时,流过的电流为22 A。算计线圈的电感。

接

改黑体

[解]在直流电路中电感不起作用，即XL=2πf=0（直流电也可看成是频率f=0的交流电）。由此可算出线圈的电阻为

L

$$R=\frac{U}{I}=\frac{36}{6}=6\ \Omega$$

线圈的感抗为

$$X_1=\sqrt{X_2-K_2}=\sqrt{10^2-62}=8\ \Omega$$

2

故线圈的电感为

$$L=\frac{X_1}{2\pi f}=\frac{8}{2\pi\times 50}=0.025\ \text{H}=25\ \text{mH}$$

改黑体

第七节　电容电路

电容器接在直流电源上，如图3-13甲所示。电路呈断路状态，若把它接在交流电源上，情况就不一样。电容器上的电荷与其两者电压的关系为 υ=c_x。当电压uc升高时，模板上

板

c

【简析】现在使用的统一修改符号，一般采用《中华人民共和国专业标准校对符号及其用法》中的校对符号，使用时应注意书面的清楚整洁，符号的线条不要交叉。

支撑知识

一、标点符号的作用及使用要求

标点符号是辅助文字、记录语言的一套符号，是书面语言的重要组成部分。它帮助人们确切地表达思想感情和理解书面语言。它可以帮助人们分清句子结构，辨明不同的语气，确切理解词语的性质和文章的意义，是书面语言不可或缺的辅助工具。

标点符号共有十六种，包括七种点号：句号、问号、叹号、逗号、顿号、分号、冒号。九种标号：引号、括号、破折号、省略号、着重号、连接号、间隔号、书名号、专名号。有关标点符号的用法，《新华字典》的附录《常用标点符号用法简表》说得简洁明了，可作参考。

在人们的写作实践中，常见的问题是标点混乱，句读不分。有的人，整段或整篇文章一“逗”到底，分不清句子和段落；有的人，不用分号，不管句子之间的联系是什么关系，一

律用逗号；有的人不能区分各种标点符号的用法，因而混用或乱用标点。这些做法，既不符合文面要求，也影响了文章语言表达的准确流畅。解决的办法，一是熟知各种标点符号的用法，二是思想上重视文面要求，认真思考语境中标点的使用。只要认真，即使原水平差一些，也可以凭语感判定标点使用是否正确，认真思考加以解决。

例一

(1)老师、学生春游去了。

(2)老师，学生春游去了。

(3)老师："学生春游去了。"

例二

(1)那个人你见过他没见过？

(2)那个人你见过，他没见过。

(3)那个人你见过，他没见过？

(4)"那个人你见过他？""没见过。"

(5)"那个人你见过他没？""见过。"

上面两例中几个句子文字相同，由于用了不同的标点，句子结构上及意义上的不同就清楚地表现出来了。

二、修改符号的使用

修改文章时，要使用统一的符号加以标示。下面，根据《中华人民共和国专业标准校对符号及其用法》（GB/T 14706—93，国家技术监督局 1993 年 11 月 16 日批准，1994 年 7 月 1 日起实施）的规定，介绍几种常用的修改符号。

符号形态	符号作用	符号在文中和页边用法示例	说　明
一、字符的改动			
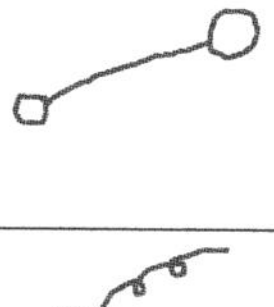	改　正	增高出版物质量。 提 改革开 放	改正的字符较多，圈起来有困难时，可用线在页边画清改正的范围 必须更换的损、坏、污字也用改正符号画出
	删　除	提高出版物物质质量。	
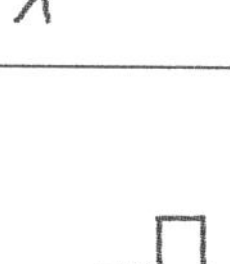	增　补	要搞好校工作。 对	增补的字符较多、圈起来有困难时，可用线在页边画清增补的范围
	改正上下角	16 = 42 2 H_2SO4 4 尼古拉.费欣 · 0.25 + 0.25 = 0 5 . 举例2×3 = 6 : X Y = 1:2 :	

二、字符方向位置的移动

	转　正	字符颠倒要转正。	
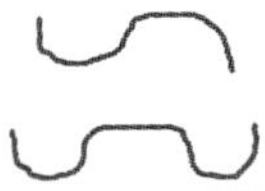	对　调	认真经验总结。 认真验结经总。	用于相邻的字词 用于隔开的字词
	接　排	要重视校对作， 提高出版物质量。	
	另起段	完成了任务。明年……	
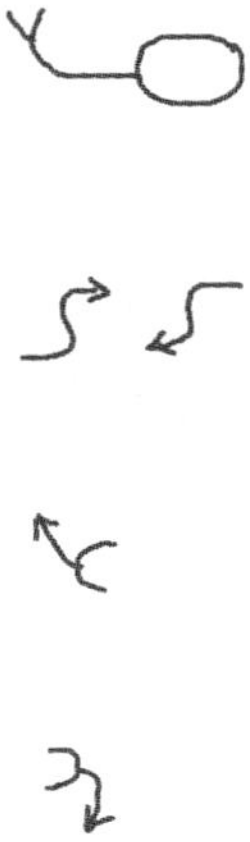	转　移	校对工作，提高出版物质量 要重视。 ”。以上引文均见中文新版《 列宁全集》 编者年月 …… 各位编委：	用于行间附近的转移 用于相邻行首末衔接字符的推移 用于相邻页首末衔接行段的推移
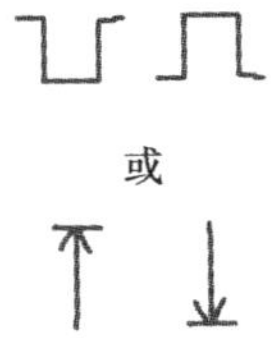	上下移	序号 名　称 数量 01 × × × 2	字符上移到缺口左右水平线处 字符下移到符头所提的短线处
	左右移	要重视校对工 作，提高出版物质量。 34 56 5 欢呼 歌 唱	字符左移到箭头所提的短线处 字符左移到缺口上下垂直线处 符号画的太小时，要在页边重标

三、字符间空距的改动

∨ ＞	加大空距	∨∨∨ ├─ 一、校对程序 ─┤　∨ ＞校对胶印读物、影印书刊的注意事项：　＞	表示在一定范围内适当加大空距 横式文字画在字头和行头之间

四、其　他

△	保　留	认真搞好校对工作。（“好”字圈出，引线标“好”后画两竖线，下标△）	除在原删除的字符下画△外，并在原删除符号上画两竖线
○＝	代　替	○色的程度不是，从浅○色到深○色具有多种层次，如天○色、湖○色、海○色、宝○色……　○＝蓝	同页内有两个或多个相同的字符需要改正的，可用符号代替，并在页边注明
○○○	说　明	第一章　校对的职责（圈出，引线标“改黑体”，字下画圈）	说明或指令性文字不要圈起来，在其字下画圈，表示不作为改正的文字。如说明文字较多时，可在首末各三字下画圈

以上摘录的是常用的修改符号。需要说明的是：使用修改符号必须工整规范，选择与原稿字迹颜色不同的笔，以醒目突出，方便阅读。

训练素材及提示

【知识题】

1. 标点符号有何作用？

2. 在人们的写作实践中，使用标点的常见问题是什么？该如何解决？

3. 使用修改符号的原则是什么？

【实践训练题】

1. 标点符号的使用训练

(1)在下面一段文字横线处，依次填入正确的标点符号。(　　)

在______关于在中小学实行统一收费的若干规定______的听证会上______各方代表争论的焦点是______一费制______能否真正彻底解决中小学乱收费问题_______

A. “　”　　：　　“　”　　？

B.《　　》:《　　》　　？

C.《　　》，　　“　”　　。

D. “”　　,《　　》　　。

(2)在下面文字横线处,依次填入最恰当的标点符号。(　　)

现在的小孩______从小生活在爸爸身边______爸爸长得高矮胖瘦______说话的口头语______喜欢京剧还是球赛______他都清楚______而我尚未出生______爸爸就去打日本鬼子去了______不到四岁______爸爸已经战死沙场了______

A. ,。,,……　。;,。

B. ,,,、……　。;,。

C. ,,,,……　。,,,。

D. ,。,、……　。,,,。

(3)在下面各句中的“说”后面应加的标点符号是(　　)。

①“上帝哟,你听这个天真的声音!”爸爸说______于是大家把孩子讲的话传播开来。

②“哎呀,真是美极了!”皇帝说______“我十分满意!”

③最后,他们齐声说______“请看! 新衣缝好了!”

④他就把他完全没有看见的布称赞了一番,同时对他们保证说______他对这些感到很满意。

A. 。,:,

B. :。:。

C. ,::,

D. 。::,

(4)下列句子标点符号使用正确的一句是(　　)。

A. 耿大妈对儿子说:“大成,见人该问好就问好,该行礼就行礼,别怕人笑话,俗话说:‘礼多人不怪嘛’。”

B. 要在城西修建立交桥的消息传出后,许多人都非常关心这座立交桥将怎么建? 那里的近千株树木将怎么办?

C. 蝉的幼虫初次出现于地面,需要寻求适当的地方——矮树、篱笆、野草、灌木枝等——蜕掉身上的皮。

D. 现代画家徐悲鸿笔下的马,正如有的评论家所说的那样,“神形兼备,充满生机。”

(5)下列句子中,标点符号使用正确的一句是(　　)。

A. 小河对岸三、四里外是浅山,好似细浪微波,线条柔和,蜿蜒起伏,连接着高高的远山。

B. 证券交易所内那些穿红马甲的人便是经纪人,穿黄马甲的人则是管理和服务人员;这是全世界都统一的。

C. 他从报上看到某大学研究生院和《中国文化》编委会联合主办《中国文化与世界文化暑期讲习班》的招生启事,立刻写信去报名。

D. “唉!”作家叹道,“红尘之中,人海茫茫,要找出个不知姓名的陌生人来,这不是大海捞针吗?”

(6)下列句子中标点符号的使用,正确的一句是(　　)。

A. 这个经济协作区,具有大量的科技信息,较强的工业基础,巨大的生活资料市场,较丰富的动植物、矿产、海洋、旅游等资源。

B. 当太阳完全被月亮的身影遮住时，与神女般若隐若现的“海尔-波普”彗星相比，清晰的水星亮晶晶地伴在被遮黑的太阳旁边，金星、木星也同现在天宇。

C. 出版社在 1997 年第一季度社科新书征订单上提醒邮购者：务必在汇款单上写清姓名及详细地址（汇款单附言栏内注明所购的书名、册数）。

D. 今年春节，这个省的沿海地区要完成 3700 万土方的河堤加高和河口截流改道工程，任务重、工程难、规模大。

（7）下列标点符号使用没有错误的一项是（　　）。

A.“这究竟是怎么回事呢？同志们。”厂长严肃地说。

B. 我要给爷爷理发，爷爷笑了：“你？笤帚疙瘩戴帽子——充人哩。”

C. 基础知识究竟扎实不扎实？对今后的继续深造有重要影响。

D. 今天去呢？还是明天去呢？我实在拿不定主意。

（8）下列句子的标点符号使用正确的是（　　）。

A. 到底哪里是安徒生写作的地方？哪里是他父亲的皮鞋作坊？已经没法知道了。

B. 列宁曾经指出：《反杜林论》十分明确和详尽地叙述了马克思主义的基本观点，“是每个觉悟工人必读的书籍”。

C. 金，原泛指一切金属，如“金就砺则利”，（《荀子·劝学》）现在专指黄金。

D. 还有不少因素使铁容易生锈。如水中有盐，铁制品表面不干净、粗糙，铁中杂有其他金属……等等。

（9）下列句子标点符号使用正确的是（　　）。

A. 如果没有润滑剂，机器就无法运转，特别是在尖端科学技术：方面，更需要具有特殊性能的润滑剂。如原子能、宇宙航行方面，更需要具有特殊性能的润滑剂。

B. 艺术节期间还举办了形式多样的文艺评论活动、内容独特的文物、美术、摄影展览，以及大规模的经贸活动。

C. 我认为，这些担心是可以理解的；但这些问题的提出，又是由于未能认真考虑社会主义文艺的性质、功能及其历史使命而产生的，因而是不必要的。

D.“怎能说不是？这都是你的功劳嘛。要是没有你……”妻子的话还没有说完，就被丈夫用一大块面包把嘴给堵上了。

（10）下列各句标点符号使用完全正确的一项是（　　）。

A.“大妈，你瞧这鱼有多新鲜！”不知怎的，原本是冲着他的鱼新鲜而来，这一声“大妈”的尊称却让我心中不悦：“我还不至于让人叫大妈吧！”

B. 老师鼓励我说：“你要学习鲁迅‘横眉冷对千夫指，俯首甘为孺子牛’的精神，全心全意为人民工作”。

C. 目前各种文摘刊物很多，有综合性的科普文摘（如《科学大观园》），也有专门性的文摘杂志（如《健康文摘》），还有综合反映社会的和科技研究现状的文摘栏目（如《新华文摘》中的“文化遗产”、“今日世界”等栏目）。

D. 要有意思才有话说；没有意思硬要说，就是瞎说；意思没有想清楚随便说，就是乱说；那都是没有把话说好。

(11)下列句子标点符号使用正确的是(　　)。

A. 这个“册”字多像在几节竹简中间,穿上了一条绳索的样子,传说:孔子因为勤奋读书,竟把这种穿册的皮条翻断了多次。

B. 我从来不把安逸和享乐看做是生活目的的本身,——这种伦理基础,我叫它“猪栏的理想”。……人们所努力追求的庸俗的目标——财产、虚荣、奢侈的生活——我总觉得都是可鄙的。(美国爱因斯坦《我的世界观》,转引自《中国青年报》)

C. 祖冲之很注意搜集自古以来的观测记录和有关文献,但是决不“虚推古人,”绝不把自己缚在典籍文献之中。

D. 到底饭菜里边是有苍蝇还是没苍蝇,有苍蝇就是属实,没苍蝇就是不实,这个“基本属实”,应该怎样理解呢?

(12)下列句子中,标点符号使用正确的是(　　)。

A. 教师果真只管“讲”的吗? 学生果真只管“听”的吗? 一“讲”一“听”之间,语文教学就能收到效果吗?

B. 层层的叶子中间,零星地点缀着些白花;有袅娜地开着的,有羞涩地打着朵儿的;正如一粒粒的明珠,又如碧天里的星星。

C. 今年的《中学生》增加了《精读举隅》这样一个栏目,由我来试作。

D. 他说:“语文教材无非是例子,凭这个例子要使学生能够举一反三。”(152 页),又说:“学生须能读书,须能作文,故特设语文课以训练之。”(717 页)。

(13)选出标点符号运用正确的一句(　　)。

A. 诗人的思想感情,或喜悦,或忧伤;或愤怒,或悲哀;或思念,或憧憬;或赞扬,或谴责……等等,无不倾泻在诗的字里行间。

B. 蓝田猿人生存时期较早,距今约五、六十万年。

C.《战国策》里说伍子胥“坐行蒲服,乞食于吴市”。坐行就是膝行,蒲服即匍匐;要是按现代的坐的姿势来理解,又是坐着又是走,那是不可能的。

D. 不久前,《光明日报》上的《文学遗产》副刊的编者为了提醒撰稿人注意引文的确实,特别写了一篇文章说:“最近在该刊发表的一些文章中,引文完全确实的难得有一两篇……”

(14)下列句子标点符号使用不正确的是(　　)。

A. 契诃夫写过许多有影响的小说,故事性并不强,但都能牢牢抓住读者的心。

B. 什么地方什么条件下可以找到什么样的美登木? 植物学家了如指掌。

C. 细细的秋雨——大约是今年的最后一场了吧——在窗外静静地飘洒着。

D. “完了?”赵大爷不觉失声地说,“哪里会完得这样快呢?”

(15)下面各句引文末尾标点的使用,错误的一项是(　　)。

A. 俗话说:“一勤天下无难事。”唐代文学家韩愈也说:“业精于勤。”

B. 有人提出这样一种人生哲学,叫做“人人为自己,也就是人人为大家”。

C. 有人说“若不让错误出生,便不会有真理降世”,这是有道理的。

D. 高尔基说:“天才出勤奋”。卡莱尔也说:“天才就是无止境刻苦勤奋的能力”。

(16)选出标点符号使用不正确的一项(　　)。

A. 我国年满十八周岁的公民，不分民族、种族、性别、职业、家庭出身、宗教信仰、教育程度、财产状况、居住期限，都有选举权和被选举权；但是依照法律被剥夺政治权利的人除外。

B. 有些现代常用的格式，像“把书看完了”这种“把”字式，是古代没有的。

C. 在语法方面，古今也有不少差别。例如“我孰与城北徐公美?”就是古代特有的句法，底下“吾与徐公孰美?”才跟现代句法相同。

D. 太行山涉及北京、河北、山西、河南四省(市)、110个县(市、区)，总面积1.8亿多亩。

(17)标点符号使用错误的一项是(　　)。

A.“满招损，谦受益”这句格言，流传到今天至少有两千年了。

B.“不要怕，”他安慰我说，“这是个误会，不会把你怎么样的”。

C. 焦裕禄笑了笑说：“咱们谈谈这里的情况吧。”

D. 他站起来问：“老师，‘有条不紊’的‘紊’是什么意思？”

(18)下列各句中，标点符号使用有错的一项是(　　)。

A. 这就是摆在作家面前的形势——走前一条路，他将成为社会主义时代的三家村学究；走后一条路，我说我们应该向他祝贺，他有可能成为我们时代的语言术的大师。

B. 我们的古人在诗歌创作上强调“炼字”，主张“意胜”，要做到“平字见奇，常字见险，陈字见新，朴字见色”。

C. 不过语言的取之不尽、用之不竭的源泉，毕竟还是来自活人——尤其是人民群众的口头。

D. 世界上只有具体的、相对的民主，没有抽象的、绝对的民主。

(19)标点符号使用错误的一项是(　　)。

A. 宛南华侨新村位于徐汇区、中山南二路与宛平路交汇处。

B. 统计数字表明，广东全省待业人员就业难的问题已经基本得到解决。

C. 如果你浪费时间，时间就荒废你的青春；如果你重视时间，时间就珍惜你的生命。

D. 这里叫做虬在湾：据说虬早已被吕洞宾度上天了，可是望过去，跳掷翻腾，像又回到了故居。

(20)含两处标点错误的句子是(　　)。

A. 常看到这样的孩子，平时显得聪明伶俐，但读书学习时却很费力——已是高年级学生了，还喜欢看“小人书”。

B. 可以说，除了诗，(因为诗是最难翻译的)雨果的重要作品，(小说和剧本)大都有了中文的译本。

C. 做，要靠想来指导；想，要靠做来证明；想和做是紧密地联系在一起的。

D. 人总得好点儿什么？爱点儿什么？厨师好汤，战士爱枪，那是职业使之然，与阿猫阿狗并不相干。

(21)选出破折号的用法不同于其他三项的一项是(　　)。

A. 一般来说，地球的“外衣”——大气层，它的厚度为800多公里。

B. 苏美尔人还制造了人类最早的文字和书籍——楔形文字和泥板书。

C.“自由是对必然的认识和世界的改造”——这是马克思主义的命题。

D.我们整个儿身体推着巨石,——而它稳稳地踞伏着,像牢牢地生了根。

(22)下列顿号使用正确的一项是(　　)。

A.我家住在北京市海淀区、中关村。

B.这套书共四册,第一册是内容说明,第二、三册是分项训练,第四册是综合练习。

C.小伙子大概有十七、八岁的样子。

D.这件事,十之八、九是办不成的。

(23)下列分号使用不正确的一项是(　　)。

A.我没有亲见;听说,她,刘和珍君,那时是欣然前往的。

B.这种作风,拿了律己,则害了自己;拿了教人,则害了别人;拿了指导革命,则害了革命。

C.打猎的讲究不少:雉鸡、野兔要白天打,叫打坡;野猪、狐、獾、狼要夜里打,叫打猎。

D.对于那些犯错误的同志,我们要历史地、全面地评价他们的功过是非,不要一犯错误就全盘否定;也不要纠缠历史上发生过而已查清的问题和历史上犯过而已纠正的错误。

(24)下列问号使用正确的一项是(　　)。

A.面对如此局面,我简直不知道我该怎么办才好?

B.难道这还用解释吗,密哈益·沙维奇?难道这不是理所当然吗?如果教师骑自行车,那还能希望学生做出什么好事来?他们所能做的就只有倒过来,用脑袋走路了!

C.“难道非得赶在今天办不行吗?父亲。”

D.这件事应该怎么办?我们还不知道。

(25)下列冒号使用正确的一项是(　　)。

A.老师正在上课,他推门进来,说了声:“对不起”,就匆匆走到自己的位子坐下。

B.我认为:这首诗很好。

C.“祥林嫂,我问你:你那时怎么竟肯了?”一个说。

D.“不,我不反悔!”他轻轻地、坚定地说:“哪怕像塞尔维特一样被他们烧死。……”

(26)下列括号使用不当的一项是(　　)。

A.最早的《莱茵报》(1842年),巴黎的《前进报》(1844年),……

B.列宁(包括斯大林的一部分功绩在内)在无产阶级革命的新的条件下,发展了马克思主义,并在俄国缔造了第一个社会主义国家——苏联。

C.地学上最大的发展是所谓的板块理论,发现地球的外壳(包括大陆和海洋)是一块块拼起来的,像七巧板似的。

D.提出一个什么问题,接着加以分析,然后综合起来,指明问题的性质,给以解决的办法(毛泽东《反对党八股》)。

(27)对下列各句中引号的作用分析正确的一项是(　　)。

①事业的利益应高于一切私人关系或派别关系,不管这些关系在回忆中是多么“美好”。

②现在青年最要紧的是“行”,不是“言”。

③“长江后浪推前浪”,每一代的青年都是接力赛的好手。

④我们伟大的祖国和人民所迫切需要的正是那些“傻子”。

⑤港澳台同胞都积极为“希望工程”捐款。

A. 讽刺　强调　引用　特殊含义　特定称谓

B. 强调　引用　引用　特定称谓　特殊含义

C. 讽刺　引用　强调　特定称谓　特殊含义

D. 强调　强调　强调　特殊含义　特定称谓

(28)对各句破折号用法的解释正确的一项是(　　)。

①河里只会有鲫鱼,不会有这号鱼——这号金鱼只能培养在金鱼池里,非常好看的。

②“今天好热啊! ——你什么时候去上海?”张强对刚进门的小王说。

③对于为了同一目的而战斗的伙伴,他的武器——艺术的武器——是有极大意义的。

④一些流传于民间的神魔故事,往往会就这么逐渐变了样子,那里面的妖魔就越变越可爱了——有的甚至变成了正面的英雄人物。

⑤风拥着浪花不断向堤上猛扑,“唰——”扑上来,“哗——”退回去。

⑥“你赶快答应裕昌祥,赶快救爸爸! 寿生哥,你——”林小姐说到这里,忽然脸一红,就飞快地跑去了。

A. 注释　转换话题　夹注　补充说明　声音延长　声音延长

B. 补充说明　转换话题　夹注　递进　声音延长　话语中断

C. 注释　转折　夹注　递进　声音延长　声音延长

D. 补充说明　转折　夹注　补充说明　声音延长　话语中断

(29)下面一个句子,因缺少一个逗号而不易读通,如果要加上一个逗号,它的位置应在(　　)。

……“对妇女的歧视”一词(A)是指基于性别而作的任何区别、排除和限制(B)其作用(C)或目的是要妨碍或破坏对在政治、经济、社会、文化、公民或任何其他方面的人权和基本自由的承认(D)以及妇女不论已婚未婚在男女平等的基础上享有或行使这些人权和基本自由。

(30)使用标点符号有错误的一项是(　　)。

A. 他吝啬地捏着这块面团,心里不由得暗自庆幸:“幸亏昨天早晨没有发现它!”

B. 凭着崇高的理想、豪迈的气概、乐观的情趣,克服困难不也是一种享受吗?

C. 正是因为说话跟吃饭、走路一样平常,人们才不去想它究竟是怎么回事儿?

D. “这好像是席加洛夫将军家的狗。”人群里有人说。

(31)下面标点符号运用不正确的一项是(　　)。

A. 纪念建党80周年活动的主题是唱响共产党员好、社会主义好、改革开放好的主旋律。

B. 著名水稻专家袁隆平认为:成功=知识+汗水+灵感+机遇。

C. 谈怎样教育青少年一代? 这位教育家有独到的见解。

D. 创造,是人类智慧高度发展的结晶;也是打开成功大门的钥匙。

(32)下列句子中标点符号使用正确一项是(　　)。

A. 在播音员的播音中,经常会出现这样一种现象:就是把该读成去声的字读成上声。

B. 成败与自己的想象有着直接的关联。悲观者把自己想象成失败者，这足以使你不能取胜；乐观者把自己想象成胜利者，将给你带来无法估量的成功。

C. 宋朝的林和靖的咏梅名句不少，最脍炙人口的当然是“疏影横斜水浅，暗香浮动月黄昏。”

D. 王老师说：“古人说：‘兼听则明，偏听则暗’。全班四、五十人的意见，你最好都听一听，搞清大多数人到底赞成什么。”

2. 修改符号的使用训练

(1)请用修改符号修改下列病句：

①为了防止这类交通事故不再发生，我们加强了交通安全的教育和管理。

②电门一关，就可以阻止电流不再通过。

③爱迪生这个名字对我们青年学生是不陌生的。

④我们伟大的祖国也不是一个四分五裂的、任意被帝国主义列强侮辱蹂躏和掠夺的国家了。

⑤博物馆展出了1500年前新出土的一件文物。

(2)请使用修改符号互相评改课外阅读计划。

模块 3

阅读能力训练

一个人的一生，只能经历自己拥有的那一份欣悦，那一份苦难，也许再加上他亲自闻知的那一些关于自身以外的经历和经验。然而，人们通过阅读，却能进入不同时空的诸多他人世界。这样，具有阅读能力的人，无形间获得了超越有限生命的无限可能性。

——谢冕《读书人是幸福人》

实训导航

本模块由接受性阅读能力训练、比较性阅读能力训练、评价性阅读能力训练、创造性阅读能力训练四个训练项目组成。

在科学技术日新月异的今天，获得信息的途径已拓宽了许多，但阅读仍是主要的方式。记录人类历史文化的主要载体仍是文章。因此，我们要学会运用多种阅读方法理解鉴赏优秀作品，能在提高阅读鉴赏能力的同时，加强人文精神的培养，养成健全人格，确立正确的人生观和价值观。

阅读的最基本的作用是积累文化知识，增长见识，获取所需信息。接受性阅读能力训练能帮助我们有效理解文章，积累文化精髓；比较性阅读能力训练能帮助我们对阅读中的同类或不同信息进行鉴别；评价性阅读能力训练能使我们学会评价各类文章，进而评价人物，评价生活；创造性阅读能力训练倡导个性化的解读，不囿于传统与权威，尊重个性，尊重体验，注重阅读者本身创造特质的培养。正确运用这些阅读方法，并坚持不懈，就一定会让我们的阅读鉴赏水平、写作水平、创造性思维能力有所提高。

每一个训练项目安排了对应的选文类型，同学们应配合课堂训练，广泛阅读各类文章，在此基础上确定自己的阅读专题，以便收集资料，撰写专题论文，完成专题活动。

项目3.1 接受性阅读能力训练

训练目的与要求

通过学习和训练,能明确接受性阅读技法的运用要求,并理解接受各类文章与文学作品的内容,积累感性语言材料和自然、社会知识。

在训练过程中,有这样几点要求:

(1)区别理解接受与机械接受,正确认识接受性阅读;

(2)重点积累感性语言材料,并记忆名言警句;

(3)课内阅读与课外阅读相结合。

训练方法与步骤

要求在教师的指导下运用接受性阅读技法精读选文,同时辐射课外阅读。

支撑知识

一、概念

阅读学习的具体方法有多种分类角度,这里,我们按阅读学习目的和要求的不同,将阅读学习技法分为接受性阅读、比较性阅读、评价性阅读、创造性阅读四种。

接受性阅读又叫积累性阅读,指以接受新知识为目的的语文阅读,它旨在汲取读物中的知识营养,包括积累感性语言材料和自然、社会知识。一个人的积累包括生活积累和阅读积累两个方面。生活的积累包括见闻、经验、阅历等的积累,强调在生活实践中获得真情实感。阅读的积累包括对阅读作品的内容和形式的各方面积累。阅读是读者对社会和人生的间接体验。作品能告诉读者生活是什么,因而,读者在阅读中不仅能了解生活的原貌,也能产生对生活的情感,获得对生活的见识。

接受性阅读多用于阅读以定论的形式呈现给学习者的阅读材料,比如《〈诗经〉简介》《〈论语〉简介》等文学知识,基本内容是对客观事实的陈述,其评价也多半是人们公认的。这类读物,旨在吸收民族文化智慧以及汲取人类优秀文化的营养,不需要学习者独立发现,我们多采用这种方法。

二、作用

由于接受性阅读是一种以积累感性语言材料和自然、社会知识为基本目标的语文阅读,所以接受性阅读是人们最初阶段的阅读。它是形成较高语文能力的最重要的基础。

1. 接受性阅读有利于积累人类优秀文化遗产

庄子曰:“水之积也不厚,其负大舟也无力。”创造离不开积累,重大的创新或本质性的进步,依靠的是整个人类文化的长期积累。不接受前人的文化遗产无以谈发展,不积累无以谈创新。欧阳修诗云:“学既积于心,犹木之敷荣。根本既坚好,蓊郁其干茎。”“敷荣”就是开花。这首诗以树木的开花结实为喻,道出了读书做学问要靠长期积累的道理。

2. 接受性阅读是其他三种阅读方法的基础

作为高级阅读技法的创造性阅读,必须以接受和积累为前提条件,如果没有必要的积累作基础,创造性阅读就会成为“空中楼阁”。古人云:“读书如树木,不可求骤长。植诸空山中,日来而月往。”也是说读书像培植树木,不可揠苗助长,急于求成;只有置于“空山”的广阔环境中,经过“日来月往”才能长成参天大树。接受性阅读是创造性阅读的根,只有根扎得深,根系发达,树木才能枝繁叶茂。因为阅读是披文得意的心智技能,其熟练程度与阅读量呈正比。没有足够的阅读量作保证就难以形成熟练的阅读技能。所以,读者个人实现创造性阅读,需要有足够的阅读积累。

3. 接受性阅读是形成较高语文能力的重要基础

语文能力的提高离不开丰富的语言积累,离不开语感的培养。接受性阅读的主要目的是丰富语言材料的积累,因此,它有利于学习者练好语文基本功。广义的接受性阅读不限于语文学习,而泛指一切知识和文化的积累阅读,包括课内和课外、校内和校外,有人指导和自主选择,纸本读物和非纸本读物,有字书和无字书等等。在广泛的阅读实践中积累丰富的阅读感悟,就像植物从土壤中吸收氮、磷、钾等各种生长必需的营养成分。另一方面,在亲近自然、接触社会、人际交往中,积累真切的生活体验,就像植物吸收水分,从而丰富人的生活阅历和积累阅读感悟,直接或间接地提高语文能力。

三、具体方法及要求

1. 接受性阅读应以理解为基础

理解是阅读的核心,接受性阅读虽然强调记忆,但并不等于死记硬背、机械记忆,而应建立在对文本的理解阅读基础上。记忆是以理解为基础的。只有在弄懂作品词语、句子、篇章的基础上,进一步理解其写作方法、思想内容、社会价值,才能主动接受文本信息。

阅读时首先应整体把握文本,在通读的基础上感知文章写了什么,思路怎样,初步了解文本的内容和表达。然后体味和推敲重要语句在语言环境中的意义和作用,深入领会作者表达的观点和情感。还要把各部分的理解进行综合分析,结合作者的思想、时代,联系自己的体验、经历,达到与作者心灵的沟通。

2. 要运用求同思维,进入文本,体会作者思想感情

苏辙诗云:“试探箧中书,把卷揖前修。恍如反故乡,亲朋自相求。”他把读书比作与前贤相交,犹如返回故乡与亲朋畅谈,充满亲情和乐趣,这是他在阅读时运用求同思维的结果。阅读往往是读者与作者跨越时空的对话。读者与作者虽然相距几千年,或远隔数万里,但运用求同思维可以转换角色,穿越时空,设身处地去体验作者的境遇和心情。

3. 运用恰当的阅读方式

读者在阅读时,应根据读物的特点以及阅读目的,选用恰当的阅读方式进行阅读。阅读方式有多种,且各有特点。例如默读有利于快速掌握读物内容,提高阅读效率,朗读能以读促解、以解促读,有利于培养规范的语感等。

在这里重点介绍一下精读。

精读是对读物进行全面而细致地学习的一种阅读学习方法。学生学习期间应提倡研读优秀文学作品,因而需掌握精读的操作方法。如用圈点、批注的方法精读课文;用摘录

和制作卡片等方法积累阅读的材料;写读书心得笔记等。从理解文本角度来看,精读内容包括:

(1)了解写作背景和写作意图。有些文章,特别是文学作品,作者的观点态度表现得委婉含蓄,有时甚至是有意运用曲笔,言在此而意在彼,对这些文章如果不联系写作背景和写作意图,就很难理解或理解不准确不深刻。了解这些信息可从文末所注的时间、注释或从文中的片言只语中获得。

(2)整体把握文本内容,理清思路,概括要点,初步理解作者的思想、观点和感情。

(3)体会文本中一些句子的深层含义。要根据语境揣摩关键语句的含义,善于透过文字看到字里行间的潜台词,领会作者的弦外之音、言外之意,体会语言表达效果。

(4)欣赏重要段落。好的文章常常有核心段或精彩段,抓住这些段落去理解分析,就能达到窥一斑而见全豹的效果。一般说来,需要重点欣赏的段落具有如下的一些特征:最能突出中心,表达方式、修辞手法多样,结构、句式、标点复杂,词汇丰富、准确、优美或富有表现力。通过欣赏重要段落,能有效达到进一步领悟作者的思想感情和创作意图的目的。

(5)揣摩写作特色。一篇好的文章,往往会有堪称典范的写作特色,读者对此应细心揣摩,深悟其要领,为自身写作打好基础。学习时如能精读精练,对提高写作能力是大有裨益的。

4. 要注重语言的长期积累

语文的学习很难做到一蹴而就,它是一个长期积累的过程。没有积累,谈不上培养良好的语感,也绝不可能有较强的听说读写能力,当然谈不上学好语文。接受性阅读要求我们要养成随时积累的好习惯,在平时的阅读中积累自己喜欢的优美词语、成语和格言警句,积累课文中精彩句段,以及在课外阅读和生活中获得的语言材料。除了语言积累外,我们还应重视情感积累、品质积累。阅读积累既要注意阅读的数量,也要注意阅读的质量。

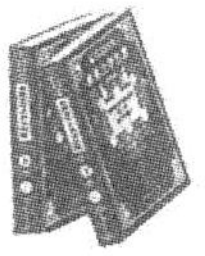

阅读·品格修养

法国启蒙思想家狄德罗说过:“真理和美德是艺术的两个密友。你要当作家,当批评家吗?请首先做一个有德行的人。”

本项目的阅读素材以品格修养类选文为主,请同学们结合课内学习,广泛阅读相关文章与作品,积累知识,积累素材,为专题论文的写作以及专题活动的进行作准备。

一

*孔子语录[1]

《论语》

子曰:里仁为美[2],择不处仁[3],焉得知[4]?(《论语·里仁》)

子曰:贤哉回也,一箪[5]食,一瓢饮,在陋巷[6],人不堪其忧,回也不改其乐[7]。贤哉回也。(《论语·雍也》)

子曰:质[8]胜文[9]则野[10],文胜质则史[11]。文质彬彬[12],然后君子。(《论语·雍也》)

子曰:人而不仁,如礼何?人而不仁,如乐何?(《论语·八佾》)

子曰:富与贵,是人之所欲也,不以其道得之[13],不处也[14]。贫与贱,是人之所恶也[15],不以其道得之,不去也[16]。君子去仁[17],恶乎成名[18]?君子无终食之间违仁[19]。造次必于是[20],颠沛必于是[21]。(《论语·里仁》)

子曰:岁寒,然后知松柏之后凋也[22]。(《论语·子罕》)

子曰:其身正[23],不令而行[24];其身不正,虽令不从[25]。(《论语·子路》)

子曰:志士仁人,无求生以害仁[26],有杀身以成仁[27]。(《论语·卫灵公》)

【注释】

①本文辑录了孔子流传广泛的八则语录,全部出自《论语》。《论语》是我国春秋末期一部语录体散文集,儒家经典文献之一。主要记载孔子及其弟子的言行,是由孔子弟子及再传弟子记录编纂。全书20篇,492章。内容涉及哲学、政治、教育、伦理、文化等各个方面,文字简略、寓意深刻,其中不少语言已成流传广泛的格言警句和成语。《论语》对中国几千年来的思想、文化的发展,有着深刻的影响。

孔子(前551~前479),名丘,字仲尼,春秋时鲁国陬邑(今山东曲阜)人。我国古代伟大的思想家和教育家,儒家学派的创始人。孔子思想的核心是"仁"。他提倡"仁者爱人"、"克己复礼"等。他在教育上首创私人办学,打破"学在官府",主张"有教无类"、"因材施教"和"教学相长"。晚年又致力整理古籍,对传播和保存古代文化贡献很大。子:先秦时对有学问、有道德的人的尊称,这里指孔子,《论语》各则语录均如此。

②里仁为美:里,住处,作动词用。住在有仁者的地方才好。

③处:居住。

④知(zhì):同智。

⑤箪(dān):古代盛饭用的圆形竹器。

⑥巷:此处指颜回的住处。
⑦乐:乐于学。
⑧质:朴实、自然,无修饰的。
⑨文:文采,经过修饰的。
⑩野:此处指粗鲁、鄙野,缺乏文采。
⑪史:言词华丽,这里有虚伪、浮夸的意思。
⑫彬彬:指文与质的配合很恰当。
⑬道:正当的途径。
⑭处:接受。
⑮恶(wù):厌恶,不喜欢。
⑯去:摈弃,摆脱。
⑰仁:仁爱与关怀他人。
⑱恶(wū)乎:怎么可能。
⑲终食之间:在吃一顿饭那样短的时间里。
⑳造次:紧迫,匆忙。
㉑颠沛:跌倒、挫折、流离失所。
㉒凋:凋零、残落。
㉓正:行为端正。
㉔不令而行:没有命令也有人服从实行。
㉕虽令不从:即使有命令人们也不听从。
㉖害仁:损害仁义。
㉗成仁:成全仁义。

【译文】

孔子说:跟有仁德的人住在一起,才是好的。如果你选择的住处不是跟有仁德的人在一起,怎么能说你是明智的呢?

孔子说:颜回的品质是多么高尚啊!一箪饭,一瓢水,住在简陋的小屋里,别人都忍受不了这种穷困清苦,颜回却没有改变他好学的乐趣。颜回的品质是多么高尚啊!

孔子说:质朴多于文采,就像个乡下人,流于粗俗;文采多于质朴,就流于虚伪、浮夸。只有质朴和文采配合恰当,才是个君子。

孔子说:一个人没有仁德,他怎么能实行礼呢?一个人没有仁德,他怎么能运用乐呢?

孔子说:发大财,做大官,这是人人都想要的;不用合理合法的方式去得到它,君子不接受。贫困和下贱,是人人所厌恶的;不用正当的手段去摆脱它(或解决它),君子也不摆脱。君子没有一餐饭久的时间能离开仁德,在仓促匆忙的时候一定这样,就在颠沛流离的时候也一定这样(与仁同在)。

孔子说:天气严寒了,然后才知道松柏树是最后凋谢的。

孔子说:在上位者只要自己行为端正,不用发布命令,事情也行得通;他自己行为不端正,即使发布命令,百姓也不会信从。

孔子说:仁人志士,不因贪生怕死而损害仁德,却勇于献身以成就仁德。

【评析】

这里所选《论语》里的八则语录,内容主要侧重修养人格方面。

孔子认为:修养人格,重视对朋友的选择,贵在文质彬彬,贵在以身作则,贵在经得住考验,要时时刻刻维护仁义,即使牺牲性命也在所不惜。这些思想见解,是孔子长期学识积累和丰富人生经验的积淀，充满真知灼见，且言简意赅，两千多年来一直被人们广泛传诵，大多已成为志士仁人牢记、遵信的格言。

【实践训练题】

1. 你认为孔子有关人格修养的这些论述，今天是否还有借鉴的意义？

2. 熟读并尽可能背诵这些语录。

3. 课后阅读《论语》完成下列练习：

①说出六个出自其中的成语；

②列举六句出自其中的警句，并谈谈自己的认识。

4. 专题活动：

①孔子故事会。

（提示：分组选代表上台讲述孔子的故事，要求在三分钟内讲完，且条理清楚、通俗生动。）

②我心目中的孔子。

（提示：分组选代表上台讲述自己对孔子的评论，要求有理有据。）

【美文链接】

韩国怎样对待孔子和儒教

马洁亮

"七夕"这个"中国情人节"的脚步，在中国平静得几乎没有声响，大街上既没有铺天盖地的商家促销广告，也没有西方情人节到来时男男女女手中的玫瑰和巧克力。但在韩国，据韩国发行量最大《朝鲜日报》报道，"七夕"前夕，韩国传统饮食研究所举行了"牵牛织女节"，情侣们把韩式糕饼等传统食品送给对方做"七七情人节"礼物。

中国的传统节日繁多，它们是民族传统文化的重要载体，联想到不久前，一度炒得沸沸扬扬的韩国欲将"端午节"申报世界文化遗产一事，我愈发痛心地感到：谁来拯救我们的传统文化？

西方很多学者将韩国称作"儒教国家的活化石"、"典型的儒教国度"。就像对待端午节"申遗"一样，大部分中国人听到这个消息会觉得不解甚至愤怒：儒家文化不是起源于中国吗，孔子孟子不都是炎黄子孙吗？

这些都没错。但不客气地说，现在中国人对孔子的印象，恐怕仅仅局限于历史课本中的一幅肖像，以及语文课本中的几段《论语》节选。而在韩国，每年2月和8月，韩国人还会按照传统到文庙祭祀孔子。人们头戴儒冠，身穿黑色古代祭服，毕恭毕敬，向孔孟行礼。另外，韩国现在还有完全按照传统儒家教学方式授课的学院，主要课程就是儒家经典《四书五经》。在中国几近消失殆尽的传统县学和书院，在韩国至今仍有300多座。

更为重要的是，韩国人的共同道德，仍是儒家文化所信奉和"孝悌、忠信、礼义、廉耻"儒家文化一直被认为是最具东方传统特色的中国文化，在漫长的中国古代社会中一直占据主导地位。但现在，几千年的儒家文化血脉在它的母国断裂，以至于中国的学者必须到韩国才能真正领略儒家文化的遗风流韵。

不可否认，儒家文化中也有一些落后腐朽的成分。但难道说，儒家文化——我们中华民族传统精神文明中最核心的瑰宝，真的经不起现代文明的考验，该随历史流转而逝去吗？

韩国的“汉江奇迹”，向所有人展示了儒家文化在现代化流潮冲击下的另一种结果。从1962年到1980年间，韩国的人均产值由83美元增加到1553美元，韩国从一个历经战乱、满目疮痍的贫国，一跃成为亚洲“四小龙”之首，被国际上称作“汉江奇迹”。韩国人之所以成功，关键在于他们把根深蒂固的儒家传统与从欧美学习来的现代文明成功地结合在一起。

韩国在政治和经济上，全面接受现代文明的同时，在文化层面上，也完整地保存了本民族的精神文化传统。韩国人认为人的素质包括两方面：一是知识水平，一是伦理道德水平。

孔子被奉为教育的先师，尊师重教是儒家思想内容之一，儒家强调的是一个以士大夫即知识分子为中心的社会。韩国一直是世界上教育投入占政府支出比例最高的国家之一，在立国之初就提出“教育先行”的国策。在上世纪90年代，韩国人口中大学文化比例就占到了30%以上，成为世界上教育最发达的国家之一。尊重知识和教育，为国家的政治和经济建设提供了大量的优秀人才。

对于韩国的严格伦理道德，通过大量的韩国电视剧，中国观众已不再陌生。由于强大的儒家文化传统，韩国社会发展中非常强调社会伦理价值。事实证明，传统文化价值和道德规范，有助于维系整个社会的和谐和团结，振奋民族精神，推进民族复兴。一个典型的例子是，1997年金融危机爆发时，韩国民众发起献金运动，纷纷将家里的黄金捐给国家，结果韩国最早渡过危机。

“富贵不能淫，贫贱不能移，威武不能屈”，“先天下之忧而忧，后天下之乐而乐”，“天下兴亡，匹夫有责”，无论是修身，还是齐家治国，以儒家文化为重要代表的中华传统文化，体现着中华民族处理人与自然、人与社会、人与人关系的基本价值，是民族精神的宝贵遗产。

韩国的经验告诉我们，传统文化与现代化并不矛盾，把传统文化中的有益因素与现代文化变革中的要求结合起来，应是一个民族实现现代化的最好选择。

【阅读材料】

礼仪培训学生要背三年《论语》

你听说过学生们从大一入学到大三毕业，每天都被要求背诵20分钟《道德经》、《论语》等这些“古书”的部分章节，而且三年不会间断？这是礼仪专修学院的一种特殊的教育方法。

学院院长李柠说，从建院起，学院就要求学生每天进行一项特殊的学习——中国传统道德研修。具体内容就是每天背诵20分钟《道德经》、《论语》等这些“古书”的部分章节，而且从学生大一入学到大三学生毕业，这种背诵从不间断。李柠院长强调，礼仪不同于“礼节”和“礼貌”，它是一个国家方方面面的综合发展的体现。

在礼仪学院中，同样会教学生如何吃西餐，如何正确穿西装，李柠院长认为，这些都是针对学生专业的需要而必须学习的知识，其目的是让学生的职业素养趋于完善；但传统的中华礼仪教育则是让学生们学习更深刻的东西，让他们继承和弘扬老祖宗留给我们的宝贵财富。她说，有的人认为传统礼仪已经过时了，但其精华部分在今天并没有变，只不过应对的情景不同了。

（《北京娱乐信息报》2004年2月27日）

二

工作与人生

王小波

我现在已经活到了人生的中途，拿一日来比喻人的一生，现在正是中午。人在童年时从朦胧中醒来，需要一些时间来克服清晨的软弱，然后就要投入工作；在正午时分，他的精力最为充沛，但已隐隐感到疲惫；到了黄昏时节，就要总结一日的工作，准备沉入永恒的休息。按我这种说法，工作是人一生的主题。这个想法不是人人都能同意的。我知道在中国，农村的人把生儿育女看做是一生的主题，把儿女养大，自己就死掉，给他们空出地方来——这是很流行的想法。在城市里则另有一种想法，但不知是不是很流行，它把取得社会地位看作一生的主题。站在北京八宝山的骨灰墙前，可以体会到这种想法。我在那里看到一位已故的大叔墓上写着：副系主任、支部副书记、副教授、某某教研室副主任等等。假如能把这些"副"字去掉个把，对这位大叔当然更好一些，但这些"副"字最能证明有这样一种想法。顺便说一句，我到美国的公墓里看过，发现他们的墓碑上只写两件事：一是生卒年月，二是某年至某年服兵役；这就是说，他们以为人的一生只有这两件事值得记述，这位上帝的子民曾经来到尘世，以及这位公民曾去为国尽忠，写别的都是多余的，我觉得这种想法比较质朴……恐怕在一份青年刊物上写这些墓前的景物是太过伤感，还是及早回到正题上来罢。

我想要把自己对人生的看法推荐给青年朋友们：人从工作中可以得到乐趣，这是一种巨大的好处。相比之下，从金钱、权力、生育子女方面可以得到的快乐，总要受到制约。举例来说，现在把生育作为生活的主题，首先是不合时宜；其次，人在生育力方面比兔子大为不如，更不要说和黄花鱼相比较，在这方面很难取得无穷无尽的成就。我对权力没有兴趣，对钱有一些兴趣，但也不愿为它去受罪——做我想做的事（这件事对我来说，就是写小说），并且把它做好，这就是我的目标。我想，和我志趣相投的人总不会是一个都没有。

根据我的经验，人在年轻时，最头疼的一件事就是决定自己这一生要做什么。在这方面，我倒没有什么具体的建议：干什么都可以，但最好不要写小说，这是和我抢饭碗。当然，假如你执意要写，我也没理由反对。总而言之，干什么都是好的，但要干出个样子来，这才是人的价值和尊严所在。人在工作时，不单要用到手、腿和腰，还要用脑子和自己的心胸。我总觉得国人对这后一方面不够重视，这样就会把工作看成是受罪。失掉了快乐最主要的源泉，对生活的态度也会因这变得灰暗……

人活在世上，不但有身体，还有头脑和心胸——对此请勿从解剖学上理解。人脑是怎样的一种东西，科学还不能说清楚。心胸是怎么回事就更难说清。对我自己来说，心胸是我在生活中想要达到的最低目标，某件事有悖于我的心胸，我就认为它不值得一做；某个人有悖于我的心胸，我就觉得他不值得一交；某种生活有悖于我的心胸，我就会认为它不值得一过。罗素先生曾言，对人来说，不加检点的生活，确实不值得一过。我同意他的意见：不加检点的生活，属于不能接受的生活之一种。人必须过他可以接受的生活，这恰恰是他改变一切的动力。人有了心胸，就可以用它来改变自己的生活。

中国人喜欢接受这样的想法：只要能活着就是好的，活成什么样子无所谓。从一些电影的名字就可以看出来：《活着》、《找乐》……我对这种想法是断然也不赞成，因为抱有这种想法的人就可能活成任何一种糟糕的样子，从而使生活本身失去意义。高尚、清洁、充满乐趣的生活是好的,人们很容易得到共识。卑下、肮脏、贫乏的生活是不好的,这也能得到共识。但只有这两条远远不够。我以写作为主,我知道某种文章好,也知道某种文章坏。仅知道这两条尚不足以开始写作。还有更加重要的一条,那就是:某种样子的文章对我来说不可取,绝不能让它从我笔下写出来,冠以我的名字登在报刊上。以小喻大,这也是我对生活的态度。

【实践训练题】

1. 你怎样看待王小波的人生观?请对本文进行评论。

2. 讨论话题:我的人生观。

"中国人说,人生是指人的生存以及全部的生活经历;美国人说,人生就是人为了梦想和兴趣而展开的表演。"——有人如此概括中西方对人生的不同理解。请问你对此有何看法?你怎样看待人生?

3. 阅读下面的文字,完成文后五题:

青　春

青春不只是人生长河中的一段辉煌的时光,不只是单纯的红腮粉唇、妖娆风姿;青春是一种心境,是无法遏止的心愿,非凡的想象和跃跃欲试的激情,是生命的深层原动力的活化。

青春意味着在气馁意颓之上重建生活情趣的气质优势,任何人都不会仅仅因年华(　　)而致老,丧失对生活的追求和索契①才真正催老。岁月能使我们皮肤(　　)皱纹,但不会使我们心灵生皱而热情消褪,只有怯懦、自暴自弃、自我怀疑才会折消意志,把精神化为尘土。

无论是皓首老人还是豆蔻少年,在人类的心灵中都保持着对未来一切的非凡的倾慕,无穷无尽的童稚般的憧憬和人生博奕②的情趣。在每个人的心灵中都存在着一个无线电接收站,一旦你接收到来自人类或任何其他事物的美的质昭③、希望、欢乐、勇气和力量的信息,你就获得了青春。

一旦你心灵的天线被愤世嫉俗、悲观主义的冰雪所(　　)折断,你就会未老先衰,神情(　　);但是,只要你心灵的天线依然在捕捉乐观主义的电波,80 岁的老人照样能焕发青春的心情和活力。

注:①索契:索取文字、知识。

②博奕:博大、盛大。

③质昭:品质清白。

(1)文中括号处所填的词语,恰当的一项是(　　)。

A. 流逝 频添 覆盖 颓唐　　B. 流失 出现 覆盖 颓废

C. 流逝 出现 包裹 颓唐　　D. 流失 频添 包裹 颓废

(2)文中画线的"红腮粉唇、妖娆风姿"指的是(　　)。

A. 青春年华俊美的容颜和潇洒的风度姿态　B. 涂脂抹粉,刻意打扮

C. 年轻人的特征　　D. 追求外在美

(3)从全文看,"青春是一种心境",对"心境"所指判断正确的一项是(　　)。

A. 具有非凡的想象

B. 具有不断追求美的精神

C. 具有捕捉乐观主义心情

D. 永葆对未来的倾慕、憧憬和博奕的情趣

(4)“心灵的天线”指的是(　　)。

A. 与外界交往的方法　　B. 与人沟通的方式

C. 对生活不断追求的愿望和热情　　D. 获得青春的方法

(5)对这段文字中心概括准确的一项是(　　)。

A. 青春不只是一段时光,而且是一种心境,一种愿望

B. 青春不只是凭借时间来衡量,更要用人的精神状态来决定

C. 青春不只属于红腮粉唇、妖娆风姿,也属于不断捕捉乐观主义电波的80岁的老人

D. 青春不只是一段时光,更是一种精神状态,只要保持接受真善美的心灵,就会青春永驻

4. 阅读《坦然看生活》一文,完成思考题:

(1)本文语句优美,寓意深刻,很多句子一定撩起了你的思绪,你将把哪句录入你的摘抄本呢?并简要说明理由。

(2)文中“钓鱼者”、“纺织女”、“清洁工”都有一个共性,这个共性是什么?为什么面对常人看来属“失意”的事,他们都能坦然视之?

【美文链接】

坦然看生活

余秋雨

活着真叫累,有人这么感喟;活着真叫烦,更有人这么虚叹。活着真美丽,而我却喜欢这么对生活综结。

寻找了千百种理由之后,才得以发现:生活在我的视野下呈现出与人的不同,不是生活赐予我有什么不同,却仅仅是因为,在我的胸襟之中,盈盈地盛满这么两个字:坦然。

我坦然,于是我心美丽。

我心美丽,于是我的人生跟着美丽。

曾经看到那些假日垂钓者,一大早出门,夕阳之下拎着空空的鱼篓回家的时候,仍是一路欢歌,不禁讶然:付出了一天的等待却一无所获,怎么还可以这般快乐满怀?给我的回答却是:鱼不咬我的钩那是它的事,我却钓上来一天的快乐!对钓鱼的人来说,原来最好的那条鱼便是快乐。

坦然是一种失意后的乐观。

曾经看到那些下零点班的纺织女工,写满倦意的脸上却交织着与朝霞一样灿烂的笑靥,我便想:怎么说女孩子从事这种职业也不是最让人满意的呀!给我的回答却是:公主永远只有一个。但如果没人为她织出那么多彩锦,一个公主也没有哇!对织布的人来说,原来最美的那匹布却是穿在了自己的身上!

坦然是沮丧时的一种调适。

曾经看到一个扫了三十几年大街的老伯,每天把一条长长的大街扫得一尘不染,让上早班的人灿然走过。我便想:这么几十年这样平平淡淡地走过,这老伯可说是这小城里生活最不顺心的一个了?给我的回答却是:这条街只有我扫得最干净。对扫街的人来说,原来扫得最清洁的恰恰是自己的心。

坦然是平淡中的自信。……

忽然想起来泰戈尔的最有名的一句诗："天空不留下鸟的痕迹，但我已飞过。"这不便是对"坦然"作了最好的诠释？

是的，许多的事得失成败我们不可预料，也承担不起，我们只需尽力去做，求得一份付出之后的坦然和快乐；许多的人我们捉摸不透防不胜防，往往是我们想走近，人家却早已设起屏障，我们不必计较，我们唯一能做的是，在我们必须面对他们的时候，奉上我们的真心，然后感铭自己的伟大；许多的选择如果让我们抓住，有可能抵达我们的成功，但我们一次次失却机会，没有关系，那只是命运剥夺了你活得高贵的权利，却没有剥夺你活得伟大的权利！

记住：没有蓝天的深邃可以有白云的飘逸；没有大海的壮阔可以有小溪的优雅；没有原野的芬芳但可以有小草的翠绿！生活中没有旁观者的席位，我们总能找到自己的位置，自己的光源，自己的声音！

三

我的世界观[1]

阿尔伯特·爱因斯坦[2]

我们这些总有一死的人的命运多么奇特！我们每个人在这个世界上都只作一个短暂的逗留；目的何在，却无从知道，尽管有时自以为对此若有所感。但是，不必深思，只要从日常生活中就可以明白：人是为别人而生存的，首先是为那样一些人，我们的幸福全部依赖于他们的喜悦和健康；其次是为许多我们所不认识的人，他们的命运通过同情的纽带同我们密切结合在一起。我每天上百次的提醒自己：我的精神生活和物质生活都是以别人（包括生者和死者）的劳动为基础的，我必须尽力以同样的分量来报偿我所领受了的和至今还在领受着的东西。我强烈地向往着俭朴的生活。并且时常发觉自己占用了同胞的过多劳动而难以忍受。我认为阶级的区分是不合理的，它最后所凭借的是以暴力为根据。我也相信，简单淳朴的生活，无论在身体上还是在精神上，对每个人都是有益的。

我完全不相信人类会有那种在哲学意义上的自由[3]。每一个人的行为不仅受着外界的强制，而且要适应内在的必然。叔本华[4]说："人虽然能够做他所想做的，但不能要他所想要的。"这句格言从我青年时代起就给了我真正的启示；在我自己和别人的生活面临困难的时候，它总是使我们得到安慰，并且是宽容的持续不断的源泉。这种体会可以宽大为怀地减轻那种容易使人气馁的责任感，也可以防止我们过于严肃地对待自己和别人；它导致一种特别给幽默以应有地位的人生观。要追究一个人自己或一切生物生存的意义或目的，从客观的观点看来，我总觉得是愚蠢可笑的。可是每个人都有一些理想，这些理想决定着他的努力和判断的方向。就在这个意义上，我从来不把安逸和享乐看作生活目的本身，我把这种伦理享乐和善、美和真看作生活目的本身。要是没有志同道合者之间的所达到的对象，那么在我看来，生活就会是空虚的。我总觉得，人们所努力追求的庸俗目标、财产、虚荣、奢侈的生活都是可鄙的。

我有强烈的社会正义感和社会责任感，但我又明显地缺乏与别人和社会直接接触的要求，这两者总是形成古怪的对照。我实在是一个"孤独的旅客"，我未曾全心全意地属于我的国家、我的家庭、我的朋友，甚至我最为接近的亲人；在所有这些关系面前，我总是感觉到一定距离而且需要保持孤独，而这种感受正与年俱增。人们会清楚地发觉，同别人的相互了解和协调一致是有限度的，但这不值得惋惜。无疑，这样的人在某种程度上会失去他的天真无邪和无忧无虑的心境；但另一方面，他却能够在很大程度上不为别人的意见、习惯和判断所左右，并且能够避免那种把他的内心平衡建立在这样一些不可靠的基础之上的诱惑。

我的政治理想是民主政体。让每一个人都作为个人而受到尊重，而不让任何人成为被崇拜的偶像。我自己一直受到同代人的过分的赞扬和尊敬，这不是由于我自己的过错，也不是由于我自己的功劳，而实在是一种命运的嘲弄。其原因大概在于人们有一种愿望，想理解我以自己微薄的绵力，通过不断的斗争所获得的少数几个观念，而这种愿望有很多人却未能实现。我完全明白，一个组织要实现它的目的，就必须有一个人去思考、去指挥，并且全面担负起责任来。但是被领导的人不应当受到强迫，他们必须能够选择自己的领袖。在我看来，强迫的专制制度很快就会腐化堕落。因为暴力所招引来的总是一些品德低劣的人，而且我相信，天才的暴君总是由无赖来继承的，这是一条千古不易的规律。就是由于这个缘故，我总强烈地反对今天在意大利和俄国所见到的那种制度。像欧洲今天所存在的情况，已使得民主形式受到怀疑，这不能归咎于民主原则本身，而是由于政府的不稳定和选举制度中与个人无关的特征。我相信美国在这方面已经找到了正确的道路。他们选出了一个任期足够长的总统，他有充分的权力来真正履行他的职责。另一方面，在德国政治制度中，为我所看重的是它为救济患病或贫困的人作出了可贵的广泛的规定。在人生的丰富多彩的表演中，我觉得真正可贵的，不是政治上的国家，而是有创造性的、有感情的个人，是人格；只有个人才能创造出高尚的和卓越的东西，而群众本身在思想上总是迟钝的，在感觉上也总是迟钝的[⑤]。

讲到这里，我想起了群众生活中最坏的一种表现，那就是使我厌恶的军事制度。一个人能够洋洋得意的随着军乐队在四列纵队里行进，单凭这一点就足以使我对他鄙夷不屑。他所以长了一个大脑，只是出于误会；光是骨髓就可满足他的全部需要了。文明的这种罪恶的渊薮，应当尽快加以消灭。任人支配的英雄主义、冷酷无情的暴行，以及在爱国主义名义下的一切可恶的胡闹，所有这些都使我深恶痛绝！[⑥]

在我看来，战争是多么卑鄙、下流！我宁愿被千刀万剐，也不愿参与这种可憎的勾当。尽管如此，我对人类的评价还是十分高的，我相信，要是人民的健康感情没有遭到那些通过学校和报纸而起作用的商业利益和政治利益的蓄意败坏，那么战争这个妖魔早就该绝迹了。

我们所能有的最美好的经验是奥秘的经验。它是坚守在真正艺术和真正科学发源地上的基本感情。谁要体验不到它，谁要是不再有好奇心，也不再有惊讶的感觉，谁就无异于行尸走肉[⑦]，他的眼睛便是模糊不清的。就是这样奥秘的经验，虽然掺杂着恐惧，产生了宗教。我们认识到有某种为我们所不能洞察的东西存在，感觉到那种只能以其最原始的形式接近我们的心灵的最深奥的理性和最灿烂的美，正是这种认识和这种情感构成了真正的宗教感情；在这个意义上，而且也只是在这个意义上，我才是一个具有深挚的宗教感情的人[⑧]。我无法想象存在这样一个上帝，它会对自己的创造物加以赏罚，会具有我们在自己身上所体验到的那种意志。我不能也不愿去想象一个人在肉体死亡以后还会继续活着；让那些脆弱的灵魂，由于恐惧或者由于可笑的唯我论，去拿这种思想当宝贝吧！我自己只求满足于生命永恒的奥秘，满足于觉察现存世界的神奇结构，窥见它的一鳞半爪，并且以诚挚的努力去领悟在自然界中显示出来的那个理性的一部分，倘若真能如此，即使只领悟其极小的一部分,我也就心满意足了。

【注释】

①此文是爱因斯坦发表于1930年的最初题为《我的信仰》的名文。选自《大学活页文库》第三辑。

②阿尔贝特·爱因斯坦(1879~1955):20世纪最伟大的科学家,生前就被公认为人类历史上最具创造性才智的人物之一,比任何一位科学家更能代表过去100年技术、科学的进步。他生于德国乌尔姆镇,1921年获得诺贝尔物理学奖。1933年希特勒上台后,他反对法西斯专制统治,放弃了德国国籍赴美国继续任教、研究,并取得了美国国籍。在20世纪初的15年中,他就提出了一系列的科学理论。1905年,爱因斯坦在《物理学年鉴》上共发表了四篇论文,后来都成为指导20世纪物理学研究方向的重要著作。第一篇论文是《由分子运动论平衡态液体中悬浮微粒的运动》,这是探讨物理学上的"布朗运动"的。第二篇论文是《关于光的产生和转化的一个启发性观点》,这是讨论光电效应问题的,也是把量子论导入物理学的早期成果。爱因斯坦因此获得1921年的诺贝尔物理学奖。第三篇论文是《论运动物体的电动力学》,爱因斯坦就是在这篇论文里提出了后来广为人知的狭义相对论。爱因斯坦使用"狭义"的概念,是指这种理论仅限于在一定范围内成立。由于狭义相对论的出现,物理学中的许多概念发生了根本性改变,引导出了理论和实践上的一系列非凡的结果。第四篇论文是《物体的惯性同其所含能量有关吗?》。他在此提出了著名的质能方程,表明物质粒子可以转变为巨大的能量,已由原子弹、氢弹的威力得到确证。爱因斯坦作为人类光辉的榜样,不仅在于他杰出的科学成就,更在于他恢宏的胸襟和崇高的人格。他热爱真理,追求正义,深切关怀社会进步,这才是他无穷探索,一生奋斗的精神动力。除科学研究外,他留下的还有很多对政治、社会、人生感悟的文字,同样给世人以巨大深刻的影响。作为人类历史上一位杰出、高明的科学家、创新天才。他在多方面对人类作出的贡献,已经被大家认识和直接感受到,世人对他的评价正愈来愈高。《爱因斯坦全集》中译本第一卷已由湖南科技出版社出版(1999年9月)。尚有四卷亦将陆续问世。

③哲学意义上的自由:这指有些哲学家认为,哲学意义上的自由,与"必然"相对,组成辩证法的一对范畴。"必然"指客观事物的规律,自由指人们对必然的认识和对客观世界的改造。人们未认识客观规律时,处于盲目受它支配的地位,没有真正的自由。自由与必然是辩证的统一。

④叔本华(1788~1860):德国哲学家,唯意志论者。曾在柏林大学任教,致力于柏拉图、康德哲学的研究,认为意志是宇宙的本质。

⑤这里他所指的个人是指"有创造性的、有感情的个人,是人格",不是平庸、无情的个人;所指的群众,是指"在思想上总是迟钝的,在感觉上也总是迟钝的平庸大众",略同于常说的既不能狂妄自大,看不起群众,也不能做群众的尾巴一味随大流。

⑥以上这段议论,就是他对当时意大利墨索里尼、德国希特勒法西斯专制势力企图掀起战争高潮种种暴行的严厉斥责。这里已表达了他绝难容忍这种反动勾当的心情。

⑦行尸走肉:行动着的尸体,会走路的肉物。意谓这种人不过是没有头脑和灵魂的死尸,活的死人而已。

⑧这些话表明他有的并不是一般意义上的宗教感情,有的乃是深刻关怀人类福祉的那种挚爱之情。

【评析】

这是爱因斯坦谈论自己世界观方面最有代表性、最著名的一篇文章,清纯朴实,深刻锐利,非常自然,明白无疑。

文章开头就明白宣告人是应当为别人而生存的,首先是为那些其喜悦和健康关系着我们自己的全部幸福的人,然后是许多虽不相识,他们的命运通过同情的纽带同我们密切结合在一起的人。他说自己每天上百次地提醒自己,他的精神生活与物质生活都依靠着别人的劳动,包括生者和死者,自己必须尽力报偿他们。他相信简单淳朴的生活对每个人都有益。他赞赏,叔本华"人虽然能够做他所想做的,但不能要他所想要"的名言。这两句话从青年时代起对他就是一个真正的启示。在生活困难时使他得到安慰,并且永远是宽容的源泉。应该尽量做想做的,不能要所想要的。他自律很严。

每个人都要有一定的理想,决定着自己努力和判断的方向。他从来不把安逸和享乐看作生活目的本身。他的道路是追求善、美和真。他觉得追求财产、虚荣、奢侈的生活是可鄙的。他有高尚的理想,鄙视贪图享受。

他未曾全心全意地属于自己的国家、家庭、朋友,甚至最接近的亲人;在这些关系面前,他总感到有一定距离并且需要保持孤独,因为这样能够在很大程度上不为别人的意见、习惯和判断所左右。他力求独立思考,不受别人左右。

他的政治理想是民主主义。他认为强迫的专制制度很快就会腐化堕落。天才的暴君总是由无赖来继承,这是一条千古不易的规律。他强烈反对当时在意大利的法西斯专制和俄国所见到的那种制度。他认为真正可贵的,是有创造性的、有感情的个人,是人格。他深恶痛绝毫无意义的暴行,绝不愿意参与卑鄙、下流的战争。他要求民主、自由。

他对人类的评价是十分高的。他愿意坚守在真正艺术和真正科学发源地上的基本感情。他是一个具有深挚的宗教感情的人——一定要为人类和社会尽力,创造出高尚的和卓越的东西。科学精神与人文精神一起在他身上得到了充分的体现。

【实践训练题】

1. 爱因斯坦对人类的贡献无论在科学研究上还是社会进步上都是非常伟大的,仅从他的这篇文章,请谈谈你的体会。

2. 爱因斯坦认为只要从日常生活就可以明白:“人是为别人而生存的”,每一个人都必须因此对别人尽力有所报偿,你觉得他这样说也这样做是否有得也有失?

3. 阅读下面的文字,完成文后五题。

爱因斯坦与艺术世界

平常我们谈论较多的只是作为科学家的爱因斯坦,而对艺术家和哲学家的爱因斯坦则较少提到,尤其是对爱因斯坦与艺术的关系,几乎根本没有触及、发掘。这不论对美术界、科学界和教育界认识爱因斯坦,都是一大憾事。

在所有的艺术中,爱因斯坦最推崇西方古典音乐,对巴赫、莫扎特和贝多芬的作品,他尤其酷爱。有一次有人问他对巴赫有何见解,爱因斯坦则回答说:“关于巴赫的作品和生平,我们只有聆听它、演奏它,敬他、爱他,而不要发什么议论……”

最意味深长的动人的情景是,他常常同普朗克一起演奏贝多芬的作品。弹钢琴者是量子论的创始人普朗克,演奏小提琴的,则是相对论的创始人爱因斯坦。量子论和相对论共同构成了本世纪物理学科的两大支柱。在科学上面他们共同描绘了物理学的一幅优美壮丽的图景,在音乐艺术中,他们同样能奏出扣人心弦的和声。

除音乐外,爱因斯坦还推崇文学。他热爱莎士比亚、歌德、海涅、陀思妥耶夫斯基和萧伯纳的作品。在青年时代,他常常同友人在一起朗诵海涅的《哈尔茨山游记》。大家知道,高斯是18、19世纪的德国伟大的数学家,可是在爱因斯坦的心目中,陀思妥耶夫斯基比高斯更重要:“陀思妥耶夫斯基给予我的东西比任何科学家给予我的都要多,比高斯还多!”

这是因为他深深地懂得它们的伦理价值。爱因斯坦认为,文学艺术的最大价值就在于它们能够提高人的精神境界。他确信:“一个人的生命只有当它用来使一切有生命的东西都生活得更高尚、更优美时才有意义。”而大艺术家在这方面的作用往往要胜过科学家。

在他的心目中，艺术和科学之所以具有永久的魅力，并不是因为它们是两个闪闪发光、可以放在口袋里永远占有的金币，而是两个无限的、永远没有终点的世界。从事艺术、科学的最大乐趣不是占有，而是不断地追求。

这些见解无疑充分表述了爱因斯坦同艺术之所以有密切关系的深厚根源。的确，科学和艺术是相互补充的，前者能满足我们的理性追求，后者能满足我们的感情渴望。

在爱因斯坦看来，科学和艺术之所以值得追求，还因为它们体现了一种绝对的和谐美。“三角形的三个角交于一点”，这一几何命题就具有高超的逻辑美，它在人们心中所激起的美感同贝多芬的《田园交响曲》在人们心中所激起的美感是相通的、等价的。真正追求科学美的人，往往也会极力推崇艺术美。正因为这样，爱因斯坦才经常把科学的伟大成就比作是“思想领域中最高的音乐神韵”，把美国著名实验物理学家迈克尔逊称为“艺术家”。

在爱因斯坦看来，科学和艺术之所以是相通的，还在于两者都要以丰富的想象力为心理背景。倘若没有诗人般的想象力，爱因斯坦怎能以惊人的洞察力阐明相对论的原理？

他自己就一再强调：“想象力比知识更重要。”

音乐和文学诚然不会直接教你如何去解微分方程，但是却能拓展你的文化背景，丰富你的想象力，提高你的审美感和精神境界，从而有助于你成为爱因斯坦。

（选自《爱因斯坦——一位旷世奇才的一生》）

(1)第一段中，都是一大“憾事”所指，理解最肤浅的一项是(　　)。

A. 只知道爱因斯坦是科学家

B. 较少提到爱因斯坦作为艺术家和哲学家的一面

C. 没有触及和研究爱因斯坦和艺术的关系

D. 美术界、科学界和教育界不认识爱因斯坦

(2)第三段中，“意味深长”实际上所指的意思，分析最准确的一项是(　　)。

A. 他们的演奏扣人心弦，感人至深

B. 他们在科学和艺术的关系上看法相似

C. 两位著名科学家能在一起配合和谐地演奏贝多芬的作品

D. 他们都是既有科学创见、又懂艺术的人

(3)按照本文，对爱因斯坦认为“陀思妥耶夫斯基比高斯更重要”的原因，理解角度最肤浅的一项是(　　)。

A. 科学价值　　B. 文艺作用　　C. 伦理价值　　D. 精神意义

(4)爱因斯坦认为艺术与科学是相通的，其理由分析不当的一项是(　　)。

A. 科学与艺术都是无限的、永远没有终点的世界

B. 科学与艺术体现了一种绝对的和谐美

C. 科学与艺术是相互补充的

D. 科学与艺术都以丰富的想象力为心理背景

(5)下列说法不符合原文意思的一项是(　　)。

A. 爱因斯坦最推崇西方古典音乐，是因为音乐对他的科学创见和思想闪光，往往起了催化的作用

B. 艺术创造和科学研究工作在起源上尽管不同，可是被共同的目标联系着，这就是

要追求生活的美

C. 爱因斯坦不仅强调了科学研究中需要“想象力”，尤其强调了艺术中的“想象力”对科学创造的激发作用

D. 要成为有创见的科学家，他们不仅需要有丰富的自然科学知识，还必须要有广阔深邃的文化背景

【美文链接】

关于思考

叔本华

不管任何藏书丰富的图书馆，假如不加整顿、杂乱无章的话，它给予我们的利益，还不如那些规模小、藏书少，但整理得条理井然、分类清楚的图书馆，同时，不管你胸罗如何的渊博，如若不能反复思维咀嚼消化的话，它的价值，远逊于那些所知不多但能予以深思熟虑的知识。何以言之？因为我们若要将所学得的知识消化吸收，变为己有，并且能够充分应用发挥的话，就必须经过思考的过程，把自己的知识在诸方面结合，或是把我的真理和其他的真理互相比较，当然，我们所能“深思熟虑”的东西，范围狭窄得很，它只局限于我们所熟知的事情，所以，我们必须不断地求上进，不断地学习。

读书或学习，我们可以随心之所欲，爱读什么就读什么，爱学什么就学什么，但这里的所谓“思考”，可就不是这么回事了，它像在风中煽火一般，必须始终不断地煽动，才能维持火焰不熄，思考时，必须要对思考的对象发生“兴趣”，不断地刺激它，并且要持之久远不可懈怠。思考兴趣发生的原因可分为两类：一是纯粹客观性的；一是主观性的。后者是在有关自我的事件时引发了思考的兴趣；前者是对宇宙万物发生兴趣，这一类人之所以思考，就如同我们的呼吸一般，纯属生理的自然现象，当然，这类人并不多见，连一般的所谓学者，真正在思考的，为数也少得可怜。

思考和读书在精神上的作用，可说是大异其趣，其距离之大，恐令人难以置信，本来人类的头脑就有着个别的差异，有的人喜爱读书，有的人迷于沉思，再加上前述的距离，使得这原有的差异，越发扩大起来。读书的时候，精神的一切活动全为书本所支配，随书本之喜而喜，随书本之忧而忧，此正如把印章盖在封蜡上一样，其喜怒哀乐的情绪，原不属于自己的精神所有。思考时则不然，在思考的瞬间，精神和外界完全隔绝，随着自己的思考而活动，它不像读书，被别人特定的思想所控制，而是按照当事者的禀性和当时的心情供应一些资料和情绪而已。所以，一天到晚沉浸于书中的人，他的精神弹力便要消失殆尽了，这就和长时期被重物所压的弹簧一般，它的弹力必定会消失的。你如果想做个没有个性没有思想的动物，去当个“蛀书虫”确是不二法门。大概说来，一般“博闻多识”的人，大半都无较佳的才慧，他们的著作所以不能成功的道理，正因为一味死读的关系。这类人正如波普所云：“只是想做个读者，不想当作者。”

所谓“学者”是指那些成天研究书本的人；思想家、发明家、天才以及其他人类的“恩人”，则是直接去读“宇宙万物”。

严格说来，有他本身根本思想的人，才有真理和生命，为什么呢？因为我们只有对自己的根本思想，才能真正彻底的理解，从书中阅读别人的思想，只是捡拾他人的牙慧或残渣而已。

经阅读后所了解的思想，好像考古学家从化石来推断上古植物一样，是各凭所据；从

自己心中涌出的思想,则犹似面对盛开的花朵来研究植物一样,科学而客观。

读书不过是自己思考的代用物而已,我们只可以把书本当做“引绳”,阅读时依赖他人把自己的思想导向某方面。但话说回来,有很多书籍非但无益,而且还会引导我们走向邪路,如果轻易被它们诱惑的话,我们势必陷入深渊歧途不可。所以,我们心中要有个“守护神”,靠他来指点迷津,引向正道。这个守护神,只有能够正确思考的人才有之。就是说,唯有能自由而正当思考的人,才可以发现精神上的康庄大道。所以,我们最好在思想的源泉停滞之时,才去读书。思想源流的停滞,连最好的头脑也经常有此现象。不如此,而手不释卷地孜孜勤读,把自己的思想放逐到僻静的角落,这对思想的圣灵实在是罪过,这类人正如一不得要领的学画者,成天看着干枯的植物标本,或铜版雕刻的风景,而把大自然的景物置于脑后一样。

思考的人往往会发现一种现象:他搜索枯肠,绞尽脑汁,经长时间研究所获得的真理或见解,闲来不经意地翻开书本来看,原来这些论调,别人早已发掘到了。泄气? 失望? 大可不必。这个真理或见解是经过你自己的思考而获得的,其价值自非寻常可比。唯是如此,才更能证明该种真理或见解的正确性,它的理论才更能为大众所理解所接受,如是,你成了该真理的一员生力军,这个真理也成了人类思想体系的一支。并且,它不像一般读来的理论,只是浮光掠影而已,它在你的脑海中已根深蒂固,永远不会消逝。

自己思考的人,他的意见以后可能被举为权威的例证。这时候的“权威”和一般书籍哲学家所据以为“权威”的情形不同。前者的意见和他自身有着强而有力的联结;后者不过是搜集整理归纳别人的意见。它就好像是用一些不知名的材料所做成的自动木偶一样,而前者与之相比,则是活脱脱的生人,因此它是从外界的“思考之心”中植下胚胎,经过受胎、妊娠、分娩等过程而产生出来的。

靠着学习得来的真理,就好像义手、义脚、义齿或蜡制鼻子及利用皮肤移植术等,附着在身体的器官一样——也许还不如它们来得逼真,而自己所思索得来的真理,则好像自然的身体四肢,确确实实属于自己所有。哲学家和一般学者的最大分野在此。由是之故,他们在精神上的收获也大异其趣,哲学家有如一个画师以正确的光影、适当的比例、调和的色彩,画出一幅动人的杰作。而学者呢? 他只是把各种色料加以系统的排列而已,它酷似一个大的调色板,既无变化也不调和,更没有丝毫意味。

读书意味着利用别人的头脑来取代自己的头脑。自己思考出来的东西,尽管它不见得严密紧凑,但总是个有脉络可寻的总体,我们可赖它向某种体系开展,比起看书吸收他人的思想,可说是利多害少。为什么呢? 因为后者的思想是从各种形形色色的精神而得来,属于别人的体系、别人的色彩。它不能像自己思考的人,已把自己的知识、个性、见解等融合成一个总体,他的脑子里三教九流、诸子百家的思想纷然杂陈,显得混乱不堪,这种思想的过度拥挤状态,攫夺了一个人的正确观察力,也使人失去了主见,并且很可能导致精神秩序的紊乱。这种现象,我们几乎在所有的学者身上都可发现。所以,在健全的理解力和正当的批判力等方面来说,这类人远不如那些所学无几的人。后者虽说是胸无点墨,但靠着经验、阅历以及零碎的阅读,把所学的一点知识和自己的思想融合,或在自己的思想下臣服,所以他们有主见,有判断力。其实,学术性的思想家做法也不外是如此,只不过他们尺度较大,比较有深度而已。思想家们因为要用许多知识,所以非多读不可,但他们精神力极强固,能把所有的东西克服或同化,融进他们的思想体系内,因之,他们的识见虽是愈来规模愈大,但已做有机的关联,全部隶属于在他们的思想总体系之下了。这种场合，这些思想家的固有思想，就如同风琴的低音主调，任何时刻都支配一切，绝对不会被其他音调所压制。而那些知识上的大杂烩的头脑中，好似一支曲子渗进很多杂音，它的基本调久久找寻不出来。

以读书终其一生的人，他的知识完全是从书本汲取而得，他们有如阅读了许多山水、游记之类的书籍，对于某地或某国的有关知识虽可粗枝大叶地说出来，但是甲地和乙地是如何地联络？人文、物产、习俗又是如何等等，则说不上来。反之，以思考终其一生的人，就像土生土长的父亲，一打开话匣子便能把本地事事物物的来龙去脉，以及各种事实或传说和事物的总体关系等，如数家珍般地道出来。

一般的“书籍哲学家”，如同历史的研究者，自己思考的人，犹似事实的目击者，后者，不论对任何事情都是靠他切身的经验，直接领会理解而来，绝不会人云亦云。所以，思想家在根本上是一致的，只是因立足点不同而互有差异。但他们都是把握客观的原则，如果事件本身不使立足点发生任何变化的话，他们的见解则毫无不同。我们往往可体验到：某些自觉太过标新立异的议论，踌躇再三才把它公之于大众，到了后来，在古圣先贤的书籍中，赫然发现出有同样的见解，因而感到一种欣喜的惊愕。书籍哲学家与此相反，他们所讨论的不外是，甲的说法如何，乙则是如何的看法，而丙又怎样地提出商榷，然后才努力地做些批评、比较的工作。这样的追求事物的真理。他们很像写批评的历史著述家。例如，研究莱布尼兹在某时期的短暂间是否有斯宾诺莎派思想的存在？供给这些好事者的材料就是赫尔马特的《道德及自然法的解剖和说明》及《关于自由的书简》。做这类工作时，必要遍翻典籍，他们所下的苦功，恐怕任谁也会吃惊吧！反之，如果眼中只有事件，只要稍加思索，则立可达到目的，用思索的方法则否。思想和人一样，不是任何人都可让你随叫随到的，要看人家高兴不高兴，乐意不乐意。某种事情的思索，如一切的外在机缘和内在气氛都很调和，它自然地就涌出来。惟其如此，思想绝不是他们本来就有的东西。关于这点，我们可在思考有关自己利害得失的场合得到说明。当我们决定关于个人的利害事件时，常常刻意地选个适当的时间和场所，静坐沉思，仔细地分析其理由或原由，再推究其后果……总之是无所不思，无所不想，但到最后，还是没有个决定。为什么呢？那是因为事不关己，关己则乱，这种场合，我们对于该事件的考察，往往不能安定，而转向其他事物方面去，加之，对此事件的嫌恶，也构成一个原因，所以，此时，我们万不可勉强自己去思考，应等待让思考的气氛自然涌上来。此气氛，往往会唐突而且重复地到来。不同的时间，不同的情境，给予事件的见解也完全不同。如此这般，各种思想徐徐而来，到最后就是所谓“决心的成熟”。成熟思想的路径为什么如此繁复呢？这是因为思考过程大都呈“分割”的状态，因此，以前所经验过的事事物物，逐渐出现在眼前，并且事物也逐渐明朗化，了解也更深刻，如此便有耐心去思想，当初的嫌忌也因而消失了——理论方面的思考亦复如此，也是一定要等待良好时间的到来，再说，任你再好的头脑，并不是所有的时间都是适于思考的。因此，我们最好能利用思索以外的时间来读书。读书，正如上面所述，它是思考的代用物，而且，此中还有许许多多别人替我们想出来的，和我们不同的方法，可以供给我们精神材料。读书的性质是如此，所以我们不必要读太多的书，如若不然，精神习惯于代用物，将会忘却事物的本身；总是踏着人家既开拓的道路，而忘却行走自己的思考道路。再说，因为经常耽于书卷中，眼睛就脱离了现实的世界，而思考的机缘与气氛，由书本所启发的次数远不如现实世界多，因为现实世界和眼前的事物，具有其原始性和力，是思考精神的最佳对象，最容易促使此精神活动。

从这事实来看，说我们可从著述中鉴别出谁是思想家，谁是书籍哲学家，实是一点也不奇怪，很明显的，前者是真挚的、直接的、原始的，所有的思想和表现都具有独立的特征；后者与此相反，他们只是拾人牙慧，是承袭他们的概念，就像把人家盖过的图章再盖一次一样，既乏力量，也模糊不清，而且，他们的文体是由传统的陈词滥调和流行语句组织而成，这情形，恰似因为自己的国家不能铸造货币，而以他国的货币通用的国家一般。

经验和读书一样，不能替代思考。纯粹的经验和思考间的关系，如同食物之对于消化。如果“经验”自夸地说，由于它的发现，才能促进人智的发展，这就像嘴巴自夸身体存续完全由于它的工作一样的可笑。

具有真正能力的头脑，他们的“确实”和“明晰”实在是常人所不能及，这类人的头脑，时时刻刻都有一种确实明晰的表达欲望——不论以诗、以散文或以音乐。普通凡人则否，据此我们可立刻辨识作者头脑的能与不能。

第一流作家的精神特征是，他们的一切判断是直接的。他们所产生出来的作品，也都是自己思索的结果，发表之后，不论在任何场合，谁都能认定是第一流的东西。因而他们在精神领域中，如同诸侯一样是直属于帝国，其他的作家只是站在陪臣的位置。

因此，真正思索的人，在精神王国中，等于一国的君王，具有至高无上的权威，他的判断如同君主的圣谕，他的话就是权威——君主是不接受他人的命令，也不认识其他的权威。反之，局守于世俗流行的诸种意见的凡俗作家，像默从法律和命令的平民一样。

有些人每每爱引用权威者的辞句，来争论某事件，以取代自己的贫乏理解和见识。笔战中引出他们的东西，便像取得莫大靠山似的，而雀跃莫名。这种原因的形成，想来大概是受到塞内加所说“与其批判，不如信任”这句话的影响。因为论战之际必须有防身和攻击的武器，这类人既无思考力，又乏批判力，所以只好引用权威之言（这也是基于对权威者的尊敬），以为找到最好的护身符，振振有词地据之而辩，发出胜利的呼声。

现实的世界中，不管能举出多少理由，来证明我们是过得如何地幸福，如何地愉快，但事实上，我们只是重力的影响下活动而已，战胜了它，才有幸福可言。但在思想的世界中，只有精神，没有肉体，也没有重力的法则，更不会为穷困所苦。所以，有优美丰饶心灵的人，在灵思来临的一刹那间所得到的启示，其乐趣绝非世俗所能比拟。

思想浮现在眼前，如同你的恋人就在跟前一样，你绝不会对恋人冷淡，我们也绝不会忘记此思想。如果它们远离你而去，从心中消失时，则又是如何呢？即使最美好的思想，如果不即时把它写下恐怕就此一去不回头，想找也找不到了。恋人也如此，如果不和她结婚的话，也有离我们而去的危险。

对于爱思考的人来说，此世界实不乏有价值的思想，但这些思想中，能够产生反跳或反射作用力量的，也就是说，此思想著述成书后能引起读者共鸣的，却不多见。

起初，人们思考那些真正有价值的东西，只是为自己着想——原来，思想家可分成两类，一种是专为自己而思想，另一种是为他人而思想。前者称为“自我思想家”，只有这类人才能认真地思考事情，所以他们才是真正的哲人，实际上，他们一生的快乐和幸福，也是思想之中；后者可称为“诡辩派”，他们渴望人家称他们是“思想家”，他们的幸福不是在本身中，而是在他人的喜好中，换言之，他们只是热衷于投世俗之所好。另外还有一种人介乎两者之间，我们要看他全部的做法，才能判定他是属于哪一类，里希田堡是第一类的典型，黑格尔很明显的是属于第二类。

生存问题——这个暧昧的、多苦的、须臾的、梦幻般的问题，一认真研究，恐怕所有的工作都得搁下了。实际上,除极少数的几个人外,一般人对这个问题都没有丝毫感悟,甚至是尽量避开它,觉得与其讨论此问题,不若把这些心思用在和自己有切身关系的事情上。或者,仅取俗世哲学的一体系,来满足大众——想到这点,说"人是思考的生物",实很可疑,所谓"思考",也成了有多种不同的解释。再往后,对于人类的无思想,或愚蠢,也不会特别的引以为奇了——普通人智慧的视野,当然比动物来得广阔(动物是不能意识过去和将来,只存于"现在"中),但并不如一般人所想的那般深远。

如果世界充满着真正思考的人,我想,大概不会容许有那么多形形色色的噪音吧!然而,社会的每一个角落却充斥着令人心惊肉跳和毫无目的的噪音(见《关于噪音》)。造物者在创造人的时候,果能尽如我们之所愿,实在不应该给我们安上耳朵,或者,至少能像蝙蝠一样地在我们耳里装置上空气不能通过的"覆皮"(这点,我实在非常羡慕蝙蝠)。但人类不过也是和其他动物同样的可怜。上苍造人的时候,早已算定只要具有足以维持生存的力量就够了。因此,不论昼夜,不管有没有人咨询,人的耳朵始终是开着的,那是为了便于向我们报告"迫害者的接近"。

四

*青年人的阅读[①]

余秋雨

我觉得一个人的最佳读书状态大多产生在中年以后,但能不能取得这种状态则取决于青年时期的准备。中年以后的读书可以随心所欲,而在青年时期却不能过于随意,需要接受一些过来人的指点。

一、尽早把阅读当作一件人生大事

阅读的最大理由是想摆脱平庸。一个人如果在青年时期就开始平庸,那么今后要摆脱平庸就十分困难。何谓平庸?平庸是一种被动而又功利的谋生态度。平庸者什么也不缺少,只是无感于外部世界的精彩、人类历史的厚重、终极道义的神圣、生命含义的丰富。而他们失去的这一切,光凭一个人有限的人生经历是无法获得的,因此平庸的队伍总是相当庞大。黄山谷说过:"人胸中久不用古今浇灌,则尘俗生其间。照镜觉面目可憎,对人亦语言无味。"这就是平庸的写照。黄山谷认为要摆脱平庸,就要"用古今浇灌"。

只有书籍,能把辽阔的空间和漫长的时间浇灌给你,能把一切高贵生命早已飘散的信号传递给你,能把无数的智慧和美好对比着愚昧和丑陋一起呈现给你。区区五尺之躯,短短几十年光阴,居然能驰骋古今、经天纬地,这种奇迹的产生,至少有一半要归功于阅读。如此好事,如果等到成年后再来匆匆弥补就有点可惜了,最好在青年时就进入。早一天,就多一分人生的精彩;迟一天,就多一天平庸的困扰。青年人稚嫩的目光常常产生偏差,误以为是出身、财富、文凭、机运使有的人超乎一般,其实历尽沧桑的成年人都知道,最重要的是自身生命的质量,生命的质量需要锻铸,阅读是锻铸的重要一环。

二、要把阅读范围延伸到专业之外

阅读专业书籍当然必要,但主要为了今后职业的需要。鲁迅说:"这样的读书,和木匠的磨斧头,裁缝的埋针线并没有什么分别,并不见得高尚,有时还很苦痛,很可怜。"(《读书杂谈》)

诸位报考大学的时候,刚刚从中学出来,都还不到二十岁吧,大人们还习惯于把我们称作孩子,青春的生命那么可爱又那么具有可塑性,却一下子被浇注在某个专业的模坯里直至终老，真是于心何忍。

生命的活力，在于它的弹性。大学时代的生命弹性，除了运动和娱乐，更重要的体现为对世界整体的自由接纳和自主反应，这当然是超越专业的。现在很多所大学都发现了学生只沉陷于专业的弊病，开设了通识教育课，这是一个很好的办法。但同样作为一门课程，即使通识教育也保留着某种难于克服的狭隘性和被动性。因此不管功课多重，时间多紧，自由的课外阅读不可缺少。更何况，时代的发展使每门专业的内在结构和外部界限发生了很大的变化，没有足够的整体视野，连专业都很难学好。

三、先找一些名著垫底

大学生的课外阅读，是走向精神成熟的起点，因而先要做一点垫底的工作。垫什么样的底，就会建什么样的楼。因此尽量要把底垫得结实一点，但时间不多，要寻找一种省俭方式。最省俭的垫底方式，是选读名著。

有些青年人对名著有一种逆反心理，为了保持自由而故意避开，这是孩子气的举动。名著不管是不是够格，总是时间和空间节选的结果，我们可以不在乎名著，却不可以不在乎时间和空间。一部似乎并不怎么样的作品居然被时间和空间首肯，这本身就是一个极有文化深度的悬念，光凭着这个悬念也值得去读一读。更重要的是，名著因被很多人反复阅读，已成为当代社会词语的前提性素材，如果不了解名著，就会在文化沟通中产生严重障碍。名著和其他作品在文化方位上是不平等的，它们好像军事上的制高点，占领了它们，很大一片土地就不在话下了。对于专业之外的文化领地，我们没有时间去一寸一寸占领，收取几个制高点就可以了。对于名著不能平均施力，一个时间只能死啃一本，附带着集中阅读与它有关的书籍，务必把这个制高点完全占领。这是一个似慢实快的办法，书桌上不堆放多种类别的书，更不要摆出博览群书的派头一目十行、一天一本。如果本本都是泛泛而读，到头来就像愚熊掰玉米，掰一个丢一个，满地狼藉却食不果腹。应该反过来，慢慢地啃一本是一本，神定气稳地反复咀玩。每一本又都是高水平的作品，那么用不了多久，你的学问规模就影影绰绰地成型了。

有人认为，名著总是艰深的，不如读第二、第三流的作品省力。其实，第一流的作品由于逻辑比较清晰、表述比较果断、个性比较鲜明、形态比较优美，阅读起来不见得比第二、第三流的作品费力。即使费点力，因你内心深知其足可以一当十，也会感到值得。

那么，如何确认名著呢？这就需要寻求帮助了。过去很多大学者都为青年人开列过“必读书目”，但他们既要顾及各门学问的完整性，又要顾及青年人的多种层面和多种可能，总是把书目开得太长。“必读书目”其实变成了“重要书目”，可能一辈子也读不完。因此我们需要寻找一种更有针对性的小书目。是否有针对性决定于书目开列者对阅读者的了解程度。青年学生不妨找自己信赖的师长做一些必读书目方面的交谈，交谈中要把自己的兴趣、欠缺和已读过的名著告诉师长，以求获得有的放矢的指导。

四、名著读不下去也可以暂时放下

即使是一位熟悉的师长很有针对性地为我们开了一份必读书目，书目里的名著也有读不下去的时候。读不下去就放下，不要硬读。这就是非专业阅读的潇洒之处。这么有名的著作也放下？是的，放下。因为你与它没有缘分，或许说暂时无缘。再有针对性的书目也只考虑到了你接受的必要性，而无法考虑到你接受的可能性。所谓可能，不是指阅读能力，而是指兴奋系统，这是你的生命秘密。别人谁也不会清楚。

阅读是对外部世界的开发，也是对自己生命的开发。开发生命并不是重塑生命，我们的生命并不太坏，没有必要打碎了重塑。任何开发都应该顺应着地理地脉，开发生命也是同样，硬撬硬击会伤筋动骨。如果某个领域的几部代表性名著都读不下去，那就证明你与那个领域整体无缘，想开一点，整体放弃。也许几年后突然读得下去了，说明当初的无缘是短暂现象。但暂时现象也是真实的，不可为几年后的可能而硬来。

茫茫书海，真正与你有缘的只是一小角。名著如林，真正属于你的也只是不多的几十本。有不少名著属于有缘无缘之间，那也不妨一读，因为知道的范围总应该大于熟悉的范围，熟悉的范围总应该大于拥有的范围。只要有时间，算不上名著的多种书籍也不妨广泛地浏览一下，那里也会有大量既能契合你，又能提高你的东西。名著是基础，但不是封闭我们的城堡。

我刚进大学的时候，有两位年老的图书馆管理员笑眯眯地告诉我，他们能从一年级学生的借书卡上预测这些学生将来的成就，几乎是百试不爽。毫无规律胡乱借书的很难有希望，穷几年之力死啃一大堆名著的也不会有太大的出息；借书卡上过于疏空的当然令人叹息，借书卡上密密麻麻的也叫人摇头。我上面讲的这些道理，有不少正是从他们那里讨教来的。

五、有一两个文化偶像不是坏事

在选读名著的过程中，最终会遇到几部名著、几位名家最与你情投意合。你着迷了，不仅反复阅读，而且还会寻找作者的其他著作，搜罗他们的传记，成为他们的崇拜者。我的一位朋友说他一听到辛弃疾的名字就会脸红心跳，我在读大学时对法国作家雨果也有类似的情景。这就是平常所说的偶像。

偶像的出现，是阅读的一个崭新阶段的开始。能够与一位世界级或国家级的文化名人魂魄与共，真是莫大的幸福。然而更深刻的问题在于，你为什么与他如此心心相印？不完全是由于他的学问、艺术和名声，因为有很多比他学问更高、艺术更精、名声更大的人物却没有在你心底产生这样强烈的感应。根本的理由也许是，你的生命与他的生命，有某种同构关系，他是你精神血缘上的前辈姻。

同构不等于同级。他是万人瞩目的文化名人，你是籍籍无名的青年学生，但他的存在证明，你所进入的生命系统的某些部分，一旦升腾，会达到何等壮美的高度，于是你也就找到了一条通向崇高的缆绳。

有的同学把文化偶像的崇拜一律看作幼稚行为，成天懒洋洋地对一切可以仰望、可以进入的对象爱理不理，偶尔心有所动也快速地自我熄灭，实在是坐失了很多良机。

那些读了一辈子书却说不出最喜爱哪几部著作、哪几位作者的人，哪怕是学富五车的老学者，我也不敢恭维，在如此广阔的文化天地中失去了仰望的兴致，失去了亲和的热量，失去了趋附的动力，整个儿成了一尊冷眼面世的泥塑木雕，那还说得上什么？

六、青年人应立足于个人静读

青年人读了书，喜欢互相讨论。互相讨论能构建起一种兴趣场和信息场，单独的感受流通起来了，而流通往往能够增殖。但是总的说来，阅读是个人的事。字字句句都要由自己的心灵去默默感应，很多最重要的感受无法诉诸言表。阅读的程序主要由自己的生命线索来缩接，而细若游丝的生命线索是要小心翼翼地抽打和维护的。这一切，都有可能被热闹所毁损。更何况我们还是学生，即使有点肤浅的感受也不具备向外传播的价值。在同学间高谈阔论易生意气，而一有意气就会坠入片面，肤浅变得更加肤浅。

就像看完一部感人至深的电影，一个善于吸收的观众，总喜欢独个儿静静地走一会，慢慢体味着一个个镜头、一句句台词，咀嚼着艺术家埋藏其间的良苦用心，而不会像有些青年那样，还没有出电影院的门就热烈谈论开来了。在很多情况下，青年人竞争式的谈论很可能是一种耗散，面对越是精雅深致的作品越可能是这样。等到毕业之后，大家在人生感受上日趋成熟而在阅读上却成了孤立无援的流浪者，这倒需要寻找机会多交流读书信息了。那是后话，过一会儿再说。

七、读书卡片不宜多做

读书有一个经常被传授的方法，那就是勤奋地做读书卡片。读到自己有兴趣的观点和资料，立即抄录在卡片上，几个月之后把一大堆卡片整理一番，分门别类地存放好，以后什么时候要用，只要抽出有关的一叠，自己也就可以获得一种有论有据、旁征博引的从容。这种方法，对于专业研究、论文写作是有用的，但不适合青年学生的课外阅读。

从技术上说，课外阅读的范围较大，又不针对某个具体问题，卡片无从做起，即使做了也没有太大用处，白白浪费了许多阅读时间。如果要摘录隽语佳句，不如买一本现成的《名人名言录》放在手边。但技术上的问题还是小事。最麻烦的是，做卡片的方法很可能以章句贮藏取代了整体感受，得不偿失。一部好的作品是一个不可割裂的有机整体，即使撷取了它的眉眼，也失去了它的灵魂。

有人说，做卡片的原因是自己记忆力太差，读过的书老也记不住，记不住等于白读，留下几张卡片也算是自我安慰。实际上，阅读的记忆力有一种严格的选择功能，书中真正深切触动你的内容，想丢也丢不掉，对此你要有更多的洒脱和自信。记不住当然是大量的，但记不住的内容又分两个部分，一部分是真实的遗忘，一部分是无形的沉潜。

属于真实遗忘的那部分，不必可惜，就让它遗忘吧，能遗忘也是一个人自由自主的表现。太监之所以要记住宫中生活的每一个细节，因为他不能自由自主，不敢遗忘。正是遗忘，验证着生命结构的独立。至于无形沉潜的那部分，我想大家都有过体会。在一定场合，由于一定的需要，居然把多年前早就淡忘了的印象搅动起来了，使自己也大吃一惊。苏辙曾说："早岁读书无甚解，晚年省事有奇功。"翻译成现代口语，大致意思是：早年读书似乎没有深刻理解的地方，在晚年审察事物时却发挥了奇特的功效。这便是记忆的沉潜。人类的大脑机能十分神奇，不要在乎表面上的记住记不住，该记住的总会记住，该忘记的总会忘记，该失而复得的总会失而复得，轻轻松松读下去就是了。

我不主张在课外阅读中做很多卡片，却赞成写一些读书笔记，概括全书的神采和脉络，记述自己的理解和感受。这种读书笔记，既在描述书，又在描述自己。每一篇都不要太长，以便对即时的感受进行提炼，把感受提炼成见识。

八、有空到书店走走

大学生的阅读资源，主要来自图书馆。但是，我希望大家有空也到书店走走。书店当然比图书馆狭小得多，但它是很有意思的文化前沿。当代人的精神劳作有什么走向？这些走向与社会走向有什么关系？又被大众接受到什么程度？解答这些疑问的最好场所是书店。

崭新的纸页，鲜亮的封面，夸张的宣传，繁忙的销售，处处让你感受到书籍文明热气腾腾的创造状态，而创造，总是给人一种愉悦的力量。这种力量对读书人是一种莫名的滋养，使你在长久的静读深思之后舒展筋骨，浑身通畅。你可以关注一下畅销书排行榜，判断一下买书的人群，然后，也准备为自己选几本书。在书店选书与在图书馆有所不同，对于重要的书，你会反复考虑永久性拥有的必要性，于是在书架前进行了一次短短的自我拷问。你也许会较少犹豫地购买几本并不重要却有趣、可爱的新书，由此你对自己与书籍的奇异关系产生了某种疑问，这种疑问的每一个答案都让人开心。

【注释】

①本文是余秋雨1997年在台湾演讲的一部分。“生命的质量需要锻铸，阅读是锻铸的重要一环”，余秋雨将阅读看得如此重要。对此，他自有自己的心得体会，听听他的读书建议，相信对我们会有所裨益。

【实践训练题】

1. 人们常说，读书苦，苦读书。结合自身经历，谈谈你对这个问题的看法。

2. 通过学习本文，你对作者提出的八点建议有何感想？

3. 余秋雨谈阅读和杨绛谈阅读(见【美文链接】)有什么不同？

4. 你如何看待名人专家们给青年人开的书单？谈谈你的看法。

5. 专题讨论：

(1)当代青年的阅读；

(2)我的阅读观。

6. 你的阅读能力如何？对下面题目作出最适合你的回答。(是、有时、否)

(1)你为一个确定的目的而阅读吗？(　　)

(2)你阅读一段文字或一篇文章后，能迅速抓住阅读的要旨吗？(　　)

(3)你在阅读时，专门想到文章的段落吗？(　　)

(4)对一个熟悉的专题中的任何一段文字，你都能迅速而准确地区分其主要论点和支持论据吗？(　　)

(5)读完书中某个章节或整篇文章，你能用意义连贯的方式来概括其中的主要观点吗？(　　)

(6)读完一本你不太感兴趣的书，你能对别人讲解该书的要点吗？(　　)

(7)你能根据阅读目的和读物性质而变换自己的阅读速度吗？(　　)

(8)对非小说类读物，你是否试图找到主题和论证方法，从而帮助你更有效地阅读这类材料？(　　)

(9)阅读时，你常常考虑作者不同的写作风格吗？(　　)

(10)阅读时，你感到头脑中有许多问题冒出来吗？(　　)

(11)你认为标点常识会帮助你准确地把握意义吗？(　　)

(12)你认为语法知识会帮助你准确地把握意义吗？(　　)

(13)你能借助词语的发音而理解词义吗？(　　)

(14)你能够不回视(阅读时，读过一句话或几个词，有时意义不明了或未看清楚，又回过头来重读一遍，叫做“回视”)而读完长长一节文字吗？(　　)

(15)你阅读时能全神贯注而不想入非非吗？(　　)

(16)你能长时间地读书而眼睛不感到疲劳吗？(　　)

(17)你是否对诗词词义等方面饶有兴趣？(　　)

(18)你是重在理解词语表达的意义而不死抠字眼的吗？(　　)

(19)你自以为是词汇丰富的人吗？(　　)

(20)你扫视一眼就能看到一连串词吗？(　　)

(21)你认为自己对待所读内容有良好的记忆力吗？(　　)

(22)你捧起一本陌生而又难懂的书,是否还具有自信心?(　　)

(23)你把阅读看成是生活中不可缺少的组成部分吗?(　　)

(24)你认为自己是一个善于阅读的人吗?(　　)

(25)你视阅读为乐事吗?(　　)

附:每题选择“是”记2分,选择“有时”记1分,选择“否”记0分。各题得分相加,统计总分。你的总分是(　　)

34~50分:你有很强的阅读能力,掌握了许多有关的阅读方法。

17~33分:你的阅读能力一般。

0~16分:你有一定的阅读能力,但不是很强,需要有决心和恒心,通过学会一些阅读的可靠方法和不懈地练习以提高自己的阅读水平。祝你成功!

【美文链接】

读书苦乐

杨绛

读书钻研学问,当然得下苦功夫。为应考试、为写论文、为求学位,大概都得苦读。陶渊明好读书,如果他生于当今之世,要去考大学,或考研究院,或考什么“托福”,难免会有些困难吧?我只愁他政治经济学不能及格呢,这还不是因为他“不求甚解”。

我曾挨过几下“棍子”,说我读书“追求精神享受”。我当时只好低头认罪。我也承认自己确实不是苦读。不过,“乐在其中”不等于追求享受。这话可为知者言,不足为外人道也。

我觉得读书好比串门儿——“隐身”的串门儿。要参见钦佩的老师或拜谒有名的学者,不必事前打招呼求见,也不怕搅扰主人。翻开书面就闯进大门,翻过几页就升堂入室;而且可以经常去,时刻去,如果不得要领,还可以不辞而别,或者干脆另找高明,和他对质。不问我们要拜见的主人住在国内国外,不问他属于现代古代,不问他什么专业,不问他讲正经大道理或是聊天说笑,都可以挨近前去听个足够。我们可以恭恭敬敬旁听孔门弟子追述夫子的遗言,也不妨淘气地笑问“言必称‘亦曰仁义而已矣’的孟夫子”,他如果生在和我们同一个时代,会不会又是一位马列主义老先生呀?我们可以在苏格拉底临刑前守在他身边,听他和一位朋友谈话;也可以对斯多葛派伊匹克悌忒斯(Epictetus)的《金玉良言》产生怀疑。我们可以倾听前朝列代的种种遗闻逸事,也可以领教当代最奥妙的创新理论或有意惊人的故作高论。反正只要话不投机或言不入耳,不妨及早抽身退场,甚至砰一下推上大门——就是说,啪地合上书面——谁也不会嗔怪。这是书以外的世界里难得的自由!

壶公悬挂的一把壶里,别有天地日月。每本书——不论小说、戏剧、传记、游记、日记,以至散文诗词,都别有天地,别有日月星辰,而且还有生存其间的多个人物。我们很不必巴巴地赶赴某地,花钱买门票去看些仿造的赝品或“栩栩如生”的替身,只要翻开一页书,走入真境,遇见真人,就可以亲亲切切地观赏一番,别说些什么“欲穷千里目,更上一层楼”!我们连脚底下地球的那一面都看得见,而且顷刻可到。尽管古人把书说成“浩如烟海”,但书的世界却是真正的“天涯若比邻”,这话绝不是唯心的比拟。世界再大也没有阻隔。佛说“三千大千世界”,可算大极了。书的境地呢,“现在界”还加上“过去界”,也带上“未来界”,实在可以算是包罗万象,贯通三界。而我们却可以足不出户,在这里随意阅历，随时拜师求教。是谁说读书人目光短浅，不通人情，不关心世事呢！这里可得到丰富的经历，可认识各时各地、各种各样的人。经常在书里“串门儿”，至少也可以脱去几分愚昧，多长几个心眼儿吧？我们看到道貌岸然、满口豪言壮语的大人先生，不必气馁胆怯，因为他们本人家里尽管没开放门户，没让人闯入，他们的亲友家我们总到过，自会认识他们虚架子后面的真嘴脸。一次，我乘汽车驰过巴黎塞纳河上宏伟的大桥，看到了栖息在大桥底下那群捡垃圾为生、盖报纸取暖的穷苦人。不是我的眼睛还能拐弯儿，只因为我曾到那个地带去串过门儿啊。可惜我们“串门”时“隐”而犹存“身”，毕竟只是凡胎俗骨。我们没有如来的慧眼，把人世间几千年积累的智慧一览无余，只好时刻记住庄子“生也有涯而知也无涯”的名言。我们只是朝生暮死的虫豸（还不是孙大圣毫毛变成的虫儿），钻入书中世界，这边爬爬，那边停停，有时遇到心仪的人，听到惬意的话，或者对心上悬挂的问题偶有所得，就好比开了心窍，乐以忘言。这种“乐”和“追求享受”该不是一回事吧？

【阅读材料】

爱读书的美国人

旅美数年，我印象最深的是处处有书读、人人爱读书。我所到过的十几个城市，大街小巷都有书店、报摊，稍大一点的超市必有书店，还可以只看不购。大中小学乃至幼儿园都有十分可观的图书馆、阅览室，一律免费，不但鼓励孩子们借阅还欢迎家长光临。各个社区也有图书馆，借阅十分方便。各类交通工具里，只要有旅客的地方就备有书报。

美国人为什么这么爱读书呢？当然首先是因为商业社会竞争激烈，不读书不行呀！美国现代高科技的发展及职业技能的要求简直是日新月异，无论职位高低、财力厚薄，都有被淘汰的危险！为了提高生存质量，为了抬头迎接挑战，不读书怎么行！

美国人认为要改变环境，要革新自己，唯一行之有效的办法就是读书。

如果能未雨绸缪及早设计人生，自然就要从小认真读书了，这大概也是美国的大中小学生比较爱读书的原因吧。美国50个州都设有强制教育法，规定6至16岁（或17岁）的青少年都必须接受义务教育，家长不送孩子完成义务教育要受到法律制裁。

当然，很多年长者读书只是为了完成夙愿或纯乎为了兴趣。马萨诸塞州布伦特里的曾祖母玛丽·法萨诺直到71岁才有机会上中学，经过17年的夜校苦读，终于在87岁时获得哈佛大学毕业证书。她说：“我对学习的每一分钟都那么投入，我珍惜自己求知的机会比赚钱更重要。读书使我自己真正得到满足。”

这种全民性读书风气的形成并非一朝一夕，它是和长时间提供读书机会、创造读书氛围、培养读书习惯分不开的。美国的公共设施很注意制造读书氛围，旅店、餐馆有免费的书报相赠，连儿童医院也有随手可取到的小人书。美国的中小学乃至幼儿园都注意培养孩子的读书习惯。小学低年级每天的家庭作业就是阅读30分钟，首先由家长读学生听，继而是家长和学生一块读，最后是学生独立阅读。

美国人把读书视为生活的一部分，他们认为读书是件平常的事，逛书店就像购买食品一样自然，订报纸就像购买面包一样必不可少。美国人的家庭都有一定数量的藏书，每个家庭成员都有几本自己珍爱的书籍。曾有一位先哲说过：“爱学习的人和民族是最可怕的。”不爱学习和读书的民族，会有什么样的命运在等待着他呢？

（《中国教育报》2003年12月11日孙紫玲文）

五

＊时间断想[①]

——写在迎接新年的时刻

赵丽宏

一

天地之间，只有一样东西永远无法阻挡，它就是时间。

时间迎面而来，无声无息。它和你擦身而过，不容你叹息，你希望抓住的现在就已成了过去。你纵有铜墙铁壁，纵有万马千军，纵有比珠穆朗玛峰更高的堤坝，纵有比太平洋更浩渺的阔海深渊，都不可能阻挡它一步，更不可能使它在空中延缓半步。

转瞬之间，你正在经历的现实就变成了历史，变成了时间留在世界上的脚印。我们所能见的一切，都凝集着过去的时间，都是时间的脚印。

二

前些日子，我在欧洲旅行。在庞贝，面对着千百年前覆灭于火山喷发的古城，我感慨在神秘的自然面前人类是多么脆弱渺小。庞贝的毁灭，只是瞬间的事件，火山轰然喷发，岩浆和火山灰埋葬了人间的繁华。当年的天崩地裂，已经听不见一丝回声。然而一切都还留在那里，石街廊坊，残垣断柱，颓败的宫殿、作坊和浴场，过去的千年岁月，都凝集在这些被雕琢过的石头中。而那些保持着临死时挣扎状的火山灰人体雕塑，似乎正在向后人描述时间的无情。

天边的火山是沉静的，当年的喷发已经改变了它的外形。即便是威力无比的自然，在时间面前，也无可奈何地放弃了它的威仪。

时间把过去的一切，都凿刻成了雕塑。

三

在罗马，我走进有两千四百年历史的万神殿大厅，抬头看阳光从镂空的穹顶上洒下来，辐射在空旷的大殿里。两千多年来，阳光每天都以相同的方式照见幽暗的厅堂，然而在相同的景象中，时间却一年又一年地流逝，使这座宏伟神殿从年轻逐渐走向古老。在厅堂一角，埋葬着画家拉斐尔，在这个古老厅堂的居住者中，他显得如此年轻。而站在这样的古殿中，我觉得自己就像一个刚来到这个世界的婴孩。

哲人的诗句可以将时间描绘成流水，而流水也有停滞的时候。时间更像是光，在黑暗中一闪而过。我的目光，和辐射在古殿里的阳光相交，和殿堂中古代雕塑神像们的目光相遇，我感觉时间在这样的交汇中似乎有了片刻的停留。这当然是幻想，过去的时间永不再回来。我们可以欣赏时间的雕塑，却无法和逝去的时间重逢。

四

还是回到中国，回到上海，回到我的生活中来。时间如同空气，无时不在，无处不在，我们的世界永远是现在进行时。

正在进行的时间，也就是不断地和我们擦肩而过的时间，似乎是最珍贵的，也是最有魅力的。它可以使梦想变成现实，也可以使现实变成梦想。

在我的周围，我每时每刻都听见时间有条不紊的脚步声。从正在修建的道路和桥梁上，从正在一层层升高的楼房里，从马路上少男少女活泼的身影中，从街心花园正在打太极拳的老人微笑的表情里，甚至从路边花草在阳光下舒展的枝叶间，我目睹着时间正在实施它改变世界的计划。

婴儿的啼哭，孩童的欢笑，情侣的拥吻，中年人鬓边的白发，老年人额头的皱纹，都是时间的旋律。幼芽的萌发，花蕾的绽放，落叶的飘动，早晨烂漫的云霞，黄昏迷人的夕照，都是时间的呼吸。

珍惜时间，就是爱生活，爱生命，爱人。

五

在迎接新年到来的时候，我遥想着未来。

最神奇，最不可捉摸的，应该是未来的时间。没有人能确切地描绘它的形态，但可以感觉它步步紧逼的态势。也许，只有未来的时间是可以被设计，可以被规划的。因为，我们可以对时间即将赐予的机会做一点准备，也就是对未来的生活做一点准备，准备对付可能来临的考验，准备迎接可能遭遇的挑战，准备为新的旅程铺路、搭桥、点灯……

我想对未来的时间说：你来吧，我们等着！

六

此刻，新年的钟声已经随风悠悠飘来。

我感觉到时间如风，吹来春天的气息。风声忽忽，是庆贺，是催促，是提醒。

时间在流逝，世界也在随之前进。我们每一个人，都在时间中前行。人类永远不可能长生不老，因为时间不会停留。但是我想，生命是可以延长的，只要我们不荒废从我们身边经过的每一年，每一月，每一天，每一分……

2003 年 12 月 30 日深夜于四步斋

【注释】

①本文选自《中华文学选刊》，略有改动。

【美文链接】

时　间

沈从文

一切存在严格地说都需要“时间”。时间证实一切，因为它改变一切。气候寒暑，草木荣枯，人从生到死，都不能缺少时间，都从时间上发生作用。

常说到“生命的意义”或“生命的价值”。其实一个人活下去真正的意义和价值，不过占有几十个年头的时间罢了。生前世界没有他，他无意义和价值可言的；活到不能再活死掉了，他没有生命，他自然更无意义和价值可言。

正仿佛多数人的愚昧与少数人的聪明，对生命下的结论差不多都以为是“生命的意义同价值是活个几十年”，因此都肯定生活，那么吃，喝，睡觉，吵架，恋爱，……活下去等待死，死后让棺木来装殓他，黄土来掩埋他，蛆虫来收拾他。生命的意义解释即如此单纯，“活下去，活着，倒下，死了”，未免太可怕了。因此次一等的聪明人，同次一等的愚人，对生命的意义同价值找出第二种结论，就是“怎么样来耗费这几十个年头”。虽更肯定生活，那么吃，喝，睡觉，吵架，恋爱，……然而生活得失取舍之间，到底就有了分歧。这分歧一看就明白的。大而言之，聪明人要理解生活，愚蠢人要习惯生活。聪明人以为目前并不完全好，一切应比目前更好，且竭力追求那个理想。愚蠢人对习惯完全满意，安于现状，保证习惯。（在世俗观察上，这两种人称呼常常相反，安于习惯的被称为聪明人，怀抱理想的人却成愚蠢家伙。）

两种人即同样有个“怎么来耗费这几十个年头”的打算，要从人与人之间寻找生存的意义和价值，即或择业相同，成就却不相同。同样想征服颜色线条作画家，同样想征服乐器音声作音乐家，同样想征服木石铜牙及其他材料作雕刻家，甚至于同样想征服人身行为作帝王，同样想征服人心信仰作思想家或教主，一切结果都不会相同。因此世界上有大诗人，同时也就有蹩脚诗人，有伟大革命家，同时也有虚伪革命家。至于两种人目的不同，择业不同，那就更容易一目了然了。

看出生命的意义同价值，原来如此如此，却想在生前死后使生命发生一点特殊意义和永久价值，心性绝顶聪明，为人却好像傻头傻脑，历史上的释迦、孔子、耶稣，就是这种人。这种人或出世，或入世，或革命，或复古，活下来都显得很愚蠢，死过后却显得很伟大。屈原算得这种人另外一格，历史上这种人可并不多。可是每一时间或产生一个两个，就很像样子了。这种人自然也只能活个几十年，可是他的观念，他的意见，他的风度，他的文章，却可以活在人类的记忆中几千年。一切人生命都有时间的限制，这种人的生命又似乎不大受这种限制。

话说回来，事事物物要时间证明，可是时间本身却又像是个极其抽象的东西，从无一个人说得明白时间是个什么样子。时间并不单独存在。时间无形，无声，无色，无臭。要说明时间的存在，还得回过头来从事事物物去取证。从日月来去，从草木荣枯，从生命存亡找证据。正因为事事物物都可为时间作注解，时间本身反而被人疏忽了。所以多数人提问到生命意义同价值时，没有一个人敢说“生命意义同价值，只是一堆时间”。“前不见古人，后不见来者”，这是一个真正明白生命意义同价值的人所说的话。老先生说这话时心中的寂寞可知！能说这话的是个伟人，能理解这话的也不是个凡人。目前的活人，大家都记得这两句话，却只有那些从日光下牵入牢狱，或从牢狱中牵上刑场的倾心理想的人，最了解这两句话的意义。因为说这话的人生命的耗费，同懂这话的人生命的耗费，异途同归，完全是为事实皱眉，却胆敢对理想倾心。

他们的方法不同，他们的时代不同，他们的环境不同，他们的遭遇也不相同；相同的是他们的心，同样为人类向上向前而跳跃。

这就是他们人生的意义和价值所在。生命如果没有意义与价值，则无异于行尸走肉。

尊重生命，尊重人生的真正价值。

【实践训练题】

1. 选文阅读理解：

（1）《时间》用大量篇幅论述生命的意义和价值，为什么却以“时间”来命题？你认为生命的意义和价值是什么？

（2）“心性绝顶聪明，为人却好像傻头傻脑，历史上的释迦、孔子、耶稣，就是这种人。”可否概括为大智若愚？谈谈你的看法。

（3）为什么说屈原虽死，他的意见，他的风度，他的文章，可以活在人类的记忆中几千年？

（4）“前不见古人，后不见来者”是什么意思？谁说的？

（5）为什么说“珍惜时间，就是爱生活，爱生命，爱人”？

（6）生命由时间构成，既然时间不会停留，为什么还要说生命是可以延长的？

2. 比较阅读：

比较《时间》和《时间断想》这两篇文章在写法、风格、内容上有什么异同？反复阅读课文，理解两篇文章中所有用典和引用语的意思、出处以及在文中所起的作用。

3. 阅读下面一篇小小说，完成文后的问题。

你必须有一样是出色的

很久以前，德国一家电视台推出了重金征集“10秒钟惊险镜头”的活动。许多新闻工作者为此趋之若鹜，征集活动一时成为人们关注的焦点。在诸多参赛作品中，一个名叫“卧倒”的镜头以绝对的优势夺得了冠军。拍摄这10秒钟镜头的作者是一个名不见经传刚刚踏入工作岗位的年轻人，而其他参赛选手多是一些在圈内很有名气的大家。所以，这个10秒钟的镜头一时引起轰动。对于这个作品，每个人都渴望一睹为快。几个星期以后，获奖作品在电视的强档栏目中播出。那天晚上，大部分人都坐在电视机前看了这组镜头，最初是等待、好奇或者议论纷纷，10秒钟后，每一双眼睛里都是泪水。可以毫不夸张地说，德国在那10秒钟后足足肃静了10分钟。镜头是这样的：在一个小火车站，一个扳道工正走向自己的岗位，去为一列徐徐开来的火车扳道岔。这时在铁轨的另一头，还有一列火车从相反的方向驶近车站。假如他不及时扳道岔，两列火车必定相撞，造成不可估量的损失。这时，他无意中回头一看，发现自己的儿子正在铁轨那一端玩耍，而那列开始进站的火车就行驶在这条铁轨上。抢救儿子或避免一场灾难——他可以(　　)的时间太少了。那一刻，他(　　)地朝儿子喊了一声：“卧倒！”同时，冲过去扳动了道岔。一眨眼的工夫，这列火车进入了预定的轨道。

那一边，火车也呼啸而过。车上的旅客丝毫不知道，他们的生命曾经千钧一发，他们也丝毫不知道，一个小生命卧倒在铁轨边上——火车轰鸣着驶过的铁轨边上，丝毫未伤。那一幕刚好被一个从此经过的记者摄入镜头中。人们(　　)，那个扳道工一定是一个非常优秀的人。后来人们才渐渐知道，那个扳道工是一个普普通通的人。许多记者在采访中了解到，他唯一的优点就是忠于职守，从不迟到、旷工或误工过一分钟。这个消息几乎震住了每一个人，而更让人意想不到的是，他的儿子是一个弱智儿童。他告诉记者，他曾一遍又一遍地(　　)儿子说：“你长大以后能干的工作太少了，你必须有一样是出色的。”儿子听不懂父亲的话，依然傻乎乎的，但在生死攸关的那一秒钟，他却“卧倒”了——这是他在跟父亲玩打仗游戏时唯一听懂并做得最出色的动作。

(1) 下列加点词语注音不正确的一项是(　　)。

A. 趋之若鹜(wù)　拍摄(shè)　B. 名不见经传(chuán)　强档(dàng)

C. 不可估量(liáng)　扳(bān)道工　D. 生命攸(yōu)关　道岔(chà)

(2) 文章括号处填入的词语，最恰当的一组是(　　)。

A. 判断　焦急　猜测　告诫　B. 选择　焦急　推断　教导

C. 判断　威严　推断　教导　D. 选择　威严　猜测　告诫

(3)“最初是等待、好奇或者议论纷纷，10秒钟后，每一双眼睛里都是泪水。可以毫不夸张地说，德国在那10秒钟后足足肃静了10分钟。”此句主要采用的手法和作用分析准确的是(　　)。

A. 对比　作品的震撼力　B. 夸张　人们受感动的程度

C. 借代　表现受震撼的范围广　D. 比喻　形象表现人们感动的状态

(4) 在面临“抢救儿子或避免一场灾难”时，扳道工的选择体现出他具有怎样的品质？分析准确的一项是(　　)。

A. 伟大的父爱　　　　　　　　　　B. 忠于职守,无私忘我
C. 大公无私,舍己为人　　　　　　D. 强烈的责任心和使命感

(5)对那位名不见经传的记者的作品以绝对的优势获奖的原因,分析不恰当的一项是(　　)。

A. 作品足以震慑观众的心灵　　　　B. 展示了普通人的高大形象
C. 作者名不见经传,其他都是名家　　D. 突显出忠于职守的重要

4. 课外阅读:

许多名人对时间发表过自己的看法,如莎士比亚就曾经说过:“时间像小溪一样畅流不息,小溪不会驻留,时间不会停止。时间会刺破青春的华丽精致,会把平行线刻上人的额角,会吃掉稀世之珍、天生丽质,什么都逃不过它横扫的镰刀。”请收集1~6句有关时间的名言警句。

【阅读材料】

个人投资首先是时间的投入

钟朋荣

一提到投资,人们就想到用钱生钱。似乎投资的出发点就是手里的本钱,投资的归宿就是本利之和,整个投资活动就是钱生钱的活动。

其实,人生投资的最初出发点不是金钱,而是时间。每个人最基本的、最原始的资源是时间,金钱只是时间的派生物。

因此,个人资源可以分为两种:一种是原始资源,另一种是派生资源。一个人来到世界,无论他创造什么奇迹,原始资源都是一样的,就是他的时间。人们虽然有金钱、朋友、知识、技术等等,这些都是由时间派生的,属于派生资源。

个人投资,首先是原始资源如何使用,即原始资源如何转化为派生资源,转化为哪些派生资源;其次是派生资源如何使用,包括赚回的资金如何更好地使用,以赚取更多的利润。

用于投资的时间有很多用法,是用来交朋友,是用来赚钱,还是用来学知识技能等等,这些都是原始资源的投入方法。

这里就有一个比较,你的每一个单位时间是用来做生意合算,或是用来交朋友合算,还是用来学知识技能合算,这就涉及你对人生的追求,即你的投资目标是什么,也涉及你的投资技巧,即你是通过做生意直接赚钱,还是通过学技能或交朋友间接赚钱。

各人追求不同,对时间的用法就不一样,对金钱、技术、朋友等派生资源的用法也不一样。

时间可以产生金钱、知识、技能、朋友等派生资源,派生资源也可以相互转化,还可以转化为时间。有了金钱,可以学更多的知识、技能,可以交更多的朋友;有知识、技能,可以赚更多的钱,也可以交更多的朋友;有了朋友可以帮助你赚钱,也可帮助你学知识、学技能等等。

人生的时间是有限的,多少用于赚钱,多少用于学知识、技能,这是一种最基本的投资决策,是个人投资的基础。在这一重大投资决策确定之后,剩下的就是既定的时间如何赚钱,如何学知识,如何交朋友,这是个人投资的专业知识。成功地进行个人投资,首先要对原始资源的分配作好基本投资决策。

人生很短暂,时间就那么多,究竟用来干什么,大家都在盘算。但盘算得是否准,除了正确的自我认识和高超的专业投资技巧外,各种外界因素的变化也很重要,而这些外界因素的变化有时是自己很难把握的。因此,人生的投资就像做期货一样,一个单下得准不准,成功不成功,有时取决于自己的判断,有时取决于种种不可预测的原因。事实上,我们每个人都在对自己的一生做期货:你用几年、几个月或几天的时间花在这件事情上,可能取得很大成绩,也可能一事无成;交了一个你认为是很铁的朋友,但恰恰是这个朋友毁了你一生;你花了七八年时间专学唱戏,起早贪黑,历尽艰辛,毕业后你发觉,看戏的越来越少,你不得不去为人看大门等等。

追求超过自己人生需求之外的钱财,就会牺牲一些更有价值的东西。当许多富有者发现自己"穷得只剩下钱"的时候,才更加体会到,金钱应该是人生中有意义的工作的副产品,而不是人生价值本身。

项目3.2 比较性阅读能力训练

训练目的与要求

通过学习和训练,能明确比较性阅读技法的运用要求,能在阅读中异中求同,同中见异。

在训练过程中,有这样几点要求:

(1)在把握微观比较的基础上,适当做一些宏观比较;

(2)课内阅读与课外阅读相结合。

训练方法与步骤

要求在教师的指导下运用比较性阅读技法精读选文,同时辐射课外阅读。

支撑知识

一、概念

人常说:"不怕不识货,单怕货比货。"事物在比较中最容易被鉴别、被认识,所以比较分析常在阅读中运用。比较性阅读是一种求同辨异的阅读,就是在阅读课文时,将两篇或两篇以上题似、内容相似或写作特点可以作比较的文章放在一起比较,认真体会它们的异同的阅读方法。比较性阅读是在分析综合的基础上,借助比较的思维过程而进行的一种积极主动的阅读。

接受性阅读主要是读者与作者在文本对话中求同,而比较性阅读不仅要求同,而且要辨异。例如有的同学学习鲁迅的《药》和《夜》时,通过比较性阅读,发现这两篇小说在选材、标题的艺术、结构特色、作品的基调的色彩上极其相似,也通过比较阅读,发现两篇文章反映的主题、典型人物的特点、格调又是各不相同的。

有比较才有鉴别、有鉴别才有发现、有创造。比较性阅读也是创造性阅读必不可少的前提。例如一般人只想到孔子孟子之间“至圣”“亚圣”的传承关系,有的学者却从比较中发现二者的许多差异:孔子轻松愉快,孟子凡事紧张;孔子认为人性本恶,孟子认为人性本善;孔子重“礼”,孟子却不大拘“礼”。为什么会有这么多不同?是因为时代发生了变迁。春秋末期社会还未造成大的动荡,所以孔子主张“克己复礼”。而战国前中期,社会全面动乱,所以孟子认为出路在于改弦更张。这种同中辨出异的阅读,实际上已经是创造性阅读了。

二、分类

1. 同类比较阅读

主要揭示读物同的方面。就是从不同的文章中,或从同一篇文章的不同因素中抽象出相同点的阅读。比如概括文章的中心、写作特点、体裁、风格或其他某一内容要点或作者观点等的比较阅读。

2. 异类比较阅读

主要用于区别事物质的不同。一是正反对比,使真善美与假恶丑更加彰明昭著。清人袁枚诗云:“莫唱当年长恨歌,人间亦自有银河。石壕村里夫妻别,泪比长生殿上多。”这是诗人对《长恨歌》和《石壕吏》进行比较阅读后得到的结论,认为同样是发生在唐代的夫妻离别,唐明皇赐死杨玉环固然遗憾,但比起战乱中普通老百姓的生离死别又算得了什么?

三、比较方法

1. 纵向比较

纵向比较也叫古今比较、历史比较、渊源比较,比较对象是不同时期的事物。通过纵向比较,可以发现事物在各个发展阶段的特点。例如,《论语》《孟子》虽然都是儒家著作,但由于创作年代的不同,它们提出的政治主张是“大同”中有“小异”。

2. 横向比较

横向比较也叫中外比较、国别比较、共时比较。比较对象主要是不同地域的事物。例如,卡夫卡的《变形记》写格里高尔一夜之间变成了大甲虫,情节离奇荒诞,似乎难以理解。其实“变形”的故事中外都古已有之。庄生化蝶,蜘蛛成精,花妖狐魅变为美女;鱼变美人,天鹅变成公主,老鼠变成骏马……大多是非人追求美好而变为人。但到了20世纪初期,善良、勤恳的格里高尔却异化为非人,最终绝望而死。这种逆向的变形,深刻地揭示了现代人面临的生存困境。两相比较,相同的“变形”手法,却表现了不同的主题。

3. 微观比较

微观比较指部分、局部的比较。多指品味某篇文章的字词语句。

4. 宏观比较

宏观比较指整体、全局的比较。多指从多方面、多层次对某个专题作综合比较,比如唐诗与宋词的比较、李白与杜甫的比较等。但应注意读物之间要有可比性。

四、要求

(1)明确比较阅读的角度。例如:从语言结构角度,从选材角度,从思想观点角度,从体裁角度,从写作特色角度,从立意角度,从表达方法的角度等等。

(2)综合运用各种比较方法。

(3)比较对象应有可比性。

阅读·为政爱国

做人的最大事情是什么呢?就是要知道怎样爱国。 ——顾炎武

我无论做什么,始终在想着,只要我的精力允许我的话,我就要首先为我的祖国服务。

——巴甫洛夫

本项目阅读素材以为政爱国类选文为主,请同学们结合课内学习,广泛阅读相关文章与作品,在积累的基础上对同类作品作比较。同时,应根据选定的专题活动训练项目广泛积累正面和反面素材,为专题论文的写作以及专题活动的进行作准备。

一

*孟子语录[①]

《孟子》

庖有肥肉[②],厩有肥马[③],民有饥色,野有饿莩[④],此率兽而食人也。兽相食,且人恶之;为民父母,行政,不免于率兽而食人,恶在其为民父母也[⑤]。(《孟子·梁惠王上》)

齐宣王见孟子于雪宫。王曰:“贤者亦有此乐乎?”孟子对曰:“有。人不得,则非其上矣[⑥]。不得而非其上者,非也[⑦];为民上而不与民同乐者,亦非也。乐民之乐者,民亦乐其乐;忧民之忧者,民亦忧其忧。乐以天下,忧以天下,然而不王者,未之有也。”(《孟子·梁惠王下》)

天时不如地利[⑧],地利不如人和[⑨]。三里之城,七里之郭[⑩],环而攻之而不胜。夫环而攻之,必有得天时者矣;然而不胜者,是天时不如地利也。城非不高也,池非不深也,兵革非不坚利也,米粟非不多也;委而去之[⑪],是地利不如人和也。故曰:域民不以封疆之界[⑫],固国不以山溪之险[⑬],威天下不以兵革之利[⑭]。得道者多助,失道者寡助。寡助之至,亲戚畔之[⑮]。多助之至,天下顺之。以天下之所顺,攻亲戚之所畔,故君子有不战,战必胜矣。

(《孟子·公孙丑下》)

景春曰[16]:"公孙衍、张仪岂不诚大丈夫哉[17]?一怒而诸侯惧,安居而天下熄[18]。"孟子曰:"是焉得为大丈夫乎?……居天下之广居,立天下之正位,行天下之大道。得志与民由之[19],不得志独行其道。富贵不能淫,贫贱不能移,威武不能屈,此之谓大丈夫。"(《孟子·滕文公下》)

舜,发于畎亩之中[20];傅说,举于版筑之间[21];胶鬲,举于鱼盐之中[22];管夷吾,举于士[23];孙叔敖,举于海[24];百里奚,举于市[25]。故天将降大任于斯人也,必先苦其心志,劳其筋骨,饿其体肤,空乏其身,行拂乱其所为,所以动心忍性,曾益其所不能[26]。人恒过,然后能改[27]。困于心,衡于虑,而后作[28]。征于色,发于声,而后喻[29]。入则无法家拂士[30],出则无敌国外患者[31],国恒亡。然后知生于忧患,而死于安乐也。(《孟子·告子下》)

民为贵,社稷次之[32],君为轻。是故得乎丘民而为天子[33],得乎天子为诸侯,得乎诸侯为大夫[34]。诸侯危社稷,则变置[35]。(《孟子·尽心下》)

【注释】

①本文所辑七则语录出自《孟子》一书,主要体现了孟子的仁政思想。《孟子》是主要记载孟子言行的一部散文集,一般认为是孟子本人和他的学生万章、公孙丑等人编撰成书。《孟子》共七篇,虽然是论说文,但文学色彩浓厚,有很强的辩论形象性和说服力。孟子善于比喻和排比句,文章气势充沛,对后世文化思想和散文发展影响深远。

孟子(约前372~前289),名轲,字子舆,战国中期邹国(在今山东省)人。是孔子之后儒家学派的主要代表,后世因此以"孔孟"并称。他主张施仁政、行王道,尤其是倡导"民为贵,社稷次之,君为轻",反对暴政和战争,这些都是具有历史进步意义的思想,对后世影响很大。

②庖:厨房。

③厩(jiù):马厩。

④饿莩(piǎo):饿死的人。莩:通"殍"。

⑤恶(wū)在:何在,哪里在。

⑥非其上:责怪(非议)君王。

⑦非:不对。

⑧天时:天气时节。地利:有利的地理环境。

⑨人和:人的团结,人心归向,军队的凝聚力和战斗力。

⑩城:内城。郭:外城。

⑪委:放弃,弃守。去:逃跑。

⑫域民:限制人口外流。封疆之界:边境的界限。

⑬固国:巩固国防。山溪之险:险要的地理环境。

⑭威天下:建立权威的统治。兵革之利:武力的强大。兵革:武器装备。

⑮畔:通"叛"。

⑯景春:孟轲同时代人名,纵横家。

⑰公孙衍、张仪:均人名,战国时魏国人,后入秦,当时著名的纵横家。

⑱熄:同"息",安宁。

⑲与民由之:顺从民众,按民众意愿办事。

⑳舜:虞舜。发:发迹,被起用。畎(quǎn)亩:田野。传说舜最初在历山耕田,后为唐尧任用为相,又

继承了唐尧的帝位。

㉑傅说(yuè):殷王武丁时人。举:被选拔。版筑:筑城的劳役。传说傅说被殷王从筑城的劳役者中选拔出来任宰相。

㉒胶鬲(gé):周文王时人。鱼盐:贩卖鱼盐者。传说胶鬲在贩卖鱼盐时,被周文王推荐给殷纣王,胶鬲后来又辅助周武王。

㉓管夷吾:管仲,春秋时齐人。管仲在作为囚犯被押解回齐国后,被齐桓公任用为相。士:狱官。

㉔孙叔敖:春秋时楚人。海:海滨。史载孙叔敖曾隐居在海滨,后被楚庄王起用为令尹(宰相)。

㉕百里奚:春秋时虞人。市:交易,购买。史载百里奚在晋灭虞后以奴仆身份入秦,又出走宛地,被秦穆公用五张羊皮赎回并任用其为大夫(相)。

㉖曾益:增加。曾:通"增"。

㉗恒过:经常有过失(错误)。

㉘衡:权衡。作:有所作为,奋发。

㉙征:表现。喻:理解,了解。

㉚入:在(国家)内部。法家拂(bì)士:执法官员和辅弼的贤士。

㉛出:在(国家)外部。

㉜社稷(jì):社为土神,稷为谷神,社稷指代国家。

㉝得乎丘民:获得民众的信任。

㉞大夫:这里指诸侯的臣属。

㉟变置:转换,废旧立新。

【译文】

厨房里有肥嫩的肉,马棚里有壮实的马,(可是)老百姓面带饥色,野外有饿死的尸体,这如同率领着野兽来吃人啊!野兽自相残食,人们见了尚且厌恶,而身为百姓的父母,施行政事,却不免于率领野兽来吃人,这又怎能算是百姓的父母呢?(《孟子·梁惠王上》)

齐宣王在雪宫接见孟子。宣王问道:"贤人也有这种快乐吗?"孟子答道:"有。人们得不到这种快乐,就要抱怨他们的君主了。得不到就抱怨他们的君主,是不好的;作为百姓的君主却不与百姓同乐,也是不好的。君主把百姓的快乐当作自己的快乐,百姓也就会把君主的快乐当作自己的快乐;君主把百姓的忧患当作自己的忧患,百姓也就会把君主的忧患当作自己的忧患。乐,同天下人一起乐,忧,同天下人一起忧,这样还不能称王天下的,是从来不会有的。"(《孟子·梁惠王下》)

有利于作战的天气、时令,比不上有利的地理形势。有利的地理形势,比不上作战中的人心所向、齐心协力。一个城池,内城城墙方圆三里,外城城墙方圆七里,包围着攻打却不能拿下。既然能够包围着攻打,交战双方必有得天时的;如果得了天时仍没有打胜,证明这一方的天时不如另一方的地利。城墙不是不高,护城河不是不深,武器不是不锋利,盔甲不是不完备,但是却放弃了城池,逃走了,证明地利之便,不如人和重要。因此说,欲让民众安居乐业,不在于划定边界,限制来往;欲使国家稳固,不在于山川河流的险要;欲威震天下不在于武器设备先进无比。得道的人自然会得到众人的拥戴,失道的人自然会受到众人的摒弃。帮助的人少到极点时,就连亲人也会背叛他。帮助的人多到极点时,全天下百姓都会归顺他。带领整个天下归顺的人去攻打那众叛亲离者,贤人君子不打则已,如果攻打,肯定获胜。(《孟子·公孙丑下》)

景春说："公孙衍、张仪难道不是大丈夫吗？一发怒，诸侯就害怕；安居无事，天下就没有冲突。"

孟子说："这怎能算是大丈夫呢？……居住在天下最广大的居所里，站立在天下最正大的位置上，行走在天下最广阔的大道上，能实现志向就与民众一起去实现，不能实现志向就独自固守自己的原则，不受富贵诱惑，不为贫贱动摇，不为武力屈服，这才叫大丈夫。"（《孟子·滕文公下》）

虞舜由田间农夫崛起，傅说从版筑工匠中显达，胶鬲从鱼盐商贩中成名，管夷吾由监狱囚犯中选出，孙叔敖从海边召回，百里奚从市场上赎出。因此说，上天若要降大任于某一个人，一定先劳苦他的心志，疲乏他的筋骨，饥饿他的躯体，穷困他的身家，使他的每一行为总是不能如意，这样，便可以启动他的心志，坚韧他的性情，因而增长他平日不具有的才能。（《孟子·告子下》）

民众最尊贵，社稷第二，君主最轻。因此得到民众拥戴的人可做天子；得到天子信任的人可做诸侯；得到诸侯信任的人可做大夫。诸侯危害社稷，则更换。（《孟子·尽心下》）

【评析】

这里所选的数则语录，主要反映了孟子的"仁政"思想。孟子认为，在人民、国家、国君这三者中，人民最为重要。天子要巩固统治，必须获得人民的信任与支持。要获取民心，就不能使"民有饥色，野有饿莩"。而应忧民所忧，乐民所乐，使百姓安居乐业，养生送死无憾，如此方能得道多助，获取人民的拥护。反之，则"不免率兽而食人"，最终必将为民众所唾弃。孔子强调"仁爱"，重在修身养性；孟子提倡"仁政"，重在经世治国，两者侧重虽有不同，但仁义之心一脉相承。从主观上讲，孟子提倡"仁政"，有维护当时封建统治的意图，从客观上看，这一主张符合人民的愿望，具有不容置疑的进步意义。

《孟子》里的语录，篇幅较《论语》长，论述也较为充分，比喻、对偶、排比等修辞手法的运用，使说理不仅显得生动，而且富有气势。

【实践训练题】

1. 课堂讨论：

(1)你认为，一个人如要成大器，是否如孟子所说，必须经得起苦难、受得住磨砺？

(2)简要评述孟子"仁政"思想的进步意义和历史局限。

2. 课后阅读《孟子》完成下列练习：

(1)说出六个出自其中的成语。

(2)列举六句出自其中的警句，并谈谈自己的认识。

3. 比较《孔子语录》与《孟子语录》的异同。

4. 阅读龙应台《孟子和小科员》一文，谈谈自己的体会。

【美文链接】

孟子和小科员

龙应台

傲慢

一九九九年七月，我正在筹划一趟单车旅行，带两个孩子去走莱茵河岸。五天单骑，一天二十公里,大概可以沿河百里。正在研究地图的时候,接到台北马英九市长的秘书来电,大意是说,因为马市长希望邀请龙教授回台出任台北市首任文化局长,“请龙老师把履历寄到台北。”

我记得自己当时不假思索地答复:“要履历?我又不跟你们求职,干吗要寄履历给你们?需要认识我的话,去书店买我的书啊!”

没几天,接到马市长自己的越洋电话。从电话的交谈中,我知道,这个人,还真的读过那些没什么意思的书了。

又过了几个礼拜,接到市长贴身秘书的电话:市长将亲自到法兰克福来,晚上八点多到,“龙老师能不能到他下榻的酒店一谈?”

我也记得自己当时三分玩笑、七分认真地答复:“只有‘王’来见‘士’,哪有‘士’去见‘王’的道理?欢迎市长来我家一谈。”

于是市长风尘仆仆从台北飞到罗马,在罗马密集而繁琐的公务行程之后,只身与秘书一人,摆脱了记者团,悄悄飞到法兰克福机场,再从机场搭出租车,在德国的暗夜中寻找我离城二十里路乡下的家。

是在进入了政府的公务系统之后,在长达近四年的公务生涯每天工作十六小时的高压后,在受尽了政治的折磨和实务的历练之后,回想到当初的“跨星际”接触,我才认识到自己身上“知识分子的傲慢”是多么的不食人间烟火,多么的自视清高。

我不是个高傲的人。曾经有记者观察到,在签名售书的场合里,当我坐着为排队的读者签名时,如果年长的读者出现,我一定马上从座位上站起来,为他签名。但是面对代表“权势”的市长,却表现得如此傲慢,傲慢到不近情理。于是在思索自己的思想和人格养成过程时,不禁自问:这种对权势的“傲慢”,究竟其来何处?

立正

从记忆深处第一个浮上来的,竟然是孟子。十三岁的时候读到“富贵不能淫,威武不能屈,贫贱不能移”,虽然还不知道何谓富贵、威武和贫贱,也不懂“淫”、“屈”和“移”,作为动词,里头有多少层次的意义,但是句子的斩钉截铁,以及那斩钉截铁的语言所释出的一种简单但绝对的力量,显然让年幼的我深深震动。高中时,读到《滕文公下二》的原文,才知道,孟子认为权倾一时、让王侯畏惧的强人都不是真正的“大丈夫”;真正顶天立地的君子品格,只有在富贵加以诱惑、威武加以震吓、贫贱加以压迫的情况之下,才测试得出来。

有一天,在乡下和几个同学在“民众服务社”打乒乓球。突然听见很大声的“立正”的命令。声音那样熟悉,原来是父亲,穿着一身整齐的警官制服,带着几个警察,向前来视察的分局长敬礼。我正要继续打球,球才举起,就看见父亲吓阻的眼神;立正在他身后的警员更是一个箭步过来,把我们几个穿着拖鞋短裤的初中生连推带拉排成一列,挺身站直,让我们举起右手抵着额头,做出军警的敬礼姿势。

不知为什么,我竟然觉得受到了此生未曾有的侮辱。晚上,十五岁的我拿出《孟子·尽心篇》,走到父亲面前,说,“你看!”

孟子曰:“说大人,则藐之,勿视其巍巍然。堂高数仞,榱题数尺,我得志,弗为也;食前方丈,侍妾数百人,我得志,弗为也;般乐饮酒,驱骋田猎,后车千乘,我得志,弗为也。在彼者,皆我所不为也;在我者,皆古之制也,吾何畏彼哉?”

我想对他大叫的是,“你为什么要我们立正敬礼?你为什么不知道‘说大人必藐之’?

那个分局长是什么东西，凭什么要我跟他立正敬礼?"

父亲正在一盏昏昏的灯下剪他的脚指甲，腿翘在一张竹凳上。他放下小剪刀，坐好，接过我的书，还真仔细地把古文吟哦了一遍，明白了我的抗议，把书还给我，说，"你把孟子最有名的那一章背来听听。"一眼瞄到弟弟正在一旁无所事事，说，"来，一起背。"

姊弟两个，一高一矮，就立在那破旧的警察宿舍昏昏的灯光下，开始背《告子下》：

舜发于畎亩之中，傅说举于版筑之间，胶鬲举于鱼盐之中，管夷吾举于士，孙叔敖举于海，百里奚举于市。故天将降大任于斯人也，必先苦其心志，劳其筋骨，饿其体肤，空乏其身，行拂乱其所为，所以动心忍性，曾益其所不能。

背到这里，我嚅嚅诺诺背不下去了，比我会读书的弟弟一个人朗声继续：

人恒过，然后能改；困于心，衡于虑，而后作；征于色，发于声，而后喻。入则无法家拂士，出则无敌国外患者，国恒亡。然后知生于忧患而死于安乐也。

怎么"动心忍性"，如何"生于忧患死于安乐"，我没有印象；但是"说大人必藐之，勿视其巍巍然"，倒在我心里深深印刻，不可磨灭。

在那一天，十五岁的我——不知道人世的艰辛，不知道生活的磨难，不知道自然法则的残酷，不知道人性的脆弱和黑暗；十五岁的我心中暗暗发誓：长大以后做什么都可以，但绝不做那必须向人立正敬礼的人，也不做那被别人立正敬礼的人。

等到后来读到《公孙丑下》孟子引述曾子"彼以其富，我以吾仁；彼以其爵，我以吾义，吾何慊乎哉"而对齐王表达"士"与"王"分庭抗礼的独立位置时，我大概已经被孟子熏陶得差不多了。

独立

没想到自己在一九九九年真的去"做官"，进入了一个等级分明、令出必行的体系。我发现自己一方面做决策，发出指令，一方面努力在培养官员的独立意识，也就是说，当上位的决策者给出错误的指令时，作为下属的人，如何能够不盲从。下属对于上司，如何保持一种独立判断的能力？如何保持直指上司错误的勇气？在培养官员的独立意识上，我不放过任何一个教育的机会。

有一天，一份盖满了章的公文一路旅行到了我桌上。盖了那么多章，表示下面一串官员全同意了。仔细读，却看得我直皱眉头。原来这是市长室下来的公文。某月某日某经济园区落成，市长要去剪彩了。为了剪彩的风光，市长室的官员请文化局责成下属美术馆配合剪彩时段，在该园区办一个美术展，同时，请文化局安排开幕时现场表演节目。

不需多想，我在已经盖了好多"拟办"章的公文上，写下推翻一切的局长批示：

1. 美术馆展览属艺术专业范围，自有其严格规定之专业流程，不宜配合市长剪彩"演出"。

2. 文化局对市民负责，非市长幕僚。安排表演活动目的在培养市民美学则可，在"配合"市长剪彩则不可。以上事宜由新闻处幕僚单位出面作业较妥。

龙

公文批好之后，再把科员、股长、专员、科长一路到主秘、副局长都请来局长室，拿着白纸黑字的批示跟同仁沟通观念：文化局是台北市的文化决策机构，独立行使职权，对市民负责，它不是市长的幕僚或"化妆师"。文化官员应该有这样的基本认识，从最微小处就不容许文化为政治服务，不容许文化局沦为市长的辅选活动局。官员本身有文化独立的意识，就可以避免将来的掌权者公私不分，职权滥用。

“以后市长室再来这种指令，比照办理。”

谈完后，同仁一一离去，主秘却不走，面有难色，欲言又止。我知道他有话要说。

他极坦诚地告诉我这孟子的学生：“局长，您的理念我完全了解，而且赞成，但是，能不能不要形诸文字，因为公文复阅，回流的一路上每一个官员都会读到，给市长室的人难堪，就是给市长难堪，不太好。官场还是有官场文化的。您还是让我去用电话表达比较好，原批示可以擦掉。”

我默默看着这资深公务员大约足足两分钟之久，心中深深感动，他如此细致而诚恳地卫护一个“误闯”官场的人，怕她受伤害。思索片刻之后，我说，“明白你的细心，但是，如果不落文字，这一路上旧观念的公务员不会认识到文化行政独立的重要。有白纸黑字，才能让公务员严肃地对待这个问题吧，包括市长室的公务员。”

主秘无奈地拿着公文起身离去，“而且，”我说，“我有信心市长自己也会支持这个立场。”

我其实并不知道市长会怎么反应，但这是个很好的测试吧。当天晚上，跟市长通电话，我把这个批示原原本本道来。他静静听完，轻松地说，“对啊，本来就应该这样啊。这种观念是要建立的，很好。”然后开始谈别的公事。以后，文化局再也没有接到过类似的指令。

教训

不见得总是成功，但是我努力维持自己的独立，也要求属下官员培养独立意识。三年后，有这么一个下午，我在视察一个剧院工程时，看见工地上一排被拆卸一半的楼房露出一整面难看的墙壁，准备上油漆暂时遮丑的鹰架已经搭设完成。黄昏迟迟的阳光，刚好把鹰架那横七竖八的竹影，淡淡地，错错落落地，斜斜洒在那颓废斑驳的墙上。

我被那刹那间发现的美，惊呆了。站着不动，好像听见阳光在那墙上悠悠移动的声音。

从美的震撼中回过神来，我交代随行的高级官员：不要上油漆了。就请艺术家把阳光自然投射的鹰架的影子，淡淡地画在墙上，就是最美的公共艺术了。

高级官员说，马上办。

过了两个星期，我问专管公共艺术的承办人，那面墙做好了吗？

那是个讲话娇滴滴、十分腼腆的科员，大学毕业，管的事情庞大复杂。公共艺术牵涉到城市景观和艺术的环境。台湾任何一栋公共建筑工程款的百分之一，必须用在公共艺术上；当公共艺术被界定为艺术家与公共空间，尤其是与市民大众之间的情感互动时，它的创作本身以及与市民对话的过程，就变成艺术作品的主体，处理起来非常繁复。

她说“还没”。又过了两周，仍是“还没”。过了一个月，仍是“还没”时，我准备发火了。把科长和科员请到面前，板着脸质问延宕原因。这个娇滴滴、十分腼腆的科员，轻声地说：

“局长，公共艺术，您不是说，‘公共’的意义就是，它必须来自艺术家的创作，而艺术家的创作还要经过一个和市民互动，得到市民响应、接受的过程。您不是说，过程比艺术品本身还重要。那一面墙，尽管只是划上一点影子，其实都是公共艺术的范畴，就应该经过那整个艺术家创作和市民互动的流程。局长说画什么，就画上去，可能违背了公共艺术的基本精神。我觉得不太妥。”

她静静地陈述。我静静地听。

那面墙,没有处理。

真的,除了孟子,小科员也给我上过课。

二

*谏逐客书[①]

李斯[②]

臣闻吏议逐客[③],窃以为过矣[④]。

昔缪公求士[⑤],西取由余于戎[⑥],东得百里奚于宛[⑦],迎蹇叔于宋[⑧],来丕豹、公孙支于晋[⑨]。此五子者,不产于秦,而缪公用之,并国二十,遂霸西戎。孝公用商鞅之法[⑩],移风易俗,民以殷盛,国以富强,百姓乐用,诸侯亲服,获楚、魏之师[⑪],举地千里[⑫],至今治强。惠王用张仪之计[⑬],拔三川之地[⑭],西并巴、蜀[⑮],北收上郡[⑯],南取汉中[⑰],包九夷[⑱],制鄢、郢[⑲],东据成皋之险[⑳],割膏腴之壤[㉑],遂散六国之从[㉒],使之西面事秦,功施至今[㉓]。昭王得范雎[㉔],废穰侯,逐华阳[㉕],强公室,杜私门[㉖],蚕食诸侯,使秦成帝业。此四君者,皆以客之功。由此观之,客何负于秦哉?向使四君却客而不内[㉗],疏士而不用,是使国无富利之实,而秦无强大之名也。

今陛下致昆山之玉[㉘],有随、和之宝[㉙],垂明月之珠[㉚],服太阿之剑[㉛],乘纤离之马[㉜],建翠凤之旗[㉝],树灵鼍之鼓[㉞]。此数宝者,秦不生一焉,而陛下说之[㉟],何也?必秦国之所生然后可,则是夜光之璧不饰朝廷[㊱];犀、象之器不为玩好[㊲];郑、卫之女不充后宫[㊳];而骏良駃騠不实外厩[㊴];江南金锡不为用,西蜀丹青不为采[㊵]。所以饰后宫、充下陈、娱心意、说耳目者[㊶],必出于秦然后可,则是宛珠之簪、傅玑之珥、阿缟之衣、锦绣之饰不进于前[㊷],而随俗雅化、佳冶窈窕赵女不列于侧也[㊸]。夫击瓮叩缶[㊹],弹筝搏髀[㊺],而歌呼呜呜快耳者,真秦之声也。《郑》、《卫》、《桑间》、《韶虞》、《武象》者[㊻],异国之乐也。今弃击瓮叩缶而就《郑》、《卫》,退弹筝而取《韶虞》,若是者何也?快意当前,适观而已矣[㊼]。今取人则不然,不问可否,不论曲直,非秦者去,为客者逐。然则是所重者,在乎色、乐、珠、玉,而所轻者,在乎民人也。此非所以跨海内、制诸侯之术也。

臣闻地广者粟多,国大者人众,兵强则士勇。是以泰山不让土壤[㊽],故能成其大;河海不择细流,故能就其深;王者不却众庶[㊾],故能明其德。是以地无四方,民无异国,四时充美,鬼神降福,此五帝三王之所以无敌也[㊿]。今乃弃黔首以资敌国[51],却宾客以业诸侯[52],使天下之士退而不敢西向,裹足不入秦,此所谓"藉寇兵而赍盗粮"者也[53]。

夫物不产于秦,可宝者多;士不产于秦,而愿忠者众。今逐客以资敌国,损民以益仇,内自虚而外树怨于诸侯,求国无危,不可得也。

【注释】

①本文选自《史记·李斯列传》。谏:下对上进行劝诫的用语。客:客卿,这里指当时在秦国做官的别国人员。书:上书,古代臣向君陈述意见的一种文体。

②李斯(? ~前208):战国时楚国上蔡(今河南上蔡西南)人。曾受学于儒学大师荀卿,后入秦,为客卿。秦统一六国后,官至丞相,在上层政治斗争中被杀。李斯是秦代散文的代表作家,现存《谏逐客书》、《泰山刻石文》、《瑯琊台台刻石文》等,以前者最为著名。

③吏议逐客:事在秦王政(统一六国后为秦始皇)十年(前237),当时韩人郑国来秦修渠灌田,消耗大量财力,使秦无暇攻韩,宗室贵族便借此为由提议"一切逐客"。

④窃:谦词,"私下"的意思。过:错误。

⑤缪(mù)公:即秦穆公,名任好,春秋五霸之一。缪:通"穆"。

⑥由余：春秋时晋国人，流亡于戎（古代对西部少数民族的统称），后被秦穆公收为谋臣，遂使秦灭十二戎国，称霸西戎。

⑦百里奚：楚国宛（今河南南阳）人，曾任虞国大夫，后为晋国所俘，并作为晋献公女儿的陪嫁奴仆入秦，旋又逃回宛地。秦穆公以五张羊皮将其赎回，任用为相，号五羖（谷）大夫。

⑧蹇（jiǎn）叔：岐（在今陕西境内）人，寓居于宋，由百里奚推荐被聘为秦国上大夫。

⑨丕豹：晋人，因父亲丕郑被晋惠公所杀逃到秦国，任大将，率兵攻克晋国八城，生擒惠公。公孙支：岐人，寓居于晋，穆公收为谋臣，任大夫。

⑩孝公：即秦孝公，名赢渠梁。商鞅：本名公孙鞅，战国时卫国人，故称卫鞅；入秦后封于商，又称商鞅。曾辅佐秦孝公实行变法，使秦国得以富强，为统一六国奠定了基础。

⑪获楚、魏之师：战胜楚国、魏国的军队。事在秦孝公二十二年（前340）。

⑫举：攻克，占领。

⑬张仪：魏人，秦惠王时为相，用连横之策瓦解了六国的合纵政策。

⑭拔：攻取。三川：本韩地，在今河南省黄河以南、灵宝以东地带。

⑮巴、蜀：当时的两个小国，在今四川省境内。

⑯上郡：本魏地，在今陕西西北、宁夏及内蒙一带。

⑰汉中：本楚地，在今陕西西南地区。

⑱包：吞并。九夷：泛指当时楚国境内的少数民族。

⑲鄢、郢：皆楚国地名，在今湖北省境内。

⑳成皋：又称虎牢，今河南荥阳汜水镇。

㉑膏腴（yú）：肥沃。

㉒从：同“纵”，指合纵，当时六国联合对付秦国的一种策略。

㉓施（yì）：延续。

㉔范雎（jū）：魏国人，后入秦，为秦昭王相国。

㉕穰（rǎng）侯：即魏冉，秦昭王之舅，封于穰（今河南邓县），故称穰侯。为秦相，擅权三十余年。华阳：名芈（mǐ）戎，封于华阳，故称华阳君，与穰侯一起专权，后同被逐出关外。

㉖杜：杜塞。私门：指贵族的私家权力。

㉗向使：当初假如。却：拒绝。内：通“纳”。

㉘昆山：即昆仑山，传说那里产玉。

㉙随、和之宝：指隋侯珠、和氏璧。隋是春秋时小国。相传隋侯曾令人医好一条受伤的大蛇，蛇后来衔一颗大明珠相报，故称“隋侯珠”。又，相传楚人卞和得璞玉于山中，献给楚王，琢为美玉，号“和氏璧”，后来秦始皇以为国玺。

㉚明月之珠：即夜光珠，夜间发光犹如明月。

㉛太阿：剑名，传为春秋吴国欧冶子、干将所铸。

㉜纤离：骏马名。

㉝翠凤：以翠羽编成凤形所装饰的旗帜。

㉞灵鼍（tuó驼）：今称扬子鳄，产于长江，其皮坚韧，可以制鼓。

㉟说：通“悦”。

㊱夜光之璧：夜间发光的美玉，一说即指“明月之珠”。

㊲犀、象之器：用犀牛角、象牙制成的器物。

㊳郑、卫之女：郑、卫是小国名，以多美女著称。

㊴駃騠（juétí）：良马名。厩：马棚。

㊵丹青：丹砂、青雘，颜料名。

㊶下陈：堂下，嫔妃、宫女之所在。

㊷宛珠之簪：用宛珠装饰的簪子。宛，地名（今河南南阳）。傅玑之珥：缀有珠玑的耳饰。傅，通

“附”。珥，妇女用的耳饰。阿缟：齐国东阿（在今山东阳谷东北）产的白色绢。

㊸随俗雅化：随着风尚打扮得高雅漂亮。佳冶窈窕：佳丽美好、体态优雅。赵女：赵国的美女。

㊹击瓮扣缶（fǒu）：当时秦地的打击乐。瓮、缶是两种瓦器。

㊺搏：击，拍。髀（bì）：大腿。

㊻《郑》、《卫》：指春秋末期郑国、卫国的歌曲。《桑间》：指流行在卫国桑（在今河南境内）一带的歌曲。《韶虞》：相传为舜时的音乐。《武象》：周武王时的音乐。

㊼适观：适意地观赏。

㊽让：推辞，拒绝。

㊾庶：平民。

㊿五帝：指黄帝、颛顼（zhuānxū）、帝喾（kù）、尧、舜。一说指伏羲、神农、黄帝、尧、舜。三王：指夏、商、周的开国君王夏启、商汤、周武王。五帝三王被认为是古代的明君。

(51)黔首：秦国统治者对百姓的称呼。黔，黑色。资：资助、帮助。

(52)业：用如动词，使成就功业。

(53)藉：借。赍（jī）：给予。

【译文】

臣子听说官吏们建议驱逐从别国来的客人，私下以为错了。

从前穆公寻求贤人，西边从戎取来由余，东边从宛得到了百里奚，从宋国迎来蹇叔，从晋国招致了丕豹、公孙支。这五位先生，不出生于秦国，可是穆公重用他们，兼并了二十个国家，于是称霸西戎。孝公采用商鞅的法制，移风换俗，民众借此繁盛，国家借此富强，百姓乐于为国效力，诸侯亲近、服从，战胜了楚国、魏国的军队，攻取了方圆千里的土地，至今安定强盛。惠王采用张仪的计策，攻取了三川的地方，西边兼并了巴国、蜀国，北边收服了上郡，南边攻取了汉中，吞并了许多少数民族，控制了鄢、郢，东边占据成皋的险要地方，夺取了肥沃的土地，于是瓦解了六国的联合阵线，使它们向西方来事奉秦国，功绩延续到今天。昭王得到了范雎，废掉穰侯，驱逐华阳君，加强了王室，杜绝了贵族豪门，像蚕吃桑叶那样吃掉诸侯，使秦国成就了皇帝功业。这四位君王，都依靠了客人的功劳。由此看来，客人对于秦国有什么辜负的呢？当初假使四位君王拒绝客人、不予接纳，疏远贤人、不加重用，这样就会使得国家没有富裕、得利的实际，秦国没有强大的名声啊。

现在陛下罗致了昆山的玉石，有随侯的珠子、卞和的玉璧，悬挂着明月珠，佩带着太阿宝剑，乘着纤离骏马，竖立着用翠鸟羽毛编成凤凰形状装饰的旗帜，设置着用猪婆龙皮制造的鼓。这几件宝物，秦国不出产一种，可陛下喜欢它们，为什么呢？一定要是秦国所出产的然后才可用，那么夜晚能发光的玉璧不会装饰朝廷，用犀牛角、象牙制造的器具不会成为玩赏、喜好的东西；郑国、卫国的美女不会充当后宫嫔妃；駃騠等骏马不会充实宫外的马棚；江南的铜、锡不会发挥作用，西蜀的丹砂、青雘不会用作颜料。所用来装饰后宫、充当宫人、娱乐心意、愉悦耳目的人、物，一定要从秦国出产的然后可以，那么用宛珠装饰的簪子、附有珠子的耳饰、用东阿白丝绸缝制的衣服、织锦刺绣等装饰品不会进献到面前来；随着时尚打扮得时髦漂亮、美好艳丽、体态优美的赵国女子不会站在您的旁边啊。那种击瓮敲罐，弹筝拍腿，呜呜地歌唱、呼叫以愉悦耳朵的，是真正的秦国音乐，《郑》、《卫》、《桑间》、《韶虞》、《武象》等，是别国的音乐。现在抛弃击瓮敲罐，而接近《郑》、《卫》，退掉弹筝而采纳《韶虞》，像这样做是什么原因呢？为的是快意当前、适于观赏罢了。如今对待人就不是如此，不问可否，不论邪正，不是秦国人就予以赶走，是客人就加以驱逐。那么这样所看重的，在于美色、好听的音乐、宝珠、玉石，而所轻视的，在于人了。这不是用以统治天下、制服诸侯的方法啊。

臣子听说土地广的粮食多,国家大的人口众,武器强大就将士勇敢。因此泰山不拒绝泥土,所以能形成它的高大;河海不选择细流,所以能成就它的深;君王不推却民众,所以能昌明他的德行。因此土地不分四方,民众不论异国,四时充满了美好东西,鬼神降下福气,这是五帝三王之所以无敌的原因。现在竟然抛弃百姓来资助敌国,推却客人来使诸侯成就功业,使天下的人才往后退去、不敢走向西方,裹起脚来不进秦国,这就是人们说的"借给入侵者武器,送给偷盗者粮食"的情况啊。

东西不出产在秦国,可是宝贵的很多;人才不生长在秦国,可是愿意忠于秦国的不少。如今驱逐客人来资助敌国,损害民众来帮助仇人,对内自己空虚,对外则在诸侯中结下怨恨,这样想要国家不危险,不可能做到啊。

【评析】

这篇奏章开门见山提出逐客是错误的这一中心论点,以下紧扣中心论点,采用对比的方法加以论证。首先,作者"援古以证今",列举了秦国历史上四位君王礼遇客卿,信用客卿,利用客卿的才智使秦富国强兵、成就霸业的事实作为论据,鲜明地对照出"今王"的逐客之非。其次,文章列举排比了秦王日常生活中喜好别国器物、珠玉、音乐、美女的大量现实材料,与其"一切逐客"的行为形成矛盾和对比,揭示了他重物轻人之非。再次,作者在理论上进行概括性阐发时,仍用对比手法,以五帝三王海纳百川般的胸襟和功业与逐客的狭隘想法、做法相对比,说明这无异于"藉寇兵而赍盗粮"。作者在论证过程中,始终抓住秦王意欲富国强兵、统一天下的心理,在每个层次的结论中都以简洁、警策的语句极言逐客之害,如"是使国无富利之实,而秦无强大之名也"、"此非所以跨海内、制诸侯之术也"、"求国无危,不可得也",具有危言耸听的效果。另外,为了突出中心论点,文章还运用铺陈手法,这在列举秦王日常喜好之物时表现得尤为明显,使论据显得十分充分。在语言方面则大量运用排比句与对偶句,显得文采飞扬,气势充沛。总之,文章论点鲜明,论据丰富,论证严密,层次清楚,结构完整,是写作议论文的很好借鉴。

【实践训练题】

1. 本文的中心论点是什么?作者怎样用对比手法阐述这个中心论点的?

2. 专题讨论:李斯的说理艺术。

3. 阅读下面的材料,按要求答题。

同学小王在报刊剪摘时,搜集到两则新闻:

(1)教育消费"蛋糕"有多大,从厦门看教育发展的潜力。(《经济日报》1999 年 12 月)

(2)民办高校争吃"教育蛋糕"。(《人民日报》海外版 2001 年 1 月)

在展评活动中,对句中"蛋糕"的理解,大家都觉得很困难。语文老师叫大家找个合适的词语来替换。小王认为这里的"蛋糕"就是指"市场",大家讨论后认为:"蛋糕"还指"经济利益"。这样,"春运蛋糕"、"网络蛋糕"、"家政蛋糕"就不难理解了。

同学小明又找到两例:

(1)海尔认为,要想在手机市场上取得突破,必须做一块蛋糕独享。(摘自人民网)

(2)在竞争激烈的移动通讯市场,作为新产品半路杀出的 133 网能在这么短的时间异军突起,生生切下一大块蛋糕,的确让行业内外刮目相看。(摘自人民网)

那么,这里的"做蛋糕"和"切蛋糕"该如何理解呢?

【美文链接】

谏屈原书

杨国胜

悠悠数千载，别来无恙乎？

每拜读大作，或伫立岸头，观龙舟竞渡，粽投鱼腹，不胜感慨系之。在敬仰您的人品、文品之余，思之再三，颇为您的结局或曰下场抱憾。以您的文韬武略，滔滔后世百代，有几人能与您匹敌？为了一个区区楚王，而轻掷千钧之躯，恕晚辈直言，值得吗？

想来老前辈过于执拗了。“道不行，乘桴浮于海”，孔夫子尚且留此后手，老前辈何苦在一棵树上吊死呢？倘不愿漂洋过海，去开洋荤，起码也有几条路可走。

一曰弃官从文。“文章乃经国之大业，不朽之盛事”。以您的《离骚》、《九歌》、《桔颂》等，名满天下，以此做招徕，哪方文人墨客敢不趋从？倘办个文学讲习班，不要说十几条干肉，就是要他几十元、上百元学费，谁不乐得屁颠儿屁颠儿的。您成了“万元户”、“十万元户”，弟子们写出绝妙文章，出版发行，岂不名利双收？何苦去为楚王用与不用犯愁。用了如何，不用又如何，官场上的风风雨雨，您还经得少么?！此为上策。

二曰半官半谑。您既然不以官位为念，不妨逍遥此生。在政府挂个虚衔，领着俸禄，“采菊东篱下，悠然见南山”，再娶它三妻四妾，弄个儿孙满堂。那时，这个一声“爹”，那个一声“爷”，为儿子、孙子、车子、房子、路子，您且忙得不亦乐乎，哪还有什么闲心去“上下求索”。“一屋不扫，何以扫天下”，诚哉斯言！晚辈想，一个人生活在理想里，总觉得不如意，当您踏到实处，就会变得乐观而充实了。老前辈以为此论如何？此为中策。

三曰为官则油。如果您矢志不移，立意为官，并要讨得楚王赏识，须当有所禁忌。看领导的脸色行事，自不待言，说真话、实话、兜底话，决然使不得。烽烟四起，您只需唱一声“火烧旺运”；起草文书，您只需歌功颂德，尽力“拔高”，呼几声“万岁万岁万万岁”。对主上的嫔妃妻妾，哪个得宠，要专事奉承，殊不知，“裙带风”、“枕边风”比那十二级台风还有威力。实在不行，暂收良心，忍痛割爱，把婵娟恭送，以博得“隆恩浩荡”。至于运筹帷幄，以您为文的精妙，奏陈的机敏，倘摸准了领导的“脉搏”，那靳尚、令尹子兰、司马子椒之流，何在话下？不过“谈笑间，樯橹灰飞烟灭”矣。何其智勇，何其强悍哉！做官是一门很深的学问，想想前辈做过左徒，“明于治乱”，岂能对此一窍不通？无须“门子”之流去说什么“护官符”之类吧。此为下策。

晚辈不揣冒昧，奉陈三策。所言犹有不及者，望老前辈明察。如今观念飞转，切不可固守一志。况您伟岸之躯，一旦没于水流，芸芸众生何其痛惜哉！

区区小子，扰耳前辈，不胜惶恐之至！

即颂

回心转意！

子虚顿首

1988年9月望日

（选自《过目难忘》花城出版社1999年出版）

三

正气歌并序

文天祥

余囚北庭，坐一土室，室广八尺，深可四寻，单扉低小，白间短窄，污下而幽暗。当此夏日，诸气萃然：雨潦四集，浮动床几，时则为水气；涂泥半朝，蒸沤历澜，时则为土气；乍晴暴热，风道四塞，时则为日气；檐阴薪爨，助长炎虐，时则为火气；仓腐寄顿，阵阵逼人，时则为米气；骈肩杂沓，腥臊汗垢，时则为人气；或圊溷、或毁尸、或腐鼠，恶气杂出，时则为秽气。迭是数气，当之者鲜不为厉。而予以孱弱，俯仰其间，于兹二年矣，幸而无恙，是殆有养致然尔。然亦安知所养何哉？孟子曰："吾善养吾浩然之气。"彼气有七，吾气有一，以一敌七，吾何患焉！况浩然者，乃天地之正气也，作正气歌一首。

天地有正气，杂然赋流形①。下则为河岳，上则为日星。于人曰浩然，沛乎塞苍冥②。
皇路当清夷，含和吐明庭③。时穷节乃见，一一垂丹青④。在齐太史简，在晋董狐笔⑤。
在秦张良椎，在汉苏武节⑥。为严将军头，为嵇侍中血⑦。为张睢阳齿，为颜常山舌⑧。
或为辽东帽，清操厉冰雪⑨。或为出师表，鬼神泣壮烈⑩。或为渡江楫，慷慨吞胡羯⑪。
或为击贼笏，逆竖头破裂⑫。是气所磅薄⑬，凛烈万古存。当其贯日月，生死安足论。
地维赖以立，天柱赖以尊⑭。三纲实系命，道义为之根⑮。嗟予遘阳九，隶也实不力⑯。
楚囚缨其冠，传车送穷北⑰。鼎镬甘如饴，求之不可得⑱。阴房阒鬼火，春院闭天黑⑲。
牛骥同一皂，鸡栖凤凰食⑳。一朝蒙雾露，分作沟中瘠㉑。如此再寒暑，百疠自辟易。
嗟哉沮洳场，为我安乐国㉒。岂有他缪巧，阴阳不能贼㉓。顾此耿耿在，仰视浮云白㉔。
悠悠我心悲，苍天曷有极㉕。哲人日已远，典刑在夙昔㉖。风檐展书读，古道照颜色㉗。

【注释】

①赋，赋予。流形，各种形体，指下面所说的宇宙间的一切。开篇二句总引全诗。

②此二句化用《孟子·公孙丑上》中句。孟子曾说："我善养吾浩然之气。……其为气也，至大至刚，以直养而无害，则塞于天地之间。"

③皇路，指国运。明庭，圣明的王庭。此二句意谓当太平时代，这浩然之气就很和平地吐露出来，在朝廷上发挥其作用。

④丹青，画像，这里是泛指为后人所纪念。垂丹青，意谓其人虽死犹生，名留后世。以下十六句，引经据典，数说历史上具浩然正气之人杰。

⑤"在齐太史简"句：典出《左传·襄公二十五年》。齐大夫崔杼杀齐庄公后，"太史书曰：'崔杼弑其君。'崔子杀之。其弟嗣书而死者二人，其弟又书，乃舍之。南史氏闻太史尽死，执简以往。闻既书矣，乃还。"

"在晋董狐笔"句：典出《左传·宣公二年》。赵穿杀晋灵公，时晋国执政大臣赵盾逃亡在外，未出国境，闻讯而返。"太史（董狐）书曰：'赵盾弑其君。'以示于朝。宣子（赵盾）曰：'不然！'对曰：'子为正卿，亡不越境，返不讨贼，非子而谁？'……孔子曰：'董狐，古之良史也，书法不隐。'"

⑥"在秦张良椎"句：典出《史记·留侯世家》。张良先世为韩国人，秦灭韩，张良破家财为韩报仇，得力士，为铁椎，重一百二十斤，狙击秦皇于博浪沙道中，误中副车。始皇大怒，下令搜索国中，但始终未拿获张良。椎，chuí。

"在汉苏武节"句：典出《汉书·苏武传》。汉武帝时，苏武奉使至匈奴，被扣留。匈奴屡次胁迫苏武投降，均遭拒绝。后来，苏武被流放到北海上。他为了表示不忘汉廷，终日手持汉节，在海上牧羊。被羁留前后十九年，节毛尽脱。

⑦"为严将军头"句：典出《三国志·蜀志·张飞传》。刘备入蜀，严颜守巴郡，为张飞所败，被俘。

张飞问:“大军至,何以不降,而敢拒战?”颜答:“卿等无状,侵夺我州。我州但有断头将军,无有降将军也!”

“为嵇侍中血”句:典出《晋书·嵇绍传》。晋惠帝永兴元年,皇室内部发生战争。侍中嵇绍从惠帝战于荡阴,军败,百官及侍卫皆溃散,飞箭雨集,绍以身遮蔽惠帝,被乱箭射死,血溅帝衣。事后,惠帝左右的人要把这件衣服洗干净,帝说:“此嵇侍中血,勿去!”嵇,jī。

⑧“为张睢阳齿”句:典出《旧唐书·张巡传》。安史之乱时巡固守睢阳。“巡神气慷慨,每与贼战,大呼誓师,眥裂血流,齿牙皆碎。……及城陷,尹子奇谓巡曰:‘闻君每战,眥裂,嚼牙皆碎,何至此耶?’巡曰:‘吾欲气吞逆贼,但力不遂耳。’子奇以大刀剔巡口,视其齿,存者不过三数。”睢,suī。

“为颜常山舌”句:典出《新唐书·颜杲卿传》。颜杲卿为常山太守,常山在安禄山辖境内。安禄山反,他起兵讨贼,及城破,被俘,送洛阳。“杲卿至洛阳,禄山怒曰:‘吾擢尔太守,何所负而反?’杲卿瞋目而骂曰:‘汝营州牧羊羯奴耳,窃荷恩宠,天子负汝何事而乃反乎?我世唐臣,守忠义,恨不斩汝以谢上,乃从尔反耶?’禄山不胜忿,缚之天津桥柱,节解,以肉啖之。詈不绝。贼钩断其舌,曰‘能复詈否?’杲卿含糊而绝。”

⑨“或为辽东帽”二句:典出《三国志·魏志·管宁传》。东汉末管宁有高节,是在野的名士,他因时代混乱,政治黑暗,避乱辽东,终身不仕,在家“恒着皂帽”。

⑩“或为出师表”二句:典出《资治通鉴》。蜀汉后主建兴五年三月,诸葛亮率大军由汉中北伐曹魏,上《出师表》。

⑪“或为渡江楫”二句:典出《晋书·祖逖传》。东晋元帝时,北方为少数民族占据,祖逖力主北伐,恢复国土。元帝用为奋威将军、豫州刺史。他率军渡江,中流击楫发誓说:“祖逖不能清中原而复济者,有如大江!”词气慷慨,大家为之感动。他渡江后,征讨石勒,收复了黄河以南的失地。楫,jí。羯,jié。

⑫“或为击贼笏”二句:典出《旧唐书·段秀实传》。唐德宗时,朱泚反,重段秀实威望,想引为同谋,召与议事。“秀实戎服,与泚并膝。语至僭位,秀实勃然而起,执泚腕,夺其象笏,奋跃而前,唾泚面,大骂曰:‘狂贼,吾恨不斩汝万段!我岂逐汝反耶?’遂击之。举臂自捍,才中其额,流血匍匐而走。凶徒愕然。……秀实乃曰,‘我不同汝反,何不杀我?’凶党群至,遂遇害焉。”笏,hù。

⑬旁薄,同“磅礴”,充满广被之意。

⑭地维:古代人认为地是方的,四角有四根支柱撑着。天柱:古代传说,昆仑山有铜柱,高入云天,称为天柱,又说天有人山为柱。地维、天柱,指地和天。

⑮三纲实系命:是说三纲实际系命于正气,即靠正气支撑着。

⑯遘:遭逢,遇到。阳九:即百六阳九,古人用以指灾难年头,此指国势的危亡。隶也实无力:是说我实在无力改变这种危亡的国势。隶:地位低的官吏,此为作者谦称。

⑰“楚囚缨其冠”句:典出《左传·成功九年》。春秋时,楚子重攻陈以救赵,楚国被俘的人戴着一种楚国帽子(表示不忘祖国),被拘囚着,晋侯问是什么人,旁边人回答说是“楚囚”。这里作者是说,自己被拘囚着,把从江南戴来的帽子的带系紧,表示虽为囚徒仍不忘宋朝。传车:官办交通站的车辆。穷北:极远的北方。

⑱鼎镬:大锅。古代一种酷刑,把人放在鼎镬里活活煮死。

⑲阴房:见不到阳光的居处,此指囚房。阒:幽暗、寂静。

⑳“牛骥同一皂”二句:牛和骏马同槽,鸡和凤凰共处,比喻贤愚不分,杰出的人和平庸的人都关在一起。骥:良马。皂:马槽。鸡栖:鸡窝。

㉑一朝蒙雾露:一旦受雾露风寒所侵。蒙:受。分作沟中瘠:料到自己一定成为沟中的枯骨。分:料,估量。沟中瘠:弃于沟中的枯骨。《说苑》:“死则不免为沟中之瘠。”

㉒沮洳场:低下阴湿的地方。

㉓“岂有他缪巧”二句:哪有什么妙法奇术,使得寒暑都不能伤害自己?缪巧:智谋,机巧。贼:害。

㉔顾此耿耿在:只因心中充满正气。顾:但,表示意思有转折的连接词。此:指正气。耿耿:光明貌。仰视浮云白:对富贵不屑一顾,视若浮云。《论语·述而》:“不义而富且贵,于我如浮云。”

㉕“悠悠我心悲”二句:我心中亡国之痛的忧思,像苍天一样,哪有尽头。曷:何,哪。极:尽头。

㉖哲人日以远:古代的圣贤一天比一天远了。哲人:贤明杰出的人物,指上面列举的古人。典刑:榜样,模范。夙昔:从前,过去。

㉗风檐展书读:在临风的廊檐下展开史册阅读。古道照颜色:古代传统的美德,闪耀在面前。

【译文】

我被囚禁在大都,关在一间土牢里,这土牢宽八尺,深约三丈二尺,独扇门又低又小,窗户又短又窄,地势低洼而黑暗。在这炎炎夏日,各种气味聚集在一起:雨水从四面流汇到这里,床铺和桌子都浮了起来,这就是水气;大雨后满室泥泞,大半天中都是水泡蒸发流动着,这就是土气;天气突然转晴,气温猛地升高,通风口四面堵塞,四周都没有风来,这就形成了日气;在屋檐下生火烧饭,使室内更加炎热,这就是火气;寄存在仓库内的米粮腐烂了,臭气四溢,阵阵逼人,这就是米气;囚犯肩并肩地挤着,发出腥臊般的恶臭,这就是人气;有时从厕所、毁坏的尸体、烂鼠等飘来各种恶臭,这就是秽气。这几种气味加起来,遇到它的人很少有不会病倒的。而身体衰弱的我,生活在这里,到现在已经二年了,很侥幸有生病,这大概是有修养的功夫才能如此吧。可是我也不知道自己修养的是什么?大概就是孟子所说的:“我善于培养我盛大的正气。”这土牢中有七种恶气,我的浩然正气只有一种,用我这股正气抵抗那七种恶气,我还怕什么呢!何况浩然之气是天地间的正气啊!于是作正气歌一首。

天地之间正气存,赋予形体杂纷纷。地上江河与山岳,天上日月和繁星。人有正气叫浩然,充塞寰宇满盈盈。生逢圣世清明年,平平和和效朝廷。国难当头见气节,永垂青史留英名。齐国太史不惧死,崔杼弑君载史籍;晋国董狐真良史,手握“书法不隐”笔;韩国张良雪国耻,椎杀秦皇遭通楫;苏武留胡十九年,终日手持汉朝节;巴郡太守老严颜,甘愿断头不妥协;晋代侍中名嵇绍,为救国君洒热血;张巡当年守睢阳,咬牙切齿讨逆贼;常山太守颜杲卿,骂敌骂断三寸舌;辽东管宁着“皂帽”,清操自励若冰雪;诸葛《出师》复汉室,鞠躬尽瘁何壮烈!祖逖渡江誓击楫,奋威慷慨吞胡羯;秀实夺笏击狂贼,贼头破裂直流血。浩然之气多磅礴,志士英名万古存。每当正气贯日月,谁把生死放在心。地靠正气得以立,天靠正气成至尊。三纲靠此得维持,道义以此为本根。可叹我生逢乱世,竟无才力救危亡。被俘仍戴南国帽,囚车押我到北方。折磨摧残何所惧,酷刑只当饮糖浆。牢房死寂见鬼火,春来紧闭黑茫茫。老牛骏马共槽食,鸡窝里面栖凤凰。一旦染病便死亡,枯骨弃野多凄凉。如此恶境囚两载,各种毒害不能伤。牢房阴森令人哀,是我安乐之天堂。岂有智谋与巧计,能防邪毒来伤身。光明磊落忠义心,我视生死如浮云。我心悲伤悠绵绵,好似苍天哪有边?贤哲虽然已远去,榜样令我心更坚。檐心展读圣贤书,光华照彻我容颜。

【评析】

文天祥(1236年~1283年),原名云孙,字宋瑞,又字履善,号文山,吉州庐陵(今吉安县)人,南宋杰出的民族英雄和爱国诗人。《正气歌》作于元世祖至元十八年(1281年)夏,作者被押赴燕京囚禁的第二年。诗中热情歌颂了古代为正义而斗争的志士,表现自己在任何环境下都要坚持民族气节、经受考验的顽强意志。全诗以排比之法,仿如汉赋之铺陈,直叙而下,一气呵成,慷慨淋漓,凛然正气洋溢于字里行间。诗的序言部分是说:囚室狭小、阴暗、潮湿,各种恶气并生,在这种恶劣环境中生活了二年,竟没有生病,靠的是自己修养而得的浩然正气。诗的前一段(开头至“道义为之根”)热情洋溢地歌颂了支持他坚持斗争的浩然正气。开头十句,说明山河日月等都是正气赋予的形体,对于人来讲,有了正气,在太平情况下,能发挥才能,为国家的繁荣昌盛尽力;在国家危难之际,能表现出坚贞不渝的节操。接着十六句,列举了历史上的十二名杰出人物,描述了他们的凛然正气和壮烈斗争。然后用八句,总论正气是天地、人伦、道义赖以存在的支柱。正气得到发扬,生死就会置之度外。诗的后一段叙述自己的牢狱生活。由于有正气支撑着,就有力量承受一切肉体的痛苦,抵抗住各种疾病的侵袭,经得住百般折磨和考验。最后指出,历史上的英雄圣贤是他学习的榜样,他们的崇高精神和传统美德一直鼓舞着他。全篇感情炽烈,慷慨悲壮,大义凛然,表现了崇高的民族气节。尽管作者对“正气”的阐述具有明显的唯心主义色彩,所坚持的伦理观念是属于封建主义思想范畴的,所举历史人物也并非全都值得称道,但全篇所表现出的强烈爱国主义精神和昂扬的斗志,对后世产生了巨大的教育作用。

【实践训练题】

一、阅读《正气歌并序》,完成下列各题。

1. 选择题

(1)下面括号中注音不正确的是(　　)。

A. 腥臊汗垢(gòu)　　B. 余以孱(cán)弱俯仰其间

C. 骈(pián)肩杂沓　　D. 无恙(yàng)

(2)下面加线的字解释不正确的是(　　)。

A. 诸气萃(厉害)然　　B. 当之者鲜(少)不为厉

C. 单扉(门)低小　　D. 于兹(如今)二年矣

2. 填空题

(1)《正气歌(并序)》是一首___言____诗。它的作者是南宋______,他写的《过零丁洋》中有一千古名句为“________________”。

(2)《正气歌(并序)》中的“孟子”名___,是继____之后的又一儒家大师,其思想核心为_______。

3. 作者说的“七气”指什么?他又凭借什么战胜的呢?

二、阅读《正气歌并序》与《文天祥之死》(见【美文链接】)两篇文章,谈谈自己的感受。课后收集文天祥的诗歌,并在班上朗诵。

三、阅读下面的文字,完成文后五题。

中国历史传统富于传说性质的特点,使各种名列“正史”的著作也不能免俗。以居于“二十四史”之首的《史记》为例,它就广采博纳了许多传说,并对其中的某些内容作了增删,叙述上更富于文学气。比如,秦始皇巡幸江东时,项羽夹在人群中观看,傲然评论道:“彼可取而代也!”英豪之气溢于言表。陈胜贫困时,对同伴说:“苟富贵,毋相忘。”气概相差一筹,只念念于个人能否翻身转运。而刘邦在咸阳看见秦宫殿的壮丽时竟失声大叫:“大丈夫生世,当如是也!”一脸的贪婪与鄙俗,气质更低下了。关于项羽、陈胜、刘邦这三位著名反秦领袖在失意时各言其志的这些传闻,前人往往视为司马迁的文学笔法,把它解作一种人物性格的对比描写。其实差矣,司马迁在这里肯定依据了民间传说的某些材料,否则哪能描写得这样栩栩如生。

《史记》中那些呼之欲出的人物形象,并不是史学家司马迁一手“创作”的。离开民间传说的哺育,个人的想象是达不到如此多样化的地步的。司马迁曾以“网罗天下放失旧闻”作为自己治史活动的座右铭。他公开宣布,自己非常重视参考、吸收民间传说。再如

《鸿门宴》这样的场景，当事人早已死尽，又无官方的详细记载予以披露，司马迁的想象力再丰富，也不可能活现出如此生动的个性冲突的戏剧性场面。其中“项庄舞剑”一段，与后代民间说书的风格十分接近，与其说是后来的民间说书人受了《史记》这部巨著的影响，还不如说二者同受汉代及以后的民间传说形式的影响。司马迁的这种态度，对以后史学界有直接影响。“二十四史”不同程度地吸收了民间传说，以至于有志者完全可以从中勾勒出一部“中国正史中的民间历史传说大系”。当然，这还不包括那些为数更多的稗史、遗闻、野语、历史演义和历史剧里的历史传说。如果把二者加在一起，总量将在被视为“宝库”的希腊神话传说和印度故事之上。

中国三千年以上文字记载的历史，产生了庞大的文献记录。从春秋时代，中国历史著作就一直没有断绝过，形成了传统。从汉朝始，每代统治者都要动用大量的人力进行官方的修史活动。民间的历史著述也很繁多。即使在社会动荡、文明解体的南北朝时期，这一传统也未从根本动摇。其结果是形成了一个无论从数量上看，还是从时间跨度上看，都十分惊人的历史记录体系。

(1)对文中加线的词语，理解不准确的一项是(　　)。

A. 增删——对传说中的内容有的加以丰富，有的加以删除。

B. 依据——司马迁对人物性格的描写借鉴了民间传说的某些内容。

C. 披露——官方没有公布《鸿门宴》的场景的详细情况。

D. 庞大——记载中国三千年以上的历史的文献资料非常多。

(2)对第一段有关“正史”内容的理解，最肤浅的一项是(　　)。

A. “正史”受历史传说的影响很大　　B. “二十四史”指的都是正史

C.《史记》是“正史”的第一部　　D. “正史”是相对于民间传说而言的历史

(3)本文列举司马迁描写项羽、陈胜、刘邦的文学笔法，所证明的观点正确的一项是(　　)。

A. “正史”也富于传说性质　　B.《史记》在叙述上更富于文学气

C. 是一种人物性格的对比描写　　D. 司马迁对人物的描写栩栩如生

(4)对司马迁人物描写呼之欲出的原因，理解最准确的一项是(　　)。

A. 深受民间传说的影响　　B. 靠他“网罗天下放失旧闻”的行为

C. 靠他丰富的想象力　　D. 民间传说的影响和丰富的想象力

(5)第二段引述了“项庄舞剑”的史实，下列有关认识不正确的一项是(　　)。

A. “项庄舞剑”中富有戏剧性的、生动的描写反映出民间说书艺人对《史记》的影响

B. “项庄舞剑”这个片段描写生动，极具戏剧冲突，这也是后代民间说书艺人说书的特点

C. 司马迁对“项庄舞剑”的描写明显受到了民间传说的影响

D. 后代民间说书的风格与《史记》中的一些描写相似，并不能说明后代的民间说书人受到了《史记》的影响，而是二者都受到民间传说的影响而导致相似的

【美文链接】

文天祥之死

牧惠

文天祥兵败被俘，并在零丁洋上亲眼目睹元军在张弘范的指挥下最后歼灭宋朝水军

的崖门大海战后，受尽折磨，仍不肯降元。对于如何处置他，元朝的统治者有两种意见。一种是释放文天祥，让他去当道士，以利于收买民心。对此，降元的前宋丞相留梦炎坚决反对。他担心文天祥出去后“忽有妄作，我辈何以自解”？于是，经过忽必烈亲自劝降仍无效后，文天祥被送上了刑场。

一些论者痛斥汉奸留梦炎反对释放文天祥，说他担心文天祥出去后会再举义旗。进一步揭露他们卖国贼的丑恶面目。当然不能说留梦炎没有这种阴险用心在；但是，从当时的情况看，文天祥仍有一定的号召力，有可能构成对刚刚建立起的元皇朝的威胁，也是事实。杀文天祥时，“公至柴市，观者万人”，可见人心。那时还流传着不少宋遗民写诗填词或以积雨云来痛悼亡国之恨的悲愤故事。其中有一位宋、元史都没有立传（后补新元史）的福建人郑所南。他改名思肖，字所南，“曰肖曰南者义不忘越氏，亦不北面事人也”。他“矢不与北人交接，闻北语即掩耳疾走”，“坐卧不向北，匾其室曰本穴世界，以本字之十，置于下文，则大宋也。精墨兰，自更祚后，画兰不画土，根无所着。人问其故，则曰：地为番人夺去，尚不知耶？”甚至还有郑思肖避地海外，在巴达维亚八茶罐安家一说，传说的一部分同后来关于八大山人的传说类似，看来是辗转相传，抄来抄去，没有必要考证孰先孰后，它只不过是人们对亡国耿耿于怀，不甘心当亡国奴的一种表现。如果把文天祥释放出去，他是否老老实实地出家绝俗，留梦炎的说法并不是毫无根据的。

是不是只有释放和杀头两条路呢？文天祥被杀后，有人写诗说：“大元不杀文丞相，君义臣忠两得之。”这又是另一种主张：把他当花瓶养起来，显出文天祥固然是忠臣，忽必烈也是一个有度量的皇帝，未尝不是收买人心的一种办法。

忽必烈却根本没有想到这一手，这恐怕很难把责任推到留梦炎之流的头上，而是元朝统治者缺乏远见的必然结果。元朝统治者确实缺乏文化更不懂得文化的重要。他们虽然不得不尊崇儒家的思想，提倡二程、朱熹的道学和三纲五常；他却根本不重视（甚至可以说歧视）知识分子。在元朝，相当长一段时间取消了科举考试，读书人毫无出路，被贬到“八倡九儒十丐”即介乎娼妓与乞丐之间卑贱低微的底层。道学名儒黄泽，曾任江州景星书院山长。起初，郡守给他的工资是每月米六斛，钱三十千，后来却被削减了三分之二。他穷得只好同家人一起“采木实草根疗饥”。元曲的形成与发展，同元代文化人的潦倒穷困于是只好靠这一手来发牢骚和谋生有很大的关系。相反，只要是蒙古人，不识字也照样可以当官。据说私章之所以使用，起因是元朝很多官僚连签名也不会，于是用盖私章代替签名。绝对的外行绝对权威地领导内行，使我们见到了关汉卿《窦娥冤》等文学作品所反映的黑暗。这些，无疑是元朝很快混不下去的原因之一。

幸乎不幸？文天祥是个忠臣，他面对的却不是义帝，他被杀头是注定了的。

（选自《盛世网闻》福建人民出版社）

四

纪念傅雷[①]

施蛰存[②]

一九六六年九月三日，这是傅雷和夫人朱梅馥离开这个世界的日子，今年今天，正是二十周年纪念。这二十年过得好快，我还没有时间写一篇文章纪念他们。俗话说：“秀才人情纸半张。”我连这半张纸也没有献在老朋友灵前，人情之薄，可想而知。不过，真要纪念傅雷夫妇，半张纸毕竟不够，而洋洋大文却也写不出，于是拖延到今天。

现在,我书架上有十五卷的《傅雷译文集》和两个版本的《傅雷家书》,都是傅敏寄赠的[③],还有两本旧版的《高老头》和《欧也妮·葛朗台》[④],是傅雷送给我的,有他的亲笔题字。我的照相册中有一张我的照片,是一九七九年四月十六日在傅雷追悼会上,在赵超构送的花圈底下[⑤],沈仲章给我照的,衣襟上还有一朵黄花。这几年来,我就是默对这些东西,悼念傅雷。

一九三九年,我在昆明[⑥]。在江小鹣的新居中[⑦],遇到滕固和傅雷[⑧]。这是我和傅雷定交的开始。可是我和他见面聊天的机会,只有两次,不知怎么一回事,他和滕固吵翻了,一怒之下,回上海去了。这是我第一次领略到傅雷的"怒"。后来知道他的别号就叫"怒庵",也就不以为奇。从此,和他谈话时,不能不提高警惕。

一九四三年,我从福建回沪省亲[⑨],在上海住了五个月,曾和周煦良一同到吕班路(今重庆南路)巴黎新村去看过傅雷[⑩],知道他息影孤岛[⑪],专心于翻译罗曼·罗兰[⑫]。这一次认识了朱梅馥。也看见客堂里有一架钢琴,他的儿子傅聪坐在高凳上练琴[⑬]。

我和傅雷的友谊,只能说开始于解放以后。那时他已迁居江苏路安定坊,住的是宋春舫家的屋子[⑭]。我住在邻近,转一个弯就到他家。五十年代初,他在译巴尔扎克,我在译伐佐夫、显克微支和尼克索[⑮]。这样,我们就成为翻译外国文学的同道,因此,在这几年中,我常去他家里聊天,有时也借用他的各种辞典查几个字。

可是,我不敢同他谈翻译技术,因为我们两人的翻译方法不很相同。一则因为他译的是法文著作,从原文译,我译的都是英文转译本,使用的译法根本不同。二则我主张翻译只要达意,我从英文本译,只能做到达英译本的意。英译本对原文本负责,我对英译本负责。傅雷则主张非但要达意,还要求传神。他屡次举过一个例。他说:莎士比亚的《哈姆雷特》第一场有一句"静得连一个老鼠的声音都没有"[⑯]。但纪德的法文译本[⑰],这一句却是"静得连一只猫的声音都没有"。他说:"这不是译错,这是达意,这也就是传神。"我说,依照你的观念,中文译本就应该译作"鸦雀无声"。他说"对"。我说:"不行,因为莎士比亚时代的英国话中不用猫或鸦雀来形容静。"

傅雷有一本《国语大辞典》,书中有许多北方的成语。傅雷译到法文成语或俗话的时候,常常向这本辞典中去找合适的中国成语俗话。有时我去看他,他也会举出一句法文成语,问我有没有相当的中国成语。他这个办法,我也不以为然。我主张照原文原意译,宁可加个注,说明这个成语的意义相当于中国的某一句成语。当然,他也不以为然。

一九五八年,我们都成为第五类分子[⑱],不便来往,彼此就不相闻问。不过,有一段时候,朱梅馥和我老伴都被居委会动员出去办托儿所,她们俩倒是每天在一起,我因此便间接知道一些傅雷的情况。

一九六一年,大家都蒙恩摘除了"帽子",可以有较多的行动自由,于是我又常去看他。他还在译书,而我已不干这一行了,那几年,我在热衷于碑版文物,到他那里去,就谈字画古董。他给我看许多黄宾虹的画[⑲],极其赞赏,而我却又有不同意见。我以为黄宾虹晚年的画越来越像个"墨猪"了[⑳]。这句话又使他"怒"起来,他批评我不懂中国画里的水墨笔法。

一九六六年八月下旬,我已经在里弄里被"示众"过了[㉑]。想到傅雷,不知他这一次如何"怒"法,就在一个傍晚,踱到他门口去看看。

只见他家门口贴满了大字报,门窗紧闭,真是"鸦雀无声"。我就踱了回家。大约在九月十日左右,才知道他们两夫妇已撒手西归,这是怒庵的最后一"怒"。

我知道傅雷的性情刚直，如一团干柴烈火，他因不堪凌辱，一怒而死，这是可以理解的，我和他虽然几乎处处不同，但我还是尊敬他。在那一年，朋友中像傅雷那样的毅然决然不自惜其生命的，还有好几个，我也都一律尊敬。不过，朱梅馥的能同归于尽，这却是我想象不到的，伉俪之情[22]，深到如此，恐怕是傅雷的感应。

傅雷逝世，其实我还没有了解傅雷。直到他的家书集出版，我才能更深一步的了解傅雷。他的家教如此之严，望子成龙的心情如此之热烈。他要把他的儿子塑造成符合于他的理想的人物。这种家庭教育是相当危险的，没有几个人能成功，然而傅雷成功了。

傅雷的性格，最突出的是他的刚直。在青年时候，他的刚直还近于狂妄。所以孔子说："好刚不好学，其蔽也狂。"[23]傅雷从昆明回来以后，在艺术的涵养，知识学问的累积之后，他才成为具有浩然之气的儒家之刚者[24]，这种刚直的品德，在任何社会中，都是难得见到的，连孔子也说过："吾未见刚者。"[25]

傅雷之死，完成了他的崇高品德，今天我也不必说"愿你安息吧"，只愿他的刚劲，永远弥漫于知识分子中间。

【注释】

①选自《沙上的足迹》，辽宁教育出版社1995年出版。

②施蛰(zhé)存(1905～2003)：原名施德普，字蛰存，生于浙江杭州。三十年代在上海主编《现代》月刊，并相继任教于云南大学、厦门大学、暨南大学等校，新中国成立后任华东师范大学中文系教授。博学多才，古今中外兼通，创作研究俱佳。小说创作自成一家，被称为中国最早的"新感觉派"，还从事外国文学翻译和古典文学研究。有《施蛰存文集》。

③傅敏：傅雷的次子，在中学任英语教师。《傅雷家书》是他所编。

④《高老头》和《欧也妮·葛朗台》：法国作家巴尔扎克的著名长篇小说，由傅雷译成中文。

⑤赵超构：笔名林放，我国著名杂文家，新中国成立后长期主持上海《新民晚报》的工作。

⑥我在昆明：施蛰存于1937年9月应云南大学校长熊庆来之聘，到该校中文系任教。

⑦江小鹣(jiān)：名新，中国现代画家，三十年代曾任上海新华艺术学校雕塑系主任。

⑧滕固：中国现代小说家，是文学研究会成员。

⑨我从福建回沪省亲：1940年3月施蛰存到福建，在厦门大学中文系任教。

⑩周煦良：翻译家，生前任上海华东师范大学外文系主任，曾译过英国作家毛姆的《刀锋》等。

⑪孤岛：指二次大战中太平洋战争爆发前的上海租界。

⑫罗曼·罗兰：法国现代作家、社会活动家，著有长篇小说《约翰·克利斯朵夫》等。

⑬傅聪：旅英钢琴家，傅雷的长子。《傅雷家书》中多数信是写给他的。

⑭宋春舫：中国现代戏剧家，著有喜剧《五里雾中》等。

⑮伐佐夫：保加利亚近代作家，其代表作长篇小说《轭下》由施蛰存译成中文。

显克微支：波兰近代作家，施蛰存与人合译过《显克微支短篇小说集》。

尼克索：丹麦近代作家。施蛰存译过他的中篇小说《征服者贝莱》，与人合译《尼克索短篇小说》。

⑯《哈姆雷特》：英国剧作家莎士比亚的著名悲剧。

⑰纪德：法国近代作家，二次大战时沦为亲法西斯分子。

⑱第五类分子：在"以阶级斗争为纲"的时代，把"地主、富农、反革命、坏分子、右派分子"五类人列为无产阶级专政的对象。第五类分子即指右派分子。施蛰存在1957年反右运动中被错划为右派。

⑲黄宾虹：中国现代画家，曾在多家美术院校任教。

⑳墨猪：比喻书画的点划痴肥而无骨力。

㉑示众：指"文革"初期的批斗会。

㉒伉俪(kàng lì)：夫妻。

㉓好刚二句：出自《论语·阳货》。

㉔浩然之气：见《孟子·公孙丑上》，指一种至大至刚、充塞天地的正气。

㉕吾未见刚者：出自《论语·公冶长》。

【评析】

这是一篇悼念故友的散文。文中回忆了作者与傅雷之间的书生情谊，透过对傅雷独特个性的展现，赞颂了中国知识分子坚持真理、刚直不屈的浩然正气。

本文的重点，是写傅雷的“怒”。先写相识之初领略到傅雷的“怒”，接写两人在交往中关于翻译方法和黄宾虹画的两次争论，以见其固执和直率的性格；再写“文革”初期傅雷以死抗衡的最后一“怒”。末段作者由傅雷之死引发关于“刚者”的议论，显然，“怒”只是表象，傅雷之“怒”，决不单纯是个人脾性，更是一种宁折不弯的铮铮铁骨的外现。作者对此表示敬仰之情，并祝愿“他的刚劲，永远弥漫于知识分子中间”，正是他写此文的用意所在。

文章按时间顺序，选取两人二十七年交往中若干重要片断，一一记叙，在回忆中将傅雷的个性表现得栩栩生动，将交往的情景描绘得恍然如昨，历历在目。文章在冷静客观的叙述中不乏机智和幽默，显示了寓深情于平淡中的风格。

【实践训练题】

1. 这篇回忆散文表现了傅雷怎样的个性特征？

2. 作者选择了两人交往中哪些重要片断，来刻画傅雷之“怒”？

3. 作者把傅雷称为知识分子中的“刚者”，并说“只愿他的刚劲，永远弥漫于知识分子中间”，你认为其中包含了什么深刻的含义？

4. 本文大致按时间顺序记叙两人交往，为什么开头要用倒叙笔法？

5. 阅读《对艺术对祖国的感情》（见【美文链接】）一文，回答下列问题；

（1）分别概括两封家书的内容。

（2）从这些书信看，其中贯串着一种怎样的思想感情？

（3）读了这些书信，你对中华民族的优秀精神传统有了哪些理解？

（4）联系书信的具体内容，谈谈这些书信情意深厚、趣味盎然的特点。

【美文链接】

对艺术对祖国的感情①

傅雷②

1956年10月3日晨

亲爱的孩子，你回来了，又走了③；许多新的工作，新的忙碌，新的变化等着你，你是不会感到寂寞的；我们却是静下来，慢慢的回复我们单调的生活，和才过去的欢会与忙乱对比之下，不免一片空虚——昨儿整整一天若有所失。孩子，你一天天地在进步，在发展；这两年来你对人生和艺术的理解又跨了一大步，我愈来愈爱你了，除了因为你是我们身上的血肉所化出来的而爱你以外，还因为你有如此焕发的才华而爱你；正因为我爱一切的才华，爱一切的艺术品，所以我也把你当作一般的才华（离开骨肉关系），当作一件珍贵的艺术品而爱你。你得千万爱护自己，爱护我们所珍视的艺术品！遇到任何一件出入重大的事，你得想到我们——连你自己在内——对艺术的爱！不是说你应当时时刻刻想到自己了不起，而是说你应当从客观的角度重视自己：你的将来对中国音乐的前途有那么重大的关系,你每走一步,无形中都对整个民族艺术的发展有影响,所以你更应当战战兢兢,郑重将事[4]!随时随地要准备牺牲目前的感情,为了更大的感情——对艺术对祖国的感情。你用在理解乐曲方面的理智,希望能普遍的应用到一切方面,特别是用在个人的感情方面。我的园丁工作已经做了一大半,还有一大半要你自己来做的了。爸爸已经进入人生的秋季,许多地方都要逐渐落在你们年轻人的后面。能够帮你的忙将要越来越减少;一切要靠你自己努力,靠你自己警惕,自己鞭策。你说到技巧要理论与实践结合,但愿你能把这句话用在人生的实践上去;那么你这朵花一定能开得更美,更丰满,更有力,更长久!

谈了一个多月的话,好像只跟你谈了一个开场白。我跟你是永远谈不完的,正如一个人对自己的独白是终身不会完的。你跟我两人的思想和感情,不正是我自己的思想和感情吗?清清楚楚的,我跟你的讨论与争辩,常常就是我跟自己的讨论与争辩。父子之间能有这种境界,也是人生莫大的幸福。除了外界的原因没有能使你把假期过得像个假期以外,连我也给你一些小小的不愉快,破坏了你回家前的对家庭的期望。我心中始终对你抱着歉意。但愿你这次给我的教育(就是说从和你相处而反映出我的缺点)能对我今后发生作用,把我自己继续改造。尽管人生那么无情,我们本人还是应当把自己尽量改好,少给人一些痛苦,多给人一些快乐。说来说去,我仍抱着"宁天下人负我,毋我负天下人"的心愿[5]。我相信你也是这样的。

1961年6月26日晚

亲爱的孩子,6月18日信(邮戳19)今晨收到。虽然花了很多钟点,信写得很好。多写几回就会感到更容易更省力。最高兴的是你的民族性格和特征保持得那么完整,居然还不忘记:"一箪食(读如'嗣'),一瓢饮,回也不改其乐。"[6]唯有如此,才不致被西方的物质文明湮没。你屡次来信说我们的信给你看到和回想到另外一个世界,理想气息那么浓的,豪迈的,真诚的,光明正大的,慈悲的,无我的(即你此次信中说的idealistic,generous,devoted,loyal,kind,selfless)世界。我知道东方西方之间的鸿沟,只有豪杰之士,领悟颖异,感觉敏锐而深刻的极少数人方能体会。换句话说,东方人要理解西方人及其文化和西方人理解东方人及其文化同样不容易。即使理解了,实际生活中也未必真能接受。这是近代人的苦闷:既不能闭关自守,东方与西方各管各的生活,各管各的思想,又不能避免两种精神两种文化两种哲学的冲突和矛盾。当然,除了冲突与矛盾,两种文化也彼此吸引,相互之间有特殊的魅力使人神往。东方的智慧、明哲、超脱要是能与西方的活力、热情、大无畏的精神融合起来,人类可能看到另一种新文化出现。西方人那种孜孜矻矻[7],白首穷经,只知为学不问成败的精神还是存在(现在和克利斯朵夫的时代一样存在[8]),值得我们学习。你我都不是大国主义者,也深恶痛绝大国主义,但你我的民族自觉、民族自豪和爱国热忱并无一星半点的排外意味。相反,这是一个有根有蒂的人应有的感觉与感情。每次看到你有这种表现,我都快活得心儿直跳,觉得你不愧为中华民族的儿子!妈妈也为之自豪,对你特别高兴,特别满意。

分析你岳父的一段大有见地[9],但愿作为你的鉴戒。你的两点结论,不幸的婚姻和太多与太早的成功是艺术家最大的敌人,说得太中肯了。我过去为你的婚姻问题操心,多半也是从这一点出发。如今弥拉不是有野心的女孩子[10],至少不会把你拉上热衷名利的路,让你能始终维持艺术的尊严,维持你严肃朴素的人生观,已经是你的大幸。还有你淡于名利的胸怀,与我一样的自我批评精神,对你的艺术都是一种保障。但愿十年二十年之后,我不在人世的时候,你永远能坚持这两点。恬淡的胸怀,在西方世界中特别少见,希望你能树立一个榜样!

说到弥拉,你是否仍和去年8月初订婚时来信说的一样预备培养她?不是说培养她成一个什么专门人才,而是带她走上严肃,正直,坦白,爱美,爱善,爱真理的路。希望以身作则,鼓励她多多读书,有计划有系统的正规的读书,不是消闲趋时的读书。你也该培养她的意志,便是有规律有系统的处理家务,掌握家庭开支,经常读书等等,都是训练意志的具体机会。不随便向自己的fancy(幻想,一时的爱好)让步,也不随便向你的fancy让步,也是锻炼意志的机会。孩子气是可贵的,但决不能损害taste(品味,鉴赏力),更不能影响家庭生活,起居饮食的规律。有些脾气也许一辈子也改不了,但主观上改,总比听其自然或是放纵(即所谓indulging)好。你说对吗?弥拉与我们通信近来少得多,我们不怪她,但那也是她道义上感情上的一种责任。我们原谅她是一回事,你不从旁提醒她可就不合理,不尽你督促之责了。做人是整体的,对我们经常写信也表示她对人生对家庭的态度。你别误会,我再说一遍,别误会我们嗔怪她,而是为了她太年轻,需要养成一个好作风,处理实际事务的严格的态度;以上的话主要是为她好,而不是仅仅为我们多得一些你们消息的快乐。可是千万注意,和她提到给我们写信到时候,说话要和软,否则反而会影响她与我们的感情。翁姑与媳妇的关系与父母子女的关系大不相同[11],你慢慢会咂摸到[12],所以处理要非常细致。

最近几次来信,你对我们托办的事多半有交代,我很高兴。你终于在实际生活方面也成熟起来了,表示你有头有尾,责任感更强了。你的录音机迄未置办,我很诧异;照理你布置新居时,应与床铺在预算表上占同样重要的地位。在我想来,少一两条地毯倒没关系,少一架好的录音机却太不明智。足见你们俩仍太年轻,分不出轻重缓急。但愿你去美洲回来就有能力置办!

我早料到你读了《论希腊雕塑》以后的兴奋[13]。那样的时代是一去不复返的了,正如一个人从童年到少年那个天真可爱的阶段一样。也如同我们的先秦时代、两晋六朝一样。近来常翻阅《世说新语》(正在寻一部铅印而篇幅不太笨重的预备寄你)[14],觉得那时的风流文采既有点儿近古希腊,也有点像文艺复兴时期的意大利[15];但那种高远、恬淡、素雅的意味仍然不同于西方文化史上的任何一个时期。人真是奇怪的动物,文明的时候会那么文明,谈玄说理会那么隽永,野蛮的时候又同野兽毫无分别,甚至更残酷。奇怪的是这两个极端就表现在同一批人同一时代的人身上。两晋六朝多少野心家,想夺天下、称孤道寡的人,坐下来清谈竟是深通老庄与佛教哲学的哲人!

亨特尔的神剧固然追求异教精神[16],但他毕竟不是纪元前四五世纪的希腊人,他的作品只是18世纪一个意大利化的日耳曼人向往古希腊文化的表现[17]。便是《赛米里》吧[18],口吻仍不免带点儿浮夸(pompous)。这不是亨特尔个人之过,而是民族与时代之不同,绝对勉强不来的。将来你有空闲的时候(我想再过三五年,你音乐会一定可大大减少,多一些从各方面进修的时间),读几部英译的柏拉图[19]、塞诺封一类的作品[20],你对希腊文化可有更多更深的体会。再不然你一朝去雅典[21],尽管山陵剥落(如丹纳书中所说[22])面目全非,但是那种天光水色(我只能从亲自见过的罗马和那不勒斯的天光水色去想象[23]),以及巴德农神庙的废墟[24],一定会给你强烈的激动,狂喜,非言语所能形容,好比四五十年以前邓肯在巴德农废墟上光着脚不由自主的跳起舞来[25]。(《邓肯(Duncun)自传》,倘在旧书店中看到,可买来一读。)真正体会古文化,除了从小"泡"过来之外,只有接触那古文化的遗物。我所以不断寄吾国的艺术复制品给你,一方面是满足你思念故国,缅怀我们古老文化的饥渴,一方面也想用具体事物来影响弥拉。从文化上、艺术上认识而爱好异国,才是真正认识和爱好一个异国;而且我认为也是加强你们俩精神契合的最可靠的链锁。

石刻画你喜欢吗?是否感觉到那是真正汉族的艺术品,不像敦煌壁画云岗石刻有外来因素[26]。我觉得光是那种宽袍大袖、简洁有力的线条、浑合的轮廓、古朴的屋宇车辆、强劲雄壮的马匹,已使我看了怦然心动,神游于二千年以前的天地中去了。(装了框子看更有效果。)

吃过晚饭,又读了一遍(第三遍)来信。你自己说写得乱七八糟,其实并不。你有的是真情实感,真正和真实的观察,分析,判断,便是杂乱也乱不到哪里去。中文也并未退步;你爸爸最挑剔文字,我说不退步你可相信是真的不退步。而你那股热情和正义感不知不觉洋溢于字里行间,教我看了安慰,兴奋……有些段落好像是我十几年来和你说的话的回声……你没有辜负园丁!

老好人往往太迁就,迁就世俗,迁就褊狭的家庭愿望[27],迁就自己心中不太高明的因素;不幸真理和艺术需要高度的原则性和永不妥协的良心。物质的幸运也常常毁坏艺术家。可见艺术永远离不开道德——广义的道德,包括正直,刚强,斗争(和自己的斗争以及和社会的斗争),毅力,意志,信仰……

的确,中国优秀传统的人生哲学,很少西方人能接受,更不用说实践了。比如"富贵于我如浮云"在你我是一条极崇高极可小美的理想准则[28],但像巴尔扎克笔下的那些人物[29],正好把富贵作为人生最重要的,甚至是唯一的目标。他们那股向上爬,求成功的蛮劲与狂热,我个人简直觉得难以理解[30]。也许是气质不同,并非多数中国人全是那么淡泊。我们不能把自己人太理想化。……

【注释】

①选自《傅雷家书》,生活·读书·新知三联书店1981年出版。这里节选的是傅雷写给长子傅聪的三封信,题目是编者所加。

②傅雷(1908~1966):字怒安,号怒庵,上海市南汇县人。早年留学法国,专攻艺术,并游览了欧洲各国。回国后致力于法国文学艺术的翻译介绍,"文革"中遭迫害而死。译著有罗曼·罗兰《约翰·克利斯朵夫》,巴尔扎克《高老头》、《欧也妮·葛朗台》,丹纳《艺术哲学》等三十多部。

③你:指傅聪,著名旅英钢琴家。1954年赴波兰学钢琴,其间曾短期回国探亲。

④将事:做事。

⑤宁天下人二句:《三国志·魏志·武帝纪》引裴松之注的记载,曹操离京返乡时,路过旧友吕伯奢的家,吕家殷勤招待,他却怀疑是存心害己,就杀了吕伯奢家人,并说:"宁我负人,无(毋)人负我!"这里是反用其意。

⑥一箪(dān)食二句:出自《论语·雍也》。这是孔子夸奖颜回的话,意思是即使生活贫困,颜回也能安然快乐。箪,古代盛饭的圆形竹器。瓢,古代舀水的工具。回,颜回,字子渊,孔子最得意的学生。

⑦孜孜矻(kū)矻:勤奋不懈的样子。

⑧克利斯朵夫:法国作家罗曼·罗兰长篇巨著《约翰·克利斯朵夫》的主人公,这一人物是作者以著名德国音乐家贝多芬为原型创造的。

⑨岳父:即美国著名小提琴家梅纽因,后旅居英国。

⑩弥拉:傅聪之妻,梅纽因的女儿。

⑪翁:公公。傅雷自称。姑:婆婆。指傅雷夫人朱梅馥。

⑫咂(zā)摸:仔细品味、体会。

⑬《论希腊的雕塑》:法国丹纳《艺术哲学》的第四编,由傅雷单独译出寄给傅聪。

⑭《世说新语》:南朝刘义庆所著的笔记小说。

⑮文艺复兴时期:十四至十六世纪,从意大利开始发生的欧洲文化思想大发展时期,其主要思潮是反对中世纪的禁欲主义,提倡人文主义。

⑯亨特尔:出生于德国的十八世纪作曲家,后加入英国籍。

⑰日耳曼人:欧洲民族,即德意志人。

⑱《赛米里》:亨特尔创作的世俗清唱剧,剧情叙述赛米里对朱必特的爱。

⑲柏拉图:古希腊哲学家,著有《理想国》)等。

⑳塞诺封:一译“色诺芬”,古希腊历史学家,苏格拉底的弟子,著有《希腊史》等。

㉑雅典:希腊首都。

㉒丹纳:一译“泰纳”,法国文艺理论家,著有《艺术哲学》,由傅雷译成中文。

㉓罗马:意大利首都。那不勒斯:意大利西岸港口城市和旅游胜地。

㉔巴德农神庙:建于公元前五世纪的古希腊著名建筑,在希腊雅典。

㉕邓肯:美国女舞蹈家,现代舞派创始人。

㉖敦煌壁画:敦煌(在甘肃西部)莫高窟保存有我国四世纪至十四世纪的大量壁画,于二十世纪初被发现。云岗石刻:云岗(在山西大同市)洞窟中保存有我国北魏时期五万多尊石刻造像。

㉗褊(biǎn)狭:心地狭窄。

㉘富贵于我如浮云:出自《论语·述而》。原文:“不义而富且贵,于我如浮云。”

㉙巴尔扎克:法国十九世纪现实主义作家,著有九十多部长篇小说,总名《人间喜剧》。

㉚他们数句:这里指的是巴尔扎克小说《高老头》中拉斯蒂涅一类人物。

【评析】

这里摘选了《傅雷家书》中给傅聪的两封书信。内容各有侧重,涉及的问题很多,或者是直接表达父亲对儿子的挚爱之情,或者是详说如何在西方社会中保持自己的民族性格,或者是指出中国民族文化是“中国人的根”。但两封信有一根红线缩联,围绕着一个主题,那就是对艺术、对祖国的无限深情。

这些信,真可以说是苦心孤诣、呕心沥血的教子篇。然而这不仅出于一般意义上的爱子、教子,作者是在用他高尚的德性和深厚的学养,精心浇灌着青年一代,迫切期盼着他们能继承并发扬中华民族的优秀精神传统,把自己塑造成真正的“中华民族的儿子”。傅雷先生那种对艺术、对祖国、对青年一代的神圣责任感,是这些书信能动人心弦的最根本原因。

这几篇书信,以情意深厚、趣味盎然为特点。情意深厚是出于作者的一片挚爱之情,因此使其内心世界得以在信中尽情展露;趣味盎然则源于作者渊博的学养。由于此,文中时而是热烈爽利的表白,时而是冷静理智的剖析;时而议论洒脱,时而引证纷繁;口吻也随之时而严肃,时而亲切。作为书信体,原是尽可自由走笔的。当然,自由走笔并非等于不必字斟句酌,不必讲究驱遣文字的功力,只因作者久已锤炼功深,才似得来容易罢了。

五

思想者的第三种造型

卞毓方[①]

一

一位摆弄经济学的倔老头儿,风吹别调,发出了和百家——其实也就是一家——不同的声音,举国展开围剿。这老头儿不是别人,正是鼎鼎大名的马寅初。鼎鼎大名管什么用,名声徒然为批判制造轰动。战友噤声,爱莫能助;同事侧目,视若寇仇;学子声讨,不共戴天。为了什么？为了一篇《新人口论》。有好心人劝马寅初偃旗息鼓，暂时收篷转舵。这也不失为明智，不是说“打得赢就打，打不赢就走”嘛。马老头儿断然拒绝。他认死理：这不是政治，而是学术。学术贵乎争论，真理越辩越明。岂能一遇袭击，就退避三舍，明哲保身！批判愈是升级，马寅初愈发斗志昂扬；马寅初愈显轩昂，批判愈加大张旗鼓。一位举足轻重的老朋友出来圆场。这位老朋友，向以严于克己出名，其高风亮节，有口皆碑。

老朋友亲自找马寅初谈话，内容不外乎要他转弯子。转弯子是一门学问，人类的许多大动作都得力于斯。它有时是退守，有时是迂回，有时是改向。此时此地，恐怕首先表现为台阶。批判者需要台阶，借以显示路线、立场的胜利。被批判者也需要台阶，聊做“留得青山在，不愁没柴烧”的自慰。老朋友开门见山，他说：“马老啊，你比我年长16岁，你的道德学问，我是一向尊为师长的。1938年你我在重庆相识，成了忘年之交，整整有20年了啊。人生能有几个20年呢？这次你就应我一个请求，对你的《新人口论》写一份深刻的检讨，不妨从你的家庭出身、西方教育等方面入手，检讨了，你好，我好，大家都好，也算过了这一关。如何啊？”设身处地，老朋友堪谓推心置腹，循循善诱。谁知马寅初不买账，他决不转弯。换言之：决不检讨。

马寅初的决绝，令我们想起亚里士多德的名言：“我敬爱柏拉图，但我更爱真理。”也就是我们中国人通译的“吾爱吾师，吾尤爱真理”。不过，马寅初终究是侠义中人，他深恐自己的不妥协招致误解，开罪贤达。考虑再三，决定给老朋友一个公开交代。数天后，他为《新建设》杂志撰文，便特意加上一段：“对爱护我者说几句话并表示衷心的感谢。”

“最后我还要对另一位好朋友表示感忱，并道歉意。我在重庆受难的时候，他千方百计来营救；我1949年自香港北上参政，也是应他的电召而来。这些都使我感激不尽，如今还牢记在心。但是这次遇到了学术问题，我没有接受他的真心诚意的劝告，心中万分不愉快，因为我对我的理论有相当的把握，不能不坚持，学术的尊严不能不维护，只得拒绝检讨。希望我这位朋友仍然虚怀若谷，不要把我的拒绝检讨视同抗命则幸甚。

读者不难猜测，这位老朋友就是周恩来。在这件公案上，周恩来表现出殚精竭虑，而又左支右绌，让人不胜欷歔。而马寅初，则让人五内鼎沸，肃然起敬。

二

此事发生在20世纪50年代。那是个阳光明媚而又瘴烟四伏的年代，不仅年轻的读者难以理解，就是许多过来人，也难以准确描述。

说阳光明媚，这是举国上下的通感。那个年头的人们集体可爱，他们正经历着革命化的洗礼。人人争相脱胎换骨，个个锻炼火眼金睛。要的就是这种红彤彤的世界，要的就是这种亮晶晶的人生。这里飞扬的是开天辟地的豪情。上下五千年，纵横九百六十万平方公里，任你雕，任你塑，任你长驱直入自由驰骋。

说瘴烟四伏，这是事后拾来的清醒。那个年头的人们又集体可悲，他们的理想、激情、才智，很快就沦为一场大规模政治实验的祭品。培根天真，讲知识就是力量；阿基米得才华敌国，禁不住罗马士兵的一剑；布鲁诺慧眼识得宇宙无限，也难逃宗教裁判所的火堆。

马寅初，正是这种多元命运的缩影。

马寅初之可爱，用得上当年的一句时髦词语：全身心拥抱时代。比方说，他早年留学美国，精通英文、德文，粗通法文，算得上是学贯中西。然而，为了研究苏联的社会主义经济，在69岁那年，他又“老夫聊发少年狂”，一头钻进俄文，并且只花了三年工夫——注意，这里纯粹是指业余时间——就能够自如地出入俄文书报。这成绩，即使搁在风华正茂的学子身上，也决非寻常。再比方说，他皓首穷经，老而弥坚；人在校园，心系苍生；思考的是理论，关注的是实际；着眼的是中国，辐射的是世界；检索的是历史，透视的是未来。

马寅初之可悲，恰恰在于他的目光超前。

这里，我想到思想者的三种命运。一种思想是与潮流同步，因而最功利，也最稳当，尽管瞻之在前，忽焉在后，转瞬就有可能化做明日黄花。一种思想是超前半步，属于不乏新鲜，也不乏风险，然而，当卫道士们正要抡起大棒申斥时，已被社会前进的脚步裁判为真理。一种思想是领先百家，超越时代，注定要被视为异端邪说，大逆不道，常常要等上几十年，甚至几百年，才为后来者逐渐认识、接纳。正是这种遭遇，使一批又一批的竖子成名，而使一批又一批的布鲁诺、曹雪芹愤世嫉俗，慷慨悲歌。

马寅初与他的人口理论，演绎的正是思想者的第三种命运。

三

自从献身经济学，人口问题一直是马寅初关注的焦点。数十年来，他有过多种著述。但是，1955 年第一届人大二次会议，却是他建国后首次就人口问题表态。在他看来，这已是一个瓜熟蒂落的结论，只待伸手摘取。没有想到，爆发的不是掌声，而是斥责，收获的不是龙种，而是跳蚤。“社会主义国家哪来的人口问题?”奇怪，社会主义国家就没有人口问题，这论断是谁下的?

作为一代历史人物，马寅初自此脱羁[②]而出。马寅初生于 1882 年，死于 1982 年，活了 101 岁，根据毕达哥拉斯著名的黄金分割律，他一生的关键期，应该是在 1944 年，也就是 62 岁前后。事实正是如此：马寅初 1939 年以前是南京国民党政府的一个中上层官僚，“不与共产党一起，还作过文章批评马克思”；但从那一年起，君子豹变，他毅然改弦更辙，追随马克思，追随共产党。为此，触怒了国民党当局，先是被投入集中营，后又改成软禁，整整失去 5 年自由。正因为有此一“劫”，马寅初才由一位党国经济要员，变成蜚声天下的民主斗士。也正因为有此“正果”，建国后，70 高龄的他才有资格出任北大校长。然而，马寅初进入世纪人物的更高一个档次，却是从他 1955 年关于人口问题的发言开始。你瞧，就在那次人大会上，面对公众的质疑，他居然扬言：“大家可以不同意我的意见。我也可以暂时收回发言稿件。但我认为，我的意见和主张是正确的，并不因为大家反对，就改变自己的观点和主张。我将对这一问题继续进行调查研究，对自己的发言再行补充完善，下次人大会上，还将提出。”

真理没有外衣。马寅初按照他的既定方案，又经过一年多的广泛调查，深入研究，于 1957 年 3 月，把人口问题直接搬到了中南海的最高国务会议。“人口多就是我们的致命伤。”他说，“我们的社会主义经济是计划经济，如果不把人口列入计划之内，不能控制人口，不能实行计划生育，那就不成其为计划经济!”

据说，毛泽东主席当场讲了话。

毛泽东说：人口是不是可以搞成有计划的生产，完全可以进行研究和试验。马寅初今天讲得很好！从前他的意见，百花齐放没有放出来，准备放就是人家反对，就是不要他讲，今天算是畅所欲言了。

毛泽东的表态，无疑是对马寅初的支持。马寅初心花怒放，4 月底，他决定在北大做公开演讲——这是他建国后首次作学术报告——竟然按捺不住满腔激动，不顾自己一校之长的尊严，亲自到校园张贴海报。而后，他又以那次演讲稿为基础，吸纳各方面的意见，经过一个多月的精心修改，最终形成长篇学术论文。为了区别马尔萨斯[③]以及其他既有的人口论学者，也为了彻底告别自己的过去，他把文章命名为《新人口论》。

一篇雄文，一声铁定要在20世纪的史册上留下绝唱的浩叹，就这样诞生了。1957年6月，作为一项提案，也作为对自己1955年那番讲话的回应，马寅初把《新人口论》提交给一届人大四次会议。同年7月5日，全文在《人民日报》正式发表。

四

《新人口论》堪谓生不逢辰。1957年早春，共产党发动全民帮助整风，这本来是一片春风骀荡④、天高日晶的升平气象，马寅初加快关于人口问题的研究，正是深受这种大气候的鼓舞。然而，鉴于国际、国内某些意想不到的政治寒流，5月15日，毛泽东写下《事情正在起变化》一文，供高层传阅，指出右派分子正在借整风之机向党猖狂进攻；6月8日，《人民日报》推出社论《这是为什么？》标志着反右斗争的开始。《新人口论》早不降生，晚不出世，偏偏在这个时候发表，而且用的又是那种指陈失误、危言耸听的口吻，这就不能不使用"阶级斗争学说"武装起来的革命群众，心头顿生疑窦。

起初，批判仅仅局限在民间，停留在群众自发的层次。马寅初表现出不屑一顾。毛主席支持《新人口论》，谁还敢拿我怎样?！然而，不幸的是，到了1958年春天，毛泽东撰写了《介绍一个合作社》，发表在随后创刊的《红旗》杂志；文中，毛泽东以他惯用的诗性词语，强调："……除了党的领导之外，六亿人口是一个决定的因素。人多议论多，热气高，干劲大"；——敏感的人们意识到，这番话一定是有所指。马寅初和他的《新人口论》，恐怕凶多吉少。

预感很快得到证实。5月4日，北京大学举办60周年校庆，陈伯达出席并做纪念讲话。冲着坐在主席台上的马寅初，厉声说："马寅初要对他的《新人口论》做出检讨！"

陈伯达此举过于突然。一位当日在场的老先生，曾向我描述："陈伯达的闽南话不好懂，师生们多数都没有听清，有人还以为他是在表扬马校长。马校长本人，确信是听清了。只见他微微仰起脸，望着陈伯达的头顶，一言不发，视若无物。"马寅初和他的《新人口论》，就此被推上了审判席。1959年严冬，在北大临湖轩，雪压冰封，朔风尖啸。一场批判马寅初反动人口论的校级会议，正呈现出与大自然同步的严酷。中途，专程赶来压阵的康生，也许觉得火力还不够猛烈，但见他一拍桌子，打断批判者的发言，恶狠狠地插话：

"马寅初曾经说过，有人说他是马尔萨斯主义者，但他不能同意。他说马尔萨斯是马家，马克思也是马家，而他是马克思的马家。马寅初的《新人口论》。到底是姓马克思的马，还是马尔萨斯的马？我看这个问题，现在是该澄清的时候了：我认为马寅初的《新人口论》，毫无疑问是属于马尔萨斯的马家！"

康生以为他这一压，足可置马寅初于死地。谁知马寅初不吃这一套，前面话音刚落，他后面就当场顶撞：

"我马寅初是马克思的"马"家！"

斩钉截铁。数一数，总共十一个字。然而，这就够了。这才是"一句顶一万句"！有多少大师级、准大师级人物的一生，就是从胸腔里迸发不出这样的一句，连模仿也模仿不来。唯独马寅初做到了。不假思索，长啸而出，九鼎大吕⑤，震烁古今。

再说那段铮铮誓言。面对"右派分子"的政治高帽随时会扣落下来的生存险境，和挚爱亲朋力劝姑且检讨、蒙混过关的苦口婆心，马寅初选择《新建设》刊登《重申我的请求》，以"虽千万人，吾往矣"的决心，公开宣布：

我接受《光明日报》开辟一个战场的挑战书。这个挑战是很合理的，我当敬谨拜受。

我虽年近80,明知寡不敌众,自当单身匹马,出来应战,至战死为止,决不向专以力压服、不以真理说服的那种批判者们投降。

这段话稍微长一点,分析下来,也不过三句。“明知…… 自当…… 直至…… 决不……”能够说出这番话的大贤大哲,20世纪下半页的中国,唯有马寅初一人。套用传统的名言,就是“宁为玉碎,不为瓦全”!“宁鸣而死,不默而生”!自从那日有幸拜读,我常常一低头,一转念,脑海里就会闪过陈寅恪为王国维撰写的碑文:“惟此独立之精神,自由之思想,历千万祀与天壤而日久,共三光而永光。”或是李商隐颂韩愈的《韩碑》诗:“公之斯文若元气,先时已人人肝脾。”“愿书万本颂万过,口角流沫右手胝。”⑥李敖尝说“人生八十才开始”,证之于他本人,尚是未知数,证之于马寅初,却是惊人的准确。马老不老,守正白眼朝天,立世青眼向文。他总是能让人马首是瞻,瞻到血沸,沸到流泪。历史不堪垃圾的重负,后人为轻装前进就不得不学会健忘。然而,我相信,无论无常的岁月经历多少轮回,马寅初高昂的头颅和勃发的英气,将永远激荡青史,烛照天地。

五

季羡林先生曾告诉笔者,建国以来的知识分子,他最佩服的,有两个。一个是马寅初,一个是梁漱溟⑦。

这两人都是古色古香的大丈夫:一样的刚正不阿,一样的敢作敢当。我这里用了“古色古香”一词,首先是指他俩的理想、情操、气节;其次是强调,他俩都出奇的长寿。众所周知,梁漱溟活了96岁,马寅初活到101岁。

梁漱溟少时体弱多病,壮年又历经坎坷,据一则资料,他的长寿,完全得力于平和淡泊的精神和少吃多动的健身之道。关于饮食营养,本文撇开不谈,单说他精神上的那个“静”和形体上的那个“动”。例子之一:“文革”中,梁漱溟的藏书、手稿、字画被焚,人又被拉去游街、批斗。这不啻是剜心摘肝,侮宗辱祖。稍微想不开的,就会走上绝路。梁漱溟不,当造反派厌倦了他这只“死老虎”,把他关进一间小屋,停止纠缠,他呢,既不呼天抢地,也不长吁短叹,而是优哉游哉、自得其乐地写起学术论文。先撰《儒佛异同论》,继撰《东方学术概观》,其超然物外的胸襟和目无凡夫的气度,令世人叹为观止。例子之二:梁漱溟以太极拳健身,数十年如一日,从不间断。即使在那些被批斗的日子里,一旦获得短暂的喘息,哪怕是当着数十人、数百人的怒目,他也会立即拉开架势,专心致志地调精运脉、摄气炼神。

马寅初呢?

马寅初少时也是体弱多病,在留学西洋的过程中,他学了两手健身的绝招。其一是洗冷水澡。不,应该说是热冷水澡。先热后冷,热冷交替,热时大汗淋漓,促进血脉流通,新陈代谢;冷时血管收缩,借以训练弹性,延缓老化。这是早年留学美国耶鲁大学,向一位校医学来的。其二是爬山。留学哥伦比亚大学,他爬纽约市中央公园的小山;落户杭州,他爬玉皇山、宝假山、棋盘山;迁居重庆,他爬歌乐山;定居北京,则爬万寿山、香山。年近八旬,依然能健步如飞地登上香山主峰“鬼见愁”。《新体育》杂志就曾刊登过他征服“鬼见愁”的照片,令天下老人大开眼界,大长志气。说句文人的酸话,人生之道,不外如爬山,每一步都在和自然界交换能量,每一步又都在积聚能量。人生之道,又不外如洗热冷水澡,热胀冷缩,吐故纳新,抱阴守阳,协调平衡。

马寅初的长寿之秘,还要加上一条:胸怀坦荡。五六十年代,曾经有两句很有名的诗:“真理在胸笔在手,无私无畏即自由。”说得多好!但真正能身体力行的,环顾天下,又有几人？马寅初，无疑是十分难得的异数。因为真理在胸，所以他才能吟出“大江东流去，永远不回头！往事如烟云，奋力写新书”！因为无私无畏，所以他才能放言“不怕冷水浇，不怕油锅炸，不怕撤职，不怕坐牢，更不怕——死”！马寅初做到这一步，死亡也就拿他无可奈何。

马寅初在望八之年遭受重厄，不得不离开北大校长的位置和喧闹的政坛，躲进自己在京城东总布胡同的小院。“大江静犹浪，扁舟独且征。”⑧阻纷扰于红尘之外。而不阻浩气于千秋之外。结局，竟以百岁高龄，重新出山，赢得世人的大声惊叹，大把热泪。这是他的对手做梦也没想到的，也是他的家人、友人难以置信的。唯一掌握底牌的，只有上帝。马寅初，是上帝赠予20世纪中华民族的一份厚礼。他的价值，一半在于他发掘的人口理论，一半在于他渊深岳峙⑨、独立苍茫的健康人格。

【注释】

①卞毓方(1945～)：江苏射阳人，《人民日报》编辑。当代散文作家。著有散文集《长歌当啸》等。本文选自2000年第一期《十月》。

②韝(gōu)：臂套，用以束衣袖以便于活动。这里引申为束缚。

③马尔萨斯(1766～1834)：英国经济学家，牧师。因发表《人口论》而著名。他认为当时人口的增长快于生活资料的增长，主张采取各种措施限制人口繁殖。

④骀(dài)荡：舒缓荡漾，形容声调、景色或心情十分舒畅。

⑤九鼎大吕：九鼎，传说夏禹铸造了九个鼎，象征九州，比喻分量极重。大吕，十二律中的第二律。

⑥愿书万本颂万过，口角流沫右手胝：语出李商隐《韩碑》。胝(zhī)，手脚上的老皮。

⑦梁漱溟(1893～1988)：中国哲学家、教育家。一生致力于儒家学说和中国传统文化的研读。

⑧大江静犹浪，扁舟独且征：语出梁陈时诗人阴铿的《和傅郎岁暮还湘洲诗》。

⑨渊深岳峙：语出晋石崇《楚妃叹》。像渊一样深沉厚敛，像山一样耸立。比喻人品端庄，才德深厚。渟，水积聚而不流通。

【实践训练题】

1. 反复诵读课文，仔细体会和领悟文章用语的生动简洁、贴切到位、感情丰沛和蕴意深刻。讨论一下全文用了多少成语，查阅工具书，理解并学会运用下列成语：

偃旗息鼓　忘年之交　退避三舍　殚精竭虑

推心置腹　虚怀若谷　左支右绌　皓首穷经

改弦易辙　危言耸听　渊深岳峙　设身处地

2. 年近八旬的马寅初不仅以极其超前的《新人口论》举世瞩目，更以其殊死捍卫学术尊严的超常勇气和顽强斗志名垂千古。今天，当国人在资源、环境、教育、就业等诸多方面为众多的人口所制约和困扰的时候，静下心来读一读卞先生的这篇椎心泣血、慷慨悲歌的文字，相信你一定会有很多感慨的。请结合《超生游击队》(见【美文链接】)一文，撰文(或以口语形式)分析探讨我国同其他国家相比，人口增长过快给国家经济的发展带来了哪些影响?

3. 举例谈谈思想者的另外两种造型的有关内容。

【美文链接】

超生游击队①

黄宏

人　　物　孩儿她爹、孩儿她娘。

爹背着一个婴儿，挂着弹棉花用的弓子和钉鞋的锤，手拎旅行袋，警惕地向四周观察着上场。然后向后台吹口哨,后台回应;拿起弓子弹出声,后台回应锤子声;向后台打手势,身怀有孕的妈,背着一个婴儿,手拿修鞋的拐子上场。

孩儿她妈　她爹呀!

孩儿她爹　嘘……

孩儿她妈　这地带安全不?

孩儿她爹　据我观察没发现敌情。

孩儿她妈　唉呀妈呀,累死我了。

孩儿她爹　小点声。

孩儿她妈　咋的啦?

孩儿她爹　你没看那边有个老太太,我看她那样像街道干部,现在对这事抓得可紧了。

孩儿她妈　唉呀,抓就抓,我豁出去了,整天价东躲西藏像做贼似的,干啥呀?

孩儿她爹　唉呀,再坚持几天生下来不就完了吗?

孩儿她妈　生、生,跟你结婚没消停,结婚四年生了三个丫头片子。整天是老大哭,老二叫的,唉呀妈呀,仨儿又尿了。(从旅行袋里抱出小仨儿)

孩儿她爹　来,接着。(摘下帽子)

孩儿她妈　那不漏哇?

孩儿她爹　这里面有个塑料袋,平时防雨,关键的时候接尿,两用。我跟你说城市这毛病可多了,吐痰就罚五角钱,这一泡尿还不滋出一张大团结去。

孩儿她妈　真的呀?

孩儿她爹　那可不咋的。(在地上捡起烟头,咳嗽)这片尽外国烟头,一个比一个冲,(又捡起一个)这个还行。

孩儿她妈　你说说这日子过得真是,越过越穷,越穷越生,怀孕的时候想吃点什么都吃不上。

孩儿她爹　吃东西是次要的,生命在于运动,来,起来溜达溜达。

孩儿她妈　拉倒吧,溜达一天啦溜达个啥呀。

孩儿她爹　懒是丫头,来,起来溜达溜达。(搀着孩子她妈站起溜达)

孩儿她妈　想吃点水果都没有。

孩儿她爹　我不给你整来两捆大葱吗?

孩儿她妈　那个大葱和水果能比呀?

孩儿她爹　大葱和水果从科学的营养价值上讲是一样的。

孩儿她妈　拉倒吧,你吃大葱还敢和人家吃水果的比呀?你看人家吃水果的,脸蛋顶个,红扑扑的多水灵,你再看咱这几个都啥色啦,个顶个葱心绿。

孩儿她爹　这孩子更有特点,好认,现在国家不是有困难吗?等到二〇〇〇年就能达到吃小康的水平了。

孩儿她妈　照你这么生啊,你糠都吃不上。

孩儿她爹　他吃上糠吃不上糠这和咱俩的关系都不大,你现在主要的任务就是生,知道不?

孩儿她妈　你没看人家报纸上讲啊?

孩儿她爹　咋讲的?

孩儿她妈　时代不同了,男女都一样。

孩儿她爹 你听错了，人家是说实在不行了，男女才一样，那是指那些做绝育的说的。咱俩不是还行吗，趁着年轻多生几个，你知道哪个将来能培养个乡长什么的。

孩儿她妈 拉倒吧，你那个熊样儿还能培养出乡长来，给孩子起个名儿都起不好。

孩儿她爹 我咋起不好啦？

孩儿她妈 咱就说大丫头吧，一个女孩子叫个啥名不好哇，什么珍呀，玲呀，凤呀的，听着也顺耳呀。你可倒好，憋三天憋个脸通红，起了个海南岛，那叫人名呀？

孩儿她爹 那不是在海南岛做民工的时候生的吗？

孩儿她妈 老大没经验，老二呢，你给起了个吐鲁番。

孩儿她爹 那不是在新疆倒腾葡萄干儿的时候生的吗？都有纪念意义，知道不？

孩儿她妈 老三更好啦，你给起个少林寺，一个姑娘家长大之后叫得出口哇？

孩儿她爹 名儿这个东西就是个记性，我叫狗剩子我找谁了，歪名好养活知道不？

孩儿她妈 这老四还没生呢，你把歪名起好了，叫什么兴安岭。这回我死活不依你，到了北戴河就生。

孩儿她爹 那就叫北戴河，这回依你行不？咱们的特点就是走一道生一路，住一站生一户。

孩儿她妈 还有脸说呢，人家背后叫咱啥你知道不？

孩儿她爹 叫啥呀？

孩儿她妈 流动大军。

孩儿她爹 那就对了，我们的特点就是流动，弄不到护照，要是能弄到护照，小四出国去生，名儿我都想好了。

孩儿她妈 叫啥呀？

孩儿她爹 OK，撒优娜拉。

孩儿她妈 唉呀，妈呀，真没知识，还撒优娜拉呢。撒优娜拉啥意思你知道不？是再见的意思，你跟我撒优娜拉，这几个孩子归我一人养活呢？

孩儿她爹 你想得咋这么多，我这不是肚子里的词多，随便溜达出来一句，我也不知道是再见的意思。我要是知道是再见的意思我也不能说呀，我跟你再见谁给我生儿子。

孩儿她妈 你咋知道我怀的就是儿子呀，要是丫头呢？

孩儿她爹 我听说现在医院有个什么超，丫头、小子一超就准。

孩儿她妈 屁超。

孩儿她爹 对，屁超。咱去超一下，丫头、小子一超不就放心了吗？

孩儿她妈 人家医生看咱带这些个孩子，那不露馅了？

孩儿她爹 真笨，咱俩就说是二婚，海南岛和吐鲁番都是前窝带来的。

孩儿她妈 你家二婚三孩子呀，那少林寺呢？

孩儿她爹 那就说是三婚不就完了吗？

孩儿她妈 拉倒吧，年轻轻的结三次婚丢死人了。你自己去吧，我不去。

孩儿她爹 时髦的事，啥丢人哪，走、走、走！（拉孩儿她妈）

孩儿她妈 干啥呀？

孩儿她爹 你现在这脾气吧可暴了，特别任性，你自己有感觉没？你别着急，你看咱村那老王家，第一胎第二胎第三胎，呱叽一下生个小子。

孩儿她妈 你跟人家能比呀，人家生得起，罚得起，你行啊？

孩儿她爹　我不行，我罚得起我罚，罚不起我跑。我们的原则是：他进我退，他退我追，他驻我扰，他疲我生。我跟你说，我就不信保不住一个儿子。

孩儿她妈　照你这么说，打一枪换一个地方，你弹棉花，我掌鞋的，赶上二万五千里长征了。

孩儿她爹　咱这一道上叮叮当当地咱也没少挣钱呀！

孩儿她妈　还挣钱呢，你挣那点钱全捐给铁道部了。刚才在候车室那乘警指着我鼻子叫我啥，你知道不？

孩儿她爹　叫啥呀？

孩儿她妈　盲流。你听听还盲流呢，离流氓不远了。

孩儿她爹　管他盲流不盲流，不让做人流就行。咱们现在的任务就是生儿子，知道不？

孩儿她妈　我说生儿子就生儿子呀？

孩儿她爹　那咋的？

孩儿她妈　我要是说生儿子就生儿子，我要这几个孩子干啥呀？自从有了海南岛、吐鲁番和少林寺你看你妈那个样儿，整天价嘟噜个脸拉老长，跟长白山似的。

孩儿她爹　你妈像长白山，我妈跟长白山有啥关系？

孩儿她妈　我知道啥关系。

孩儿她爹　怪你自己不争气。

孩儿她妈　我不争气，人家科学上都讲了，生男生女老爷儿们是关键，你种的茄子能长出辣椒吗？

孩儿她爹　就你那破盐碱地，种什么都白扯。

孩儿她妈　白扯就白扯，我现在就上医院。

孩儿她爹　你站住，你要是把北戴河给流了，我跟你没完！你站住——（从地上捡起棉花弓子）

孩儿她妈　你干啥呀，你还想打我怎么的？（抢过弓子）

孩儿她爹　唉呀，你还想打我咋的？

孩儿她妈　我不打你，我打北戴河。（打自己肚子）

孩儿她爹　你可别打，算我错了。

（二人争抢弓子）

孩儿她爹　（跪下）我求求你不行吗？我求求你不行吗？

孩儿她妈　她爹呀，起来吧啊，起来，咱俩人交交心，坐下啊。她爹呀，你还记得当年不？咱俩人恩恩爱爱，欢欢笑笑，比翼双飞，郎才女貌。白天你下地干活，我在家做饭，到了晚上，一吹灯你就给我讲故事。

孩儿她爹　讲的啥都忘了。

孩儿她妈　啥吓人你讲啥，尽讲些鬼呀神呀的，吓得我直往你怀里钻。

孩儿她爹　那时候，你也特别温柔。

孩儿她妈　可自打有了这几个孩子之后，咱的生活真是急转直下，那真叫一个天上，一个地下。你看人家城里人看咱的眼神都不对头，说实在的，咱自己都觉着影响市容。白天还好说，到了晚上，尽钻那个水泥管子。看着孩子们冻得直哆嗦，我这当妈的，心都碎了。她爹呀，咱回去吧，行不？

孩儿她爹 孩儿她妈呀,我有的时候也想过回去,可回到村里咋整呀?小大、小二、小三把家里的东西都罚得差不多了,小四咋整呀?罚啥呀?

孩儿她妈 可它总算也有个家呀。咱跟村长主动承认错误,这也算咱主动坦白,投案自首,他还不给咱一个宽大处理呀?他要是不给咱宽大处理,还要罚,咱给小四打个借条,咱保证从今以后,不管是男是女再也不生了。往后咱好好干活,多多挣钱,把这几个孩子抚养成人。咱俩人幸幸福福、快快乐乐,寻找咱俩人从前的影子。她爹呀,你说不好吗?

孩儿她爹 好,孩儿她妈,我也不止一次在想,你说在这人生地不熟的,真要抓着不就麻烦了吗?

孩儿她妈 可不咋的!

孩儿她爹 尤其城市人多,走到哪儿……(发现前方有老太太)孩儿她妈,小脚侦缉队上来了。

孩儿她妈 她爹呀,撤!

孩儿她爹 你先撤,我掩护。

(二人拿着弓子、旅行袋下场)

——剧终

【注释】

①小品是一种短小的戏剧。容量小、人物少、场面简单、剧情紧凑是它的特点。内容多以小见大,注意迅速感应时代脉搏,揭示日常生活中的真谛。这篇家喻户晓的小品围绕人们熟知的话题,以令人捧腹的幽默对话和男女演员的精彩表演使优生优育的基本国策深入人心。

项目3.3 评价性阅读能力训练

训练目的与要求

通过学习和训练,能明确评价性阅读技法的运用要求,并对读物及日常生活中的社会现象进行思考分析,能作口头评说或写评论文章。

在训练过程中,有这样几点要求:

1. 在理解理论的基础上运用技能。
2. 评价范围要广,课内阅读与课外阅读相结合,读书与观察生活相结合。

训练方法与步骤

在教师的指导下运用评价性阅读技法精读选文,并借助多种途径查阅资料,获取相关信息,对评价对象作出合理评价。教师点评与学生互评相结合。

支撑知识

一、概念

所谓评价性阅读,就是指对所读材料及其所涉社会现象作出鉴别、判断和评论的阅读。

评价性阅读要求读者不迷信书本,边读边思考,深入探讨,细究精研,是探根究底的主动阅读。陶渊明诗云“奇文共欣赏,疑义相与析”,就是评价性阅读的典范。质疑在评价性阅读的过程中有着重要意义,读者不仅要理解文章写了什么、怎样写的,还要善于提出问题,究问为什么这样写,并力求解决问题。

评价性阅读的思维是多向的,可以审美也可以审丑,可以肯定也可以否定,可以对文本内容和形式的否定、反驳与匡正,也可以对文本内容和形式进行肯定、阐扬与补充,甚至可以推翻文本,自铸新词。

评价性阅读能有效培养读者的分析与综合能力。因为评价的过程就是分析与综合的过程。分析与综合是人们思考问题时很常用的两种方法。分析指的是找出对象或现象各个部分、各个属性的本质属性和彼此之间的关系,而综合指的是将对象或现象各个部分、各个属性的本质属性和彼此之间的关系联合成一个统一的整体,这是一个提炼、概括的过程。分析是综合的基础,通过分析可以认识事物的各个部分、局部或要素,从而更好地把握事物的整体。没有分析就没有综合。但综合又是分析的目的,是分析的完成,没有综合的指导,不可能对事物进行深入准确的分析,二者相互渗透、相辅相成。

二、评价角度

评价性阅读可从文章的思想内容和艺术形式两大方面入手。

1. 对作品思想内容进行评价

(1)评价主题:看作品所反映的主题是否有历史意义或现实意义。

(2)评价题材:看作品所选择的主题是否有认识价值或社会价值。

(3)评价形象:看作品所刻画的形象是否鲜活生动。

(4)评价情感:看作品所表露的情感是否能激起共鸣或唤起美感。

2. 对作品艺术形式进行评价

对作品的艺术形式进行评价,角度可大可小,可以对作品在艺术上的成败得失作整体的、全局的权衡或评价,也可以就作品的表现手法、语言特色、结构布局等作部分的、局部的研究和评价。

三、具体分析方法

评价性阅读离不开对文本的分析,常见的分析方法有以下几种。

1. 整体分析

要读好一篇文章,首先必须从整体上把握它,具体要做到下面几方面。

第一,弄清文章体裁。不同体裁的文章在表述上有不同的特点,例如文学作品具有含蓄性、多义性和情感化的特点,并不避夸张;而科技说明文则讲究语言的确定性,语意的单一性。

第二,分辨话题范围,要搞清楚这篇文章在讲什么问题,是在针对什么内容发表意见,必须把握住。由此出发,对一些词句的理解才能准确,避免主观随意性。

第三,把握感情基调。许多文章,尤其是文学作品,都有一个情境基调,有的热烈奔放,有的抑郁低沉,有的明快亮丽,有的黯淡凄清等等。整体的基调把握准了,对局部的感情倾向才能做出准确的分析。

第四，理清思路脉络。把握住文章的脉络，才能弄清文章的结构，才能真正理解一段一层的意义。

第五，明确主题宗旨。主题宗旨由材料来表现，反过来，把握了主题宗旨对理解材料、结构、语句意义等又有决定作用。

2. 重点分析

任何事物都是对立的统一，因而应坚持“两点论”；但不能各打五十大板、平分秋色。两点之中必有重点，这重点决定着事物的性质和方向。只有把两点论和重点论结合起来，看问题、办事情才能既全面，又有重点。分析诗文也是如此，应抓住关键词语、精彩句段进行分析评价。

3. 多角度分析

事物是复杂的，内涵是丰富的，具有多方面的特点，所以对同一事物要多角度观察、分析，这样才能全面认识事物。分析一篇文章也应从多角度出发，例如分析内容和形式，分析整体和部分，分析一部分与另一部分，分析正面和反面等等，这样才能作出准确全面的评价。

4. 具体分析

具体问题具体分析是唯物辩证法的一个重要原则，也是在一切工作中都必须遵循的基本方法。具体分析就是不要抽象地、笼统地、一般化地或概念化地分析，不要大而不当，或凭空拔高，或凭空贬低。故意拔高，随意引申，都不切合文章实际，是评价文章之大忌。所以分析文章一定要从文章的实际出发，具体分析，这应是我们作评价性阅读的指导思想和基本方法。例如文章作者观点态度的表达，因文体不同、风格不同及其他因素的影响而有差异。或明显，直接表明观点态度；或暗示，如取譬设喻，托物附丽，含蓄委婉地抒写感情倾向；或集中议论抒情，一目了然；或散见于字里行间，若隐若现。要把握文章作者的观点态度，阅读时就应具体分析：(1)对作者明确表现出了自己的观点态度的文章，要能准确地从文中找出这种观点态度；(2)对蕴藏着包括作者态度在内的多种不同观点态度的文章，要能够通过辨别、筛选、提取作者的观点态度；(3)对于没有明显表现出作者观点态度较复杂较含蓄的文章，要联系写作背景和写作意图，能够概括出作者的观点和态度。

5. 本质分析

本质是相对现象而言的。现象是事物的外部表现，本质是事物的根本属性。我们必须透过现象才能看清本质。其主要方法是进行“去粗取精、去伪存真、由此及彼、由表及里”的思索与分析，分清先与后、因与果、现象与本质、可能与必然、现在与未来、条件与结果、部分与全体的关系。

6. 因果分析

任何事物或现象的发生都有原因，一般总是原因在先，结果在后。所谓因果分析，就是要寻找和分析事物或现象发生的原因。阅读中也常用这种方法，一般是从段尾或一个层次末尾的“果”开始，往前溯“因”。当然，有时须往后分析。

四、要求

1. 要以全面、深入的阅读分析文章为基础

只有通过认真阅读和深入分析文章，取得对作品的全面认识和深刻理解，才能以正确的立场、观点评判文章内容。这要求我们阅读时学会筛选并整合文中的信息。信息是指

阅读材料所阐明的观点、知识，提供的消息、情报，以及印证观点的事实，包括一些文字资料、人名、地名、数据等。阅读中需筛选的文中重要信息包括以下几方面：(1)文章中的基本概念和新的知识；(2)对重要概念和知识的解释阐述；(3)最能表达作者写作意图和文章主旨句的词句；(4)文中的概括句，包括全文的概括句，也包括一层或一段的中心句，以及其他一些集中表现了文章主要内容、主要思想的词语；(5)文中的过渡句，过渡句显示文章的层次脉络，常常也是中心句，有时过渡句也是主旨句；(6)文章的标题，标题是文章的“眼睛”，其重要性是不言而喻的，借助标题，就可以尽快把握文章主旨，提高阅读的速度和质量。

因此，分析时既要着眼于全文，又要深入字词句段。

2. 评价要客观公正

所谓客观公正，就是要以阅读材料为本，从作品的实际出发，分析评价实事求是，讲究分寸。不能依据个人的好恶去随意评价，切忌随意拔高和无中生有。

3. 评价要有科学的历史观

对古典文学作品和外国文学作品的分析和评价还要从社会历史的实际出发，而不能用今天的观点去强求古人和外国作家。

阅读·民生世态

芸芸众生，孰不爱生？爱生之极，进而爱群。

——秋瑾

我们以人们的目的来判断人的活动。目的伟大，活动才可以说是伟大的。

——契诃夫

本项目的阅读素材以民生世态类选文为主，选用的四篇范文材料涉及面广，写作角度各有侧重。请同学们结合课内学习，广泛阅读相关文章与作品，观察社会生活，并对社会现象进行思考分析，能作口头评说或写评论文章。

一

*钱[①]

梁实秋[②]

钱这个东西,不可说,不可说。一说起阿堵物[③],就显着俗。其实钱本身是有用的东西,无所谓俗。或形如契刀[④],或外圆而孔方[⑤]。样子都不难看。若是带有斑斑绿锈,就更古朴可爱。稍晚的"交子""钞引"以至于近代的纸币[⑥],也无不力求精美雅观,何俗之有?钱财的进出取舍之间诚然大有道理,不过贪者自贪,廉者自廉,关键在于人,与钱本身无涉。像和峤那样的爱钱如命[⑦],只可说是钱癖,不能斥之曰俗;像石崇那样的挥金似土[⑧],只可说是奢汰[⑨],不能算得上雅。俗也好,雅也好,事在人为,钱无雅俗可辨。

有人喜集邮,也有人喜集火柴盒,也有人喜集戏报子[⑩],也有人喜集鼻烟壶[⑪],也有人喜集砚、集墨、集字画古董,甚至集眼镜、集围裙、集三角裤。各有所好,没有什么道理可讲。但是古今中外几乎人人都喜欢收集的却是通货[⑫]。钱不嫌多,愈多愈好。庄子曰:"钱财不积,则贪者忧。"[⑬]岂止贪者忧?不贪的人也一样的想积财。

人在小的时候都玩过扑满[⑭],这玩意儿历史悠久,《西京杂记》:"扑满者,以土为器,以蓄钱,有入窍而无出窍,满则扑之。"[⑮]北平叫卖小贩[⑯],有喊"小盆儿小罐儿"的,担子上就有大大小小的扑满,全是陶土烧成的,"形状不雅,一碰就碎"。虽然里面容不下多少钱,可是孩子们从小就知道储蓄的道理了。外国也有近似扑满的东西,不过通常不是颠扑得碎的,是用钥匙可以打开的,多半作猪形,名之为"猪银行"。不晓得为什么选择猪形,也许是取其大肚能容吧?

我们的平民大部分是穷苦的,靠天吃饭,就怕干旱水涝,所以养成一种饥荒心理,"常将有日思无日,莫待无时思有时。"储蓄的美德普遍存在于各阶层。我从前认识一位小学教员,别看她月薪只有区区三十余元,她省吃俭用,省俭到午餐常是一碗清汤挂面洒上几滴香油,二十年下来,她拥有两栋小房。(谁忍心说她是不劳而获的资产阶级?)我也知道一位人力车夫,劳其筋骨[⑰],为人作马牛,苦熬了半辈子,携带一笔小小的资财,回籍买田娶妻生子做了一个自耕的小地主。这些可敬的人,他们的钱是一文一文积攒起来的[⑱]。而且他们常是量入为储,每有收入,不拘多寡,先扣一成两成作为储蓄,然后再安排支出。就这样,他们爬上了社会的阶梯。

"人无横财不富,马非青草不肥。"话虽如此,横财逼人而来,不是人人唾手可得,也不是全然可以泰然接受的。"腰缠十万贯,骑鹤上扬州"[⑲],只是一厢情愿的想法,暴发之后,势难持久,君不见:显宦的孙子做了乞丐,巨商的儿子做了龟奴[⑳]?及身而验的现世报[㉑],更是所在多有。钱财这个东西,真是难以捉摸,聚散无常。所以谚云:"积财千万,不如薄技在身。"

钱多了就有麻烦,不知放在哪里好。枕头底下没有多少空间,破鞋窠里面也塞不进多少。眼看着财源滚滚,求田问舍怕招物议[㉒],多财善贾又怕风波[㉓],无可奈何只好送进银行。我在杂志上看到过一段趣谭:印第安人酋长某[㉔],平素聚敛不少,有一天背了一大口袋钞票存入银行,定期一年,期满之日他要求全部提出,行员把钞票一叠一叠的堆在柜台上,有如山积。酋长看了一下,徐曰[㉕]:"请再续存一年。"行员惊异,既要续存,何必提出?酋长说:"不先提出,我怎么知道我的钱是否安然无恙的保存在这里?"这当然是笑话,不过我们从前也有金山银山之说,却是千真万确的。我们从前金融执牛耳的大部分是山西人[26],票庄掌柜的几乎一律是老西儿[27]。据说他们家里就有金山银山。赚了金银运回老家,溶为液体,泼在内室地上,积年累月一勺一勺的泼上去,就成了一座座亮晶晶的金山银山。要用钱的时候凿下一块就行,不虞盗贼光顾[28]。没亲眼见过金山银山的人,至少总见过冥衣铺用纸糊成的金童玉女金山银山吧[29]?从前好像还没有近代恶性通货膨胀的怪事,然而如何维护既得的资财,也已经是颇费心机了。如今有些大户把钱弄到某些外国去,因为那里的银行有政府担保,没有倒闭之虞,而且还为存户保密,真是服务周到极了。

善居积的陶朱公[30],人人羡慕,但是看他变姓名游江湖;其心理恐怕有几分像是挟巨资逃往国外作寓公[31],离乡背井的,多少有一点不自在。所以一个人尽管贪财,不可无餍[32]。无冻馁之忧[33],有安全之感,能罢手时且罢手,大可不必"人为财死"而后已,陶朱公还算是聪明的。

钱,要花出去,才发生作用。穷人手头不裕,为了住顾不得衣,为了衣顾不得食,为了食谈不到娱乐,有时候几个孩子同时需要买新鞋,会把父母急得冒冷汗!贫窭到这个地步[34],一个钱也不能妄用,只有牛衣对泣的份[35]。小康之家用钱大有伸缩余地,最高明的是不求生活水准之全面提高,而在几点上稍稍突破,自得其乐。有人爱买书,有人爱买衣裳,有人爱度周末,各随所好。把钱集中用在一点上,便可比较容易适度满足自己的欲望。至于豪富之家,挥金如土,未必是福,穷奢极欲,乐极生悲,如果我们举例说明,则近似幸灾乐祸,不提也罢。纪元前五世纪雅典的泰蒙[36],享尽了人间的荣华富贵,也吃尽了世态炎凉的苦头,他最了解金钱的性质,他认识了金钱的本来面目,钱是人类的公娼!与其像泰蒙那样疯狂而死,不如早些疏散资财,作些有益之事,清清白白,赤裸裸来去无牵挂[37]。

【注释】

①选自《雅舍小品》第四集,台湾正中书局1986年出版。

②梁实秋(1902~1987):原名梁治华,字实秋。祖籍浙江余杭,生于北京。毕业于清华学校,赴美留学,回国后在各大学任教,兼任报刊编辑。1949年去台湾。是新月派成员,长期从事文学批评、翻译及散文创作。著有《雅舍小品》等。

③阿堵物:钱的别称,见《世说新语·规箴》。

④契刀:中国古代铜币,铸于西汉末王莽时。

⑤外圆而孔方:旧时铜钱的形制,故钱又别称"孔方兄"。

⑥交子:中国最早的纸币,出现于宋初。钞引:宋代政府发给茶盐商人的运销证券。

⑦和峤:西晋时人,家富性吝,人称"钱癖"。

⑧石崇:西晋时人,家豪富,极奢靡。

⑨奢汰:奢侈无度。

⑩戏报子:戏剧海报的旧称。

⑪鼻烟壶:装鼻烟末的器具,形制精巧。鼻烟,一种不需点燃,由鼻孔吸入的烟草制品,呈粉末状。

⑫通货:流通货币的简称。

⑬庄子曰句:见《庄子·徐无鬼》。

⑭扑满:储蓄钱币的瓦罐,储满后敲碎取钱。扑,打碎。

⑮《西京杂记》:古代小说集,晋葛洪著。所引文见该书卷五。

⑯北平:今北京。

⑰劳其筋骨:见《孟子·告子下》。

⑱一文:古代钱币单位。因一面铸有文字,故一枚钱称一文。

⑲腰缠二句:南朝梁代殷芸所著《小说》中语,形容贪婪或梦想。

⑳龟奴:旧时在妓院里做杂务的男子。

㉑及身:在世时。验:应验。现世报:佛教用语,指作善恶之事在今生即得报应。

㉒求田问舍:添置土地房屋等家产。这是刘备批评许汜胸无大志的话,见《三国志·魏志·陈登传》。物议:众人的批评。

㉓贾(gǔ):做买卖。

㉔印第安人:美洲最古老的土著居民。酋长:部落首领。

㉕徐:慢慢地。

㉖执牛耳:古代称主盟者为执牛耳,后泛指在某一领域里居领先地位的人。

㉗票庄:钱庄。老西儿:对山西人的称呼。

㉘虞:担忧。

㉙冥衣铺:出售死人丧葬衣物的店铺。

㉚陶朱公:春秋时越国大夫范蠡。范蠡佐越王勾践灭吴后,弃官经商,致巨富因居于陶,称朱公,故名陶朱公。

㉛寓公:指闲居在客地的官僚等。

㉜餍(yàn):满足。

㉝冻馁:受冻挨饿。

㉞贫窭(jù):贫寒。

㉟牛衣对泣:西汉王章贫困时,卧牛衣中与妻子相对哀泣,见《汉书·王章传》。牛衣,给牛御寒的覆盖物,用草或麻编成。

㊱雅典的泰蒙:莎士比亚悲剧《雅典的泰蒙》,其主要情节是写富商泰蒙慷慨好客,后钱财耗尽,亲友纷纷离去。雅典,古希腊城邦。

㊲赤裸裸句:见《红楼梦》第二十二回,原句是"赤条条来去无牵挂"。牵挂,拖累。

【评析】

梁实秋的小品文,善于通过日常生活来玩索人生况味。本文从人们接触最多、须臾不离的"钱"入手,刻画种种世态人情,反思民族传统心理,富于哲理和情趣。

文章先从钱的形制和历史说起,逐步展开议论,涉及金钱与人生的关系、人对金钱的态度,娓娓道来,妙趣横生。因为其中浸润了人生的苦涩,又不乏严肃的思索,使文章在幽默风趣中又平添了一分厚实和凝重。

作为一篇学者散文,文章还显示了作者见闻之广和学识之博。虽然引经据典,却又自然妥帖,略无掉书袋之弊;事涉古今中外,语在雅俗之间;既有生活情趣,又富艺术韵味。

【实践训练题】

1. 阅读理解:

(1)作者为什么说"钱无雅俗可辨"?从文中看,作者认为人对金钱的正确态度应该怎样?

(2)文中哪些地方用了历史典故,哪些地方用了市井俚语?说说它们的含义。

(3)说说文章幽默风趣的风格特点。

2. 阅读下面的文字,完成文后五题:

写作是将意化思想变为物化思想的过程。写作学是一门具体科学,而不是部门科学(如语言学、思维科学等)。写作学所研究的书面表达现象是纷繁复杂的社会现象中一个很具体、很单一的方面,所要解决的问题是科学领域诸多问题中一个具体而单一的问题。因此,写作学不应也不可能发展成为一门独立的,与语言学、思维科学等并列的部门科学。

写作离不开语言和思维,但语言和思维是写作的工具而不是实质。因而把写作学归属语言学或思维科学都是不适当的。写作学应归入表达学,表达学又称表意学,是一门函待建立的社会科学,它研究人如何借助语言文字将其思想或感情表达出来。表达学要运用哲学、人类学、语言学、心理学、社会学、思维科学、信息论、控制论等学科的研究成果和方法来研究表达的本质和概念、表达的过程和规律、意思的形成与组合、表达媒体与符号系统的形成及其在表达中的地位和作用、表达与社会各系统各领域的关系等。表达学的两个基本理论分支是演讲学和写作学,前者是口头表达科学,后者是书面表达科学。

(1)对语言学和思维科学的属性,判断正确的一项是(　　)。

A. 具体科学　　B. 部门科学　　C. 非独立科学　　D. 单一方面的科学

(2)根据文意,“将意化思想变为物化思想”,其表达方法是(　　)。

A. 书面表达和口头表达　　B. 思维和语言表达

C. 书面表达　　D. 口头表达

(3)文中“写作学”的含义是(　　)。

A. 将意化思想变为物化思想的过程

B. 不应把写作学归属语言学或思维科学的范畴

C. 研究人怎样借助语言文字将思想或感情表达出来的科学

D. 语言和思维是写作工具,写作离不开语言,却非实质

(4)下列说法不符合原文意思的一项是(　　)。

A. 语言学和思维科学只属于科学中的各个分支

B. 写作学属于与语言学、思维科学等并列的科学中的各个分支

C. 写作学不属于语言学或思维科学,应归入表达学

D. 写作学和演讲学属于表达学的两个基本理论分支科学

(5)对本文段中心内容概括得当的一项是(　　)。

A. 阐述了写作学和语言学、思维科学的关系

B. 阐明写作学是研究书面表达的具体科学

C. 阐明写作学是一门亟待建立的社会科学

D. 阐述写作学研究的对象、范围

3.《借钱的境界》(见【美文链接】)一文中,作者剖析了低、中、高三种借钱姿势,其文讽刺了哪三类人?请谈谈你的感受?

4. 专题讨论:说钱。

你怎么看待钱?请就现实生活中身边发生的事进行口头评论。

【美文链接】

借钱的境界

余光中

一提起借钱,没有几个人不胆战心惊的。有限的几张钞票,好端端地隐居在自己口袋里,忽然一只手伸过来把它带走,真教人一点安全感都没有。借钱的威胁不下于核子战争:后者毕竟不常发生,而且同难者众,前者的命中率却是百分之百,天下之大,那只手却是朝你一个人伸过来的。

借钱,实在是一件紧张的事,富于戏剧性。借钱是一种神经战,紧张的程度,可比求婚,因为两者都是秘密进行,而面临的答复,至少有一半可能是“不肯”。不同的是,成功的求婚人留下,永远留下,失败的求婚人离去,永远离去;可是借钱的人,无论成功或失败,

永远有去无回,除非他再来借钱。

除非有奇迹发生,借出去的钱,是不会自动回来的。所谓“借”,实在只是一种雅称。“借”的理论,完全建筑在“还”的假设上。有了这个大胆假设,借钱的人才能名正言顺,理直气壮,贷钱的人才能心安理得,至少也不至于毫无希望。也许当初,借的人确有还的诚意,至少有一种决心要还的幻觉。等到借来的钱用光了,时过境迁,第二种幻觉便渐渐形成。他会觉得,那一笔钱本来是“无中生有”变出来的,现在要他“重归于无”变回去,未免有点不甘心。“谁教他比我有钱呢?”朦朦胧胧之中,升起了这个念头。“天之道损有余而补不足。人之道则不然,损不足以奉有余。”当初就是因为不足,才需要向人借钱,现在要还钱给人,岂非损不足以奉有余,简直有背天道了。日子一久,还钱的念头渐渐由淡趋无。

久借不还,“借”就变了质,成为——成为什么呢?“偷”吗?明明是当面发生的事情,不能叫偷。“抢”吗?也不能算抢,因为对方明明同意。借钱和这两件事最大的不同,就是后者往往施于陌生人,而前者往往行于亲朋之间。此外,偷和抢定义分明,只要出了手,罪行便告成立。久借不还——也许就叫“赖”吧?——对“受害人”的影响虽然相似,其“罪”本身却是渐渐形成的。只要借者心存还钱之念,那么,就算事过三年五载,“赖”的行为仍不能成立。“不是不还,而是还没有还。”这中间的道理,真是微妙极了。

借钱,实在是介于艺术和战术之间的事情。其实呢,贷方比借方更处于不利之境。借钱之难,难在启齿。等到开了口,不,开了价,那块“热山芋”就抛给对方了。借钱需要勇气,不借,恐怕需要更大的勇气吧。这时,“受害人”的贷方,惶恐觳觫,嗫嚅沉吟,一副搜索枯肠,藉词推托的样子。技巧就在这里了。资深的借钱人反而神色泰然,眈眈注视对方,大有法官逼供犯人之概。在这种情势下,无论那“犯人”提出什么理由,都显得像在说谎。招架乏力,没有几个人不终于乖乖拿出钱来的。所谓“终于”,其实过程很短,“不到一盏茶工夫”,客人早已得手。“月底一定奉还”,到了门口,客人再三保证。“不忙不忙,慢慢来。”主人再三安慰,大有孟尝君的气派。

当然是慢慢来,也许就不再来了。问题是,孟尝君的太太未必都像孟尝君那么大度。而那笔钱,不大不小,本来也许足够把自己久想购买却迟疑不忍下手的一样东西买回家来,现在竟入了他人囊中,好不恼人。月底早过去了。等那客人来还吗?不可能。催他来还吗?那怎么可以!借钱不还,最多引起众人畏惧,说不定还能赢人同情。至于向人索债,那简直是卑鄙,守财奴的作风,将不见容于江湖。何况索债往往失败;失财于前,失友于后,花钱去买绝交,还有更愚蠢的事吗?

既然是这样,借钱出去,就不该等人来还。所谓“借钱”给人,事实上等于“送钱”给人,区别在于:“借钱”给人,并不能赢得慷慨的美名,更不能赢得借者的感激,因为“借”是期待“还”的,动机本来就不算高贵。参透了这点道理,真正聪明的人,应该干脆送钱,而绝不借钱给人。钱,横竖是丢定了,何不磊磊落落,大大方方,丢得有声有色,“某某真够朋友!”听起来岂不过瘾。

当然,借钱的一方也不是毫无波折的。面露寒酸之色,口吐嗫嚅之言,所索又不过升斗之需,这是“低姿势”的借法,在战术上早落了下风。在借贷的世界里,似乎有一个公式,那就是,开价愈低,借成的机会愈小。照理区区之数,应该很容易借到,何至碰壁。问题在于,开价既低,来客的境遇穷蹇可知,身份也必然卑微。“兔子小开口”,充其量不过要一根胡萝卜吧。谁耐烦去敷衍一只兔子呢?

如果来者是一个资深的借钱人,他就懂得先要大开其口。“已经在别处筹了七八万,能不能再调两万五千，让我周转一下？”狮子搏兔，喧宾夺主，一时形势互易，主人忽然变成了一只小兔子。小兔子就算捐躯成仁，恐怕也难塞大狮的牙缝。这样一来，自卑感就从客人转移到主人，借钱的人趾高气扬，出钱的人反而无地自容了。“真对不起，近来我也——（也怎么样呢？“捉襟见肘”吗？还是“三餐不继”呢？又不是你在借钱，何苦这么自贬？）——我也——先拿三千去，怎么样？”一面舌结唇颤，等待狮子宣判。“好吧。就先给我——五千好了。”两万五千减成一个零头，显得既豪爽，又体贴，感激的反而是主人。潜意识里面，好像是客人免了他两万，而不是他拿给客人五千。这是“中姿势”的借法。

至于“高姿势”，那里面的学问就太大了，简直有一点天人之际的意味。善借者不是向私人，而是向国家借。借的借口不再是一根胡萝卜，而是好几根烟囱。借的对象不再是个人，而是千百万人。债主的人数等于人口的总数，反而不像欠任何人的钱了。至于怎么还法，甚至要不要还，岂是胡萝卜的境界所能了解的。此之谓“大借若还”。

二

好　睡

新凤霞

我从小就爱睡觉，那是因为我六七岁时就跟随堂姐姐和二伯父学戏。为了讨好他们，在他家干活一会儿也不闲着。二伯母随时吆喝着我，伺候她得围着转，她指到哪儿就得干到哪儿。我实在太累了，闭上眼就能睡着。最难受的是在她家吃饭。我正是换牙的时候，两个大门牙掉了，他们吃大米白面，只许我吃棒子面贴饼子。这饼子硬得能砍死人，我哪儿咬得动呀！只能慢慢啃，啃着啃着就打瞌睡冲盹儿了。被大人打一筷子又清醒了。二伯母就骂我：“你是存心地磨牙！”因此，我后来不敢在桌子上吃饭了，拿一个饼子，夹上几条咸菜，出门坐在台阶门墩儿上慢慢地吃。有一回吃着吃着睡着了，二伯家的小狗大叫，把我惊醒了。原来是我睡着了。小狗跟我最好，它偎在我身边热乎乎地也睡得好香。二伯母看见了，拿着扫帚打我，小狗大叫我才醒过来，赶快爬起来，紧跟着给二伯母干活。二伯母老叫我给她跑街买东西，油、盐、酱、醋……还总不是一次都买了，一回买一样，又都是等着急用，说要就要。有一回要买二两香油，二伯母说：“快……等着炝锅哪！”我边答应边跑出了门，买回来的路上我就困得受不了，闭上眼睡着了还在跑。咚！可吓死人了！撞在一个巡警身上。这巡警用指挥棒狠劲地扒拉着我说：“你是怎么了？没长眼睛呀？往我身上撞！”我才想起了二伯母叫我快去快回。我说：“我得快回家！”转身就跑，被那巡警拉着我骂：“忙嘛？你想去抢孝帽子？”我吓得站在巡警眼前。仰脸看着他，一动也不敢动。那巡警一推我说：“走吧！”我撒腿就跑，忘了手里还有油瓶子。手一松，把瓶子摔得粉碎，回去挨了一顿臭打。还有一回，因为看戏，散戏舍不得走，趴在栏杆上睡着了，把鞋丢了，回家挨我妈一顿打。又一回为了洗碗打瞌睡，把碗摔了，不许我上炕睡觉，我就靠在柴火堆上睡，抱着腿闭眼就睡着了。就这样我睡了两夜，还是父亲来叫我，才回屋睡觉，要不我绝不回屋，心想：“哪儿都能睡！”

长大了点，跟二伯父跑野台子唱戏。跟着大车跑，边跑边闭着眼睡。大人怕丢了我，用绳子捆上我的腰，也照样睡。让我坐在大车上，把我捆在戏衣箱后头，我睡得更踏实。

我能演个女兵、丫鬟、彩女、群众角色了。这种角色其实很累人，场场都有。我演女兵，手里抱着一支枪。在上场门候场，这时是睡觉的机会，我用枪一头拄在地上，一头靠在墙上，斜着身子一靠，左脚搭右脚，借着劲，合上眼就睡着了。该上场睁开眼就上去，误不了。这个上场门睡觉方法我多少年都这么干。一次在天津南市大舞台跟我姐姐演戏，我扮个女兵，像往常一样在上场门睡觉，没有人注意我。一阵“急急风”女兵跑上了。我却睡过了头，眼睛还没有睁利落，三个女兵早出去了；姐姐扮的主角也上了场我才跑出去，迷迷糊糊找不着地方。姐姐叭叭叭用马鞭狠狠地抽了我几下子，满园子观众笑翻了场，把姐姐气坏了。散了戏痛打了我一顿，问：“往后你还睡不睡？……”我满口答应着，摇头说：“不睡了。”可是后来我还是照样睡，连自己也生气：怎么这么爱睡呢？上场一站准睡着，往眼皮上抹万金油也不管事。

小时候唱戏缺什么唱什么。记得演《双拾亲》我演小生董良才，上场是双手被绑，坐在椅子上，丫鬟小红来搭救他。我头上戴着甩发，坐在椅子上，丫鬟来了有我的唱，可是我上场就睡着了。该我唱了我醒不了啦！那时有捡场的，还兼打梆子，他知道我睡着了，照准我头上一梆子。一下子就把我打醒了，我睁开眼就唱，可是唱得驴唇不对马嘴，散了戏开份子把我的钱全扣了，受了罚，场上睡觉犯了行规。

演《蝴蝶杯》，我们四个小孩儿演四个小院子。候场时背靠背休息，我又睡着了。不知是哪个捣蛋鬼把我的软罗帽换了一个小鬼戴的绿秧子帽。我一上场，台下就哄起来了。我一点也不知道是怎么回事，还以为是别人出了差错了。下场后师傅对准了我的头，叭！一刀批子，接着从我头上抓下这个鬼秧子帽，往地上一扔！这天不单挨了打，还受了刑、扣了钱。

因为我太好睡觉，二伯母总骂我：“混吃闷睡，当不了受罪！”可是我几十年闯荡江湖到处唱戏，什么环境我都能睡觉。从来也不知道什么是择席呀、失眠呀、睡不着呀的味道。

大跃进年代，人们像发了疯，一天演五场、六场戏。早五点进后台，深更半夜才散戏回家，吃睡都在后台，根本没法休息。我在后台放了一块木板。瞅上下场的空当，躺下一闭眼就睡着了。到时候一咕噜就爬起来。大伙儿都说：“凤霞心里有个钟，甭叫她，误不了戏。”

《苦菜花》我演娟子，某一幕的下场有十来分钟休息时间，我就蹲在大幕边上打瞌睡。时间到了，我噌地站起，上了场，掉了一只鞋。好在是过场戏，我只穿一只鞋没有人发现，让我混过去了。

1961年我在天津中国大戏院演了一个月，三十四场戏，因为每晚有戏，还加四个星期日场。这么重的负担，很少有人能这么干。我睡在前台楼上，下边是自由市场，吵得很厉害。剧场经理照顾说：“这里可不能睡觉，早六点就热闹起来了。给凤霞换到后台吧。”可是后台是过道，也不清静。有的人住到惠中饭店去了，我就住在剧场，哪里也没搬。一个月三十四场戏完成得很好，全靠我能吃能睡。60年代演一出歌颂国际主义的戏。从剧本到唱腔、排练，一夜完成。第二天早八点彩排，有很多人忘词，连演主角的演员都忘得一塌糊涂。那时我是政治上不被信任的人，只能演配角，可我一句没有忘。但是我实在精疲力竭了，最后一场我出了一个事故。我扮演的女儿在胜利后母女会师，扛着大红旗上场，上场以前，我抱着红旗，斜靠着旗杆，倚着墙睡着了。“急急风”锣鼓点响了，我猛地睁开眼，扛起大旗就跑上了场。由于过分困倦，清醒不过来，头昏脑涨，心里怦怦地跳，我的脚踩在旗子角上了，一个前扑，在母亲面前我摔趴下了。可是我拼命把牢住红旗，使大旗不倒，旗杆直立在台口，两个膝盖摔破了，鲜血湿透了彩裤。下了场，导演还说我这场戏演得不错。同台的伙伴赵丽蓉开玩笑说：“人家新凤霞唱戏有本事，睡觉有能耐，砸锅都砸对了。真跑，真摔，真流血，人倒红旗不倒！”好朋友都能了解我：当时我是摘帽右派，如果大红旗倒在我手里，肯定会说我是有意丑化英雄人物形象，这个政治上的罪名我受不了！

“文革”关押期间，常在我睡着的时候，突然叫我起来背毛主席语录。我睡得迷迷糊糊，就背起早请示、晚汇报的词：“我有罪……”他们用通炉子的铁通条打我，叫喊着让我背语录。我吓糊涂了，一个劲地对着墙说：“我有罪呀……”他们连推带搡把我推到院子里，不许我睡觉，我站在院里倚着窗台合着眼倒下就睡着了。我们被关押的屋子，不许拉窗帘，晚上不许熄灯睡觉。几个造反派从外头看见我睡得香，一踢门进了屋，叫喊：“新凤霞！你倒好哇，闷头大睡，养精蓄锐，伺机反扑啊！你怎么不写‘交代’哪？”我用手扶着头说：“我头疼，先让我睡一会儿吧。”他啪啪啪地照我头上打着说：“头疼！叫你清凉清凉。一打就清醒了……”边打边把我推出了屋，让我在院里站着。我站在院里没多久，闭上眼又睡。1968 年到了五七干校，开揭发批判我的大会的准备会，不许我在屋里，让到外边去，我就坐在院里。他们在屋里准备揭发，一会儿大声，一会儿小声，像排戏一样练习批斗情绪。天下着小雨，我坐在一个小马扎上，头上戴着草帽，两手搂着一个笔记本和一支笔，装作写“交代”样子，其实闭上眼就睡着了。那时我真想不通，这些叫做“造反派、闹革命”的人，一天到晚瞪着眼说瞎话，无事生非，自欺欺人，每月按戳子领工资，就干这个呀！这到底是为了什么呢？

从 1957 年遭受了冤枉直到“文革”末期被害得病之前，在自己的剧院里我一直都是劳改对象，台上唱戏受欢迎，闭幕下台是犯人。什么脏活、累活都让我干，我也样样都干得好。掏厕所、扫地、收拾排演场、擦洗门窗，跟着大卡车倒垃圾，装卸砖瓦、白灰、黑煤、黄土、洋灰、木料、砂子、石头子等等，每天都是清早上班，天黑回来。我中午吃几口干粮就赶快找个地方睡觉，地上、石灰堆上、煤末子上、砖上、砂子上、石头子上、黄土上，甚至于积肥的大粪堆上，只要有块地方，我闭上眼就能睡着，任何时候睁开眼就干活。“文革”期间我得了高血压病，可是让我挖了七年防空洞。这可是重体力活呀！真是累得眼前冒金花，胳膊、腿酸疼得没地方放啊！也全靠我能吃能睡才能活下来。

1975 年邓小平同志主持中央工作，结束了周扬冤案，我也算被审查清楚了，做了结论。可是劳动改造还没放过我。虽然医院给我开了“全休”的病假条，人家也不许我休息，让我跟着剧团演出，搬道具、布景。下午两点就集合，三点到五道口剧场，要等到晚场开戏以后快到十点才轮到我搬一个茶几道具上台。这么长的等候时间，真够磨人的呀！我就在五点钟吃完饭躺在剧场里长椅子上睡觉，连场里职工同志都同情我，她们告诉我说：“凤霞姐，你放心睡吧。等放的时候，我来叫醒你……”我心里有时间，放观众前十分钟准起来了。那时是跟着中国评剧院二团劳动，几个小青年对我说：“凤霞老师真有两下子，躺下就睡，真福气哟！”我说：“唉！一天就这么耗，三个饱、一个倒，累折了腰，挡不住我能睡觉啊。”小青年看见我的劳改生活，受欺负被折磨的情景，都很关心我，为我抱不平，我深深感激他们。

1975 年冬天，也就是在五道口俱乐部剧场这样劳动了十五天后的一天清早，我刚起床就病倒了，急送医院，不想又被误诊。总算不幸中之大幸，虽然留下了后遗症，左手左脚行动不便，我仍是能吃能睡，精神饱满。

回顾我五十多年的生涯，我从来没有做过对不起自己、对不起任何别人的事。心地坦然，从不叫自己脸红。我是个演员，一贯演戏认真，对观众负责，就是在蒙冤受难的那么多年，对劳动也是认真的，从不偷懒偷油。一生无愧于人，所以合上眼就能睡着。

我一生不会抽烟、喝酒、玩牌、下棋，什么嗜好也没有。可是我每天一刻也闲不住，从小养成劳动习惯，几十年练功唱戏，做针线，干家务活……母亲说我是“劳碌命”，一点也不错。现在我病了，再不能登台演戏了，仍是闲不住，我的劳动习惯，对我很有好处，把每一天的时间都排得满满的：教学生、听广播、看报、看书学习、写点小文章、画画，一天忙到夜。休息就是静下来闭眼睡觉，决不浪费精力，好睡是对我的身体最大的保证。

可是我的好睡也给我带来过苦恼。近年来我每天晚上热衷于看电视，注意好节目，对我来说，这又是欣赏、又是学习。碰上有好节目的时候，我早吃晚饭，准备从头看起，可常常是看到半截，就困得眼睛睁不开了。实在没办法，我冲一杯浓咖啡，一口气喝下去，谁知不到五分钟又睡着了，醒来又后悔，又生气。这时候真想小时候专门虐待我的缺德二伯母了，如果二伯母还在，她把我打醒，我会多么感谢她呀！

【注释】

①选自《新港》1983年第9期。新凤霞（1928～1998），天津人，著名评剧表演艺术家，70年代开始文学创作。著有《新凤霞回忆录》、《我当小演员的时候》、《我叫新凤霞》等。舞台上光彩照人的银屏公主（《乾坤带》）、五可儿（《花为媒》）曾倾倒过一代国人，电影中“自己找婆家”（《刘巧儿》）的优美唱腔曾风靡过大江南北。可是，生活中的评剧皇后新凤霞却一生历经坎坷。令人不可思议的是，20岁前大字不识一箩筐的她在“文革”中被摧残偏瘫后，竟顽强地拿起笔来写书作画，前后出版的各类文集达数十种。

【实践训练题】

1. 有人说，读新凤霞的文章，字里行间扑面而来的是山野的风，溪流的水，荒林的竹，幽谷的兰。那种不事雕饰如诉家常中蕴涵着的质朴、清新、透明、自尊、执着、达观，混合着难以言尽的辛酸和屈辱，令人思绪久久难以平静。你读完本文后有何感受？

2. 注意收看或组织观看以下电影：

(1)《辛德勒名单》；(2)《屠城血证》；(3)《刘巧儿》；(4)《花为媒》。

3. 作者信手拈来的生活琐事看似杂乱，但却始终围绕“好睡”二字，很好地体现了散文的特点。文章标题看似轻松，读来却倍感沉重。学习本文以琐事入文，以小见大的笔法，并以“好×××”为题，写一篇散文。

4. 请比较《好睡》和《回望流年》（见【美文链接】）在内容和语言上的异同。

5. 流沙河的《回望流年》从六十年前写到今年，这种由远而近的写法有什么好处？谈谈你的理解。

【美文链接】

回望流年

流沙河

60年前，我3岁，住在成都市北打金街良医巷（晾衣巷），一日悄悄溜出大门，跑到巷口，呆看街边挑着担子卖糖果的，舔手指，流唾液，不知不觉跟着糖果担子向前走，愈走愈远，涎而忘返，害得家中母亲惊惶，领人四处追寻，跑遍十几条街巷，以为我长相乖，被拐子偷走了。最后，谢天谢地，终于在东大街找到我，还在呆看糖果担子，舔手指，流唾液。

50年前，我13岁，住在金堂县城槐树街，读初中一年级，春季同本班同学由教师领队去广汉县三水镇修筑飞机场半个月，喜见盟军B29重型轰炸机雁序蓝天，远炸日寇东京去也，秋季突闻国军血战衡阳，牺牲惨痛，不得不大撤退，致使日寇追到贵州独山，陪都重庆震动，虽人儿小我亦深切感受亡国灭种之威胁，遂读文天祥《正气歌》而很快能背诵。

40年前，我23岁，住在成都市布后街省文联，做《四川群众》月刊编辑，写些短篇小说，读契诃夫，读马克·吐温，读莫泊桑，唱苏联歌曲，看苏联电影，崇拜斯大林，学《联共(布)党史简明教程》，到新繁县禾登乡新民社“深入生活”，赞美农业集体化，协助基层强迫农民卖粮食给国家，梦见共产主义明天，要多左有多左。

30年前，我33岁，住在成都市北郊省文联农场，戴右派铁帽子已有八年，恶名远播，人避我如瘟疫，我避人如芒刺，昼则炊饭养猪，按季节种油菜植棉花，夜则深钻《说文解字》，搂读天文学的初级著作，闲适便抄《声律启蒙》自娱，观星辰，伴猫狗，看报刊而惊心，逢棍棒而丧胆，畏闻五类分子之提法，怕见四清运动之批斗。犹记农场场长赠我良言有云：“不要读你那些古书，争取早日摘帽要紧！人一辈子有几个33啊！”

20年前，我43岁，押回故乡金堂县城拉锯钉箱已有九年，家抄了又抄，人跪了又跪，做不完的无偿劳役，写不尽的有罪自谴，想起昔年农场，好像梦回天堂，落到今日绝境，便是身陷地狱。

10年前，我53岁，回到省文联《星星》编辑部继续做反右派运动前我做过的那个工作已有五年，得了奖，出了国，长了脸，翘了尾，说些捧场话，写些帮腔诗，拼命积极，改革就像是我家事务，抱病工作，胃病似乎是他人溃疡，著文随抛新名词，发言乱骂老棍子，可笑可笑，该挨该挨。

今年，我63岁，住在省作协宿舍楼，身衰杞柳，诗散云烟，壮志已全消，往事眼前过电影，痴心将半冷，旧交头上起霜花，淡淡的悲伤，深深的惆怅，演南华经成现代版，仿东方朔著Y先生，提篮去买菜，写字来卖钱。

每一个前10年都想不到后10年我会演变成何等模样，可知人生无常，没有什么规律，没有什么必然，或富或贫或贵或贱，或左或右或高或低，无非环境造就，皆是时势促成。

所以我要劝人：你可以自得，但不应自傲；你可以自守，但不应自卑；你可以自我可以自爱，但不应自恋；你可以自伤，但不应自弃。

三

*眼角眉梢

刘心武

看人要看眼角眉梢，最早是母亲告诉我的。第一回也并非直接告诉我，那一年我还在上学，姐姐已经上到高中，她约了几个同学来家里玩，有男生也有女生，我混在他们中间厮闹，非常快活，当中去了趟厨房，只见妈妈正在那里跟爸爸说话，爸爸对妈妈前面说的话似乎不以为然，妈妈就把姐姐的小名和一位男生的外号并提，对爸爸说：“别看他们总隔着几个同学……唉，看人要看眼角眉梢啊……我真有点担心！”爸爸进屋以后是否特别地去观察了姐姐和那位男生的眼角眉梢，我不得而知，我回到姐姐他们中间以后，特别注意了一番，无甚收获，后来就玩笑一处，把这事淡忘了。

上到初中以后，爱上了文学，于是发现，诗人也好，散文家、小说家也好，经常地要写到人物眼角眉梢的动静，甚至剧本的提示部分，也会特意地说明“眉尖一颤，眼珠一斜”。姐姐阅读文学书籍领先于我，那时已经上了大学，暑假回家，我就把这眼角眉梢的问题提出来讨论，姐弟至亲，无所避忌，我连她高中时的眉目传情事也举例其中，姐姐笑道，现在若你见到我们聚在一起，那眼角眉梢造出的句子肯定不一样了。人就是这么在社会上生活，心里意思，脸色上不想显露，面部肌肉容易控制，但眼角眉梢很难驾驭，一不留神，就终于还是会漏出来。姐姐悟性虽高，但那时所悟，多半还是来自书本启发，真到了漫长的生活实践里，她仍多有未能衡出眉眼高低的失误。

“文革”期间，父母所在的一所外地部队学院也闹翻了天，后来更酿成激烈的武斗，父母只好逃到北京避难。我那时虽然已经在中学工作，还没成家，住的集体宿舍，学校里乱成一锅粥，自身难保，无力安顿父母。父母暂住姐姐家，但姐姐家也在部队大院，虽未武斗，气氛也很险恶。那天我陪父母上街，忽然与父母一位老朋友两口子邂逅，大家移到远离人群的树阴下说话，我看他们对父母友情依旧，便忍不住提出，因为我和姐姐那么个情况，可否由他们收留父母一时？他们连说可以可以呀，我正吁出口气来，母亲却坚决地谢辞，父亲也说我姐姐那里还好，而且也不想多留，只要得到他们学院宿舍恢复水电的消息，也就马上回去。和那对夫妇分手后，母亲认真地对我说：“你怎么看人还不懂得看眼角眉梢？”她指出，人家心里确实想收留他们，但眼角眉梢流露出许多的难处，这种年月，怎能给人添非同小可的麻烦？

从那以后，人际交往中，看人看眼角眉梢成为了我的习惯。特别是社会转型之后，纯真渐罕，人性深处的东西上蹿，作为社会人，大多有了更多的可资倒换的面具，或具有所谓不动声色的超级定力静气，人际交往中礼数掩蔽真意、客套包藏二心，衡人表面已难，遑论知心。这也未必是世风日下吧。这样的人际交往，有利于保护各自隐私，有利于把法律法规合册契约置于情感之上，有利于按游戏规则谋求利益的最大化，避免一念之善所引来的依赖或一念之差带来的损失。但是，无论如何，绝大多数人，仍不免在瞬间里，通过眼角眉梢，把心中隐秘的情愫泄露出来。眼角的一星泪光，眉梢的一刹轻颤，往往胜过宣言檄文。就我自己来说，不怕从眼角眉梢道出肢体语言、面目肌肉表情和一般话语难以表述、难以尽述的心灵隐语，令人感受回味；就他人来说，那眼角眉梢有意无意所传递出的信息，是我读人世大书最好的钥匙，读懂了别去点破，悟在心中，常常反刍，可作心灵补品。

【实践训练题】

1. 阅读理解：

(1)中国成语有“察言观色”一说，学习刘心武的眼角眉梢一文后，你对此成语有何新的理解？

(2)作者为什么说：“社会转型之后，纯真渐罕”？

(3)“衡人表面已难，遑论知心。这也未必是世风日下吧。”你对此有何看法？

2. 两千三百年前的孟子就告诉我们看人要看眼角眉梢。孟子曰：“存乎人者，莫良于眸子。眸子不能掩其恶。胸中正，则眸子了焉；胸中不正，则眸子眊焉。听其言也，观其眸子，人焉廋哉？”(《孟子·离娄上第十五》)你能翻译这句话吗？

3. 网络似乎省去了人际交往中观人眼角眉梢的机会，阅读《我是一条破“网”而出的鱼》(见【美文链接】)一文，谈谈自己的感受。

4. 上台说话练习：眼角眉梢中的人情世态。

(1)阅读中外小说名著，说说小说人物的眼角眉梢与人情世态。

(2)说说现实生活中你印象深刻的眼角眉梢与人情世态。

【美文链接】

我是一条破“网”而出的鱼

夏小雪

网线牵手西门飘雪

刚上大学时,我是一个敏感而孤僻的女孩。因为穷,因为长得不漂亮,总觉得低人一等。我生活在一个被人遗忘的角落里,在班里基本上只和同寝室的米娜交往。她是个活泼漂亮的女孩,为了改变我,总要拉我出去跳舞,我一次也没去过。我总觉得自己不适合那种热闹的氛围。

一个周末的晚上,我和米娜出去散步,她把我拽进了路边的一家网吧。这是我第一次上网。米娜对电脑也是半懂不懂,她只知道上网可以聊天。在教会我如何进入“聊天室”之后,她便自个儿找人聊天去了。

我进了聊天室,按游戏规则给自己取了个昵称叫“小雪”。还没坐上五分钟,呼叫器突然响了,屏幕上出现一行字:西门飘雪想与小雪聊天。

我按下回应键。

西门飘雪:“Hi,你好,见到你很高兴!”

我突然很紧张,老半天才打出几个字:“我也很高兴,我叫小雪。”

他在屏幕上打出了一个温和的笑脸:“我知道你叫小雪。聊点什么呢?”

我又吃力地吐出一行字:“我不知道。”我说的是实话,可刚打完又觉得不妥,马上删掉了。

他又笑了:“你好像很紧张,是第一次上网吧?”

我的脸红了,幸好他没法看见。我说:“是第一次,有些紧张,请多指教。”

他说:“第一次上网都这样,慢慢就好了,如果乐意,有些技术性的问题我可教你。”

我有些感动,猜测对方一定是个热情的大男孩。慢慢地,我进入了状态。在网上通过键盘聊天虽然没有说话那么快,但也没有顾忌,反正对方也看不见你,想说什么就说什么。我们愉快地聊了下去。我第一次觉得同别人交流原来如此简单。

三小时过去,网吧快关门了,我依依不舍地向他告别。他提出以后继续交往,并教我如何申请免费的E-mail。出门时,米娜看我脸红红的,诡秘地一笑,说:“你醒醒吧!玩玩可以,别沉进去了,你连对方是男是女都拿不准。”

我嗔怒地搡了米娜一把,脸上烧得厉害。我认定了西门飘雪是个值得信赖的人。西门飘雪,西门飘雪,一个能引起无限遐想的名字。我恍惚看见遥远的前方有个白衣飘飘的少年正踏雪而来。

我们只是网上的朋友

我一有空便往网吧跑。几乎每次都能在聊天室里找到西门飘雪。只要我一呼叫,他马上便会打过一行字来:“我一直在等你。”接下来便是几小时几小时不知疲倦地闲聊。我沉进去了,常被他的一句俏皮话逗得直笑,也常为他一句不谨慎的措辞弄得眼泪汪汪。西门飘雪无疑是个善解人意的人,在我不开心或感到自卑的时候,他总是很小心地开导我,并夸我是一个思想丰富、善良可爱的女孩子。在每一次聊天之后,我都非常非常自信,非常非常地开心。

通过西门飘雪的自我介绍,我了解了他更多的情况。他同我一个学校,计算机专业,靠卖自己编的软件挣了些钱，自己买了电脑上网，并打算毕业之后，单枪匹马开公司，我给他发了一封电子邮件，由衷地说："我真的很欣赏你、佩服你！"他显得很谦虚，说："其实没什么大不了的，你也能做得一样好。"

我以拥有这么一位杰出的朋友而骄傲。在他的鼓励下，我学会了和更多的人的接触，在人前也逐渐抬起头来。我以他为榜样，努力去开拓自己的生存空间。我告诉他我打算利用课余时间去做推销员，挣钱买电脑，既方便学习，又方便同他聊天。他很高兴，夸我有志气。经过半年的努力，我终于攒足了4000元钱。这时我突然非常想见西门飘雪，便请求他带我去买电脑。

几天之后，他给我发了一封电子邮件："我很想帮你，可我害怕。我害怕破坏我们之间那份美丽的神秘感。"我突然觉得自己很俗气。我想，对两个心意相通的人来说，见面也许真的是多余的。

电脑是我一个人买回来的。此后，我更是沉溺其中，每天不是和他聊天，便是给他发邮件。我的头脑中无时无刻不闪现着他的音容笑貌。我没有见过他，一厢情愿地把他想象成一个完美得无与伦比的人。

我们的见面竟是那么令人痛苦

日子在不知不觉中匆匆溜走。期末考试，一向成绩很好的我竟然有两门不及格。我埋在被子里大哭了一场。我又一次想到了同西门飘雪见面。我需要切切实实的安慰，键盘之间的交流是不顶用的。我想，当我见到西门飘雪时，说不准会控制不住自己的情绪，趴在他肩头痛哭一场。

我给他发了一封电子邮件，约他周末下午四点在未名湖畔的槐树底下见面，我手拿一本《读者》为识别标记。我赌气似的强调说："你一定要来，否则，我就老待在那儿，化成一块石头。"

周末那天，我心情急切，足足早到了半小时。西门飘雪还没有来。过往的人很多，我傻站了一会儿，有些不自在，便到不远处的石椅上坐下。心中突然有了一个奇怪的念头："两个人要是心有灵犀，根本用不着什么识别标记，一眼便能认出来。"我渴望我们之间能达到这种境界。我放下《读者》，把它压在书包底下。由于离约定时间还早，我从书包里翻出英语书，装模作样地看了起来。

正巧米娜走过来了，见我一个人呆着，凑过来打了个招呼，坐着就不走了。我心里着急，但又不好催米娜走，只好有一句没一句地同她搭话。

四点整，远处急匆匆走来一个高高大大的帅男孩。凭第六感觉，我马上断定他就是西门飘雪。果然，他径直走到那棵大槐树底下，抬腕看了看表，然后便四处张望。他可能注意到了石椅上的我和米娜，但仅仅是扫了一眼，眼光便从我们身上一瞥而过。这令我有些失望。我突然没了走过去的勇气。

他在槐树下站了一会儿，又瞟了我们一眼后，向我们走了过来。我相信他已经认出我来了，立即紧张得低下了头。他在我们面前站住了，问："你就是小雪吧？"我不好意思地抬起头，可马上又懵了——他正面对着米娜说话。

我压在书包下的《读者》，不知什么时候被米娜拿在手中。米娜愣愣地看着他，他掏出一封厚厚的信，硬塞到了米娜手中，转身便走了。

米娜不满地咕噜了一句，拆开信，草草地读了几句，说："真是肉麻，神经病！"她高傲地一扬手，那封信飞进了未名湖水中。

我冲米娜失声大叫:“你干什么?”

米娜嫣然一笑:“想跟我套近乎,这种粗俗的伎俩还欠水准!”漂亮的米娜经常能收到陌生男生的求爱信,很显然她把西门飘雪也当成了自己的一个鲁莽的崇拜者。她是在向我炫耀着那些令她引以为自豪的东西。我感到了一种耻辱,眼泪马上就要掉下来了。然后抓起书包便跑,把莫名其妙的米娜远远地丢在了后头。

西门飘雪你在哪儿

我好多天没去聊天室,也没有再给西门飘雪写信我不是他心中的小雪。他心中的女孩应该和米娜一样漂亮。说什么思想丰富、善良可爱?这些全是假的,假的!埋藏在心底很深的自卑感突地又冒了出来,每次在不经意间想到西门飘雪,我的心便忍不住绝望地战栗。

几天后,西门飘雪给我发了封电子邮件:“小雪,那封信你看完了吧?那上面全是我的心里话。愿我们能成为永远的朋友!”想起那封连信封都没看清的信,我心里挺不是滋味。我很想问西门飘雪在信上到底说了的什么,但终究没问。他那封信是写给一个叫“小雪”的女孩的,而我不是他心中的小雪。

我没有给他回信。但我摆脱不了他的影子。他住得离我们很近,我经常能在餐厅里见到他。他高高大大的身影立在人群中,像一座可望而不可及的灯塔。有几次我从他面前经过,他瞟也不瞟我一眼。在另外一个世界里,他的整个心灵都属于我,现实中我们却形同陌路,有时连我自己都弄不清,哪是虚幻,哪是现实?哪个是他的影子,哪个是真实的他?

有一次打饭,我就站在他身后,他打饭出来,踩着了我的脚,淡淡地说了声“对不起”,便走过去了。我的眼泪都快流出来了,禁不住大声叫道:“西门飘雪!”他回过头,愣愣地看着我。我颤抖着问:“你真的不认识我了吗?”他瞪了我老半天,一拍后脑勺说:“哦,想起来了,原来是你!”转而又说,“那封信不是交给你们了吗?”我听得迷迷糊糊,疑惑地问:“你到底是不是西门飘雪呀?”他诧异地问:“飘雪,飘什么雪呀?”

我顿时明白:他不是西门飘雪,他只是西门飘雪的信使!我的第六感觉欺骗了我自己。我一直相信世上存在一种似曾相识、一见钟情的感受,但现在这信念被无情地打碎了。我心里突然难受得厉害。

我不知自己是如何离开餐厅的。一路上都在想:西门飘雪为什么不愿意和我见面呢?回到寝室,我先给西门飘雪发了封邮件:“西门飘雪,你为什么不愿见我?”

西门飘雪的邮件在一周之后姗姗来迟:“上次我托人交给你一封信,不是什么都交代清楚了吗?如果你一定要同我见面,我只能从你的世界里走开!但我希望,我们能真正成为永恒的朋友!”

爱一个人而永远不能同他见面,这是一种残酷。是西门飘雪自己制造的残酷。我无法理解西门飘雪。

我宁愿自己从来没有见过他

有一天,寝室停电了,我因有个紧急的电子邮件要发,便去了学校机房。因为系统不太熟悉,我在那儿摸索了很久,邮件还没有发出去。这时进来一个胡子拉碴的男孩,头发乱糟糟的,牛仔裤好像有几个月没洗,他拿着一个软盘,一进门就四处找机位。由于那天上机的人很多,他找了半天也没有一个空位。我站起来说:“你是不是要发信,反正我一时也发不出去,不如先给你用一用吧!”他点点头,不客气地坐下。因为他要发信,我不好在一边看着,便把头扭向了一边。几分钟后,我回过头,发现他根本没有发信,而是在聊天室聊天。我礼貌地说:“我要用机了,你让一让行吗?”他像没听见我的话,毫不理会。我生气了,说:“请你让开!”他扭过头,很不礼貌地说:“这又不是你私人的电脑,你能用,我就不能用?”我气极了,用手按住了键盘,他反手便是一掌,推了我一个趔趄。一位老师走过来,问清原因,请他出去。他骂骂咧咧地走了。我重新坐到电脑前,突然在屏幕上看到了几个熟悉的字眼:西门飘雪。他竟然就是西门飘雪!我无声地哭了很久很久。我宁愿自己从来就没见过他!

我真不知道这世上还有没有一位叫西门飘雪的人,他才华横溢柔情万种,然而他只是一个梦,如今也该醒了。哭够之后,我第一件事便是更换了一个新的 E - mail 信箱。

又过了一段日子,我突然在学校布告牌的分栏中看到了西门飘雪的照片。原来,他因偷窃学校的电脑,被记过处分。我在布告牌前站了很久,心中已没有了一点惊讶。

回到寝室,我写了几张卖电脑的大海报,在学校四处张贴。有很多人过来看,我开出了一个高得出奇的价钱,他们全悻悻地走了。

他终于来了,老远我便看到了他一头脏乱的长发。它们让我心痛。他居然已经认不出我,眼睛只盯着电脑,犹豫了许久,问:“多少钱?”我说:“1000 元。”他急忙在口袋里四处摸索,最后翻出七百多元钱。我说:“就 700 吧,剩下的你以后还我。”他抱起电脑,好像怕我反悔似的,头也不回,急匆匆地走了。

他的身影离我越来越远。泪眼蒙眬中,我看见一个白衣白衫踏雪而行的少年正离我远去。也许,那个叫西门飘雪的男孩只是神话世界里的英雄。但是我该感谢他,曾几何时,是他教会了我自信。

有两个女生在我身边议论:“你看见刚才买电脑的那个脏兮兮的男生了吗?是我老乡班上的,他们叫他‘电脑疯子’,省下吃饭的钱去上网,欠班上每一个人的钱……”

我像经历了一次洗礼,舒适而疲惫。我静静地听着,好像她们在谈论一个与我毫不相干的人。

又过了几天,米娜神秘兮兮地告诉我,她在网上结识了一位挺优秀的男孩,他的名字叫西门飘雪。米娜说这话时,脸红红的,有些羞涩。

我说:“你醒醒吧!玩玩可以,别沉进去了,你连对方是男是女都拿不准。”

米娜愣了一下,说:“噫,这话听起来咋这么耳熟?”

我笑笑。

我再也没有去聊天室。

四

* 年的颜色

蒋子龙

“年”——应该是有颜色的。宋代诗人真山民在《新年》的诗里有这样的句子:“杏桃催换新颜色,唯有寒梅老一年。”过年就是换颜色,需要让色彩焕然一新。

那么,“年”的颜色是什么样子呢?人们首先会想到,“年”是红色的。“嫩绿枝头红一点,动人春色不须多”;“千红万紫报春光……”春联是红的,年画是红的,花灯是红的,蜡烛是红的,大年三十晚上吃的糖葫芦是红的,孩子的脸蛋儿是红的,新衣服也多是大红的,“利市”的封包以及送压岁钱的红包自然就更是红的了……红红火火,喜气洋洋,春节就该是“红海洋”。

还有一说,“年”是黄色的。过年离不开酒,“无复屠苏梦,挑灯夜未央”。酒就是黄的。“爆竹声中一岁除”,爆竹也是黄的,炸响后的烟雾同样是黄的。财富、金子是黄的。更重要的是,在中国传统习俗中,黄色代表吉祥尊贵。

其实,我倒认为,“年”的真正颜色应该是白的。

古人将下雪比作“丰年瑞”,“海仙翦水看花工,仙人种玉来呈祥”。过年下雪,就是中国人的“圣诞老人”。下雪是下好运,下瑞气,下礼物,下粮食……长空卷玉花,雪飞胜梦蝶,江山洁净,田畴清润,为瑞不嫌多,满眼丰年意。

过去讲究“新年雪压客年雪”。在我小的时候,沧州的“年”就是白色的,甚至整个冬天都是雪白的。清凛凛,白浩浩,大地冰冻,空气干寒,晚上雪气打灯,白天异光回绕,既轻松纤软,又干燥坚硬。

我一直认为,北方的男人是冬天培养出来的。他们从小在雪地里摸爬滚打,过一年便长一块,硬一成,在冷和硬的锤炼下,渐渐就强韧长大了。至今心里一想到年,想到冬天,想到家乡,还保留着雪色般的明净,纤尘不染。

其实,并不只是北方的冬天要下雪,南方也有下雪的时候,也同样被视为喜庆祥瑞之兆。这在广州的方志中有记载,贺远宁的《广州下雪诗》里,就引了几位广州诗人的咏雪诗,比如何鲲的《乙未腊月二十一夜广州大雪》:“乙未腊月二一夜,打窗淅沥随风下,千门万户敞凌晨,青年皓首群相讶。初疑罗浮春已催,千树万树梅花开,又疑五月木棉熟,南海庙前飞雪来。子夜飘摇日中止,鸳瓦平沟屐没齿,儿童戏弄范以模,手搁瑶蟠仙门里。人尽冰衔在玉堂,蛎墙龙户生辉光,沉香浦珠冻成海,白云山拥玉为冈……”

那个时候连广州都下那么大的雪,却不知从什么时候开始,千里冰封、万里雪飘的北国,却渐渐地雪越下越小、越下越少,以至于现在成了稀有物种。每到冬天千呼万唤也不肯下来,即便下来了,也不肯纷纷扬扬地铺天盖地一番。没有雪的覆盖,“年”的颜色也随之变得越来越深,越来越脏,土呛呛、灰蒙蒙,不再清亮,不再明净。

这样的“年”便无须小心呵护,在人们的心里失去了几分圣洁、几分畏惧,可以狂欢,可以醉酒,可以胡闹,可以糟蹋……由于“年”的颜色在变,其内容和品质也随之发生了变化。以前过年是回来,亲人团聚,认祖归宗,烧香上供。现在过年是出去,可以到一切自己想去的地方去游玩,主要任务是犒劳自己。

以前认为“年”是一种凶恶的怪兽,相貌狰狞,生性凶残,专以飞禽走兽、鳞介虫豸为食,一天换一种口味,从磕头虫直吃到大活人。此兽平时散居于深山密林之中,每隔365天便窜到人群聚居的地方,大饱一次口福。而且出没的时间都是在天黑以后,直至第二天的鸡鸣破晓……这便是“年”的来历,古人视过年是一件非常凶险的事情。

而现代人,哪还有怕年的?都把年视为吉祥鸟、狂欢节、放长假、睡大觉。怪兽在哪儿呢?怪兽就是自己,大吃大喝大醉,大饱自己的肚皮。过去兽是“年”,人怕“年”,现在人是“年”,变成了兽怕人,世界上再没有不怕人的东西。

以前过年有许多禁忌,平时可以口无遮拦,到过年了必须学会闭上嘴,绝不能乱说乱道,特别不能在嘴里说出“没、坏、死、糟”等灾难性的字眼儿。因为三十晚上说什么,什么便会应验。比如煮饺子的时候如果一不小心说出个“没”字,说不定满锅饺子就真的一个都没有了。要不人们都爱说过一年长一岁?人从生下来就是通过过年长大的,在过年的时候知道什么该说,什么不该说,过年就要说拜年话、吉祥话,不可说一些晦气的话,懂的规矩越多,见识就越多,人也就渐渐地长大了。

而现在过年是百无禁忌,越是正经话越不正经说,世上就没有不可以调笑嘲骂的事情,这是社会时尚。比如,今年流行的新年贺词和手机上的拜年短信,就尽是这样的词儿:“在新的一年里,祝你身体健康,牙齿掉光;一路顺风,半路失踪;一路走好,半路摔倒;天天愉快,经常变态;笑口常开,笑死活该!”

还有:“过年了,我不打算给你太多,就给你五千万吧:千万要快乐!千万要健康!千万要平安!千万不要忘记我!”年味儿变了,“年”就变了。“年”变了,人怎么可能不变呢?

【实践训练题】

1. 阅读理解:

(1)年有颜色吗?如果有,那是什么样的颜色?

(2)老年人常常感叹年已经没有年味了,你认为是这样吗?

2. 专题讨论:就以下两方面的社会现象收集资料,进行分析,作出评价。

(1)试比较中国的春节和外国的圣诞节,你更喜欢哪一种?为什么?

(2)试比较中国大学与和外国大学,你更喜欢哪一种?为什么?

(3)阅读下列材料,就相关现象作出评论。

【美文链接】

何必“厚此薄彼”

蒋子龙

2005年10月29日有点特殊,全国有百万人参加公务员考试,平均50个人中取一个,有些岗位要在二三百人中取一个,北京一机关只招一名公务员,报名者竟有2000多人,有人形容那场面真可谓:“博士一走廊,硕士一礼堂,本科生一操场。”

这就像千军万马在抢一条羊肠小道。可另一方面,用人市场上却在大闹“技工荒”,而且已经闹了有些年头了。许多生产单位都缺少好技工,有些公司不得不花高薪招聘优秀技工,在报纸上能经常看到这类广告:年薪18万元招聘高级电焊工,年薪12万元急聘高级车工……

为什么不需要那么多人的地方,人们却挤破脑袋往里钻,真需要人的地方又招不到人?即便单从求职的技巧出发,也应该躲开扎大堆,去挑选适合自己的冷门啊!

这就是眼下的社会结构对人们的误导。封建时代,推崇“万般皆下品,唯有读书高”,“书中自有黄金屋,书中自有颜如玉”。但那个年代,读得起书的人毕竟是少数,大部分人为了生存也要认真学好一门手艺,或安于本分的劳动。到解放初期,社会上还流行“一招鲜,吃遍天”的大实话。何况我们不是一个自称“勤劳”的民族吗?

自一切都讲究学历以来,社会风气便渐渐地变了。变得“重文凭、轻技能,重仕途、轻工匠”,一切以学历为上。于是,人们明明知道大学毕业后就业很难,明明知道考重点高中比考大学还难,可家家户户还是一门心思把孩子往读高中、上大学的路上逼。

别忘了,人是有差别的,一个人一个样,有的人会读书,却不一定就是人才;有的人不喜欢读书,但干活手很巧……每个人都有生存的权利,都有选择自己的爱好、发挥自己特长的权利。何必非要舍弃自己的优势,甚至是选择自己的劣势,而随着大家往一条道上挤呢?

“文革”期间我当过锻工,锻工就是铁匠,我干过的漂亮活儿至今还都记得清清楚楚。

比如用“三火”锻造一个82公斤重的方套，外面方方正正，中间一个直径16厘米的孔。上班时从技术科领出几张图纸，下班时地上放着一排实实在在的产品，将画在纸上的设计变成现实，那心里的愉快和满足，只有具体干活的人才能体会得到。当时车间里有两个八级工，他们才是车间的灵魂，全车间上上下下从骨子里尊敬他们，我当时的理想就是要当到八级工。至今有时候手还发痒，非常想站到锤前，拿钳子夹住一块烧红的钢料，上下翻飞地干出一身大汗。

干活，特别是能干出好活，干出一种境界，是很快乐的。即便是脑力劳动的人，最好也能掌握一门体力的技能。我们这个崇尚劳动的社会，是从什么时候开始鄙视“蓝领”？最可悲的是本没有技能、又从来没有认真干过活的年轻人，却从小就被培养成鄙视和惧怕干活，那新社会的希望又“新”在哪里、“希望”在哪里呢？

在这方面我倒欣赏老牌资本主义国家英国的做法：将技术工人的等级与学历对接，拿到一级技工的，就相当于初中毕业；二级技工相当于高中毕业；三级相当大专；四级相当本科；五级以上的技工，根据情况分别相当于硕士、博士。在英国，乃至其他一些发达国家的高级技术工人，所享受的待遇、社会地位和收入，丝毫不低于硕士、博士。

我们经常把“与国际接轨”挂在口头上，有时候真不知道把“轨”接到哪儿去啦？

【阅读材料一】

灰领将是大学生就业主流

“灰领”概念的提出，为大学生就业提供了更为广阔的空间。目前，许多职业技能培训和鉴定已经成为大学生的必修课，国内高校也鼓励更多学生手拿学历证书、职业资格证书求职就业，成为较高品质的复合型实用人才。

教育部高校学生司副司长刘大为明确表示，大学毕业生要找的只是一个工作，而不是职业，更不是事业。必须走出“大学生毕业就得当白领”的观念误区。有关专家更是指出，“灰领”应该成为大学生就业的主流。由于缺乏管理经验，刚毕业的大学生很难获得“白领”的职位，但大多又不愿当“蓝领”工人，因此通过职业技能培训成为“灰领”，是大学生实现就业的一个上策。

中国管理科学研究院高级研究员陈继华已经将“灰领”归纳为时代的产物，在农业社会里位于社会中心的是“绿领阶层”，工业社会里是“蓝领阶层”，在20世纪的工业化社会里则是“白领阶层”。而21世纪将使“灰领”一代人成为“知识经济”社会的主力军.

（《北京晚报》2004年2月11日）

【资料链接】

灰领一词，源于美国，原指负责维修电器、上下水道、机械的技术工人，他们多穿灰色的制服工作，因而得名。而现在，灰领被赋予了新的定义，指的是既能动脑又能动手，既掌握一定现代科学知识又有较高操作技能的复合型职业技能人才。广告创意、网络管理、会展策划、服装设计、电子工程师、软件开发工程师、装饰设计工程师、绘图工程师等这些对职业技能要求较高，但又不从事专门管理工作的岗位，都属于“灰领”。

上海市劳动和保障局对灰领比较权威的解释是：“具有较高知识层次、较强创新能力、掌握熟练技能的人才。”根据工作的行业和工作性质，“灰领”可以理解为是在制造企业生产一线从事高技能操作、设计或生产管理以及在服务业提供创造性服务的专门技能人员。

一位专家明确表示,“灰领”不是“蓝领”向“白领”的过渡阶层,而是一个有独立的智能结构、职业特征的人才类型。

【阅读材料二】

大学时代要做的50件事

1. 与大家都认为很优秀的人交往。
2. 当感到“这可不行”时,潜能勃然而出。
3. 听给人以震动的讲座。
4. 有的课并不是为了学分去听的。
5. 大学一天,老来一年。
6. 关于自学。
7. 不管在外逗留到多晚,回家后就把书打开。
8. 像复习应考时那样制订学习计划。
9. 结识一下会让你紧张的人。
10. 比考试期间更努力地学习。
11. 别勉强自己去学习。
12. 冷静地想一想,自己是不是真的喜欢学习。
13. 学习,不只在象牙塔内。
14. 拥有一本没有答案的习题集。
15. 做一本自己的词典。
16. 知不可为而为。
17. 日积月累,终有所成。
18. 即使退学了也还有事可做。
19. 别忘了功课。
20. 既要实践,又要学理论。
21. 脚踏实地,循序渐进。
22. 交一个热衷于学习的留学生朋友。
23. 学习自己专业的古典。
24. 要牢记这是你的专业,而并不只是兴趣。
25. 画一页自己的地图。
26. 住在学校里。
27. 要清楚在哪里找得到自己想要的资料。
28. 帮助老师做些事。
29. 收集。
30. 创造一个看同一部电影的最高纪录。
31. 运动以外的增强体力的方法。
32. 拥有两本以上的记事本。
33. 不是亲眼所见,不要轻易褒贬。
34. 抛弃成见。
35. 莫打工。

36. 为了生活费的十项作战计划。
37. 买一本三万元以上的书。
38. 整理孩提时代以来的影集。
39. 背叛父母。
40. 深夜步行回家所花时间最长的纪录。
41. 了解到当初的无知,便已接近了梦想。
42. 看一本使自己受冲击的书。
43. 一天一页,写什么都可以。
44. 训练自己能一边听课,一边看书。
45. 速读训练。
46. 和别人持有不同的观点。
47. 交一个挚友。
48. 有一个秘密的藏身处。
49. 一星期空出一天只和自己说话。
50. 一个人的国内旅游。

(《中国大学生》2003 年第 12 期中谷彰宏[日]文)

项目 3.4 创造性阅读能力训练

训练目的与要求

通过学习和训练,能明确创造性阅读技法的运用要求,阅读时做到善于思考,敢于质疑,乐于探究,能对文学作品作个性化的解读。

在训练过程中,有这样几点要求:

(1)注重启发学生的阅读想象;

(2)充分给予学生发表见解的机会;

(3)课内阅读与课外拓展相结合。

训练方法与步骤

要求在教师的指导下运用创造性阅读技法精读选文,同时辐射课外阅读。可采用讨论教学法,组织专题讨论会,鼓励发表独到见解。

支撑知识

一、概念

创造性阅读是一种超越自身体验,甚至超越作者、超越文本,发现以前未有过的答案,产生创造性结论的阅读。

创造性阅读有两个不同层面：

1. 超越自身体验的阅读，是创造性阅读的初级层面

文本的意义也许是他人已知、已会的，但“我”还不知、不会，通过阅读达到也知、也会，就是一种超越自我的“创造”。在阅读中，“我”拿书中的世界与周围的世界作比较，拿自己与作者或书中人物作比照，既理解了作者，也更好地认识了“自我”，阅读过程成为今日之我不断超越昨日之我的过程。

2. 能超越作者、超越文本，发现以前未有过的答案，产生创造性结论的阅读，这是创造性阅读的高级层面

在阅读文本时，运用创造性思维，产生超越读物原有内容的新颖、独到的见解或思路，是阅读的高级境界。王国维借用辛弃疾词表达读书的豁然贯通、超越文本的精细之情：“众里寻他千百度，蓦然回首，那人却在灯火阑珊处。”这是创造性阅读的常见现象，是许多读书人都经历的共同体验。一切作品特别是文学作品，其内涵往往是丰富的、多解的，它有许多“未定点”和“非硬性规定的自由空间”，任何人都不可能穷尽其所表达的意义，也都可以有自己的解读。同时一部《红楼梦》，不同人有不同的理解，同是一部《三国演义》，少年、中年、老年阅读的感受各不一样。文本是多解的，读者是复杂的，所以，对作品的理解不可能只有一个“标准答案”，而应该是一个不断开放和不断生成的过程。这是创造性阅读产生的基础。同时随着时代和社会的变化，同一读物在一代又一代的读者阅读过程中产生新的意义，也产生了新的问题。站在本时代所达到的认识高度上来提出疑问，明确回答是什么，从而不断发现新的意义，受到新的启示，产生新的见解，就可能得出比旧有材料中所论及的答案更完备、更精细、更有说服力的答案。近年来，中央电视台百家讲坛栏目播放易中天品三国、于丹说《论语》心得的节目，并引发文学评论热潮，其成功要义就在于易中天、于丹的阅读有新颖、独到的见解。

二、特点

1. 创造性阅读的活动中心与接受性阅读的活动中心不同

接受性阅读是把注意力集中在作者身上，注意作者提出了什么，是怎样提出的，怎样论证的。创造性阅读的活动中心集中在读者身上。

2. 创造性阅读主要运用求异思维

创造性阅读从逆向或反向思考问题，对阅读材料进行反思、审视，借鉴要素置换、结构重组、信息交会、情景迁移等创造原理，比较、辨析，同中见异，异中求同，从而发现问题并探究、解决问题。

3. 创造性阅读是阅读活动的归宿

创造性阅读的思维特征是独创性和批判性。清人赵翼诗云：“只眼须凭自主张，纷纷艺苑漫雌黄。矮人看戏何曾见，都是随人说短长。”他鄙夷“矮人”缺乏见识而人云亦云，赞扬独具只眼，自有主见。他还说：“人面仅一尺，竟无一相肖。人心亦如面，意匠戛独造。同阅一卷书，各自领其奥。同作一题文，各自擅其妙。问此胡其然？各有天在窍。”树上没有两片完全相同的树叶，世上没有两张绝对相似的脸，人的思想感情更是千差万别，各不相同，所以阅读、写作都贵在独创，这正是大自然赋予人的独特禀赋。

三、作用

1. 人文、社会科学的研究成果大多在创造性阅读的基础上产生

例如钱钟书读《伊索寓言》,他别具慧眼,读出别人未曾发现的新意。比如读了蝙蝠的故事,他联想到有一种人“比蝙蝠聪明多了,把蝙蝠的方法反过来施用:在鸟类里偏要充兽,表示脚踏实地,在兽类里偏要充鸟,表示高超出世。他们向武人卖弄风雅,向文人装作英雄”。寥寥几笔,就把自命不凡、投机钻营者卑鄙的伎俩揭露无遗。再如乌鸦的故事、狐狸和葡萄的故事等,一经钱钟书解读,立即翻出新意,用以洞烛世相,针砭时弊,莫不妙趣横生,又入木三分。卢梭认为寓言会把纯朴的小孩教得复杂了,钱钟书却认为寓言把纯朴的小孩教得愈简单了、愈幼稚了,长大了就处处碰壁上当。钱钟书的创造性阅读,在今天读来对我们也还是很有启示:对同一则寓言,可以从不同的角度去解读,寓意绝不是单一的。

2. 科学发现离不开创造性阅读

科学史上的重大发现,除了运用观察、实验等技术之外,批判地、创造性地阅读前人研究的论文、著作,也起了不可忽视的作用。科学是在不断批判旧说中前进的。古希腊哲学家德谟克利特提出原子说,认为万物均由不可分割的最小单位——原子所构成。原子的希腊文意即为不可分割。但到上个世纪,科学家发现原子的中心是原子核,外围是电子。后来又发现原子核是由质子和中子组成的,并把电子、质子和中子叫做“基本粒子”。但后来又陆续在宇宙线和加速器中发现了几百种粒子,取名光子、介子、中微子等。这些基本粒子又可分为轻子和强子,每一种强子又是由 3 种夸克构成的。到 20 世纪末,许多夸克又被分成“代”。因发现 J 粒子而荣获诺贝尔奖的美籍华裔科学家丁肇中的体会就是:研究需要自己作主张、出主意。不能盲目地接受过去认为的真理,也不能等待“学术权威”的指示。埋头读书不能应付一切,而要有自己的判断力。获诺贝尔奖的美籍华裔科学家杨振宁、李政道也强调不能接受别人的结论,必须自己独立思考,寻求答案。

四、方法及要求

创造性阅读是阅读活动的最高形式,也是最困难的一种形式,它不仅要求读者具有用某种方式阅读某种读物的能力,而且还要求读者从几个不同的角度显示出读物之间的关系。我们怎样才能达到阅读的最高境界,进行创造性地阅读呢?《礼记·中庸》曾这样描述阅读学习要求:“博学之,审问之,慎思之,明辨之,笃行之。”它其实告诉了我们创造性阅读的最佳方法。

1. 注意积累丰富的知识

创造性阅读建立在接受性阅读、比较性阅读以及评价性阅读的基础上。没有较好的语文功底、人文素养,很难完成创造性阅读。因此,学生应平时广泛地阅读、丰富地涉猎、勤勉地思索,丰富自己的人生积累。

2. 必须具备独立的思想、独立的人格

在阅读现代文章和文学作品时,不要盲从,不要让别人的分析束缚住自己的思想,要敢于发表自己的见解,对一些权威的观点和传统的结论进行大胆的颠覆和解构。

3. 要善于质疑

明代教育家陈献章在《论学书》中指出:“前辈谓学贵知疑。小疑则小进,大疑则大

进。疑者觉悟之机也，一番觉悟，一番长进。章初学时，亦是如此，更无别法也。即此便是科级，学者须循次而进，渐到至极耳。"他的论述是符合心理学中的动机理论的。内在的学习需要产生内在的学习动机，对一个现象的疑问就是探究这一现象的内心需要，疑问越强烈，越能引发深入的思考，越容易产生思维成果。朱熹在《晦翁学案》中这样描述阅读过程："读书始读未知有疑，其次则渐渐有疑，中则节节是疑，过了这番后，疑渐渐解，以致融会贯通，都无所疑，方始是学。"阅读的过程实际上是由无疑而有疑，由有疑而质疑，由质疑而解疑，由解疑而不疑的过程。质疑不仅是深思熟虑的结果，也是深入研讨的开始。

4. 努力培养推断和想象能力

平时阅读时，要有意识地训练自己的推断想象能力，自己去尽情欣赏和享受那美丽的风景。可以就作品的信息或内容进行大胆的假设，并进而自圆其说；可以对作品内容进行补充和丰富，对人物的命运进行大胆的推断和猜测，结合各种背景进行想象，加深对作品的理解。特别是要借助对表层意蕴的理解，深入到作品深层内涵的探究与发现中去，真正获得创造性阅读的无穷乐趣。

阅读·感悟真情

没有太阳，花朵不会开放；没有爱便没有幸福；没有妇女也就没有爱，没有母亲，既不会有诗人，也不会有英雄。

——高尔基

本项目的阅读素材以感悟真情类选文为主，请同学们结合课内学习，广泛阅读相关文章与作品，观察社会生活，感悟真情故事，并对社会现象进行思考分析，作出口头评说或写评论文章。

一

乡土情结[①]

柯 灵

君自故乡来，应知故乡事，
来日绮窗前，寒梅着花未？
——王维

每个人的心里，都有一方魂牵梦萦的土地。得意时想到它，失意时想到它。逢年逢节，触景生情，随时随地想到它。海天茫茫，风尘碌碌，酒阑灯灺[②]人散后，良辰美景奈何天[③]，洛阳秋风，巴山夜雨，都会情不自禁地惦念它。离得远了久了，使人愁肠百结："客舍并州已十霜，归心日夜忆咸阳，无端又渡桑乾水，却望并州是故乡。"[④]好不容易能回家了，偏又忐忑不安[⑤]："岭外音书断，经冬复历春，近乡情更怯，不敢问来人。"[⑥]异乡人这三个字，听起来音色苍凉；"他乡遇故知"，则是人生一快。一个怯生生的船家女，偶尔在江上听到乡音，就不禁喜上眉梢，顾不得娇羞，和隔船的陌生男子搭讪："君家何处住？妾住在长塘。停船暂借问，或恐是同乡。"[⑦]辽阔的空间，悠邈[⑧]的时间，都不会使这种感情褪色：这就是乡土情结。

人生旅途崎岖修远，起点站是童年。人第一眼看见的世界——几乎是世界的全部，就是生我育我的乡土。他开始感觉饥饱寒暖，发为悲啼笑乐。他从母亲的怀抱，父亲的眼神，亲族的逗弄中开始体会爱。但懂得爱的另一面——憎和恨，却须在稍稍接触人事以后。乡土的一山一水，一星一月，一虫一鸟，一草一木，一寒一暑，一风一俗，一丝一缕，一饮一啜[⑨]，都溶化为童年生活的血肉，不可分割。而且可能祖祖辈辈都立根在这片土地上，有一部悲欢离合的家史，在听祖母讲故事的同时，就种在小小的心坎里。邻里乡亲，早晚在街头巷尾、桥上井边、田塍[⑩]篱角相见，音容笑貌，闭眼塞耳也彼此了然，横竖呼吸着同一的空气，濡染着同一的风习，千丝万缕沾着边。一个人为自己的一生定音定调定向定位，要经过千磨百折的摸索，前途充满未知数，但童年的烙印，却像春蚕作茧，紧紧地包着自己，又像文身的花纹，一辈子附在身上。

"金窝银窝，不如家里的草窝。"但人是不安分的动物，多少人仗着年少气盛，横一横心，咬一咬牙，扬一扬手，向恋恋不舍的家乡告别，万里投荒，去寻找理想，追求荣誉，开创事业，富有浪漫气息。有的只是一首朦胧诗，——为了闯世界。多数却完全是沉重的现实主义格调：许多稚弱的童男童女，为了维持最低限度的生存要求，被父母含着眼泪打发出门，去串演各种悲剧。人一离开乡土，就成了失根的兰花，逐浪的浮萍，飞舞的秋蓬，因风四散的蒲公英，但乡土的梦，却永远追随着他们。"慈母手中线，游子身上衣"，这根线的长度，足够绕地球三匝。随卫星上天。

浪荡乾坤的结果，多数是少年子弟江湖老，黄金、美人、虚名、实惠，都成了竹篮打水一场空。有的侘傺[⑪]无聊，铩羽[⑫]而归。有的春花秋月，流连光景，"未老莫还乡，还乡须断肠"。有的倦于奔竞，跳出名利场，远离是非地，"只应守寂寞，还掩故园扉"。有的素性恬淡，误触尘网，不愿为五斗米折腰，归去来兮，种菊东篱，怡然自得。——但要达到这境界，至少得有几亩薄田，三间茅舍作退步，否则就只好寄人篱下，终老他乡。只有少数中的少数，个别中的个别，在亿万分之一的机会里冒险成功，春风得意，衣锦还乡。——"富贵不归故乡，如锦衣夜行，谁知之者！"这句名言的创作者是楚霸王项羽，但他自己功败垂成，并没有做到。他带着江东八千子弟出来造反，结果无一生还，自觉无颜再见江东父老，毅然在乌江慷慨自刎。项羽不愧为盖世英雄，论力量对比，他比他的对手刘邦强得多，但在政治策略上棋输一着：他自恃无敌，所过大肆杀戮，乘胜火烧咸阳；而刘邦虽然酒色财货无所不好，入关以后，却和百姓约法三章，秋毫无犯，终于天下归心，奠定了汉室江山，当了皇上。回到家乡，大摆筵席，宴请故人父老兄弟，狂歌酣舞，足足闹了十几天。"大风起兮云飞扬，威加海内兮归故乡，安得猛士兮守四方！"这就是刘邦当时的得意之作，载在诗史，流传至今。

灾难使成批的人流离失所，尤其是战争，不但造成田园寥落，骨肉分离，还不免导致道德崩坏，人性扭曲。刘邦同项羽交战败北，狼狈逃窜，为了顾自己轻车脱险，三次把未成年的亲生子女狠心从车上推下来。项羽抓了刘邦的父亲当人质，威胁要烹了他，刘邦却说：咱哥儿们，我爹就是你爹，你要是烹了他，别忘记“分我杯羹”。为了争天下，竟可以丧心病狂到这种地步！当然，战争有正义与非正义之分，“国家兴亡，匹夫有责”；“匈奴未灭，何以家为”；“四方丈夫事，平心铁石心”；“男儿何不带吴钩，收取关山五十州”，都是千古美谈，但正义战争的终极目的，正在于以战止战，缔造和平，而不是以战养战，以暴易暴。比灾难、战争更使人难以为怀的，是放逐：有家难归，有国难奔。屈原、贾谊、张俭、韩愈、柳宗元、苏东坡，直至康有为、梁启超，真可以说无代无之。——也许还该特别提一提林则徐，这位揭开中国近代史开宗明义第一章的伟大爱国前贤，为了严禁鸦片，结果获罪革职，遣戍伊犁。他在赴戍登程的悲凉时刻，口占一诗，告别家人：“苟利国家生死以，岂因祸福趋避之。谪居正是君恩厚，养拙刚于戍卒宜。”百年后重读此诗，还令人方寸如割，百脉沸涌，两眼发酸，低徊欷歔⑬不已。

安土重迁是中华民族的传统，我们祖先有个根深蒂固的观念，以为一切有生之伦，都有返本归元的倾向：鸟恋旧林，鱼思故渊，胡马依北风，狐死必首丘，树高千丈，落叶归根。有一种聊以慰情的迷信，还以为人在百年之后，阴间有个望乡台，好让死者的幽灵在月明之夜，登台望一望阳世的亲人。但这种缠绵的情致，并不能改变冷酷的现实，百余年来，许多人依然不得不离乡别井，乃至漂洋过海，谋生异域。有清一代，出国的华工不下一千万，足迹遍于世界，新兴资本主义国家的金矿、铁路、种植园里，渗透了他们的血汗。美国南北战争以后，黑奴解放了，我们这些黄皮肤的同胞，恰恰以刻苦、耐劳、廉价的特质，成了奴隶劳动的后续部队，他们当然做梦也没有想到什么叫人权。为了改变祖国的命运，孙中山领导的革命运动发轫⑭于美国檀香山，第一代中国共产党人，很多曾在法国勤工俭学。改革开放后掀起的出国潮，汹涌澎湃，方兴未艾。还有一种颇似难料而其实易解的矛盾现象：鸦片战争期间被清王朝割弃的香港，经过一百五十年的沧桑世变，终于回到了祖国的怀抱，这是何等的盛事！而不少生于斯、食于斯、惨淡经营于斯的香港人，却看做“头上一片云”，宁愿抛弃家业，纷纷作移民计。这一代又一代炎黄子孙浮海远航的潮流，各有其截然不同的背景、色彩和内涵，不可一概而论，却都是时代浮沉的侧影，历史浩荡前进中飞溅的浪花。民族向心力的凝聚，并不取决于地理距离的远近。我们第一代的华侨，含辛茹苦，寄籍外洋，生儿育女，却世代翘首神州，不忘桑梓之情，当祖国需要的时候，他们都作了慷慨的奉献。香港之一岛，从普通居民到各业之王、绅士爵士、翰苑名流，对大陆踊跃输将，表示休戚相关、风雨同舟的情谊，是近在眼前的动人事例。“美不美，故乡水，亲不亲，故乡人。”此中情味，离故土越远，就体会越深。

科学进步使天涯比邻，东西文化的融会交流使心灵相通，地球会变得越来越小。但乡土之恋不会因此消失。株守乡井，到老没见过轮船火车；或者魂丧域外，漂泊无归的现象，早该化为陈迹。我们应该有鹏举鸿飞的豪情，鱼游濠水的自在，同时拥有温暖安稳的家园，还有足以自豪的祖国，屹立于现代世界文明之林。

1997年12月23日

【注释】

①选自《中国当代文学作品精选》散文卷（北京十月文艺出版社1999年出版）。柯灵（1909～2000），浙江绍兴人，现代作家。30年代开始文学创作。作品以电影剧本和散文为主。散文集有《晦明》、《柯灵散文选》、《柯灵杂文集》、《长相思》、《回看血泪相和流》等。

②灺（xiè）：蜡烛的余烬。

③良辰美景奈何天:选自明朝大戏剧家汤显祖的《牡丹亭》,全句为“良辰美景奈何天,赏心乐事谁家院!”后常被人引用来描绘面对美好的景色和乐事而产生的一种无可奈何的哀愁情绪。

④引自唐代诗人贾岛的《渡桑乾》。

⑤忐忑(tǎn tè):心神不定。

⑥引自唐代诗人李频的《渡汉江》。

⑦引自唐代诗人崔颢的《长干行》。

⑧邈(miǎo):遥远。

⑨啜(chuò):吃或喝。

⑩塍(chéng):田间的土埂子。

⑪侘傺(chà chì):失意的样子。

⑫铩(shā)羽:伤了翅膀,比喻失意。

⑬低徊欷歔(xī xū):低徊,回味,留恋地回顾。欷歔,叹息声,抽咽声。

⑭发轫(rèn):轫,支住车轮不使旋转的木头。发轫,拿掉支住车轮的木头,使车前进。

【评析】

这篇文章内容主要写人类永恒之情之一——思乡之情。乡关何处,乡思绵绵,乡音无改,乡里乡亲……故乡,总让多少游子为之魂牵梦萦,为之泪湿襟衫,为之望眼欲穿,这是怎样的一种情结?安土重迁也好,衣锦还乡也好,叶落归根也好,故乡永远是每个人心中一方神圣的净土。

本文写法上的特色之一是用语的丰富多彩又简洁贴切;特色之二是引用的诗词俗语信手拈来、恰到好处,足见作者古文功底之深。

【实践训练题】

1. 弄清下列加点词的音形义:

绮窗 着花 魂牵梦萦 怯生生 愁肠百结 忐忑不安 风尘碌碌 崎岖修远

濡染 稚弱 流连光景 三匝 功败垂成 流离失所 寥落 缔造 低徊欷歔

发轫 翘首 安土重迁 桑梓 根深蒂固 方兴未艾 翰苑 搭讪 鹏举鸿飞

2. 请反复朗读全文,理解文中成语典故,了解其出处或全文:

良辰美景奈何天 洛阳秋风 巴山夜雨 不为五斗米折腰 种菊东篱

胡马依北风 鸟恋旧林 狐死首丘 鱼游濠水

3. 熟悉下列诗句,并加以鉴赏。

(1)唐代诗人贾岛(据《全唐诗》四七二卷一作刘皂诗)有诗云:“客舍并州已十霜,归心日夜忆咸阳。无端更渡桑乾水,却望并州是故乡。”

(2)“岭外音书断,经冬复历春。近乡情更怯,不敢问来人。”

(3)“君家何处住,妾住在横塘。停船暂借问,或恐是同乡。”

(4)韦庄《菩萨蛮》:“人人尽说江南好,游人只合江南老。春水碧于天,画船听雨眠。垆边人似月,皓腕凝霜雪。未老莫还乡,还乡须断肠。”

(5)孟浩然《留别王维》:“寂寂竟何待,朝朝空自归。欲寻芳草去,惜与故人违。当路谁相假?知音世所稀。只应守寂寞,还掩故园扉。”

(6)李贺《南园》:“男儿何不带吴钩,收取关山五十州。请君暂上凌烟阁,若个书生万户侯?”

(7)林则徐《赴戍登程口示家人》:“力微任重久神疲,再竭衰庸定不支。苟利国家生死以,岂因祸福避趋之。谪居正是君恩厚,养拙刚于戍卒宜。戏与山妻谈故事,试吟断送老头皮。”

4.“思乡”永远是一种最能触动游子愁绪、激起其共鸣的情结。不但因为那山、那水、那片土地上的一草一木一砖一瓦都曾烙下你多少美好或苦涩的记忆,更因为那里还生活着你常常“夜半惊梦醒”的父老乡亲和同学伙伴。正因为如此,古往今来,乡愁乡思的散文和诗词比比皆是。请找出三首有关思乡内容的古诗词,给其中的一首精心地备好课,作为你上讲台授课的内容,由同学们给你的讲授测评并打分。

【美文链接】

我为什么要当教师

贝得勒

你为什么要当教师呢?当我的朋友问我这个问题时,我告诉他我不想被认为是处于达官显赫的这样一个境地。使他迷惑不解的是,我所抛弃的显然正是所有的美国孩子自幼所一直被教导去追求的人生成功之路:金钱和权力。

我当然不想当教师,因为教书对我来说简直太难了。在我妄想赖以谋生的所有职业中,像推土机手、木匠、大学管理人员、作家——当教师是最难的了。对我来说,教书意味着“熬红的双眼”,因为我从未对自己的备课满意过,上课的前一天晚上我总是准备到深夜。“汗湿的手心”,因为当我走进教室的时候永远是紧张的,生怕又会被发现犯了傻。“沉重的心情”,因为当我一小时后走出教室时,可能又被认为上了一堂比以前更令人乏味的课。

我不想当教师,因为我认为我总是知道答案,或者我总想把我所知道的那些知识强让我的学生去接受。有时我简直怀疑我的那些学生们真的在课堂上把我所教给他们的都记下了吗?

那么,我为什么还要当教师呢?

我要当教师因为我喜欢学校工作日历所提供的生活节奏。六月、七月和八月的假期,给了我一个机会去思索、研究和写作——为今后的教学总结我的心得。

我要当教师因为教学永远是一个变化无穷的工作。甚至当我的教材是同样的,我总是改变着教学方法,然而更重要的是,我的学生总是在变化。

我要当教师因为我喜欢有出错的自由,有吸取教训的自由,有激励我自己和我的学生的自由。作为一个教师,我就是我自己的老板。即使我要求我的一年级新生去编一本如何写作文的教科书,谁又敢说不呢?这样的课程可能会完全失败,但我们都能从失败中学到些什么。

我要当教师因为我喜欢提出那些学生必须尽力思索才能回答的问题。这世界充满着对蹩脚古怪问题的正确答案。在教学中,我有时有意回避那些正统的提问。

我要当教师因为我喜欢学习。确实,我之所以感到我的教师生涯还颇有活力,是因为我总是不断地学习。我人生事业中最重要的发现之一就是,我之所以是最好的教师,不是因为我懂得多少,正相反是我酷爱学习。

我要当教师因为我以我能设法将我自己和我的学生从象牙塔式的传统封闭式的学习中解脱出来而进入外面的真实世界。我曾经教过一门称之为“在高科技社会中自我生存”的课程。我的十五位学生读过爱默生、梭罗和豪士利的作品。他们坚持记笔记。他们写出了学期论文。

然而我同样创建了一个公司，从银行贷款买下了一幢便宜的房子，经过同学们自我动手实践进行装修改造，在学期结束，我们卖掉了房子，还清了贷款，上交了所得税并且分了红利。

当然这决不是你所想象的一般性的英语课。但十五位未来的律师、会计师及商人突然发现他们正在用一个全新的眼光看待梭罗的“沃而登”(《瓦尔登湖》)一书。他们懂得了为什么他要去森林，他如何建立起他的木屋，而且为什么他如此欣赏他的经历以至于他要将此公布于世。他们同样也明白了为什么他最后终于离开了森林。他已经尝到了沃而登湖水的滋味。现在该是去品尝另一种饮料的时候了。

我要当教师因为教学给了我许多的饮料去品味，许多森林去进入和离开，许多好书去阅读，许多象牙塔般高深领域和现实世界的经历去探索。教学给了我前进的步伐，多变的人生和挑战以及不断学习的机会。

尽管如此，我还是忘了说我为什么要当教师的最重要的理由。

我的第一位博士生名叫维姬。她是一个十分有能力的年轻人，她一度由于未能通过文学课而使她申请奖学金受挫。但她勤奋不懈地研究撰写了一篇关于一位鲜为人知的十四世纪的诗人的论文。她终于完成了论文，并将它寄到著名的杂志予以发表。除偶尔请教了我几次，这几乎完全是由她自己完成的。当她完成了论文，通过了论文答辩，获得了一份工作并且赢得了哈佛大学的一笔奖学金用于将其论文写成一部专著时，使我感到欣慰的是，作为我的学生，她茁壮地生根、发芽成长起来了。

我的另一位学生名叫乔治。他是我所教过的最聪明的学生之一。他一开始学的是工程学，而后他转学英语因为他终于认识到他对人比对物更感兴趣。他一直在校学习直到他获得硕士学位。现在他在一所高级中学教英语。

还有一位学生名叫吉娜。她曾一度辍学，但她的一些同学把她找了回来，因为他们希望她能看到自我实现课题的结局。她回来了，她还是我的学生。作为她的老师，她告诉我她后来变得对城郊穷人的状况十分感兴趣，她致力于这个课题成为一名人权律师。

另有一位学生名叫杰卡。她是一个十分爱整洁的人而且有着一种绝大多数哪怕学过分析学的人所不能及的学习天分。杰卡决定停止高中的学习而直接进入大学。

这些就是我为什么要当教师的理由。这些学生在我眼前成长、变化着。当一名教师就好比在创造生命，我可以看到我所孕育的泥人开始呼吸。没有什么比能那么近的亲眼看到生命的呼吸更令人激动的了。

不当教师，我或许可以得到地位、金钱和权力，但我是有钱的。我从我所最乐意去做的事情中得到了报酬：读书学习，和人们交谈，去发现或者去提出像这样的一个问题，“什么才是真正的富有？”

我也有权力。我有权力去提请别人注意，去展开有趣的话题，去问那些难以回答的问题，去表扬一个大胆的回答，去谴责掩盖真理，去向学生推荐书籍，去指出前进的道路。我还会去在乎其他什么权力吗？

但是当教师也确实提供了一些除了金钱和权力之外的东西：它提供了“爱”。不仅仅是对学习的爱，对书本的爱，对思想的爱，而且是作为一个教师所能感受到的那些难得的学生步入教师的生活并开始呼吸的爱。或许“爱”用在这儿并不尽意，用“神奇”一词更为恰当。

我当教师是因为我生活在那些开始呼吸的人们中间，我有时甚至能感受到他们的气息中也有我自己的气息。

【注释】

本文译自美国《读者文摘》杂志1985年5月号。作者彼得·基·贝得勒，隶哈尔大学英语教授，荣获1983年度美国教育进步和援助基金会授予的全美教授的荣誉称号。

二

西山的月

沈从文

“求你将我放在你心上如印记，带在你臂上如戳记。”我念诵着雅歌来希望你，我的好人。

你的眼睛还没掉转来望我，只起了一个势，我早惊乱得同一只听到弹弓弦子响中的小雀了。我是这样怕与你灵魂接触，因为你太美丽了的缘故。

但这只小雀它愿意常常在弓弦响声下惊惊惶惶乱窜，从惊乱中它已找到更多的舒适快活了。

在青玉色的中天里，那些闪闪烁烁底星群，有你底眼睛存在：因你底眼睛也正是这样闪烁不定，且不要风吹。

在山谷中的溪涧里，那些清莹透明底出山泉，也有你底眼睛存在：你眼睛我记着比这水还清莹透明，流动不止。

我侥幸又见到你一度微笑了，是在那晚风为散放的盆莲旁边。这笑里有清香，我一点都不奇怪，本来你笑时是有种比清香还能沁人心脾的东西！

我见到你笑了，还找不出你的泪来。当我从一面篱笆前过身，见到那些嫩紫色牵牛花上附着的露珠，便想：倘若是她有什么不快事缠上了心，泪珠不是正同这露珠一样美丽，在凉月下会起虹彩吗？

我是那么想着，最后便把那朵牵牛花上的露珠用舌子舔干了。

怎么这人哪，不将我泪珠穿起？你必不会这样来怪我，我实在没有这种本领。我头发白的太多了，纵使我能，也找不到穿它的东西！

病渴的人，每日里身上疼痛，心中悲哀，你当真愿意不愿给渴了的人一点甘露喝？

这如像做好事的善人一样，可怜路人的渴涸，济以茶汤。

恩惠将附在这路人心上，做好事的人将蒙福至于永远。

我日里要做工，没有空闲。在夜里得了休息时，便沿着山涧去找你。我不怕虎狼，也不怕伸着两把钳子来吓我的蝎子，只想在月下见你一面。

碰到许多打起小小火把夜游的萤火，问它，“朋友朋友，你曾见过一个人吗？”它说，“你找那个人是个什么样子呢？”

我指那些闪闪烁烁的群星，“哪，这是眼睛。”

我指那些飘忽白云，“哪，这是衣裳。”

我要它静心去听那些涧泉和音，“哪，她声音同这一样。”

我末了把刚从花园内摘来那朵粉红玫瑰在它眼前晃了一下，“哪，这是脸。”

这些小东西，虽不知道什么叫做骄傲，还老老实实听我所说的话。但当我问它听清白没有，只把头摇了摇就想跑。

“怎么，究竟见不见到呢？”——我赶着它追问。“我这灯笼照我自己全身还不够！先生，放我吧，不然，我会又要绊倒在那些不忠厚的蜘蛛设就的圈套里……虽然它也不能奈何我，但我不愿意同它麻烦。先生，你还是问别个吧，再扯着我会赶不上她们了。”——它跑去了。

我行步迟钝，不能同它们一起遍山遍野去找你——但凡是山上有月色流注到的地方我都到了，不见你底踪迹。

回过头去，听那边山下有歌声飘扬过来，这歌声出于日光只能在墙外徘徊的狱中。我跑去为他们祝福：你那些强健无知的公绵羊啊！

神给了你强健却吝了知识：每日和平守分地咀嚼主人给你们的窝窝头，疾病与忧愁永不凭附于身；你们是有福了——阿门！

你那些懦弱无知的母绵羊啊！

神给了你温柔却吝了知识：每日和平守分地咀嚼主人给你们的窝窝头，失望与忧愁永不凭附于身；你们也是有福了——阿门！

世界之霉一时侵不到你们身上，你们但和平守分的生息在圈牢里：能证明你主人底恩惠——同时证明了你主人底富有；你们都是有福了——阿门！

当我起身时，有两行眼泪挂在脸上。为别人流还是为自己流呢？我自己还要问他人。但这时除了中天那轮凉月外，没有能做证明的人。

我要在你眼波中去洗我的手，摸到你的眼睛，太冷了。

倘若你的眼睛真是这样冷，在你鉴照下，有个人的心会结成冰。

这也是我游香山时找得的一篇文章，找得的地方是半山亭。似乎是什么人遗落忘记的稿子。文章虽不及古文高雅，但半夜里能一个人跑上半山亭来望月，本身已就是个妙人了。

当我刚发现这稿子念过前几段时，心想不知是谁个女人来消受他这郁闷的热情，未免起了点妒羡心。到末了使我了然，因最后一行写的是“待人承领的爱”这六个字令我失望，故把它圈掉了。为保存原文起见，乃在这里声明一句。

若有某个人能切实证明这招贴文章是寄她的，只要把地点告知，我也愿把原稿寄她，左右留在我身边也是无用东西。至于我，不经过别人许可，就在这里把别人文章发表了，不合理的地方，特在此致一声歉，不过想来既然是招贴类文章，擅自发表出来，也不算十分无道德心吧。

一九二五年九月一日

【注释】

沈从文(1902～1988)，原名沈岳焕，苗族湖南凤凰县人。14岁时，他投身行伍，浪迹湘川黔边境地区，1924年开始文学创作，抗战爆发后到西南联大任教，1946年回到北京大学任教，建国后在中国历史博物馆和中国社会科学院历史研究所工作，主要从事中国古代服饰的研究，1988年病逝于北京。沈从文一生共出版了《石子船》、《从文子集》等30多种短篇小说集和《边城》、《长河》等6部中长篇小说，创作风格趋向浪漫主义，他要求小说的诗意效果，融写实、纪梦、象征于一体，语言格调古朴，句式简峭，主干凸出，单纯而又厚实，朴纳而又传神，具有浓郁的地方色彩，凸现出乡村人性特有的风韵与神采。整个作品充满了对人生的隐忧和对生命的哲学思考，如他那实在而又顽强的生命，给人教益和启示。沈从文先生的文学作品《边城》、《湘西》、《从文自传》等，在国内外有重大的影响。他的作品被译成日本、美国、英国、前苏联等四十多个国家的文字出版，并被美国、日本、韩国、英国等十多个国家或地区选进大学课本，两度被提名为诺贝尔文学奖评选候选人。沈从文先生不仅是著名的作家，还是著名的历史学家、考古学家,他撰写出版了《中国丝绸图案》、《唐宋铜镜》、《龙凤艺术》、《战国漆器》、《中国古代服饰研究》等等学术专著,特别是巨著《中国古代服饰研究》影响很大,填补了我国文化史上的一项空白。

【实践训练题】

1. 阅读《西山的月》一文,谈谈自己的感受。

2. 阅读下面这个真实的故事,回答问题。

1954 年,巴西足球队在世界杯上意外地输给法国队,与冠军失之交臂。足球可是巴西的国魂。球员们沮丧、懊悔,他们准备承受球迷的嘲笑、辱骂。可是,当飞机降落时,眼前却是另一种景象:总统和两万名球迷默默地站在机场,人群中打着一条醒目的横幅:"这也会过去!"球员们顿时泪流满面。4 年后,巴西队不负众望,赢得了世界杯冠军。在宏大而激动人心的欢迎场面上,人群中依然打着那条格外醒目的横幅:"这也会过去!"

问题:

(1)前后两条同一内容的横幅各表达了什么意思?

(2)从故事中你得到了怎样的启示?

3. 课外阅读沈从文的《边城》。

【美文链接】

我的写作与水的关系

沈从文

在我一个自传里,我曾经提到过水给我的种种印象。檐溜,小小的河流,汪洋万顷的大海,莫不对于我有过极大的帮助,我学会用小小脑子去思索一切,全亏得是水,我对于宇宙认识得深一点,也亏得是水。

"我的生活与思想皆从孤独得来,而这点孤独与水不能分开"

"孤独一点,在你缺少一切的时节,你就会发现原来还有个你自己。"这是一句真话。我有我自己的生活与思想,可以说是皆从孤独得来的。我的教育,也是从孤独中得来的。然而这点孤独,与水不能分开。

年纪六七岁时节,私塾在我看来实在是个最无意思的地方。我不能忍受那个狭窄的天地,无论如何总得想出方法到学校以外的日光下去生活。

大六月里与一些同街比邻的坏小子,把书篮用草标各做下了一个记号,搁在本街土地堂的木偶身背后,就撒着手与他们到城外去,钻入高可及身的禾林里,捕捉禾穗上的蚱蜢,虽肩背为烈日所烤炙,也毫不在意。耳朵中只听到各处蚱蜢振翅的声音,全个心思只顾去追逐那种绿色黄色跳跃灵便的小生物。到后看看所得来的东西已尽够一顿午餐了,方到河滩边去洗净,拾些干草枯枝,用野火来烧烤蚱蜢,把这些东西当饭吃。直到这些小生物完全吃尽后,大家于是脱光了身子,用大石压着衣裤,各自从悬崖高处向河水中跃去。就这样泡在河水里,一直到晚方回家去,挨一顿不可避免的痛打。有时正在绿油油禾田中活动,有时正泡在水里,六月里照例的行雨来了,大的雨点夹着吓人的霹雳同时来到,各人匆匆忙忙逃到路坎旁废碾坊下或大树下去躲避。

雨落得久一点,一时不能停止,我必一面望着河面的水泡,或树枝上反光的叶片,想起许多事情。所捉的鱼逃了,所有的衣湿了,河面溜走的水蛇,叮固在大腿上的蚂蝗,碾坊里的母黄狗,挂在转动不已大水车上的起花人肠子,因为雨,制止了我身体的活动,心中便把一切看见的经过的皆记忆温习起来了。

雨落得越长,人也就越寂寞。在这时节想到一切好处也必想到一切坏处。那么大的雨,回家去说不定还得全身弄湿,不由得有点害怕起来,不敢再想了。我于是走到庙廊下去为做丝线的人牵丝,为制棕绳的人摇绳车。这些地方每天照例有这种工人做工,而且这种工人照例又还是我很熟悉的人。也就因为这种雨,无从掩饰我的劣行,回到家中时,我便更容易被罚跪在仓屋中。在那间空洞寂寞的仓屋里,听着外面檐溜滴沥声,我的想象力却更有了一种很好训练的机会。我得用回想与幻想补充我所缺少的饮食,安慰我所得到的痛苦。我因恐怖得去想一些不使我再恐怖的生活,我因孤寂又得去想一些热闹事情方不至于过分孤寂。

到十五岁以后,我的生活同一条辰河无从离开,我在那条河流边住下的日子约五年。这一大堆日子中我差不多无日不与河水发生关系。走长路皆得住宿到桥边与渡头,值得回忆的哀乐人事常是湿的。至少我还有十分之一的时间,是在那条河水正流与支流各样船只上消磨的。

从汤汤流水上,我明白了多少人事,学会了多少知识,见过了多少世界!我的想象是在这条河水上扩大的。我把过去生活加以温习,或对未来生活有何安排时,必依赖这一条河水。这条河水有多少次差一点儿把我攫去,又幸亏它的流动,帮助我做着那种横海扬帆的远梦,方使我能够依然好好地在人世中过着日子!

再过五年,我手中的一支笔,居然已能够尽我自由运用了。我虽离开了那条河流,我所写的故事,却多数是水边的故事。故事中我所最满意的文章,常用船上水上作为背景,我故事中人物的性格,全为我在水边船上所见到的人物性格。我文字中一点忧郁气氛,便因为被过去十五年前南方的阴雨天气影响而来,我文字风格,假若还有些值得注意处,那只因为我记得水上人的言语太多了。

再过五年后,我的住处已由干燥的北京移到一个明朗华丽的海边。海既那么宽泛无涯无际,我对人生远景凝眸的机会便较多了些。海边既那么寂寞,它培养了我的孤独心情。海放大了我的感情与希望,且放大了我的人格。

"我读一本小书,同时又读一本大书"

六岁时我已单独上了私塾,初上学时我因为在家中业已认字不少,记忆力从小又似乎特别好,比较其余小孩,可谓十分幸福。第二年后换了一个私塾,我跟从几个较大的学生,学会了逃避那些书本去同一切自然相亲近。当我学会了用自己眼睛看世界一切,到不同社会中去生活时,学校对于我便已毫无兴味可言了。

有时天气坏一点,我就一个人走到城外庙里去。那些庙里总常常有人在殿前廊下绞绳子,织竹簟,做香,我就看他们做事。有人下棋,我看下棋。有人打拳,我看打拳。甚至于相骂,我也看着,看他们如何骂来骂去,如何结果。

逃学失败被家中学校任何一方面发觉时,两方面总得各挨一顿打。在学校得自己把板凳搬到孔夫子牌位前,伏在上面受笞。有时又常常罚跪至一根香时间。我一面被处罚跪在房中的一隅,一面便记着各种事情,想象恰如生了一对翅膀,凭经验飞到各样动人事物上去。按照天气寒暖,想到河中的鳜鱼被钓起离水以后拨刺的情形,想到天上飞满风筝的情形,想到空山中歌唱的黄鹂,想到树木上累累的果实。由于最容易神往到种种屋外东西上去,反而常把处罚的痛苦忘掉,处罚的时间忘掉,直到被唤起以后为止,我就从不曾在被处罚中感觉过小小冤屈。那不是冤屈。我应感谢那种处罚,使我无法同自然接近时,给我一个练习想象的机会。

家中对这件事自然照例不大明白情形,以为只是教师方面太宽的过失,因此又为我换一个教师。这事对我说来,倒又得感谢我的家中,因为现在的学校可真很远很远了,我便应当经过许多有趣味的地方了。路上我可看到针铺门前永远必有一个老人戴了极大的眼镜,低下头来在那里磨针。又可看到一个伞铺,大门敞开,做伞时十几个学徒一起工作,尽人欣赏。又有皮靴店,大胖子皮匠,天热时总腆出有一个大而黑的肚皮(上面有一撮毛!)用夹板绱鞋。又有个剃头铺,任何时节总有人手托一个小小木盘,呆呆地在那里尽剃头师傅刮脸。又可看到一家染坊,有强壮多力的苗人,踹在凹形石碾上面,站得高高的,手扶着墙上横木,偏左偏右的摇荡。又有三家苗人打豆腐的作坊,小腰白齿头包花帕的苗妇人,时时刻刻口上都轻声唱歌,一面引逗缚在身背后包单里的小苗人,一面用放光的红铜勺舀取豆浆。我还必须经过一个豆粉作坊,远远的就可听到骡子推磨隆隆的声音,屋顶棚架上晾满白粉条。我还得经过一些屠户肉案桌,可看到那些新鲜猪肉砍碎时尚在跳动不止。我还得经过一家扎冥器出租花轿的铺子,有白面无常鬼,蓝面阎罗王,鱼龙轿子,金童玉女。每天且可以从他那里看出有多少人接亲,有多少冥器,那些定做的作品又成就了多少,换了些什么式样。并且还常常停顿下来,看他们贴金敷粉,涂色,一站许久。

我就欢喜看那些东西,一面看一面明白了许多事情。

"我生活中充满了疑问,都得我自己去寻找解答。"

每天上学时,我照例手肘上挂了那个竹书篮,里面放十多本破书。在家中虽不敢不穿鞋,可是一出了大门,即刻就把鞋脱下拿到手上,赤脚向学校走去。

到了溪边,有时候溪中涨了小小的水,就把裤管高卷,书篮顶在头上,一只手扶着,一只手照料裤子,在沿了城根流去的溪水中走去,直到水深齐膝处为止。学校在北门,我出的是西门,又进南门,再绕城里大街一直走去。在南门河滩方面我还可以看一阵杀牛,机会好时恰好正看到那老实可怜畜牲放倒的情形。因为每天可以看一点点,杀牛的手续同牛内脏的位置不久也就被我完全弄清楚了。再过去一点就是边街,有铁匠铺,制铁炉同风箱皆占据屋中,大门永远敞开着,时间即或再早一些,也可以看到一个小孩子两只手拉风箱横柄,把整个身子的分量前倾后倒,风箱于是就连续发出一种吼声,火炉上便放出一股臭烟同红光。日子一多,关于任何一件铁器的制造程序,我也不会弄错了。

我最欢喜天上落雨,一落了小雨,即或天气正当十冬腊月,我也有理由即刻脱下鞋袜赤脚在街上走路。但最使人开心事,还是落过大雨以后,街上许多地方阴沟中涌出水来,常常有人不能过身,我却赤着两脚故意向深水中走去。若河中涨了大水,照例上游会漂流得有木头、家具、南瓜同其他东西,就赶快到横跨大河的桥上去看热闹。我欢喜看人在洄水里扳罾,巴掌大的活鲫鱼在网中蹦跳。

若在四月落了点小雨,山地里田塍上各处全是蟋蟀声音,真使人心花怒放。在这些时节,我总得想方设法逃学上山去捉蟋蟀。有时没有什么东西安置这小东西,就走到那里去,把第一只捉到手后又捉第二只,两只手各有一只后,我总还可以想方设法把第三只从泥土中赶出,看看若比较手中的大些,即开释了手中所有,捕捉新的,如此轮流换去,一整天仅捉回两只小虫。

可是只要我不逃学,在学校里我是不至于像其他那些人受处罚的。我从不用心念书,但我从不在应当背诵时节无法对付。许多书总是临时来读十遍八遍，背诵时节却居然朗朗上口，一字不遗，也似乎就由于这份小小聪明，学校把我同一般同学一样待遇。家中不了解我为什么不想上进，不好好地利用自己聪明用功，我不了解家中为什么只要我读书，不让我玩。我自己总以为读书太容易了点，把认得的字记记那不算什么稀奇。最稀奇处，应当是另外那些人，在他那份习惯下所做的一切事情。为什么骡子推磨时得把眼睛遮上？为什么刀得烧红时在盐水里一淬方能坚硬？为什么雕佛像的会把木头雕成人形，所贴的金那么薄又用什么方法做成？为什么小铜匠会在一块铜板上钻那么一个圆眼，刻花时刻得整整齐齐？这些古怪事情实在太多了。

我生活中充满了疑问，都得我自己去找寻解答。我要知道的太多，所知道的又太少，有时便有点发愁。就为的是白日里太野，各处去看，各处去听，还各处去嗅闻，死蛇的气味，腐草的气味，屠户身上的气味，烧碗处土窑淋雨以后放出的气味，要我说来虽当时无法用言语去形容，要我辨别却十分容易。蝙蝠的声音，一只黄牛当屠户把刀捅进它喉中时叹息的声音，藏在田塍土穴中大黄喉蛇的鸣声，黑暗中鱼在水面拨刺的微声，全因到耳边时分量不同，我也记得那么清清楚楚。因此夜间我便做出无数稀奇古怪的梦。经常是梦向天上飞去，一直到金光闪烁中，终于大叫而醒。这些梦直到如今，还常常使我在半夜里无法安眠，既把我带回到那个“过去”的空虚里去，也把我带往空幻的宇宙里去。

在我面前的世界已够宽广了，但我似乎还得一个更宽广的世界。我得用这方面得到的知识证明那方面的疑问。我得从比较中知道谁好谁坏。我得看许多业已由于好询问别人，以及好自己幻想所感觉到的世界上的新鲜事情新鲜东西。

三

永恒的母亲

三毛

我的母亲——猎进兰女士，在19岁高中毕业那年，经过相亲，认识了我的父亲。母亲20岁的时候，她放弃进入大学的机会，下嫁父亲，成为一个妇人。

童年时代，很少看见母亲有过什么表情，她的脸色一向安详，在那安详的背后，总使人感受到那一份巨大的茫然。

等我上了大学的时候，对于母亲的存在以及价值，才知道再做一次评价。记得放学回家来，看见总是在厨房里的母亲，突然脱口问道：“妈妈，你念过尼采没有？”母亲说没有。又问：“那叔本华、康德和萨特呢？还有……这些哲人难道你都不晓得？”母亲还是说不晓得。我呆望着她转身而去的身影，一时感慨不已，觉得母亲居然是这么一个没有学问的人。我有些发怒，向她喊：

“那你去读呀！”这句喊叫，被母亲丢向油锅内的炒菜声挡掉了，我到房间去读书，却听见母亲在叫：“吃饭了！今天都是你喜欢的菜。”

以前，母亲除了东南亚之外，没有去过其他的国家。八年前，当父亲和母亲排除万难，飞去欧洲探望外孙和我时，是我的不孝，给了母亲一场心碎的旅行。外孙的意外死亡，使得父亲、母亲一夜之间白了头发。更有讽刺意味的是，母女分别了十三年后重逢的那个中秋节，我们却正在埋葬一个亲爱的家人。这万万不是存心伤害父母的行为，却使我今生今世一想起那父母亲的头发，就要泪湿满襟。

母亲的腿上，好似绑着一条无形的带子，那一条带子的长度，只够她在厨房和家中走来走去。大门虽没有上锁，她心里的爱，却使她甘心情愿把自己锁了一辈子。

我一直怀疑，母亲总认为她爱父亲的深度胜于父亲爱她的程度。

还是九年前吧，小兄的终身大事终于在一场喜宴里完成了。那一天，当全场安静下来的时候，父亲开始致词。父亲要说什么话，母亲事先并不知道，他娓娓动听地说了一番话。最后，他话锋一转道："我同时要深深感谢我的妻子，如果不是她，我不能得到这四个诚诚恳恳，正正当当的孩子，如果不是她，我不能拥有一个美满的家庭……"当父亲说到这里时，母亲的眼泪夺眶而出，她站在众人面前，任凭泪水奔流。我相信，母亲一生的辛劳和付出，终于在父亲对她的肯定里，得到了全部的回收。

这几天，每当我匆匆忙忙由外面赶回家去晚餐时，总是呆望着母亲那拿了一辈子锅铲的手发呆。就是这双手，把我们这个家管了起来。就是那条腰围，没有缺过我们一顿饭菜。就是这一个看上去年华渐逝的妇人，将她的一生一世，毫无怨言，更不求任何回报的交给了父亲和我们这些孩子。

回想到一生对于母亲的愧疚和爱，回想到当年读大学时看不起母亲不懂哲学书籍的罪过，我恨不能就跪在她的面前，向她请求宽恕。今生唯一的孝顺，好似只有在努力加餐这件事上来讨得母亲的快乐。

想对母亲说：真正了解人生的人，是她；真正走过那么长路的人，是她；真正经历过那么多沧桑的，也全然用行为解释了爱的人，也是她。在人生的旅途上，母亲所赋予生命的深度和广度，没有一本哲学书籍能够比她更周全。

母亲啊母亲，在女儿的心里，你是源，是爱，是永恒。

你也是我们终生追寻的道路、真理和生命。

【注释】

三毛，本名陈平，1943年3月26日生，浙江省定海县人，中国文化大学哲学系肄业，曾留学欧洲，婚后定居非洲撒哈拉沙漠迦纳利岛，并以当地的生活为背景，写出一连串脍炙人口的作品。1981年回台后，曾在文化大学任教，1984年辞去教职，而以写作、演讲为重心。1991年1月4日去世，享年48岁。她的足迹遍及世界各地，她的作品也在全球的华人社会广为流传，在大陆也有广大的读者，生平著作和译作十分丰富，共有二十四种，主要作品有《撒哈拉的故事》、《万水千山走遍》、《滚滚红尘》等。

【实践训练题】

主题班会：献给母亲（父亲）的歌

1. 班会内容

为了培养学生的自主能力和参与兴趣，可请两名学生来主持这次活动，活动可分四个环节：

（1）活动导入：播放赞颂母亲（父亲）的歌曲，带学生进入情境。

（2）感受母爱（父爱）：通过学生搜集有关歌颂母亲的文章，增强学生对母爱的认识。

（3）走近母亲（父亲）：先让学生谈母亲对自己无尽关怀的生活小事，然后请学生评说或表演小品。

（4）回报母亲：让学生谈谈通过这次活动，自己想对母亲说什么，为母亲做些什么。

2. 活动目标

（1）通过活动，多侧面的认识母亲（父亲），体会母亲（父亲）的关爱，培养热爱并孝敬母亲（父亲）的情感。

（2）通过活动，学会用适当的方法向母亲（父亲）表达感情，学会理性的思考母爱（父爱)以及爱的内涵。

(3)培养用多种表达方式来表达自己真情实感的能力。

(4)每个学生能把自己所搜集的有关资料,用不同的方式展示出来,与大家分享。

3. 活动准备

(1)活动前,学生要收集有关母爱(父爱)的材料。

(2)搜集有关赞颂母亲(父亲)的歌曲,并学会演唱。

(3)回忆或观察倾注着母亲(父亲)无尽关怀的生活小事,写出对母亲(父亲)的看法。

【美文链接】

乡下纯种的亲爸爸啊

痕　迹

这是一个真实的故事,主人公周嘉龙在湖北某厅级单位当处长。

接父亲进城来

1984 年 8 月 19 日,我以安徽省灵璧县高考第二名的优异成绩被上海复旦大学录取。那是个怎样的喜庆日啊! 我从学校一路飞奔回家,父亲正在洗农服,我近乎癫狂地冲他高喊:“爸,我考上大学了……”将那录取通知单在父亲眼前使劲地晃。父亲一双手慌忙在身上揩几下,满脸神圣地接过通知单,翻来覆去地看,嘴中喃喃:“好哩,龙娃吃‘皇粮’了,爸的辛苦没白费哩,没白费……”两行热泪从父亲深邃的眼中汩汩流出。

父亲这辈子不容易。我 3 岁时,母亲得痨病去世,父亲谢绝好心人的劝告,一直没续弦。理由只有一个,怕后娘对娃不好。他当爹又当妈,伺候我吃穿。童年的记忆里,父亲带我去邻村看电影《两个小八路》《地道战》,没椅子坐,就让我骑在他脖颈上;我因感冒导致口腔溃疡,不能咀嚼食物,父亲耐心地将菜嚼烂,嘴对嘴地喂我;因交不起学费我被学校拒之门外,父亲一连挑了三担谷给学校食堂,求校长让我进教室,他却每天吃两餐……读高三时,我说:“爸,我要考上大学分了工作,有了房子,一定接你到城里去享福。”父亲笑得合不拢嘴:“那是那是,龙娃孝顺,爸等着哩。”

去复旦大学报到的前一天,父亲领我到母亲坟头,燃了三炷香,烧了一堆纸,放了一挂鞭,他对“母亲”说:“托你的福,龙娃成器考上了名牌大学,你在那边尽管放心。龙娃要给你发誓……”父亲表情严肃要我跪下三叩头:一叩爱党爱国;二叩好好做人;三叩永不忘本……

我在大学非常用功,大三就加入了党组织。1988 年秋,我大学毕业,分到湖北一家厅级单位当了工程师助理。6 年后,与同济医科大学毕业的女友斐斐结婚,翌年添了个可爱的胖小子,接着平步青云当了处长,分了一套三室两厅的住房……真是春风得意马蹄疾,我顺利得连上帝也羡慕不已。

《新增广贤文》说:“欲报三春晖,当尽寸草情。羔羊跪乳鸦反哺,敬父敬母儿女心。”我兴冲冲给千里之外的父亲写信,让他进城享福。这是为人之孝道,亦是我诺言的兑现。操劳一辈子的父亲该歇歇了。

这顿接风宴,父亲吃得并不开心

父亲来的那天,我和妻都不在家。他进我们水果湖大院可费周折了。门卫是那个伶牙俐齿又有点势利眼的吴嫂,硬不让他进,还优越感十足地嘲笑他:“知道啵,这大院住的都是啥人?”父亲脚蹬解放鞋,背着一袋花生和几壶麻油,说他找龙娃。吴嫂不耐烦地说,你的龙娃不在这里,你到前面的建筑工地去找……再不理他了。父亲掏出一个信封,那是我寄给他的挂号信,信封上有我的签名,他讨好地递给吴嫂:“大姐,您看看,我家龙娃就写的这个地址。”吴嫂接过一看,态度竟来了个180度大转弯,几乎吓着父亲了:“哟哟哟,您是周处长的爸爸周大爷啊,快进屋坐。我马上给周处长打电话,您等着……”后来,父亲给我描述这事时,不停地点头,不停地摇头,说城里人咋像演小品呢?

领父亲进门时,他被室内的“富丽堂皇”惊呆了,迟迟不敢抬脚走。我说这套房有117平方米,装修花了8万块,还欠下3万元债。父亲的拇指和食指做了个开枪的手势:“8万?啧啧,在我们乡下要做4层楼哩……”我说这不是最好的,单位有人花了18万块装修,人家那才叫豪华。看见父亲惊成O型的嘴,我笑着为他打开一间房:“这是您的卧室,坐有沙发,看有彩电,听有收音机,睡有席梦思,还装有冷暖空调,常年保持室温22度……”我颇带炫耀的介绍,引得父亲憨憨地笑:“嗬嗬,难怪村里人说我有福气。来汉时,一村人都送我,叫我莫忘他们,嘿嘿,怎么会忘呢?”

说话间,妻带儿子回来了。父亲拍着巴掌,惊喜地扑向他的孙娃。妻拦住他:“爸,别吓着孩子,瞧您……”父亲呵呵大笑,转身从蛇皮袋里翻出一包油炸味果,往孙娃手上塞:“这是爷爷专为你炸的,可香哩。你爸爸小时最爱吃。”见惯了精美食品的儿子小嘴一撇:“脏死,谁吃呀?”接过味果往地上一甩,回了他的小房间。父亲的笑容瞬间凝固了,妻子赶忙打圆场:“爸,孩子不懂事,您莫见怪。”父亲讪讪一笑:“不怪不怪,哪有爷爷见孙娃的怪?”

为给父亲接风洗尘,妻当晚做了一桌丰盛的佳肴,却出了小麻烦。妻是医生,有洁癖,就连自家人吃饭喝汤也用公筷公勺,可吃了60余年“同甘共苦饭”的父亲咋办?明说,怕伤父亲的自尊心;不说,妻不答应。只得见机行事。开饭后,在我和妻子的热情“劝菜”声中,父亲一脸的幸福,对我们频繁地、夸张地使用公筷(示范)视而不见,其“私筷”在各菜碗里悠然巡游。妻子在桌下不停地踢我,我急出汗了。3岁的儿子救了我:“爷爷不讲卫生,您应该用公筷夹菜,这样就不传染病……”父亲伸向菜碗的筷子定在空中,怔怔地看看妻,又看看我。我心虚地说:“爸,莫听他的,想怎么吃就怎么吃……”他尴尬地收回筷子,冲孙子勉强挤出一丝笑:“乖孙娃说得对,爷爷用公筷。”妻对儿子露出了赞赏的笑容,我忙将话题岔开,父亲谈着谈着又忘了“戒律”,等他记起,又满脸的歉意。看他的难受劲,我瞪了妻一眼。

这顿接风宴,父亲吃得并不开心。

一个人吃饭还自在些

第二天清晨,我正在客厅哄儿子喝牛奶,忽见妻尖叫着从卫生间冲出:“你去看……”原来,父亲大便后没拉水阀冲,妻恶心得又呕又吐。父亲呆若木鸡,为自己的“无知”使儿媳“受苦”深感不安。他低头走到妻前:“斐斐,我……你……原谅……”父亲语无伦次地检讨。妻摆摆手:“爸,没事,您歇着吧。”父亲蔫了半天。

儿子爱吃父亲带来的花生,常常是这样一幅画面:一盘带壳花生放在爷孙俩面前,这一老一少,剥的剥,吃的吃,分工明确,配合默契。这时,有颗花生的外壳太硬,父亲用手剥不开,就放在嘴里咬破后,剔出花生米,就在儿子张口的刹那间,妻惊叫着拦住父亲的手,说小孩不能太吃多了,拽着儿子进了房。父亲若有所悟,大概想起了公筷。他苦笑着嘟哝:“龙娃小时,我还嘴对嘴喂过他哩。”

我岳父岳母均是教授级医疗专家，妻子不甘落后，为评高级职称，拟请医院领导撮一顿（岳父母作陪）。领导怕影响不好，不愿去酒店，妻就在家大操大办。父亲听说要来贵客，连忙刮胡子，换衣服。妻心里竟打起了小九九，不想让父亲上桌陪客，要我去做工作……她的城里父母是人，我的农民父亲就不是人？真岂有此理！我气得与她大吵，父亲听得一清二楚，平静地走出房门说："别吵了，斐斐说得对，评职称是一生的大事，那是前途哩……爸没文化，上桌也插不上话，硬拉我上去不是出洋相吗？等会儿你们给我添碗饭，一个人吃还自在些……"父亲笑了，居然笑了。

那餐"单独"饭，父亲吃得很少。

世上有这伟大的盲流？

一个双休日，妻带儿子到青少年宫学围棋去了，我决定陪父亲逛逛武汉景点。首站是黄鹤楼，我掏出一张50元大钞买了两张票，父亲竟问对方咋不找钱，当他知道25元一张票时，说太贵了，很不高兴，要我退。好不容易才说服他，我们沿着台阶拾级而上，一个个蓬头垢面的乞丐冲我们打躬作揖讨钱。父亲十分同情，仔细询问乞丐何方人氏，家中有几口人，有何难处，然后要我掏钱。我说报上常有揭露，他们是职业骗子，家里都盖了楼房，武汉市民政部门不知遣送他们多少回了，所讲的难处是编的、装的。父亲不信，要我装着试试看，我哭笑不得。

父亲在黄鹤楼上眺望武汉三镇，对长江与汉水，对天堑变通途的大桥，对鳞次栉比的高楼大厦赞叹不已，冷不丁说："要是你妈活到现在该多好啊！"父亲动情了。我灵感一闪，说："爸，给您找个老伴吧？"父亲羞得孩子似的涨红了脸，低低地斥道："你都三十好几的人了，说话咋还没大没小的？"我说："现在什么时代了，您还这么封建？城里丧偶的人找老伴的可多啦，政府提倡。"父亲叹口气："年轻时没想，黄土埋到脖颈了还想那干吗？只要你们过得好，爸心里舒坦着哩！以后别提这事，我不爱听……"

在黄鹤楼公园玩了两个多小时，我催父亲去归元寺。他怕花钱，借口肚子痛要回去休息。我叫了一辆桑塔纳出租车，车上开着空调，放着李娜的《青藏高原》歌，很舒服。

父亲四处打量后，咬着我的耳朵说："龙娃，我是第一次坐轿车，开荤哩。怕要5块钱吧？"我含笑点头。很快，父亲眉头打结，眼睛盯上计价器了。蓝色的数字一个劲地跳，在他眼里，简直就是涨洪水。他捅捅我："这样跳下去还得了，快停。"我故意不理，父亲急了，操着皖北口音令司机停车。司机一回头，我冲他眨眨眼，司机心领神会："老人家，这里停车警察要扣我的分，吊销我的驾照，那您不是害我了？"父亲没辙了，眼睁睁看着车子开到家，计价器显示24.2元……

父亲气哼哼，骂我当花的不花（施舍乞丐），不该花的特大方，他发誓再也不出去玩。末了，他自言自语地说："这个鬼武汉，一出门就要钱……"

家里常有些朋友来往，对方一般不会空手，烟酒食品什么的，大包小包。父亲竟忧虑不安。那天，他趁妻不在家，给我上起政治课："儿啊，可别学坏了，你有今天不容易，咱家靠你光宗耀祖哩。想当年，爸连挑三担谷给你抵学费，为的是啥？人活在世上，不能为了私利，泯灭自己的良心，那要遭报应的……"我说您想哪儿去了，这是很正常的，礼尚往来嘛，我去他们家不也要带点"入门笑"（礼品）吗？父亲松口气："我只是给你敲敲、敲敲……"

有一天，父亲站在马路边与捡破烂的乡下人互相递烟，谈得不知多火热。大约两小时后才回。我问是不是认识，父亲摇头，说看着对方那身衣服就觉得亲切。我纯属无心地说:“您跟那‘盲流’有什么好谈的?”父亲勃然大怒:“你读书读到哪去了,什么叫盲流?人家自食其力,靠捡破烂供娃儿上大学,世上有这伟大的盲流?这‘盲流’说不准就是以后的局长的爸爸、市长的爸爸、省长的爸爸。我看你小子,变质了……”砰的一声,父亲怒冲冲关上门。

男人的拳头是打天下的

儿子每天上下幼儿园,父亲负责接送。常见他坐在幼儿园门前的树荫里,点上一根烟,怡然自得地吞云吐雾。当铁门开启时,孩子们蜂拥而出,他便掐灭烟头,拍拍臀上的灰,乐颠颠地寻他的孙娃。有天早上,儿子不要他接送,父亲大惑不解,不知哪里得罪了小皇帝。儿子怒目而视:“小朋友都笑我有个‘土包子’爷爷,骂我是下贱的‘乡里种’。你滚回老家去,我就不是‘乡里种’了……”这话太突然了,我和妻面面相觑,父亲更是如雷轰顶,像棵没钉稳的瘦木桩,呆呆又颤颤。

终于,我的气如火山爆发,拉过儿子就是一巴掌:“你这兔崽子,没有爷爷哪有爸爸,没有爸爸哪有你?爸爸就是‘乡里种’,‘乡里种’怎么啦?可以考名牌大学,可以当处长。200 多个高贵的城里人在给爸爸这个下贱的‘乡里种’打工,么样……”我气急败坏地嚎叫着。儿子哇哇大哭,脸上“五指山”清晰可见。妻抚摸着儿子的脸,骂我比虎狼还残暴,咒我不得好死……我已失去理智,给了妻重重一拳:“滚,你们娘俩都给老子滚……”妻抱着儿子发疯似的冲到门外。

我歪在沙发上如牛喘气,父亲竟从门后拿来竹扫把,没头没脑朝我身上抽:“谁叫你打我孙娃的,他才 3 岁知道个啥?谁叫你打我媳妇的,上哪去找这么好的媳妇?男人的拳头是打天下的,不是打老婆孩子的。这点承受能力都没有,你还当处长?你以为当处长就了不得,我就不敢打了?告诉你,官再大你也是我儿,在省里当个处长算个 X。我叫你打,叫你打……”

我像具僵尸一动不动,直到妻子冲进来跪在父亲面前,捉住他的手。父亲早已浊泪纵横了。

对不起,是我搅了你们平静的生活

父亲走了。趁我们上班,悄悄走的。桌上压着一封信。

龙娃、斐斐:

爸回皖北了,没给你们打招呼,这样好些。来汉的一个多月,给你们添了太多麻烦。爸又住楼房,又坐轿车,还逛了黄鹤楼,村里没几个人有爸这福气,该满足了。

为人父母,爱的就是孩子,水往下流嘛,看见你们打骂,爸心里揪得疼。都是爸不好,搅了你们平静的生活,对不起了。

俗话说:人命一尺,难求一丈。爸生来是种田的命,趁现在还能动,回去种几亩田,养些猪、鸡,帮你们攒一分是一分。人,终归要往那条道上走,有一天爸随你妈去了,有空你们就给坟上添几锹土,没空就算了,人死如灯灭嘛!

你们装修房子扯了不少债,爸帮不上大忙,客厅的沙发垫子下有 4 000 块钱,爸攒了好多年,只有这些,你们拿去还账吧!

你们要相亲相爱,互敬互重,家和万事兴哩!

爸

读着念着,信纸上开满了我的泪花,忽听还有嘤嘤的哭泣声,回头一看,妻也哭了。

四

* 会唱歌的鸢尾花

舒婷

我的忧伤因为你的照耀
升起一圈淡淡的光轮
——题记

一

在你的胸前
我已变成会唱歌的鸢尾花
你呼吸的轻风吹动我
在一片丁当响的月光下

用你宽宽的手掌
暂时
覆盖我吧

二

现在我可以做梦了吗
雪地,大森林
古老的风铃和斜塔
我可以要一株真正的圣诞树吗
上面挂满
溜冰鞋、神笛和童话
焰火、喷泉般炫耀欢乐
我可以大笑着在街上奔跑吗

三

我那小篮子呢
我的丰产田里长草的秋收啊
我那旧水壶呢
我的脚手架下干渴的午休啊
我的从未打过的蝴蝶结
我的英语练习:I love you love—you
我在街灯下折叠而又拉长的身影啊
我那无数次
流出来又咽进去的泪水啊

还有
还有
不要问我
为什么在梦中微微转侧
往事,像躲在墙角的蛐蛐
小声而固执地呜咽着

四

让我做个宁静的梦吧
不要离开我
那条很短很短的街
我们已走了很长很长的岁月
让我做个安详的梦吧
不要惊动我
别理睬那盘旋不去的鸦群
只要你眼中没有一丝阴云

让我做个荒唐的梦吧
不要笑话我
我要葱绿地每天走进你的诗行
又绯红地每晚回到你的身旁
让我做个狂悖的梦吧
原谅并且容忍我的专制
当我说:你是我的!你是我的
亲爱的,不要责备我……
我甚至渴望
涌起热情的千万层浪头
千万次把你淹没

五

当我们头挨着头
像乘着向月球去的高速列车
世界发出尖锐的啸声向后倒去
时间疯狂地旋转
雪崩似的纷纷挥落

当我们悄悄对视
灵魂像一片画展中的田野
一涡儿一涡儿阳光
吸引我们向更深处走去
寂静、充实、和谐

六

就这样
握着手坐在黑暗里
听任那古老而又年轻的声音
在我们心中穿来穿去
即使有个帝王前来敲门
你也不必搭理
但是……

七

等等！那是什么？什么声响
唤醒我血管里猩红的节拍
　　在我晕眩的时候
　　永远清醒的大海啊
那是什么？谁的意志
使我肉体和灵魂的眼睛一齐睁开
　　"你要每天背起十字架
跟我来"

八

伞状的梦
蒲公英一般飞逝
四周一片环形山

九

我情感的三角梅啊
你宁可生生灭灭
回到你风风雨雨的山坡
不要在花瓶上摇曳

我天性中的野天鹅啊
你即使负着枪伤
也要横越无遮拦的冬天
不要留恋带栏杆的春色
然而，我的名字和我的信念
已同时进入跑道
代表民族的某个单项纪录
我没有权利休息
没有终点，只有速度

十

向
将要做出最高裁决的天空
我扬起脸
风啊，你可以把我带去
但我还有为自己的心
承认不当幸福者的权利

十一

亲爱的，举起你的灯
照我上路
让我同我的诗行一起远播吧
理想之钟在沼地后面敲响，夜那么柔和
村庄和城市簇在我的臂弯里，灯光拱动着
让我的诗行随我继续跋涉吧
大道扭动触手高声叫嚷：不能通过
泉水纵横的土地却把路标交给了花朵

十二

我走过钢齿交错的市街，走向广场
我走进南瓜棚，走出青稞地、深入荒原
生活不断铸造我
一边是重轭、一边是花冠
却没有人知道
我还是你的不会做算术的笨姑娘
无论时代的交响怎样立刻卷去我的呼应
你仍然能认出我那独一无二的声音

十三

我站得笔直
无畏、骄傲，分外年轻
痛苦的风暴在心底
太阳在额前
我的黄皮肤光亮透明
我的黑头发丰洁茂盛
中国母亲啊
给你应声而来的儿女
重新命名

十四

把我叫做你的"桦树苗儿"
你的"蔚蓝的小星星"吧，妈妈
如果子弹飞来
就先把我打中
我微笑着，眼睛分外清明地

从母亲的肩头慢慢滑下
不要哭泣了,红花草
血,在你的浪尖上燃烧
……

十五

到那时候,心爱的人
你不要悲伤
虽然再没有人
　　扬起浅色衣裙
　　穿过蝉声如雨的小巷
　　来敲你的彩镶玻璃窗
虽然再没有淘气的手
　　把闹钟拨响
　　着恼地说:现在各就各位
　　去,回到你的航线上
你不要在玉石的底座上
塑造我简朴的形象
更不要陪孤独的吉他
把日历一页一页往回翻

十六

你的位置
在那旗帜下
理想使痛苦光辉
这是我嘱托橄榄树
留给你的
最后一句话
和鸽子一起来找我吧
在早晨来找我
你会从人们的爱情里
找到我
找到你的
　　会唱歌的鸢尾花

1981年10月28日

【实践训练题】

1. 试分析《会唱歌的鸢尾花》中的意象。

2. 讨论分析《春江花月夜》(见【美文链接】)这首诗在结构和手法上有什么特点?赏听民族器乐曲《春江花月夜》。

3. 口头评说:

对教材中选用的三首诗歌的思想内容及表现手法进行比较,并作出评价。

4. 课外阅读以爱情为题材的文学作品,谈谈古今爱情观的变迁。

【美文链接】

春江花月夜①

张若虚

春江潮水连海平,海上明月共潮生②。滟滟随波千万里③,何处春江无月明!江流宛转绕芳甸,月照花林皆似霰④;空里流霜不觉飞,汀上白沙看不见⑤。江天一色无纤尘,皎皎空中孤月轮。江畔何人初见月?江月何年初照人?人生代代无穷已,江月年年望相似;不知江月待何人,但见长江送流水。白云一片去悠悠,青枫浦上不胜愁⑥。谁家今夜扁舟子?何处相思明月楼⑦?可怜楼上月徘徊,应照离人妆镜台⑧。玉户帘中卷不去,捣衣砧上拂还来⑨。此时相望不相闻,愿逐月华流照君⑩。鸿雁长飞光不度,鱼龙潜跃水成文⑪。昨日闲潭梦落花⑫,可怜春半不还家。江水流春去欲尽,江潭落月复西斜。斜月沉沉藏海雾,碣石潇湘无限路⑬。不知乘月几人归,落月摇情满江树⑭。

【注释】

①选自《中国古代文学作品选》(华中师范大学出版社1999年出版)。春江花月夜,乐府旧题。张若虚,生卒年不详,扬州(今江苏扬州市)人,唐代诗人。虽然其诗作今仅存两首,但一首《春江花月夜》就被前人评为"以孤篇压倒全唐"。这是一首画意、诗情、哲理水乳交融的典范之作。全诗描绘了春江月

夜清丽朦胧的优美图景，寄托了游子思妇的离愁别绪，抒发了人生苦短而好景长在、明月团圆而有情人难聚的感怀。

②连海平：江水连接大海，春潮高涨，江海不分。共潮生：明月初升，似从潮中涌出。

③滟滟：波光闪烁的样子。

④宛转：曲折。芳甸(diàn)：遍生花草的原野。甸，郊野。霰(xiàn)：雪珠，形容月光下的花朵。

⑤“空里流霜不觉飞”两句：意思是，月色如霜，所以空中毪霜也无从察觉，白沙与月色融成一片。汀，沙洲。

⑥青枫浦：又名双枫浦，在今湖南省浏阳县。浦，水边。

⑦扁(piān)舟子：驾小船远游江湖的人。明月楼：借指月夜闺楼中的思妇。

⑧月徘徊：此处指楼上月影移动。语出曹植《七哀诗》，其中有“明月照高楼，流光正徘徊。上有愁思妇，悲叹有余哀”句，诗意正同。离人：指思妇。

⑨“玉户帘中卷不去”两句：意思是，因为见月光增加愁思.所以要卷掉、拂掉。此借月光难以去掉表明愁思难以排遣。卷不去，指月光。砧(zhēn)，捣衣石。拂还来，指月光。

⑩逐：随。月华：月光。

⑪“鸿雁长飞光不度”两句：意思是，思妇难随月光到游子身边去。长飞，远飞。光不度，光不去。文，纹。

⑫闲潭：幽静的潭水。梦落花：思妇梦见落花。

⑬碣石：山名，在今河北省昌黎县北。潇湘：潇水和湘水。潇水源出湖南省蓝山县九嶷山，湘水源出广西灵川县海阳山。二水在湖南省零陵县合流，称为潇湘，北入洞庭湖。这里“碣石”指北，“潇湘”指南，泛指两地相距之远。

⑭摇情：满江满树摇动着落月的光影，象征着离人激动的心情。

【阅读材料】

在汶川地震中痛失妻子的男子用绳子将妻子的尸体绑在背部，送她去太平间。在极大悲痛的折磨中，这名男子坚持认为妻子不应该遗弃在那些尖利的碎石中。他要努力给予妻子死后些许的尊严。因此，他饱含着深情，将她的身体与自己绑在一起——然后用摩托车载着她前往当地的太平间。

爱人,请搂紧我

周碧华

爱人,我知道你很累
此刻,我们的家已毁
遍地瓦砾掩不了血腥味
可我有宽阔的背呀
爱人,你且好好地安睡

爱人,我知道你很冷
请将我搂紧
我的热血是你最后的体温
爱人,你真的睡着了吗
为什么这次睡得这么沉!

爱人,请搂紧我
是否还记得那片小山坡
满山的花偷窥了我们的热恋
你是那最浪漫的一朵
搂紧我呀,别松开!
爱人,我要带你去听歌

天堂的歌声远远地传来
爱人,我的悲伤已成河
今晚的饭菜在哪里
今生再不能枕你温柔的胳膊
爱人呀,搂紧我……

模块 4 写作能力训练

文章之作，其道多端；运用之妙，在乎一心。

——季羡林

实训导航

本模块由立意选材能力训练、结构表达能力训练、观察思考能力训练、联想想象能力训练四个训练项目组成。

立意选材能力训练、结构表达能力训练是训练文章写作的基本功，重点介绍写作的常见技法。

观察思考能力训练、联想想象能力训练有助于我们写出有新意、深刻的文章。观察思考能力训练在强调积累写作素材的同时，侧重提高我们观察生活、思考生活的能力。联想想象能力训练能开拓我们的写作思路。

社会生活是文章的取之不尽、用之不竭的唯一源泉。我们要学会观察生活、思考生活，并用自己的笔来反映生活。

项目4.1 立意和选材能力训练

训练目的与要求

通过学习和训练，能明确主题与材料的要求，能熟练运用以小见大的写作技巧撰写习作。

在训练过程中，有这样几点要求：

(1)一定要在具体写作实践中把握以小见大的写作技巧；

(2)要根据学生的实际选题；

(3)写作实践应强调实效性。

训练方法与步骤

依据具体情况，选择课内与课外结合的方式进行练习；应注重一材多题训练；注重学生的互评与相互促进。

训练示例与分析

有实用的立意和选材技法吗?

示例一：

掌 声

关汝松

日头偏西的时候，隆阳河畔的邢家寨猛然间从震后的悲痛气氛中挣脱出来，欢腾了，激荡了。

县委书记张建夹在汹涌澎湃的人流中，一溜小跑，向村西头的打谷场奔去。街道两旁，那些用高粱秸、棒子秸搭起的简易窝棚，像淡黄色的长龙，迅速地向身后退去。

张建急匆匆地跑着。他的两眼布满血丝；穿在身上的那件粗布黑袄，不知什么时候让钉子剐破前襟，露出了棉花套子；乱蓬蓬的头发上，瘦削的脸颊上和浓黑的胡茬上，搪满了老房土和柴禾屑。一天一夜的工夫，使他仿佛苍老了十岁。然而，他的目光却闪着抑制不住的兴奋神采。

汹涌的人流注入了宽阔的打谷场。张建也在场上站定了。

时值“九九”的冀南平原上，正是春寒料峭的季节。一阵紧似一阵的西北风，从隆阳河的西岸，卷过拖拉机耕翻的高粱地、长着青苗的麦地和拔了花柴的棉花地，带着凌厉的呼啸，裹着雪粒和尘沙扑打过来。张建举目远望，周总理乘坐的专机停放在打谷场北面的麦地里，机身闪耀着银灰色的光泽。他的心，一下子又激烈地跳动起来——这还是几分钟前发生的事情啊！现在，敬爱的周总理马上就要在大会上同群众见面，亲自把党的关怀和温暖,送到灾区群众的心坎上。而他,做了大会的召集人,心情能平静吗?

按照张建的嘱咐,人们纷纷在打谷场坐下来了。

没有主席台,张建和救灾部队的同志商量,在南面场地上一辆运输救灾物资的卡车的拖斗上,安上了麦克风。

卡车司机是个年轻战士,他扒住车门,踏上一只脚,忽然停住了,问道:

"书记同志,主席台安在哪儿?"

是啊,主席台安在什么地方合适呢?张建抬起头。凛冽的北风丝毫没有减去它锐利的锋芒,仍然劲头十足地呼啸着,打起旋儿;卷扬起来的雪粒和尘沙飘舞着,迷迷蒙蒙遮人眼目,打在人们的脸上和脖子里,冰冷而又疼痛。张建感到一阵揪心:会场上,一面是数以千计的受灾群众,一面是敬爱的周总理,究竟怎么安排好呢?他焦躁地暗暗骂道:"鬼天气!你千不该,万不该在这个时候来捣乱啊!"

张建又环视了一下会场。人们都在卡车的北面,仿佛有谁下了命令似的,整齐地朝北坐着,尽管干冷砭骨的寒风肆无忌惮地狂吹着,然而,他看不到一张脸庞——谁也没有背过脸来躲避风沙。黑压压的打谷场上,只看到冀南平原庄稼人裹在头上的羊肚手巾和方格头巾在寒风中飘动着。顿时,张建心头一热,感到群众和自己想在一个点上了。他看看年轻的司机,果断地说:

"把卡车开到北头!"

司机得到命令,很快从人们闪开的通道上,把卡车开到了打谷场的北头。

车停了。张建跟部队的同志搬了两张椅子,靠在卡车跟前当阶梯,他转身去找总理。这时,总理正蹲在场边上,跟一伙社员亲切地交谈,还不时地打着手势。他高大的身躯,穿一身朴素的青制服;脚着黑色旧皮鞋,没有戴帽子;炯炯的目光透露出对人民群众的亲切关怀。

张建轻声说:"总理,会场布置好了。"

"哦。"总理站起来,环视着会场。骤然,他浓黑的双眉拧成一线,他的目光盯在张建的脸上:

"风沙这么大,你怎么让老乡们冲着风坐呀?"

"大家都坐好了,"张建解释说:"这样您讲话要好一些。"

"我讲话可能方便一些,可是,他们呢?"总理用抬得不太高的右手指着群众。

张建喃喃地说:"群众主动坐好的。"他的声音虽然不高,心里却如浪涛翻腾:总理啊,灾区群众哪一颗火热的心不是这样想的?!

"不对,"总理的声音很严厉,似乎略带责备,"你是负责召集大会的县委书记!你说,一个人跟几千群众相比,哪一个更应该照顾?"

张建感动地低下了头。

"是的,我作为国家总理来看望受灾群众,"他停了一下,看看张建,用深沉的语调说,"但是,我是一个共产党员。你想想,共产党人哪儿有让群众吃苦在前,而自己吃苦在后的道理呢?"

总理说罢,健步走到卡车跟前,踏着椅子站到车斗上。张建也赶忙跟了上去。

突然,就在这一瞬间,广场上的群众"呼"地一下全站了起来,掌声、欢呼声汇成一片。张建甚至还分明看到那黧黑的有着皱纹的脸上,闪着晶莹的泪珠。

这当儿,总理站在麦克风前,一面用微曲的右手向群众致意,一面用浑厚的声音喊道:

“同志们，现在，请你们听我的口令……”

黑压压的会场上静下来了。

“向后——转！”

总理的令人感动的口令传到了每个角落，可是人们互相张望了一下，立即又恢复了原来的样子。

总理看了看，浓黑的眉毛抖动了一下，他随即转身走到车头的另一头，俯下身子对司机说：

“请你把车开到南头。”

司机探出头来，看了看总理，又看了看张建，犹豫起来。

“这是命令啊！”总理的声音很温和，但不容人反驳。

“乒”的一声，司机关上车门，发动马达，卡车拖着长长的电线，缓缓地，缓缓地穿入人群，驶到了打谷场的南端，人们的目光随着卡车移动着，身子也不由自主地转过来了。

“坐下！”总理喊道。

人们静静地坐下了。

凛冽的寒风吹打着总理的青色制服。总理面对群众迎风伫立，脸上现出了无比的激动。

突然，就像夜间爆发的山洪一样，会场上又爆发出一阵激烈的掌声和欢呼声。这掌声、这欢呼，发自人们的心灵深处，是那样的响亮，那样的雄壮，那样的激越！它在冀南平原这个普普通通的村庄上空，久久地回荡着，回荡着……

这无言的回答，不仅表达了人民对总理的无限深情，同时，也好像在向总理表示着战胜自然灾害的决心。

【简析】这是一篇叙事散文。它记述了1966年河北省邢台地区发生强烈地震后，周恩来总理冒着余震的危险，代表党和政府亲临灾区，慰问受灾群众过程中的一件小事。文章通过灾区群众发自内心的、热烈的“掌声”，充分地表现了群众热爱总理、总理关心群众，群众和领袖间心心相印、息息相通的深厚感情。本文以现实生活中的平凡小事反映领袖与群众之间的鱼水深情的，这种以小见大的叙事手法值得学习。

示例二：

选择最佳角度写新闻

李义英

新闻角度，就是报道新闻事实所选取的不同侧面。新闻角度选择得是否恰当，在一定程度上直接决定着新闻的成功与否。往往由于角度选择得恰当，平庸的事件变为新鲜，肤浅的内容变得深刻。我们看下面一个例子。

1957年，我国著名女子跳高选手郑凤荣在北京举行的全运会上，跃过1.77米的高度，刷新了世界纪录，美联社发了一条新闻，其导语是这样写的：

一位20岁的中国姑娘，在北京以有力的一跳警告了世界田径界：六亿中国人民不会是永远落后的运动员。

这个导语选择的角度就非常好。本来，这只是一个普通的体育事件，按常规报道一般写中国选手郑凤荣在北京举行的全运会上刷新女子世界纪录。而美联社记者则强调突出了“一位中国姑娘”向世界田径界“警告”，“六亿中国人民不会是永远落后的运动员”，这就把新闻的主题思想提高到一个更高的境界，普普通通的事件，写出了新意，写出了深意。

那么如何选择最佳报道角度呢?

一、深入挖掘，反复对比，找准最佳角度。

对同一事物可以多侧面、多角度进行报道，但最佳角度往往只有一个，这就要求我们在报道时，深入挖掘报道对象所蕴涵的各种意义，既要从纵的方面深入开掘，又要从横的方面进行反复对比，从中选出最佳角度。河南日报社记者采写《一件科技成果救活了一个工厂》的体会就很能说明这一点。

作者在采访新乡市毛纺厂的过程中了解到，新乡市毛纺厂过去由于生产不对路，产品滞销，工厂一度被迫停产。后来他们经过市场调查发现精纺毛线销路好，便克服困难研制成功了腈纶膨体闪光绒线，从而打开了销路，工厂也扭亏为盈，成为新乡市利税大户。记者在掌握了这些情况后。就考虑到从哪个角度来进行报道。首先想选择"注重市场调查，发展适销对路产品"的角度，但又想到这个主题在报上已见过多次，角度不新，一般化；其次又想到从"改造老设备，发展新产品"这个角度写，但从当时上面的精神看，强调的是"更新老设备，采用新设备"；后来又想从"自力更生不怕难，艰苦奋斗面貌变"这个角度写，但考虑到这是个老主题，要写好不容易；最后考虑到这个厂是因为发展科研工作，研制成功了新产品把工厂搞活的，这充分说明了"科学就是生产力"这个真理，再加上当时对"科学就是生产力"这个问题在认识上存在着分歧，很多企业领导对于科学技术不重视，宁愿用延长劳动时间、加班加点的办法而不愿在科研方面下工夫、花本钱。这些情况给记者很大启发，认识到选择"依靠科学技术给工厂找出路"这个角度写，是很有针对性、很有代表意义的，从而围绕这个角度写成了《一项科技成果救活了一个工厂》，《河南日报》在一版头题位置加短评刊登了这篇消息，在社会上引起了强烈的反响，《文汇报》等多家报纸也纷纷转载了这条消息，河南电视台据此还拍了专题片。

可见，采写新闻，一定要结合报道的要求，从各方面对新闻事实进行认真剖析，只有这样，才能选出针对性强的最佳角度。

二、大处着眼，小处着手，选择最佳角度。

从小处着手，大处着眼，就是既要落笔于小处，又要把握住大局，让小和大有机地结合起来，使我们的选择角度能以小见大，"从一滴水见太阳"。

在建国三十五周年大庆前后，一系列改革开放的成就性报道和十月一日天安门盛大阅兵和游行的报道都十分火爆，然而使人耳目一新的却是《中国法制报》的一则报道：

今年国庆期间，北京大街摆上了近一百万盆鲜花。全城万紫千红，处处花团锦簇。它们之中，既有一串红、一品红等普通观赏花卉，也有鹤望兰、五针松、香石竹、富贵竹等名贵品种。市园林局的同志欣喜地告诉笔者，到目前为止，没有一盆丢失，甚至没有一盆受到损害。

报道建国三十五周年大庆，有多少举世瞩目的大事可写，但作者却独辟蹊径，着重抓住了在常住人口近千万，流动人口超过百万的中国首都，百万盆鲜花摆放街头一个月，"没有一盆丢失，甚至没有一盆损坏"这件事来报道，向世人昭示了首都乃至全国老百姓不断提高的道德水准。这条精神成就的报道所产生的影响，丝毫不亚于物质成就方面的报道，作者正是通过这样一件小事，赞扬了建国三十五年以来我国在精神文明建设方面所取得的重大成就。

三、背面切入，反思立意，确定最佳角度。

有些新闻事实，本身就具有多方面含义，甚至有争议，在报道时采用反思的方法，从相反的角度去挖掘，往往可以收到意想不到的效果，写出有特点的报道。

一次，河南广播电视新闻中心一位记者去郑州中州宾馆采访河南省贫困地区开发会议，宾馆门前停车场上停满了小轿车，且有不少是进口豪华车。人们坐车前来开会，这是极为正常的事，未必能引起一般人的注意和思考，但这位记者却透过“正常”的现象，逮住了非常有价值的新闻，写出了《河南省贫困地区开发会议小轿车之多令人深思》的稿子，揭露了吃救济粮、拿救济款的贫困县的头头摆阔气、讲排场的情况。新华社很快播发了此稿，在河南以至全国引起强烈反响，河南省领导也表态坚决支持这一报道，认为揭得对，揭得好，有利督促采取措施，端正党风。如果这位记者不善于动脑子，不敢大胆跳出采访老套子，而是按部就班进行会议采访，这则好新闻就诞生不了了。

综上所述，选择新闻角度，一要抓住一个“比”字，作者在明确报道思想和详细占有材料的基础上，多选几个角度，进行分析比较，从中选出最佳角度。二要注意一个“小”字，要善于由小见大，见微知著，不能贪大求全，面面俱到。三要突出一个“异”字，尽量避免雷同、效仿，敢于标新立异，只有这样，新闻的特点才能抓好，体现好。

（选自2001年第2期《写作》）

【简析】写新闻要选择最佳角度，其实写其他文章也要讲究写作的角度，以小见大的写法是一种常见的立意选材方法。

支撑知识

一、立意

立意，就是确立主题。主题在古代文论中称为“意”。古人对文章的“意”是看得很重的，认为“意者一身之主也”。他们十分重视立意在写作运思构想中的地位和作用，又特别强调“意在笔先”，用“意”统帅全文。“意犹帅也。无帅之兵，谓之乌合。”（王夫之《姜斋诗话》）如果“意在笔后”，就会临文敷衍，手忙脚乱，文章写得支离破碎。

1. 主题的含义

主题是文章的灵魂，文章的纲，每篇文章都有一个主题。它像一根红线，贯穿全篇，成为整篇文章的中心。文章的选材、剪裁、结构、语言、表达，都要以主题为依据，受主题的约束。

主题就是作者在说明问题、发表主张或反映生活时，通过文章的具体内容所表达出来的基本观点或中心思想。这就是说，主题可以是理念的判断，也可以是情感的抒发；主题是文章中最主要、最基本的思想感情，而不是全部内容；主题是作者对客观事物、社会问题所持的观点和态度，而不是文章中提出的需要解答或思索得到“问题”。

主题的表达方式因文而异，在不同文体的文章中，对主题有不同的称法。在文学作品中，主题一般称为“主题思想”，有时也简称“主题”，它指的是作者通过全部题材的叙述和描写，所表现出来的主要思想，或所透露的一种情感和意向。在一般的记叙文中，主题称为中心思想或中心意思。在说明文中，主题也可称作中心思想和中心意思。而在议论文中，则一般称作中心论点或基本论点。

2. 确定主题的基本要求

确立主题是写好文章的关键。主题必须符合下列基本要求。

(1)主题要正确

正确是对主题的思想性、科学性或审美价值的要求。所谓主题正确,就是指文章中表达的中心思想要能体现事物的本质特征,要能反映事物的基本面貌。换句话说,主题要符合客观世界的真实情况,符合科学规律,能帮助人们正确认识客观世界,引导人们积极向上。

由于各类文章的功能不同,主题正确往往表现为不同的含义。如记叙类文章和文学作品,一般表现为某种正确的思想、健康的情感或审美的价值;大部分议论文,一般表现为正确的观点和主张,或体现某种客观的真理;而说明文和科学论文,则大多表现为某种科学的信息和事物的规律。

正确的主题有助于人们提高思想、陶冶情操、增长知识,而错误的或不健康的主题则会腐蚀人的思想,瓦解人的斗志。文章主题不正确的现象是经常发生的,这除了有意宣传错误乃至反动观点以外,更多的原因是由于思想认识有问题,是主观和客观不一致造成的。也就是说,主题的正确与否,往往是与作者的世界观、方法论相联系的,正如鲁迅先生所说:“从喷泉出来的都是水,从血管出来的都是血。”我们只有不断努力树立正确的世界观、掌握科学的方法论,才有可能写出主题正确的好文章来。

(2)主题要鲜明

鲜明,主要是指主题的倾向性。所谓主题鲜明,就是说,文章的中心思想、作者的根本立场和基本态度要明确,喜欢什么、厌恶什么、拥护什么、反对什么,要清清楚楚,毫不含糊。就如鲁迅先生说的,作为革命者,做人和作文,都要襟怀坦白,要热烈的拥抱着所是,要热烈的攻击着所非。完全可以这么讲,文章主题鲜明,是无产阶级战斗风格的体现。就以鲁迅先生为例吧,在那黑暗的年代里,国民党反动派高举着屠刀,国民党反动派的走狗暗探到处都是,其文化特务也极其嚣张,在这极度恐怖极度艰险的情况下,鲁迅文章的锋芒却丝毫不减!有时,国民党的新闻检察官将鲁迅文章中的“紧要话”删改掉,鲁迅便极为愤慨,并往往在文章结集时趁机会再改过来或加以注明。这是多么可贵的精神啊!毛泽东同志、刘少奇同志、周恩来同志等老一辈革命家的文章,其主题思想都是极其鲜明的。毛泽东同志对此曾有过十分精辟的见解。他说:“我们党所办的报纸,我们党所进行的一切宣传工作,都应当是生动的、鲜明的、尖锐的,毫不吞吞吐吐。这是我们革命无产阶级应有的战斗风格。我们要教育人民认识真理,要动员人民起来为解放自己而斗争,就需要这种战斗风格。用钝刀子割肉,是半天也割不出血来的。”

当然,鲜明并不是像呼口号那样。论说文往往在分析和论证上体现自己的鲜明;文艺作品则通过人物形象和情节体现自己的倾向,如鲁迅的小说《药》,茅盾的小说《子夜》,老舍的小说《骆驼祥子》等等都是如此。

文章要做到主题鲜明,作者必须全面把握材料,深刻分析和认识问题,只有看得透彻,才能说得明白,才能说到利害处。

(3)主题要集中

集中,主要指主题的简明和单一。一般来讲,一篇文章只能有一个主题,只集中阐述一个问题,解决一个问题,不宜同时存在两个或两个以上的中心。否则就会枝乱叶蔓,扰乱了文章的中心或是妨碍了人们对于中心的准确把握。

主题要集中，这是人们从写作实践中总结出来的经验。一脚不能同时踢翻几个关隘，十个指头按不住十只跳蚤，一篇文章，特别是短文，又怎能同时回答多个问题呢？势必说不彻底。

初学写作，文章主题往往不集中，主要有两个原因：一是对所写事物的意义没有想清楚，想在文章中告诉读者过多的意思，什么都想作为重点来写，结果主题分散，使读者理不出头绪，感到困惑；二是对无益于主题的材料舍不得割爱，觉得这也生动，那也有趣，不加选择地全写进文章中去，这样势必旁生枝节、文意迭出，主题也就不会集中了。

从写作的角度来说，要使主题集中，首先必须下一番熔裁的功夫。刘勰在《文心雕龙·熔裁》中指出："规范本体谓之熔，剪裁字词谓之裁。裁则芜秽不生，熔则纲领昭畅。"在提炼主题中，熔就是整理思想感情的内在联系。哪些是因，哪些是果；哪些是矛盾的主要方面；哪些应该突出，哪些则属于另外的思想不宜在本文中论及。通过这些思考，使思想感情"纲领昭畅"，中心突出，避免犯无中心或多中心的错误。裁就是删除多余的材料和语句。材料与主题有密切的关系。材料是主题的基础，又是主体的载体。材料繁杂无序，必然导致主题的混乱。李渔在论戏曲时，对主题和中心材料都用"主脑"的概念来表述，就是看到了突出材料重点与形成集中的主题的关系。

其次，必须对主题进行一定的限定。文章主题不集中，比较普遍的原因是主题过大。文章主题如果过大，表达又不充分，就不够集中了。写作时要善于删题。删题是对主题范围的限定，把题目限定的小一些，以便使主题集中。题目选得过大，作文时面面俱到，主题当然不会集中。删题是把思想情感中次要的东西删去，这是对主题内涵的进一步限定。作者在写作前，对某事物常常发生多方面的感受，产生多方面的认识。但写作中却要把思想感情限定在一个主要方面。魏巍在写《谁是最可爱的人》时，虽然想把自己在朝鲜的一切感受都告诉给祖国的朋友们，但在文章中只谈了一个感受，即志愿军是最可爱的人。这就是对主题的限定。

(4)主题要深刻

深刻，是指主题的深度，这是对主题更进一步的要求。文章是客观事物的反映。客观事物的现象是无比丰富的，有些现象和本质联系比较紧密，有些和本质之间有若干中介环节，并不是一眼就能可以看出来。所谓深刻的主题，就是站在时代的高度，透过事物的表面现象，抓住了其深层本质联系的思想。也就是说，主题不能停留在事物表面现象的罗列和叙述上，应该揭示事物的某种本质，反映事物的内部规律。同时，深刻的主题也不可能是抽象推论或凭空拔高的产物，而需寄寓在个性鲜明的具体材料之中。两者的巧妙结合，文章才能既生动又深刻。

邓拓的杂文《一块瓦片》，在这一点上就很有特色：一块瓦片，人们往往熟视无睹，然而仔细想想，其中却大有文章。作者通过中国历代统治阶级所享用的建筑物上的瓦片的不断花样翻新，反映了统治阶级穷奢极欲、纸醉金迷的腐朽生活。然而我国劳动人民所使用的瓦片却十分简陋，如北方的"石瓦"和南方的"竹瓦"，还有许多无立锥之地的人连瓦片也没有。两者对比何等鲜明！作者由此又引申开去："可见就讲一块瓦片，也有种种复杂的情形，需要进行历史的分析。……无论你是学历史的也好，学建筑的也好，学工业的也好，似乎都应该由小小的一块瓦片开始，对一切客观的事物，继续不断地进行仔细的分析研究。"以小见大，生发自然，从而显得立意深邃，启人心智。

有些同学的习作，往往还存在着主题肤浅的毛病，不善于从个别事物中去开掘事物的本质,原因通常是由于没有较好地掌握分析、综合事物的基本方法,或者认识上存在着某种局限。我们只有从提高思想认识能力上下工夫,主题不深刻的问题才能逐步得到解决。

二、选材

俗话说得好:“巧媳妇难为无米之炊。”写文章需要材料,材料是文章的血肉;没有材料,再高明的作家也写不出文章来。

1. 材料的概念

材料就是作者为着某种写作目的,搜集、摄取以及写入文章中的实事和理论根据。可见,材料不仅指用于具体文章中的材料(如支持观点的论据,描述、说明及借以抒情的对象等),同时也指作者在写作前积累和搜集的材料(如丰富的生活现象,确凿的事实和各种书面资料、文献等)。

材料有两种,一种叫素材,一种叫题材。素材是指作者通过观察、体验和感受,从生活中搜集和积累起来的、尚未经过取舍加工提炼的原始材料。素材也可以间接从他人手中或书本中获取。如姚雪垠为了创作《李自成》,查阅了浩繁的历史、文献资料,摘录了两万多张卡片,这些是他从书本中间接获得的写作材料。题材是从素材中经过选择、加工、提炼,写到作品或文章中,用来表现主题的材料。如鲁迅的《阿Q正传》写的虽是未庄一个雇农的故事,这个故事(题材)却是从作者长期观察旧中国社会和“国人灵魂”而得到的大量生活素材中提取、概括出来的。

2. 材料的选择

材料是提炼和形成主题的基础,也是表现、深化主题的手段,写文章首先必须占有材料。生活是文章材料的本源,生活是丰富多彩的,材料也就具有多样性、多义性和变义性。写文章,搜集材料时要“以十当一”,越多越好;选材材料时则要“以一当十”,越精越好。

(1)要围绕主题选择

主题是选材的依据和标尺,既要根据主题的需要进行选材,又要用主题这个标尺衡量选择的结果如何。选材时不能孤立地考虑一个材料本身如何,它本身也许很生动,但如果与主题无关,就不能入选,就是那些虽能表现主题,却软弱无力或彼此简单重复的材料,也应该坚决舍弃。选材不当,就不能有力地表现主题,甚至歪曲主题。选材力求选那些最能表现主题的材料,这样才能有利于突出主题。

初学写作者在这个问题上,容易出现的毛病有二:一是依恋材料的生动性,不忍割爱,结果造成主题的扭曲或混乱;二是不会辨析,堆积同类材料,把文章写成一个臃肿的“相扑”运动员。这两种毛病表现形式不同,其根源都是不懂或不善于将材料纳入表现主题的轨道,没有树立起围绕主题选材这个基本原则。许多大家都告诫说“取材贵严”、“取事贵约”,使用材料并不是多多益善,正如契诃夫所说:“要知道在大理石上刻出人脸来,无非是把这块石头上不是脸的地方都剔除掉罢了。”没有剔除,就不会有塑像,也不会有好文章。

(2)要选择真实的材料

真实,是文章的基础,是文章生命力的所在。真善美,是以真为前提的。没有真,就谈不上善和美。真实的材料是使文章具有说服力和感染力的保证。

材料的真实有两方面的含义:一是指材料具有严格意义上的真实性;二是指材料在本质上能反映事物的真实。

根据第一层含义，文章中的事实性材料要严格地符合客观事物的原貌或实际情况。对于消息、通讯报道、调查报告等文章来说，尤其是这样。

真实性的第二层含义是，文章中的事实材料还要能从本质上反映生活的真实面貌。为了达到这个目的，可以允许对于作为生活素材的事件、细节、环境、人物特征进行某些组合、改造，也就是艺术加工或艺术虚构。这一般是指叙事性文学作品中的材料情况说的。文艺作品题材的真实性乃是艺术的真实。艺术真实是经过艺术的提炼、集中、概括，由生活真实转化、上升而来的。作品中所描写的虽说不是某一客观事物如实记录，却要合乎生活的常理，这正是文学史中一切富有审美价值的艺术形象，都能给读者以一种逼真感的秘密之所在。

在写作中，材料失真现象的发生，首先是由于写作态度不认真，不究根清源，逐个核查，而是信手拈来，随便入文，甚至动机不纯，不惜颠倒是非，任意编造。其次，主观主义严重，按照常事、常理、常情想当然。再次，观察不细，取舍材料缺乏认真的考虑。有一个记者采访一位劳动模范，虽所记录的事件都是真实的，但在最后，记者为了使文章生动些，加了一段描写，其中一句说："这个白发苍苍的老模范"。工厂的同志看了报纸，对那位劳动模范说："老师傅，您的头发在哪儿啊？让我们看看您的白发苍苍呀！"后来这位劳动模范找到记者说："同志，你写的东西都对，就是白发苍苍不对哟。"他把帽子一摘，原来是个光头。这位记者平常看他总戴着帽子，恰好在帽子边剩下一点点的白头发，就这样写了。由于一个细节不真实，结果就闹出了笑话。

(3)要选择典型的材料

典型材料，就是那些最有代表性，最能反映事物本质，最能有效地表现主题的材料。它是具体的、个别的、富有鲜明独特的个性；同时，又最能体现同一类事物的本质特征和普遍意义。它是个性与共性的统一，具体性与普遍性的统一。这样的材料才能以一当十。因此材料必须选精，要有典型性。我们要像老舍先生所说的那样："宁可鲜桃一口，不吃烂杏一筐"，以百里挑一的严格态度去遴选材料。不用则已，一用最好就能获得以一斑而窥全豹，以一目尽传精神的效果。

我们拿写吝啬鬼的材料作比。同样是描写吝啬鬼的贪财习性，吴敬梓在《儒林外史》中对严监生的刻画，用的是临死前还嫌两根灯草费油因而迟迟不肯咽气的细节；而法国作家巴尔扎克在《欧也妮·葛朗台》中刻画葛朗台，则是临死向神父忏悔时，还想抢他手中镀金的十字架。这两个材料的典型性，不仅在于都能具体、生动地显示出被描写对象要钱不要命的性格特征；同时，它们似乎还能进一步区分出这两个贪财者的相同属性中的不同的民族、阶级特色来。严监生的举止，活脱体现出一个封建地主老财的吝啬、刻薄；葛朗台老头的行为，则是更带有西方资产阶级的贪婪、疯狂。如果把他们的上述举动彼此掉换一下，就会显得不尽合乎情理。如果改为描写他们如何不舍得吃好东西，不舍得穿好衣服，老是想"把一个钱掰成两半化"，就更加缺乏个性，因而也就很难获得上述典型材料所能具有的感染力和概括力了。

典型材料不一定都是"救人"、"救火"等大事，有些看似平常的小事同样能反映事物的本质，选材时要选那些"小中见大"的典型材料。这就需要有眼光，不然，即使碰到典型材料也会失之交臂；有了准确、犀利的眼光，不但能多中取少，而且能平中见奇，小中见大。譬如，志愿军战士在防空洞里，吃一口炒面，就一口雪，坚持阻击敌人，这在当年朝鲜战场上是极平常的事情。别人也许就是由于这个原因而没去注意它，魏巍却抓住了它，从而朴实、自然，而又深刻有力地显示出战士们平凡而伟大的心灵。这靠的是他对战士的深刻理解和敏锐的观察。可见要获取典型材料，除了广采博收素材，更主要的还是要提高思想水平、理论修养和陶冶高尚的情操，从而获得鉴别材料的眼光。这才能见人之所未见，发人之所未发。

(4)要选择新颖的材料

陆游在《剑南诗稿》中说："文章最忌百家衣。"旧的材料陈陈相因，东拼西凑，决不是什么好的材料。只有新颖的材料，才能表现出新鲜、活泼的思想，才富有时代的气息。新颖材料是文章表现新颖主题的基础。

所谓新颖材料，就是人们还没有接触过的新鲜事物、传闻、现象，或虽已接触过，但一经作者提炼、改制、组合，完全以新的姿态出现，仍是新颖的材料。写文章，选择新颖的材料，可以避免一般化，使读者读了耳目为之一新。这也是增强读者阅读兴趣，完满实现作者写作意图的重要保证。

有人感到，选取新颖的材料很难。其实，事情并非如此。"生活之树常青"，历史在发展，时代在前进，新事物层出不穷。只要留心观察，用心思索，敏于捕捉，在日新月异的新生活中，时时会有新事物、新材料的。如雷锋是20世纪60年代出现的英雄，几十年来，雷锋精神深深植根于群众之中，影响到全中国，影响到世界上许多国家。《光明日报》刊登的《雷锋属于世界》一文，着笔于国外学雷锋活动的情况，写出了新颖的材料和新颖的主题。

西方人说："一千个观众中有一千个哈姆雷特"，东方人说："仁者见仁，智者见智"，同一件事情从不同角度看会有许多不同的见解。立意要正确、集中、鲜明、深刻，就要求作者不断提高思想水平，提升审美能力，对事件作深入、透彻的剖析，认真鉴别它的价值。要有新的观念、新的见解、新的思考角度，不能拾人牙慧，或者人云亦云。同时，还要善于把自己对材料的独特体验、情感评价纳入到文中。

训练素材及提示

【知识题】

1. 什么是主题？主题在文章中有何作用？

2. 确立主题有哪些基本要求？

3. 什么是材料？请结合自己的实际，谈谈在写作时如何选择材料。

【实践训练题】

1. 阅读分析

(1)阅读口语表达模块中的例文《麻雀》，试析以小见大的写作技巧在文中的具体运用。

(2)就学生而言，下文是一篇很不错的习作，它较好地控制好了主题，特别是控制好了语言的运用，但是此文在选取材料方面有较大的缺点，请反复阅读，分析其不足之处。

守望心灵的月亮

元代学者许衡一日外出，口渴难当。时值酷暑，路人纷纷因渴而摘道旁的梨，许衡独不为所动。有人问他，他道："不是自己的，岂可乱摘？"有人笑话他迂腐："世道纷乱，管它谁的！”许衡量正色道：“梨虽无主，我心有主”。

好一个“我心有主”。

古语有云：“君子必慎其独。”何谓“独”？树静立，花合露，草无语。天地一派寂然。没有他人的目光，没有“面子”的拖累，没有道义的约束，没有情理的羁绊。就这么默默面对天地，面对心灵，就是“独”了罢。在“世道纷乱”之际，在四下无人之时，常人往往不抵诱惑而放弃了准则。逢乱世，偷窃、杀人之类事情往往很多，平日里的“正人君子”纷纷露出可怖的面目……而许衡能面对诱惑，心如止水，正是他心灵的力量极为强大。他坚定地守望着自己心灵的月亮。

在心灵之上，有一轮月亮。她只为一人所知。她是美好的情愫；她是淳朴的美德；她是理性的思想。她默默审视着唯一能仰望她的那个人，不怒不语，却威严又仁慈。

月亮照耀着远古的大地，久远的风吹来一个“挂剑的故事”。

春秋时，吴国季札出使各国。途经徐国，他与徐君成为好友。徐君对季札的宝剑爱不释手。季札有意将此剑赠予他，但因礼仪需要，他必须佩此剑。待他出使结束，惊闻徐君已死。他慨然解下佩剑，挂在徐君墓前的古树上。别人劝他：“徐君已死，您何苦呢！”他临风而立，缓缓道：“我心已许！”

这与“我心有主”竟异曲同工。君子坦荡荡。他们怎能忍受心灵的月亮染上污点，而无视心灵的月亮，往往使人背负上沉重的负担，行进艰难。

有一位英国老人吉尔吉尔曼致信青岛海洋馆，说要归还一颗“龙牙”。原来，他小时候参观海洋馆，对“龙”的标本喜爱有加，竟在归国前趁战乱偷走了一枚“龙牙”。数十年过去了，他事业有成，却依旧忘不了那笔重债，苦恼终日。事实上，那只是扬子鳄的牙齿。当他归还了“龙牙”，他的笑容何其灿烂。

这令我又想到侵华的日本老兵。他们被罪恶感折磨终日，终于在垂垂老矣之时，挂着“人式膀胱”，来到卢沟桥长跪不起，痛哭失声。

真君子，坦荡荡。他们心中有正义的天平，有道德的标尺。他们的心中有一轮皓然明月。千百年来，他们守望着心灵，守望着月亮……

2. 请认真阅读下面两篇短文，分析其在立意方面有何特色？并归纳其中心思想。

生活的发现

雨后初晴的一天，我走上阳台，眼前突然一亮，我意外地发现铁树原先焦黄的枯叶中竟钻出了几枝细小的、嫩绿的枝芽，随风抖动，旖旎无限，忙叫了父母来看。父母看见这几片新叶，也是与我一般的惊喜。只见爸爸神色凝重，现出一副若有所悟的模样。此时，泰戈尔的诗清清楚楚地浮现在我的眼前：“为什么花谢了？我怀着渴切的爱把花紧紧抱在胸头，这就是花为什么谢的缘故。”原来，过分的爱反而会把你的所爱给害了。爸爸对铁树的爱不就是如此吗？我想到了铁树。继而又想到了自己。爸爸妈妈对我的爱不也是如此吗？想到这里，我看了看父母，他们也正似有所悟地看着我。

从此以后，爸爸再没有给铁树过多的照顾，他们也没有过多地呵护我。我和铁树都很好地生长着。

秋　　叶

一场雨后，街旁的树下就落了一层叶子。

这是故乡的初秋，叶子也该是些早熟的叶子，从湛蓝旷远的天空悠然飘落，百转千回之后遗落于地，并没有什么生命遗失的痉挛和苦痛的挣扎，一如他们生时的超然、潇洒和平静。

这是秋叶生命的涅槃。

由生到死，由死回生，它们附着于树，是为了丰富母体，并不是做寄生虫，一味索取，不知奉献。而它们成熟后离开母体也只是一种使命的完成。

用不着唱赞歌，只需那一场风，一场雨，秋叶便可于风雨中飘飘落下。

这是自然之秋徐徐拉开的序幕，把广阔天地作背景，把生命飞旋成这大舞台上最真实的道具。

树叶可为演员，而人却并非戏子，再好的戏剧于他们也只是戏剧，然而他们还是被这壮观的落叶场面吸引了，他们观摩着这大自然最好的舞剧，感到心神俱清俱纯。

一个游子，被这舞剧表演出的热爱生命的主题深深感动，她拾起一片落叶久久地看着，看着，直到自己的身心也被那红得透明的秋叶点燃，发出噼噼啪啪的燃烧声。

游子于寂寞无声的街道上走了，那身影在白杨潇潇的原野上越来越小，最后终于变成一枚秋叶，镶在了故乡初秋的风景里。

3. 写作练笔

(1)请根据下面材料，写出两种立意完全不同的文章提纲来。

有一次，鲁迅穿着一身平时穿的衣服，到一家相当讲究的饭店去访问一个外国朋友，饭店看门的人把鲁迅上下打量了一下，直截了当地说："走后门去!"鲁迅从后门绕到电梯跟前，开电梯的又把鲁迅打量了一下，脑袋向楼梯一摆，说："走楼梯上去!"鲁迅只得一层层从楼梯上去。等到鲁迅出来时，外国朋友恭敬而亲切地与鲁迅握手道别。开电梯的和守门人都满脸疑惧。

(2)人的一生中，总会有许多朋友。幼小的玩伴，儿时的宠物；学生时代的同窗，成年后事业上的合作者；读书者以"书"为友，弹琴者以"琴"为友，赏花者以"花"为友；有终生为友者，有一时为友者，也有先敌后友者。请以"朋友"为话题，自拟文题，写一篇作文。

写作要求：主题明确、深刻，材料典型、新颖；作文体裁不限，字数在700字左右。

写作提示：朋友就是历代诗人口中所说的知音，是每个人人生字典中必不可少的一页。在人生的各个阶段，都会遇到一些让你难以忘怀的真挚的朋友。时代到了今天，"朋友"被赋予了更丰富的内涵。心心相印，志同道合的当然是朋友；敢于直言，直抒胸臆的也应是朋友；嬉戏开心，回味无穷的还是朋友；那花、草、木、石等给人以精神寄托之物，也可看做是朋友；还有给人以精神食粮的书，更是无言的朋友。写好这个话题，选材要新，思路要广，文章才易于创造出新意。

(3)进入大学校园之初，学院一般要求新生进行军训，请以军训生活为题材，运用小中见大的写法写一篇文章，或再现感人的军训生活场景，或发表对人、对事的独到见解。

项目4.2 结构和表达能力训练

训练目的与要求

通过学习和训练，能明确文章结构和表达的基本要求，熟悉和运用结构和表达的技巧，克服单一的结构模式，提高语言的表达效果。

在训练过程中，有这样几点要求：

(1)在掌握文章结构和表达基本要求的基础上，突出技巧的运用特点；

(2)要根据学生的实际，重点突破语言表达的平淡枯燥；

(3)要结合实例分析来掌握技巧的运用。

训练方法与步骤

选择适当的句子、段落、文章，有针对性地、循序渐进地进行仿写训练。

训练示例与分析

怎样的文章结构是完美的？

示例一：

我终于战胜了自卑

“说？不说？”我不断地问自己，握笔的右手已有些微微冒汗，左手则有些神经质的敲着桌子。我盯着黑板上的那句话，一直在犹豫。这是一节外语课，不同的是老师是来自新西兰的外教。能容纳60多人的阶梯教室内座无虚席，来自各年级的英语尖子来此听课。我的英语一直不好，尤其是口语，我来听课是为了看看这种课有没有些帮助。

刚才课上，老师在黑板上写了一些地理题让大家讨论，听得半懂的我准备将题抄下来回家查字典，当我抄到第四题时，黑板上的字母忽然“刺”了一下我的眼睛。“香港？国家？”我愣住了，再仔细看，没错。她问哪个国家人口多，中国、香港赫然同时写在备选答案中。这可是一个基本的常识，难道她不知道？我环顾四周，好像没有人感到不对劲，我想算了吧，既然大家都不说，我也不要充硬汉。可是我抬了抬头，黑板上的字像针一样扎到了我的心里，不行！这可是关系祖国的主权问题，我一定要给那个老师上一课！

可是，我的手刚举了一半，我又想：我的口语在班中总是老师的重点关注对象。每次我一张嘴，就会听见下面有人窃笑，那种被人嘲讽滋味也不好受呀！况且现在教室中这么多人，最后我说的大家又听不懂多令人尴尬呀！这样吧，我鼓动别人去说好了。

我看了看身边的A，她可是我们班的英语活字典，我在A耳边小声说：“A，你看那第四题，他把香港当作一个国家了。”“我早就看出来了，咱们还是不要小题大做了。”“小题大做？这不是小题！这是关系祖国尊严的大题！”“要说你自己说，我不管。”啊？我为难的皱皱眉，以往在班中的遭遇又浮现在我眼前。我承认我在英语上有些自卑，多次在课上的张口结舌已让我对英语产生了畏惧，我从来没在课上举过手，可这次不同啊！加油吧！试试吧！我不断在给自己打气，自卑算什么，现在维护祖国尊严最重要！我一下子举起了手，把A吓了一跳，老师看见了我："什么事？"我站起来，用磕磕绊绊的英语说："我想…我认为…香港不是一个国家！"

刹那间全场静极了，外教那深蓝的眼睛略带吃惊地望着我足有1分钟，她又回头看了看黑板，然后冲我狡黠地一笑："噢，那我改过来！"我成功，我刚要欢呼，可又看黑板，天啊！她那也叫改？她在香港前加了"1997"4个数字，难道她在成心为难我吗？难道1997前的香港就是个国家吗？下面同学开始议论纷纷。A说："算了吧，大家各让一步！"我气愤极了，这不是让不让步的问题，我不能让步！

外教转过头来，看见我仍站在那，有些吃惊，那双蓝眼睛略带责备："你还有什么问题？"此刻我顾不上我的自卑，我的面子，我用我所知的词汇尽力表达我的意思："老师！香港一直都是中国的一部分，从来都不是一个国家！"忽然老师笑了，蓝眼睛中不再是责备而是充满了赞扬："你真棒，你太优秀了……"后面的我听不太懂，可是从全场爆发的掌声中，我知道我做对了，我陶醉了，我陶醉在这掌声和赞扬中，这是我从没有过的殊荣啊！

事后我想，其实战胜自卑只是要一些勇气和信念，这次经历带给了我自信和勇气，我将永远将它珍藏在我记忆的宝盒中。朋友，自卑没什么可怕，只要你勇敢战胜它，就一定能获得成功。

【简析】此文情节结构的巧妙设计是该文的一个重要亮点。"发现问题"——"欲言又止"——"鼓动他人"——"化心动为行动"——"争议又起"——"寸步不让"。这六个步骤五个过程使文章一波三折，峰回路转，使读者身临其境，欲罢不能。"欲言又止"是作者自卑的真实再现，正是由于自卑才不敢用口语直面面对外教，也才有了"鼓动他人"的举措，当同桌拒绝后，作者终于在爱国心的驱使下勇敢地站了出来，把感受化为具体的行动。然而事情并不如读者期望那样发展下去，文意陡转，外教的狡黠着实将了作者一军，一时间又进退两难，在中国人的传统观念中，师者为尊，同桌A各退一步的建议并没有挫灭作者的立场与勇气，相反的倒成了催化剂，将质疑进行到底，最终博得外教的赞扬。他终于战胜了自卑。另外在选材方面，作者能很好地运用以小见大的手法。在外教课上不仅战胜弱点"自卑"，更维护了作为一个中国人的尊严，可谓一举两得，令人拍案叫绝。

示例二：

青山寂寂水澌澌

青山寂寂，锁住英雄万里梦

江水澌澌，淘尽英魂千行泪

——题记

天山上皑皑白雪，需要我们去读它的壮丽；三峡两岸不住的猿鸣，需要我们去读它的悲伤；黄河的滚滚波涛，需要我们去读它的悲歌。

乘一叶扁舟，荡漾在历史的长河；酌一杯小酒，于滚滚波涛间，你是否读出曾经的恢宏。

澌澌江水泪洒汨罗

郑袖的甜言蜜语依旧环绕在怀王耳畔，子兰的句句谗言刺痛了你受伤的心，汨罗江畔洒满你无尽的泪水，楚国的安危牵动着你痛楚的心灵。品行高洁，无韵之《离骚》；命途多舛，凄美之《怀沙》，你投身汨罗，用泪水与悲恨来表达你的爱国之心。清清的汨罗江水让我读懂了你的无奈，你的痛苦，读懂了你为国而亡的决心。

寂寂青山笑满南山

小船儿轻轻地在水间荡漾，风微微地吹来，拣起飘逸的衣裳。于淡雅清溪旁，繁花松菊间，执一壶桃花酒，诵明月之诗，歌窈窕之章，琴声悠悠，荡尽心中的苦闷；皓月知心，写满幸福容颜。“采菊东篱下，悠然见南山”的怡然，让我读懂你不为人知的决心，也读懂了内心的无暇。

邀明月让回忆皎洁

那是曾在高力士手中留下尊严与豪迈的鞭子，而今早已不见踪迹。但你一路流浪，一路收集，收集山的雄伟，水的灵动；收集雨的轻柔，风的自语；收集月的皎洁，心的纯真，集成册，于青山绿水间高呼：“安能摧眉折腰事权贵，使我不得开心颜。”那美轮美奂的皇家庭院，潜得住一代帝王包举宇内、并吞八荒的雄心，却容不下一颗不朽的灵魂。青山绿水让我懂得了你的豪迈，四处漂泊让我懂得了你不向权贵低头的决心。

洗去昨日的铅华，淡去历史的云烟，面对徐本禹那张满是泪痕的脸，邰丽华于无声处那绝美的舞姿，牛玉儒那赤子般的火热的心，你又读出了什么？

那些虽然一纵即逝却潮润双眸的纷纷感念，那些纵然久远亦不能淡忘的阙阙故事，都会在心中沉淀成最美丽、最隽永的温馨。任时光飞逝，心境变迁，永远的珍惜。

生活是一部读不完的大书，历史就是一部百科全书，那其中的真谛需要我们用心去读，用心品味。

【简析】这是2006年安徽高考考生一篇作文，此文令阅卷老师拍案叫绝，最后给了满分。本文的一大优点在于文章结构完整，收阖自如。作文题目要求以“读”为话题，文章紧扣此话题，以优美的语言展开叙述。开篇的题记富有诗意，起到引领下文的作用，贴切恰当。接着以三个小标题“澌澌江水泪洒汨罗”“寂寂青山笑满南山”“邀明月让回忆皎洁”分别评述了屈原、陶潜、李白的一生，从中读出了他们的伟大与独特的人格魅力，然后以“洗去昨日的铅华，淡去历史的云烟”巧妙过渡到现在，徐本禹、邰丽华、牛玉儒的事例简洁凝练，最后再次点明主题，“用心去读生活”，再次强化中心，使得结构圆合自然，天衣无缝。这种紧扣话题，中心明确，结构严谨，思路清晰的作文得到高分是很自然的事情了。再加上诗意的标题，灵动的语言，排比句的灵活运用等等，使文章纤美空灵，婉丽雅致，是一篇难得的佳作。

优美语句是怎样写出来的？

示例三：

高考满分作文优美语句集锦

1. 生活如酒，或芳香，或浓烈，因为诚实，它变得醇厚；生活如歌，或高昂，或低沉，因为守信，它变得悦耳；生活如画，或明丽，或素雅，因为诚信，它变得美丽。

2. 历史的点点滴滴如散落在偌大沙滩上的沙石贝壳，我们悄悄地走过，贪婪地看着这些晶莹珍贵的财富，时而拾起一两颗打动心灵的贝壳，怀着一份爱的心情、感恩的心情，好好收藏，以作纪念。

3. 生命是盛开的花朵，它绽放得美丽，舒展，绚丽多姿；生命是精美的小诗，清新流畅，意蕴悠长；生命是优美的乐曲，音律和谐，宛转悠扬；生命是流淌的江河，奔流不息，滚滚向前。

4. 思念是一首诗，让你在普通的日子里读出韵律来；思念是一阵雨，让你在枯燥的日子里湿润起来；思念是一片阳光，让你的阴郁的日子里明朗起来。

5. 母爱是迷惘时苦口婆心的规劝；母爱是远行时一声殷切的叮咛；母爱是孤苦无助时慈祥的微笑。

6. 热情是一种巨大的力量，从心灵内部迸发而出，激励我们发挥出无穷的智慧和活力；热情是一根强大的支柱，无论面临怎样的困境，总能催生我们乐观的斗志和顽强的毅力……没有热情，生命的天空就没了色彩。

7. 生活如海，宽容作舟，泛舟于海，方知海之宽阔；生活如山，宽容为径，循径登山，方知山之高大；生活如歌，宽容是曲，和曲而歌，方知歌之动听。

8. 爱是一盏灯，黑暗中照亮前行的远方；爱是一首诗，冰冷中温暖渴求的心房；爱是夏日的风，是冬日的阳，是春日的雨，是秋日的果。

9. 热爱是风，"贫穷而能听到风声也是好的"。热爱是雨，"有情芍药含春泪"。热爱是土，俯身就能抠出一把，哪一把土壤里没有先民的血汗和未来人的绿梦呢？热爱是云，仰首就能望到一片，哪一片云里没落过孩子的向往和老人的忆念呢？

因为热爱，我们心存感激；因为热爱，我们满怀忧愤；因为热爱，我们甘于淡泊宁静的日子；也因为热爱，我们敢于金戈铁马去，马革裹尸还。忍辱负重的生，生是热爱；大义凛然地死，死是热爱；清清爽爽，认认真真地活着，活着又何尝不是热爱！

10. 命运就是项羽英雄末路自刎乌江时的那一声仰天长叹。命运就是屈原留在汨罗河畔的那一串串沉痛的叩问。命运就是贝多芬在双耳失聪时指尖下所击出的那一曲曲悲壮的交响。命运就是奥斯特洛夫斯基双目失明后写下的那一页页辉煌的华章。

11. 能够破碎的人，必定真正活过。林黛玉的破碎，在于她有刻骨铭心的爱情；三毛的破碎，源于她历经沧桑后一刹那的明彻与超脱；凡·高的破碎，是太阳用黄金的刀子让他在光明中不断剧痛；贝多芬的破碎，则是灵性至极的黑白键撞击生命的悲壮乐章。如果说那些平凡者的破碎泄漏的是人性最纯最美的光点，那么这些优秀的灵魂的破碎则如银色的梨花开满了我们头顶的天空。

12. 文天祥过零丁洋，浩歌"人生自古谁无死，留取丹心照汗青"时，想到的是祖国；岳飞发出"直捣黄龙府，与诸君痛饮尔"的豪言时，想到的是祖国；谭嗣同面对刀俎，引颈就戮时，面不改色，"我自横刀向天笑"，他想到的还是祖国。

13. "固而不柔，脆也。柔而不固，弱也。柔而固，韧也。"纵观古今中外，大凡要获得发展、成功，要有所建树，无不经过"柔而固"的努力，都闪烁着韧的光彩。铁杵磨针，愚公移山，记载了韧的传说；黄河入海，长江东去，留下了韧的足迹；水滴石穿，蜜蜂酿蜜，展示了韧的现实；王羲之用练字染黑池水之韧，终成一代书法大家；马克思为寻求真理，用在大英博物馆的水泥地上留下的深深足迹之韧，终成无产阶级的伟大导师；达尔文因鄙弃上帝创造万物的谬论，而身受围攻，他在韧性的斗争中，终于成为一名科学家；张海迪在身体三分之二失去知觉时，没颓唐，没悲观，而是同疾病展开了韧的斗争，终于赢得了八十年代保尔的光荣称号。所有这些，都充分说明韧是发展的动力，是成功的基石。

14. 多渴望，多渴望重温余光中、戴望舒、三毛和舒婷那或清丽或婉约的诗行会带你梦中去。多渴望，多渴望在春意盎然的季节里骑着车踏一次青，放飞我幽囚一冬的思绪，看看是否枝头春意闹，让柔柔的轻风，暖暖的阳光，春天嫩绿恬静的微笑轻抚我久远的企盼！多渴望，多渴望在热闹奔放的夏季，重返我留下欢歌笑语的青草地，仰对晴朗朗的天宇，聆听大地的心跳，让甜丝丝的泥土芬芳渗入我的骨髓，听听小溪是否仍叮咚作响如梵阿玲奏着的名曲。多渴望，多渴望在硕果累累的金秋，回忆昔日欢乐的阳光，那时我会纵情地说：久违了，我的百草园；久违了，我的小蟋蟀；久违了，我梦里见她千百度的骄艳似火的枫叶林。多渴望背一肩行囊注一腔豪情勾勒青春的风景，浪迹天涯。多渴望在沉重的压抑之后驻足旷野高歌一曲，唱它个百川倒流，地动山摇，虽然声音已沙哑，依旧是最美的歌。

15. 有人为民请命，鞠躬尽瘁；有人追逐名利，勾心斗角。有人信奉“人为财死，鸟为食亡”，有人恪守“毫不利己，专门利人”。有人选择平庸，有人拒绝平凡。美与丑，善与恶，全在一念间。遗臭万年还是流芳百世，轰轰烈烈还是平平淡淡，皆系于一瞬。

【简析】优美语言源于对生活的深刻体验，源于对事物的独到认识，源于对语言技巧的运用，如雅词、修辞手法的运用等。

练习时请选择一至二句作评析。模仿上面的例子，请以“魅力”为话题，写一段雅句。

支撑知识

一、结构

“结构”是建筑中的术语，运用到文章里，则指内部的组织构造，即文章的基本框架。远在周代，儒家经典《易经》就提出：要“言有物”，“言有序”。“言有物”，是说文章要有实际内容，不要讲空话；“言有序”，则是说文章要有条理，脉络要清楚。这个文章要有条有理，脉络要清楚，讲的就是文章结构安排问题。

（一）结构的含义

所谓文章的结构，就是文章内部的组织构造，就是文章根据主题的需要对题材进行合理的组织与安排，是作品中整体与部分、部分与部分之间的总的关系。如果说主题是文章的“灵魂”，材料是文章的“血肉”，那么，结构无疑就是文章的“骨骼”了——失去了健壮坚实、功能齐全的骨骼，血肉无所依附，灵魂无处寄托。如果你疏于配齐、锻炼文章的“骨骼”，就会大大影响文章的表达效果。

无论是作者直接从生活中摄取的材料，还是从文献中选取的资料，或是对词、语、句的积累，都属于自然形态的东西，不能称为文章。只有当作者对这些材料进行了认真的剪裁，清理出了它们的内在联系，排出了它的前后次序，并用恰当的语言物化出来以后，才能成为一篇完整的文章。例如，朱自清的著名散文《荷塘月色》，先写由于内心的不平静，想到了月下的荷塘，继写优美的荷塘月色。然后，笔锋一转写在自然美中的失意和对生活美的遐想，最后又回到了现实。在起、承、转、合的层次安排中，体现了作者对美的追求和失落的内在脉络。这就是《荷塘月色》的结构。

（二）结构的基本要求

1. 完整性

朱光潜在《选择与安排》一文中，对“完整”的内涵作了精当的概括，他说：“一个艺术品必须为完整的有机体,必须是一件有生命的东西。有生命的东西第一须有头有尾有中段;第二是头尾和中段各在必然的地位;第三是有一股生气贯注于全体,某一部分受影响,其余各部分不能麻木不仁。”这就是说,“完整”既表现在外结构上,又表现在内结构上。从外结构上看,必须有头有尾,有腰腹;并且要自然贴当,不能残缺,不能错置其位。从内结构上看,就是要有引向主题的清晰思路,全篇要有统一的主题、和谐的格调,各部分的材料和观点,不能杂乱,更不能互相抵牾。否则,就会使读者莫名其妙,不知所云。

2. 连贯性

所谓连贯性是指文章的各部分在内容脉络上互相贯通,在语言形式上有紧密衔接与合理过渡,文脉不可紊乱与断隔。文脉,是作者思路的表现形态;思路不清,文脉必紊乱,结构必不连贯。故文章不管内容多么复杂、意念多么曲折,其脉络必须一以贯之,文章的起、承、转、合都要围绕它进行,决不允许中途断裂,或发生不必要的阻隔。如郁达夫的《故都的秋》,自始至终都贯穿着对北国之秋、故都之秋的赞美。没有脉络的文章,其各个部分就成了“断线的珠子”,散漫而不连贯,自然也就谈不上什么章法,更谈不上好文章。

3. 严密性

结构的严密性,主要是指文章各部分之间有严密的逻辑联系,不得出现互相矛盾或互不相关的现象,全文要具有内在凝聚力。也就是说,各个部分之间是层层相接,环环紧扣,正如亚里士多德所说:“任何部分一经挪动或删削,就会使整体松动脱节”。如鲁迅的《拿来主义》,文章先批评了闭关主义,后批评了送去主义,主张拿来主义。但对拿来主义的态度也有不同,作者又进一步在批判了对“拿来”的几种错误态度之后,摆出了正确的主张:“没有拿来的,人不能成为新人,没有拿来的,文艺不能成为新文艺。”全文严密紧凑,不可移易。

4. 灵活性

灵活性就是要求文章结构还富于变化、生动活泼,切忌死板、呆滞。

结构是文章内容的合理而巧妙的组织安排,内容是丰富多彩的,结构形态也必然随之千变万化,不可能老是一个路子,不可能拘泥于几种简单的模式。即使题材和体裁相同的文章,其结构也会因写作主体看问题的角度、思维习惯和构思特点等不同,而发生许多变化,而结构的创造性恰恰就体现在这里。如鲁迅的《一件小事》和郁达夫的《薄奠》都是采用小说形式写一个人力车夫的故事,两篇的结构却迥然有别,前者只截取了人力车夫生活中一个小小的镜头,后者却以片断连缀的方式概括出车夫的一生。为了加强结构的表现力,两篇都运用了对比,前者是“我”跟车夫形成反衬,后者是“我”跟车夫互相映托;两篇都杂入主观抒情的非情节因素,前者以议论始以议论终,后者偏重抒情,并且是揉进叙述之中的。由此看来,安排结构既要遵循一定的结构格式,又要不拘一格,当文章写的老成的时候,要巧于构思,敢于创新。

(三)结构的内容和方法

文章的结构形式多种多样,有较大的灵活性,但各种结构所包含的内容或说它的基本因素又是相同的,如都有层次、段落、过渡、照应、开头、结尾等。要想合理而巧妙地设计结构,我们必须对这些内容、因素有比较清晰的了解。

结构的内容包括层次和段落、过渡和照应、开头和结尾三大方面。

1. 层次和段落

层次是从总体上安排文章思想内容的次序,展开文章结构和步骤,是表示意义的结构单位。安排层次要着眼于文章思想内容的逻辑关系，换句话说，必须先有一个合理的、清晰的思路。写文章层次混乱，或者互相重复，或者位置颠倒，其根源主要在于思路不清。

安排层次还要考虑各种文体的不同特点和要求。不同文体，划分层次的方法也不同。议论性文体的结构分为绪论、本论和结论三个层次。本论是主体，在本论这个层次中，又可分若干个小层次。说明性文体划分层次，要根据说明对象和意图而定，如说明事物功能和特征的说明文，就按事物的功能、特征的诸方面安排层次。记叙性文体可按照时间顺序和空间变换安排层次，也可以人物性格特点、思想品质的不同方面划分层次，还可突破时空的局限，按照人的“意识”流动、四周辐射的方法来安排层次。

段落是作者在文章中设置的、以段首空格形式自成起讫、相对独立的结构单位。

设置段落，既是为了表示相对完整、单一的意义，也是为了使文章的层次结构在读者视觉上形成更加明晰、醒目的印象。它有许多好处：条理清楚，便于阅读；突出重点，强化感情；回味思索，加深理解。

划分段落，要注意以下几点。

一是段落要保持段意单一性。段落单一，就是说一个段落一般只需表达一个中心意思，段中的每句话都要为传达这个中心意思（即段旨）服务。不能把互不相涉的意思硬塞进去，否者，就破坏了段意的单一性，使段落的内容庞杂、凌乱。

二是内容要完整。就是一个段落里要表达一个完整的意思，不能把一个相对完整的意思，截为几段，造成段落的散乱，或者把别的段落的意思又拉到这段来说，这样就会出现缺漏或重复，把完整的意思弄得支离破碎。

三是长短要适度。根据内容的多寡繁简，各段的篇幅自然不必等齐划一，而是可长可短。但是，一般说既要防止过长，也要防止过于零碎。过长，则内容繁杂，也会使读者感到沉闷和难以抓住要点；过短，把段落分得七零八碎，则不便把一个意思表达清楚、完整，弄不好反而使文章的层次模糊不清。故划分段落，要根据它的重要程度，做到长短适当，疏密适宜。

2. 过渡和照应

过渡是指段落与段落或层次与层次之间的衔接形式或手段。形象地说，过渡就是上下文之间的纽带、针线或渡船。过渡在文章中起承上启下作用，使前后相邻的两层意思和段落上下连贯、前后衔接，让读者的思路顺利地由前者过渡到后者，不致感到中间有什么空隙。

常用的过渡方式有三种：一是用关联词语，如“因此”、“总之”等，这类词语一般放在段首或句首。二是用过渡句，即起承前启后、过渡搭桥作用的句子，一般放在前一段之后或后一段之前。三是用过渡段，放在两个段落或两个层次之间。有时，过渡段就是一句独立成段的话，那么这样的过渡段同时也是过渡句。

需要过渡的情况常见的有以下几种：第一，在记叙、议论过程中由一个内容向另一个内容转换时，需要有过渡。第二，由总到分，由分到总，或者由具体到概括，由概括到具体，思维步骤有了转折时，要有过渡。第三，在有倒叙和插叙等的文章里，叙述顺序变化的起讫处，要有过渡。第四，由叙述转到议论，由描写转到抒情，表现方法有了转化时，也往往需要过渡。

照应是前有所呼、后有所应的结构手段。合理而巧妙地运用照应手段，不但能使文脉贯通，章法灵活致密，而且能使文章中某些关键的内容得到强化，而给读者留下深刻的印象或某种启示。

常见的照应情况有三种：一是开头与结尾照应，这种方法能使文章结构完整、主旨突出，给人首尾圆合的感觉。二是正文与标题相照应，它能把文章的主要思想艺术地、触目地强调出来，引起读者的注意和思考。三是行文中互相照应，这类照应中的典型表现是前文有伏笔，后文再呼应、挑明。伏笔可造成悬念和期待，也可能仅仅是一种暗示，但都有调动读者阅读兴趣和引起注意力的功效；后头的挑明则使暗示的东西明朗化，使悬念开释，期待得到满足，这样，结构会更加严谨且富有戏剧性。

照应是使结构严谨而又活泼的重要手段，怎么才能写好照应？

(1)要顺应思路的发展，不做作，不为照应而照应。

(2)要从结构全局上去把握。好的照应要清晰地显示文章的前后因果，来龙去脉。

(3)要注意唤起读者的注意力。照应的方式要灵活，不一定拘泥于重复前面说过的话，句式可以变化，手法可以多样，或反复强调，或反衬比照，或概括简约，或具体细说。

(4)照应要选好位置，就是要把它放在文章的节骨眼上，关键是要把主题联系起来。

3. 开头和结尾

唐代白居易在《新乐府序》中有“首句标其目，卒彰显其志”之说。明人谢榛在《四溟诗话》中有“起句当如爆竹，骤响易彻，结句当如撞钟，清音有余”之喻。一篇成功之作，必然是工于开头，巧于结尾。

开头，即通常所说的文章的开端，是作者的立言之始。常言道：“万事开头难”，又说：“良好的开端，是成功的一半”，文章有好的开头，就有很大的作用：有利于表现主题和拓展作者的思路；有利于吸引和引导读者阅读。

文章的开头，并没有一成不变的模式，且不同的文体，开头的方法也不一样。议论文常见的开头方式有：开门见山，交代写作背景或动机，指明论述范围和对象，曲折入题等几种。记叙性文章的开头方式有：说明背景和事由，描绘场面，介绍人物，抒发感情或发表见解等。

结尾就是文章的收束部分，亦称收笔。结尾和开头是同等重要的，一个好的结尾，可保证文章整个结构的完美，能缩结全文，或令人回味，正如古人所说：“言尽而意不尽。”反之，结尾不好，文章就大失光彩。

结尾当然也没有固定的模式，主要是既要能顺乎文意的自然，又要能强化文章的韵味和力量。议论性文章的结尾方式主要有：归结或重申论点；提出希望或发出号召；形象化结尾。记叙性文章的结尾方式主要有两种：一是事完而文止；二是以抒情或议论结尾。

总之，开头和结尾是结构的基本环节。写文章时要根据表达主题的需要，全面考虑，统筹安排。开头要有利于文章的展开，同时又能吸引读者；结尾应是内容发展的必然结果，要耐人寻味，同时又要能给读者留下深刻印象，引起读者的联想与思考，使读者更深入、更广阔地认识生活。

(四)结构的类型

文章结构最忌模式化，然而体裁相同或相近的文章，其结构形态又确实存在共同性，研究、总结这些共同性，便可归纳出几种涵盖面较宽的结构类型。初学写作者只要不把它们看成死的框架、模式，就可以从中受到启发，在谋篇布局时找到借鉴，少走弯路。

文章的基本结构模式可以分成四种：记叙型、议论型、说明型和综合型。它们各自都有自己的结构原则和基本形态。

记叙型的特点是以事物存在与发展的时空序列安排、设置总体结构，事物的内在因果联系是在以时空为基本线索的具体叙述中体现出来的。它要求按照事物发展的自然时空序列展开叙述，但也不必一环扣一环地平铺直叙，因为那样虽然线索明晰连贯，便于接受，但有时可能显得沉闷呆板，因此也可以运用穿插、倒叙、补叙等手法，使叙述在不同程度上显出波澜与变化。

议论型的特点是以概念间的抽象因果关系为结构的主要依据，它包括三种主要结构方式：总分式、平列式和递进式。总分式即既有总论又有分论，有先总论后分论、先分论后总论、先总论后分论再总论等三种论述顺序。总分式布局较严谨，好掌握，但也容易形成固定的格局而显得拘谨。平列式全文前后均无总论，只是平行地讲几个相关的问题，分论点就在每个问题的论述中。它行文比较自如，又因省去了前后的总说而显得简明，但要注意各分论部分要有较为紧密的内在联系，不能只是一些不相干问题的简单罗列。递进式也是由一些分论点构成，但它的特点是各分论之间的关系不是平行的，而是层层加深，不断递进。它最适合于对事物作深入、综合的分析，因而是一种使用率较高的论证结构。运用递进式的前提是须对事物或问题有比较透彻的研究和认识，达到总体上的深刻把握。

说明型的特点是以事物或事理本身固有的条理作为布局的基本依据。不同事物或事理有不同的条理，从不同角度观察、研究，也会呈现不同的条理，这两种因素共同起作用，就形成了多样化的说明型结构方式。如按照事物的种类布局，按照事物的特征布局，按照事物的功能布局，按照事物的构造布局，按照事物的发展顺序布局，按照事物的逻辑关系布局，等等。

综合型就是杂用以上几种类型，它通常以一种类型为主，同时兼具其他类型的特点。

（五）安排结构易出现的问题

一是撇开中心，横生枝节。常常是围绕一个中心写着写着，中途岔出别的话题。这样的文章，从内容上看，多数表现为离题；从结构上看，则是文章线索分散，笔力分散。

二是恣意妄为，逻辑混乱。事先没有通盘考虑，写一段想一段，写到哪算到哪，不尊重客观事物固有的逻辑（即它们的内在联系和客观规律），导致言之无序，思路缺乏条理性。

三是层次不清，分段失当。表现为层次和层次之间内容杂糅交错，在某一个段里硬将几层意思塞进来，以致破坏了段意的单一性、内容的完整性和容量的适度感。

四是缺乏过渡，忽视照应。表现为内容转换过程中不会用过渡性语句，前面提到的问题在后面没有着落，后面出现的内容不见前面有铺垫。这样一来，即使文章内容不错、语言不错，也会因为结构上的不严谨而降入二类文的行列。

五是剪裁不当，头重脚轻。表现为主次不分，平均使用力量，或者是开头浓墨重彩，后面无尾而止。由于详略处理不当，文章的结构不美暂且不说，还对主题的表达带来直接的影响：中心不突出，有偏差。

结构是文章的骨架，安排结构一定要抓住文章的主线，注意各层次的有机联系，使文章成为完整的统一体。

二、表达方式

表达方式是文章构成的重要因素之一，一篇文章，如果没有很好的表达方式、丰富的思想内容就不能得到完美的表达，文章就不能起到应有的社会作用。表达方式也是文体特征的重要标志，不同的表达方式，决定了文章的不同体裁。

所谓表达方式是指作者运用语言文字反映客观事物、表达思想感情的基本手段，它是由写作目的所决定的。常用的表达方式分为五种，即叙述、描写、说明、议论、抒情。

1. 叙述

(1)叙述的含义

叙述是对人物的出身、经历和事实、事件发生、发展、变化、结局的记叙和述说。叙述是文章写作中使用频率最高的表达方式，在写人记事的各类记叙文里，都以叙述为主要表达方式，一般的抒情文、议论文和说明文，也把它当作不可缺少的辅助表达手段。

叙述的基本特点在于它的过程性，从思考类型来说，叙述要回答"经过如何"、"怎样做的"这类问题，其基本功能是"以事告人"。

(2)叙述的要素

叙述通常包括"六要素"，即时间、地点、涉及对象、事件、原因、结果。把这些问题交代清楚了，叙述的内容才会完整，眉目才会清晰，读者才能从中得到一个完整的认识。但是，这并不是说，无论哪一种文体哪一篇文章，也无论具体情况怎样，都必须写出这六个要素来。我们在写作中运用叙述的时候，需要交代多少个要素，要根据读者对象、文章体裁和文章内容而定。

(3)叙述的人称

叙述的人称就是观察点或视点，它表示叙述者以何种身份来叙述，通常有第一人称叙述和第三人称叙述两种类型。第一人称以当事的口吻来叙述，它便于作者充分表达思想感情，读来使人感到亲切、真实。它的局限是只能叙述"我"的所见所闻，不是"我"所亲历的事难以叙述，反映生活的广度受到限制。第三人称以局外人身份用第三者口吻来叙述，它不受叙述范围的限制，能较广阔地反映生活，它的局限是缺乏第一人称的亲切感。

(4)叙述的方式

叙述的方式是多种多样的，常见的有以下几种。

顺叙：按着人物的经历或事件发生、发展的先后顺序进行的叙述。运用顺叙容易使文章线索清楚，层次分明，合乎读者认识事物的习惯，便于掌握事情发展变化的来龙去脉。但顺叙不等于"平铺直叙"，顺叙要注意详略与剪裁，否则平均使用笔墨，会使文章呆板、平淡。

倒叙：把事件的结局或事件中的突出片断提在前面，然后再按时间顺序叙述事件的发展过程的叙述。倒叙可以突出结果，造成悬念，一下子抓住读者，引起读者强烈的阅读兴趣，使文章产生引人入胜的艺术魅力。采用倒叙，要从表达内容的需要出发，要注意情节的照应衔接，不要故弄玄虚，为倒叙而倒叙。

插叙：就是在叙述主要事件的过程中，根据主题和交代人物、事件的需要，暂时中断顺叙的线索，插进另一有关事件的叙述，然后再接上原来的主线写下去的叙述。插叙可以帮助展开主要事件，丰富文章的内容，例如《包身工》主要是叙述包身工一天的悲惨生活的，但中间插进了包身工制度的由来，资本家对包身工的残酷剥削等的叙述。使用插叙，要注意把插叙的起讫交代清楚，不然会使文章脉络不清，从而影响内容的表达。

补叙：就是在叙述到一定的阶段上，对前面事件作某些补充的叙述。补叙一般不发展原来的情节，只起丰富、补充的作用。例如《鸿门宴》一文叙述项王与沛公饮宴的座次时这样写道："项王、项伯东向坐；亚父南向坐——亚父者，范增也；沛公北向坐；张良西向待。"破折号后的"亚父者，范增也"，即是对亚父的说明，是补笔。

平叙：也叫分叙，即对同时发生的两件以上的事进行分列、平列的叙述。用俗话来说就是“花开两朵，各表一枝”。如《李愬雪夜如蔡州》一文，作者在叙述李愬用兵神奇，奔袭奏功的同时，又叙述了吴元济的昏聩颟顸，屡次不信城陷的形象，这就形成了鲜明的对比，突出了李愬卓越的军事才能。

(5)叙述的要求

交代明白：把时间、地点、人物、事件、原因、结果六个要素交代清楚。

线索清楚：线索是作者组织材料思路的反映，是叙述人物、事件发展过程中的贯穿思想和脉络。叙述线索可按时间发展、空间转换、问题划分、思想感情变化或按某一具体物件等多种样式进行安排。

详略得当：叙述材料的主次详略，以表达主题的需要作合理剪裁。凡与主题密切相关的材料要泼墨如雨，详写细写；凡与表达主题关系不太密切的次要材料，要惜墨如金，粗写略写。

波澜起伏：指运用叙述再现生活时，要根据实际情况，写得迂回曲折、富有变化，就会使文章内容更丰富，产生引人入胜的艺术魅力。例如莫泊桑的小说《项链》，构思巧妙，情节曲折，波澜起伏。

2. 描写

(1)描写的含义

描写是把描写对象的物质的或精神的实态具体地、逼真地描摹、刻画出来，展现给读者的一种表达方式。它是记叙文，特别是文学创作中的主要表达方式之一，在一般的抒情、议论、说明文中，有时也把它作为一种辅助手段。描写手法运用得好，能逼真传神、生动形象，使读者如见其人、如闻其声、如临其境，从中受到强烈的艺术感染。

描写的基本特点在于它的造型性、可视性。从思考类型来说，描写要回答“什么样子”、“什么状态”、“什么感觉”这类问题，其基本功能是“以形示人”。

(2)描写的对象

根据对象不同，一般可分为人物描写、环境描写、场面描写和细节描写等。

人物描写：包括肖像描写、语言描写、行动描写、心理描写等方面。肖像描写是对富于特征的人物外貌——容貌、神情、姿态、服饰等的描写，它是刻画人物形象的有效手段。语言描写是对人物的对话、独白及其语气声态的描写。行动描写，主要是指对人物的行为动作的描写。心理描写是对人物在一定情境中所产生的内心的想法、感触、情绪和意识等心理活动的描写。

环境描写：是指与作者或人物发生直接联系的那些外界条件的描写，它包括自然景物和社会环境的描写。自然景物描写主要是对时序节令、自然气候、山川湖海、动物植物等等自然景物的描写。社会环境描写，一般是指对一定历史时期的社会生活、阶级关系的本质特点及其发展趋势的描写；而在具体作品里，它主要体现在对人物活动的具体背景、处所、氛围和人与人之间的关系的描写上。

场面描写：是对特定时间与环境内以人物活动为中心的总体生活画面的描写。场面描写是在人物与环境相交织中构成的。通过场面中的环境和人物活动的描写，来着意渲染气氛，刻画人物的思想性格，这是场面描写的最基本的作用。

细节描写：它是对生活中具有典型意义的细枝末节的描写，是记叙性文章的最小描写单位。细节描写非常重要，可以说，没有精湛的细节描写，就没有真切生动的艺术形象，更谈不上作品的真实感和艺术感染力。

(3)描写的方法

第一,从风格来分,有白描和细描。

白描是指用朴素洗练的笔法,寥寥几笔将描写对象的主要特征勾勒出来,这是一种比较接近于叙述的描写方法。它的特点是简练精约,不尚修饰,不加烘托,重在传神。如鲁迅小说《药》中对刽子手康大叔出场的描写,肖像白描和语言白描相结合,寥寥几笔,就把一个凶残、贪婪的刽子手的性格特征淋漓尽致地描绘出来。

细描也叫工笔,它是用细腻的笔法,对描写对象的某些方面作精雕细刻的描写。这种描写,文字细密,色彩浓郁,往往借助于对比、比喻、比拟、夸张等修辞手法,把客观事物复杂斑斓的状况,具体而细微地表现出来。如朱自清的散文《绿》,用一连串清新奇妙的比喻,将梅雨潭的"绿"的色彩、光泽、神韵等栩栩如生地呈现在读者面前。

第二,从描写角度来分,有直接描写和间接描写。

直接描写也叫正面描写,是指对描写对象进行直接的、具体的描绘。间接描写也叫侧面描写,是指对描写的对象不进行直接描写,而是通过与之相联系的周围事物的描写,来映衬、烘托被描写的对象。

第三,从描写者与描写对象的关系来分,有主观描写和客观描写。

主观描写就是作者带着主观感情去描写客观的事物,在再现被描写对象的客观状貌中,渗透着作者主观上喜怒哀乐的思想情绪。例如欧阳修的《秋声赋》和峻青的《秋色赋》同是写秋景,但情调完全两样。欧阳修在《秋声赋》中,怀着凄凉落寞的悲秋心绪,把秋天描写得肃杀可怕、萧条阴沉;而峻青在《秋色赋》里,却以无限欢欣赞赏的情趣,把秋天描写得是何等的欣欣向荣、灿烂绚丽。

客观描写就是不带作者的主观情绪,客观地、具体准确地描摹描写对象的本来状貌。

(4)描写的要求

一要目的明确。文章的主题是文章的灵魂、统帅,各种描写都要围绕主题进行。描写要从表达主题、刻画人物、渲染气氛出发。

二要把握特征。就是说,要想把人物或景物写活,就必须抓住最能反映描写对象本质特征的地方,倾注全力加以刻画,突出特征,这样才能使被描写的人物或景物个性鲜明、栩栩如生。

三要形神兼备。描写不但要形象生动,还要集中展示人、物的精神气质。也就是说,描写要做到形似与神似的和谐统一,不仅要把描写对象的外部状貌和情态形象逼真地表现出来,而且要把这种描写延伸到描写对象的内部深层,揭示其内在的底蕴和神采。

3. 抒情

(1)抒情的含义

古人说,文章不是无情物,"情动于中而形于言。"抒情,即抒发感情,是写作者和作品中人物主观情感的表现和抒发。它是抒情文体中的主要表达方式,在一般的文学作品和记叙文中,也常常把它作为重要的辅助表达手段。在议论文和说明文中,有时也运用它来增强文章的鼓动性和感情色彩。

(2)抒情的方法

抒情的方式通常分为间接抒情和直接抒情两种。

直接抒情就是人们常说的"直抒胸臆",即作者或作品中的人物直接抒发思想感情。

这种抒情，往往借助判断、呼告等手段，直接表达作者的感情体验。其特点是直接坦露、气势奔放、感情炽烈，具有强烈的艺术感染力。间接抒情，就是通过叙述、议论或描写的方式进行抒情。这种抒情比较含蓄，往往从依附于事、依附于理、依附于景三个方面，来抒发作者浓烈的感情。

(3)抒情的要求

一要真挚；二要健康；三要服从表现内容的需要。

4. 议论

(1)议论的含义

议论是通过摆事实、讲道理来判明是非，阐明作者的观点和主张的一种表达方式。它的作用在于使文章鲜明、深刻，具有较强的哲理性和理论深度。议论的基本特点在于它的说服性，从思考类型来说，议论要回答的是“为什么”的问题，其基本功能是“以理服人”。

(2)议论的要素

一段完整的议论文字或一篇议论文章，一般由论点、论据、论证三个要素组成，分别回答“论证什么”、“论证依据”、“如何方法”的问题。

论点，是作者对所论述的问题提出的见解、主张和表示的态度。它在整个论证过程中占主导地位，对论据和论证起着限定和制约的作用。论据，是用来证实论点的根据。论据是议论的基础，主要有事实论据和理论论据两种。论证，是运用论据证实论点的过程。它的作用主要在于揭示论点和论据之间内在的逻辑联系，使论据很好地为证明论点服务。

(3)议论的类型

议论可分为立论和驳论两大类，前者的目的是证明“我对”，后者的目的是证明“你错”。

立论是就一定的问题和事件从正面阐明作者的主张和见解，以立为主；驳论是驳斥对方的论点，以破为主。

立论时要求：要选择有意义的论题；确立正确、深刻的论点；论据要确凿、充分、具有说服力；进行富有逻辑性的论证，即运用准确的概念，进行恰当的判断、合乎逻辑的推理，揭示论点和论据之间的逻辑关系。

驳论的方法有反驳论点、反驳论据、反驳论证。驳论据与驳论证都是为了达到反驳论点的目的。

(4)常见的论证方法

论证的方法是多种多样的，常见的有：例证法、引证法、比喻法、对比法、因果论证法、反证法等等。

5. 说明

(1)说明的含义

说明是对某种事物或事理作客观的、科学的、平实的解释、介绍或阐述的一种表达方式。说明的基本特点在于它的解说性。从思考类型来说，说明要回答“是什么”、“有什么”、“如何办”、“怎样操作”、“有什么需要注意的”这类问题，其基本功能是把相关的知识、方法、技巧、规定、要求等传授或告诉读者。构成说明的三个要素是说明中心、说明材料和说明方法。

(2)说明的基本要求

第一，内容要科学：准确揭示客观事物的特征、本质和规律性；

第二，表述要明晰、准确：表达顺序明晰，条理清楚，语言简明准确；

第三，态度要客观：解说事物实事求是，不能以作者主观好恶作为解说的标准。

(3)说明的方法

客观事物是丰富多彩的，说明事物的方法也是多种多样的，常见的说明方法有定义说明、诠释说明、比较说明、数字说明、分类说明、举例说明等等。有时在说明同一对象时，又往往同时使用多种方法，以取得更好的表达效果，如贾祖璋的《南州六月荔枝丹》。

总之，不同的文体有不同的表达方式，不同的表达方式有不同的作用：叙述，可使读者对人物活动和事件发展全貌有清晰的了解；描写，可使人物景色再现得栩栩如生，使文章更生动、形象；说明，使读者获得科学的知识和道理；议论，可以点明和加深所写事物的意义，起到统领全文、画龙点睛的作用；抒情，则可以使文章具有感染力 。

三、语言运用

马克思指出："思维是不能脱离语言而存在的。"语言是思维的材料和工具。我们写文章的整个过程，始终是以语言为材料和工具的。也就是说，经过大脑反复思考的材料，只有通过语言文字将它表现出来，转化为文章，才能不依附于大脑而独立存在，起到反映生活、传播思想的作用，这就要求写作者必须具有熟练地运用语言文字的技能、技巧。正如孙犁所说："从事写作的人，应当像追求真理一样去追求语言。"写作者只有掌握了运用语言文字的技能、技巧，才能准确、鲜明地反映事物，得心应手地表达思想。

(一)运用语言的基本要求

1. 语言要准确

(1)用词要准确

所谓准确，就是要力求用最确切、最恰当的词语来表现一个特定的形象、感情和事物。也就是说，要把握使用词语的分寸感和适合度。词是语言的建筑材料，一篇文章的语言质量如何，与用词的准确程度有极大的关系。

怎样做到用词准确呢?

第一，认真斟酌推敲，精选最恰当的词语。

文章就是一连串词的组合体。用词是否准确，直接关系到全句、全段，甚至全篇的表达。我们的古人很注重选词的精确，往往为了一个字，费了许多的斟酌，用过许多的苦心。贾岛诗云："两句三年得，一吟双泪垂。"贾岛和韩愈讨论"鸟宿池边树，僧敲月下门"的"敲"字，究竟是"推"字好呢，还是"敲"字好，被传为炼字的美谈。现代名家用词也是十分讲究的。鲁迅先生在《为了忘却的纪念》一文中有两句诗，原文是："眼看朋辈成新鬼，怒向刀边觅小诗。"后来将其中的"眼看"改为"忍看"，把"刀边"改为"刀丛"。这虽是两字之改，却使全诗发生了巨大的变化，产生了震撼人心的艺术力量。"眼看"是个比较平常的字眼，而"忍看"却不仅包括了"眼看"的意思，而且表现可作者无限悲愤的感情。"刀边"改为"刀丛"，除了包括原来的意思之外，还写出了敌人的凶残，反映了革命者的处境，表现了鲁迅的大无畏精神。两字之易，境界大不相同。可见，词语的选择、推敲和安排，对准确、深刻地表现内容，有极大的关系。

第二，善于辨析词义，选用最确切的词。

汉语的词汇极其丰富，词和意义的关系又错综复杂，有许多词基本意义相同，但又有细微的差别。写作者精确、细致地区分各相近词义间的细微差别，对用词的精确有很大的作用。比如鲁迅《药》中对刽子手康大叔动作的描写：

……“喂！一手交钱，一手交货！”一个浑身黑色的人，站在老栓面前，眼光正像两把刀，刺得老栓缩小了一半。那人一只大手，向他摊着；一只手却撮着一个鲜红的馒头，那红的还是一点一点地往下滴。

老栓慌忙摸出洋钱，抖抖地想交给他，却又不敢去接他的东西。那人便焦急起来，嚷道，“怕什么？怎的不拿！”老栓还踌躇着；黑的人便抢过灯笼，一把扯下纸罩，裹了馒头，塞与老栓；一手抓过洋钱，捏一捏，转身去了。嘴里哼着说，“这老东西……”

这里表述手的动作，一共用了十二个不同的动词，都很准确，而且传神。一个“摊”字，活现出刽子手索钱的架势；“抢”、“扯”、“裹”、“塞”，既准确地表现了手所触到的不同东西，又贴切地反映出动作的急迫利索；一个“抓”字，可以见出讹诈式的掠取；“捏一捏”，则画出了刽子手数钱极利索的形态；一个“抖”字，写出了华老栓胆小和迟疑的样子。这些动词，都是从许多近义词中选择出来的，是不能互换的，也不能用其他动词代替的。

不仅是要区别近义词，即使是同义词，也要注意不同的语言环境和使用习惯。如“漂亮”、“美丽”是同义词，但在用法上就有区别。

第三，仔细地体味，分辨词的感情色彩。

在汉语词库中，有相当一部分词语除了它的基本词义之外，还带有一定的感情色彩，或表示喜爱、赞许，或表示憎恶、贬斥，也就是有褒有贬，也有不含褒贬意味的中性词。在使用这些词语的时候，应仔细分辨它们的感情色彩。以表示“死”的意义的同义词为例，其感情色彩就有差异：用“逝世”、“去世”“与世长辞”等，表示敬重；用“见阎王”、“一命呜呼”则表示憎恶。在具有相同感情色彩的词中，也要注意词的分量的轻重，如“逝世”比“去世”庄重；“满意”比“满足”的程度要浅，分量要轻；“愤怒”比“不满”程度要深，分量要重。故我们要仔细地体味，认真分辨，恰当运用词语，鲜明地表达思想感情。

(2)造句要通顺

句子是文章的骨干。所谓文章的语言，最基本的就是遣词造句的问题。如果能够做到韩愈所说的“文从字顺各识职”，文章的语言就达到最起码的要求了。句子构造是不是通顺，除了合乎现代语言的语法规则外，还必须合乎逻辑，否则，思想就含混模糊，不可理解。

在造句方面，要注意以下几点。

第一，句子成分要完整。

句子是文章的基本单位。句子有长有短，但结构要完整。如果随意省略了某些必备成分，残缺不全，句子就不完整了。

在写作中，句子结构的残缺不全，多数出现在句子的主要成分上，即或缺主语，或缺谓语，或缺宾语。如下面这些句子：“由于她这样好的成绩，得到了老师和同学们的赞扬。”“他们以不畏劳苦的精神，勇敢地向着世界科学的高峰。”“我们要学习张海迪同志身残志不残，全心全意为人民服务。”第一句没有把应该做主语的词语放在主语的位置上，缺主语；第二句缺谓语；第三句缺宾语。

第二，词语搭配要恰当。

在句子中，词语的搭配，不能随心所欲，必须按照一定的语法规则和生活逻辑进行组合，以符合客观事理和阅读者欣赏、理解的习惯。譬如：“我们目下的当务之急，是：一要生存，二要温饱，三要发展。”(鲁迅语)作为“要”的宾语的三个名词的次序就不能随意改变,因为它从过程性上反映了人们物质生活和精神生活需求变化的普遍特点。

词语搭配不当,习作中常见的毛病是主谓不合、动宾不合、附件成分和中心词语不合等。比如:“学校的总务部门很注意抓学生的伙食工作,开学以来,学生食堂的伙食水平不断改善。”这句话主语“伙食水平”和谓语“改善”搭配不当,可将“水平”二字删掉。又如:“我们唱着歌声来到了学校。”“唱”的应当是“歌”,而不是“歌声”,这是动宾不合。再如:“自从我积极地检讨了错误之后,同学们不仅对我没有疏远,反而更加亲近了。”这里状语“积极地”与“检讨”不搭配,可改为“认真地”。

第三,造句要合乎逻辑。

句子通顺,意思表达完整清楚,不光要合语法规则,也要合乎逻辑。有些句子语法上没有什么毛病,但是概念不清,判断和推理不当,不合事理,这就是不合逻辑。比如:“全班同学没有一个不认为班干部团结搞得这样好,不是开展谈心活动的结果。”这句话滥用否定词,造成判断错误。一句话里用两个肯定词,就含有肯定的意思,连用三个否定词,就又变成了否定。

2. 语言要生动

孔子说:“辞达而已。”又说:“言之不文,行而不远。”文章的语言除了要求准确、通顺外,还要求生动。也就是说,语言不仅要能够表情达意,而且要有文采,要给人以美感,这样才能增强文章的艺术感染力。

语言生动,要从如下几方面努力。

(1)选用形象化的语言

在丰富的词汇中,有相当一些词的含义是比较具体、形象化的。选用具体、形象化的语言,能在文章中做到绘声、绘色、绘形,具体地显示出所描写的客观对象的形象、状态、情景,给人一种如见其人、如闻其声、如历其事、如临其境的感觉。比如朱自清的《荷塘月色》的景物描写,声色俱佳,形象鲜明,很有艺术魅力。不仅记叙性文章的语言要求形象,就是议论文、说明文的语言,也可以做到形象化。马克思、恩格斯在《共产党宣言》中批判当时的“封建社会主义”是这样写的:

为了拉拢人民,贵族们把无产阶级的乞食袋当作旗帜来挥舞。但是,每当人民跟着他们走的时候,都发现他们的臀部带有旧的封建纹章,于是就哈哈大笑,一哄而散。

这段话幽默而形象,把封建阶级打着社会主义旗帜欺骗人民、妄图复辟的丑态描写得淋漓尽致,揭露也很深刻,增强了文章的感染力和战斗力。

形象化的语言需要使用恰当的形容词,但是不能堆砌,重要的在于细心观察事物的特点并准确地表现出来。

(2)多用口语化的语言

这是使语言生动的一个重要方法。一些著名的作家都很注重使用口语。

在议论性文章中,适当地使用口语,可以把一些深奥、抽象的概念表现得通俗、形象,因而也就生动。比如毛泽东同志《中国社会各阶级的分析》中对小资产阶级的描绘:

第一部分是有余钱剩米的,即用其体力或脑力劳动所得,除自给外,每年有余剩。这种人发财观念极重,对赵公元帅礼拜最勤,虽不妄想发大财,却总想爬上中产阶级地位。他们看见那些受人尊敬的小财东,往往垂着一尺长的涎水。这种人胆子小,他们怕官,也有点怕革命。因为他们的经济地位和中产阶级颇接近,故对于中产阶级的宣传颇相信,对于革命取怀疑的态度。这一部分人在小资产阶级中占少数,是小资产阶级的右翼。第二部分是在经济上大体上可以自给的。这一部分人比较第一部分人大不相同,他们也想发财,但是赵公元帅总不让他们发财,而且因为近年以来帝国主义、军阀、封建地主、买办大资产阶级的压迫和剥削,他们感觉现在的世界已经不是从前的世界。他们觉得现在如果只使用和从前相等的劳动,就会不能维持生活。必须增加劳动时间,每天起早散晚,对于职业加倍注意,方能维持生活。他们有点骂人了,骂洋人叫"洋鬼子",骂军阀叫"抢钱司令",骂土豪劣绅叫"为富不仁"。对于反帝国主义反军阀的运动,仅怀疑其未必成功(理由是:洋人和军阀的来头那么大),不肯贸然参加,取了中立的态度,但是绝不反对革命。这一部分人数甚多,大概占小资产阶级的一半。第三部分是生活下降的。这一部分人好些大概原先是所谓殷实人家,渐渐变得仅仅可以保住,渐渐变得生活下降了。他们每逢年终结账一次,就吃惊一次,说:"咳,又亏了!"。

一些富有生活气息和情趣的口语,活画出了"小资产阶级"中各部分人的思想面貌,生动有趣,效果极佳。

(3)句式要富于变化

不同的句式,有其不同的功能,句子的结构方式不同,表达效果也就不同。一篇文章,如果句式单一,就会显得呆板、乏味,读来令人厌倦;如果选择多种句式,灵活搭配,交错使用,语言就会变化多姿,产生一种特殊的美感。比如为了表示不同的语气,可以选用陈述句、反诘句、祈使句、感叹句,"你这没有骨气的文人"之所以比"你是没有骨气的文人""够味",就是因为把陈述句改成了感叹句。如果为了使感情表达得更明快、激烈,就可多用短句(一般是单句);要表达得舒缓、严密,就应多用长句(一般是复句)。要是使用对偶句,就能使句子声调和谐、节奏整齐;使用排比句,则可增强语势,加深感情等。

此外,偶句和散句相结合,也会产生很好的表达效果。偶句匀称,排列工整,散句自由,结构灵活,偶句和散句相配合,就能构成语言上的参差美。如郭沫若《科学的春天》中的一段话:

春风刚刚过去,清明即将到来。"日出江花红胜火,春来江水绿如蓝。"这是革命的春天,这是人民的春天,这是科学的春天!让我们张开双臂,热烈地拥抱这个春天吧!

这段话里的前四句,是两组对偶句,句子匀称,对仗整齐,音韵和谐,有一种整齐美。以下三句是排比句,增强了文章的气势。最后又用两个散句收束,全段把偶句、排比句和散句糅在一起,参差变化,错落有致,显得十分生动活泼。

(4)恰当运用修辞手法

运用各种修辞手法,是使语言形象、生动,增强文章表现力的重要途径。一般说来,比喻、比拟、夸张等,可以使所表达的人和事物更加鲜明;对仗、排比等,可以增强文章的气势;顶真、拈连、反复等,既可增进节奏感,又使文章语言丰富多彩。如朱自清的散文《绿》中的一段:

我的心随潭水的绿而摇荡。那醉人的绿呀,仿佛一张极大极大的荷叶铺着,满是奇异的绿呀。我想张开两臂抱住她;但这是怎样一个妄想呀。——站在水边,望到那面,居然觉着有些远呢!这平铺着,厚积着的绿,着实可爱。她松松地皱缬着,像少妇拖着的裙幅;她轻轻的摆弄着,像跳动的初恋的处女的心;她滑滑的明亮着,像涂了"明油"一般,有鸡蛋清那样软,那样嫩,令人想着所曾触过的最嫩的皮肤;她又不杂些儿渣滓,宛然一块温润的碧玉,只清清的一色——但你却看不透她!……

作者在这里巧妙地运用了比喻、比拟、夸张、通感等多种修辞手法,把作者自身的感受和与客观的景物化为一体，做到了人情美、生活美、自然美、和谐美的完美的交融，生动地表现了作者对大自然、对人生的深厚热爱的感情。

3. 语言要简练

简练，就是用最少的文字表达尽量多的内容，做到“文约而事丰”。恩格斯说：“言简意赅的句子，已经了解，就能牢牢记住，变成口号；而这是冗长的论述绝对做不到的。”我们要学习凝练的艺术，以“惜墨如金”的态度，下工夫炼字、炼句，力求用最经济的语言表达更丰富的内容。简练是我国古代文章的优良传统，诗歌自不必说，一些有名的散文，也是短小精悍的。比如刘禹锡的《陋室铭》，仅 81 个字，却有叙述，有描写，有议论，有抒情，文笔婉转，文字简练，很好地表达了作者孤芳自赏，不肯和权贵同流合污的思想感情。

语言要简练，要从以下几方面努力。

（1）精心锤炼

马雅可夫斯基说过，他往往从几千吨语言的矿石中提炼出一句诗，这除了说明他写作态度的严肃、认真外，也说明精粹的语言是从丰富的语言材料提炼出来的。经过反复锤炼，反复压缩，可以做到如沈德潜所说的：“平字见奇，常字见险，陈字见新，朴字见色”。

（2）讲究含蓄

刘知几说：“言近而旨远，辞浅而义深，虽发语已殚，而含义未尽。”写文章时如果把话都说尽了，意思全部浮露在字面上，就会显得浅薄平淡，一览无余。必要的地方应该含而不露。美国著名作家海明威也用过这样一个比喻：“冰山在海里移动很是庄严宏伟，这是因为它只有八分之一露在水面上。”这就是说，如果作家对想写的东西很清楚，并且想取得好的效果，他只可以写八分之一，而省去“水面以下”的八分之七，让读者自己去思考补充。这样，既可增加读者的兴趣，又能节省笔墨，求得言简意赅的效果。海明威本人就是八分之一的典范，他的文章以简洁含蓄而饮誉世界文坛。据说海明威为了把文章写得简洁含蓄，竟长期用一只脚站着写，说这样可以强迫自己用最简练、最精当、最含蓄的语言表达出最丰富的内容。

如鲁迅的《为了忘却的纪念》，结尾就很含蓄。作者说，“要写下去，在中国的现在，还是没有写处的”，这说明当时中国社会的极端黑暗。又说：“目睹许多青年的血，层层淤积起来，将我埋得不能呼吸”，说明反动派杀人之多，以及作者感情压抑之重。“夜正长，路也正长”，说明革命道路的曲折性、长期性。“将来总会有记起他们，再说他们的时候的”，表达了作者对革命的必胜信念，也启示人们要同反动派进行坚决的斗争。作者悲愤的感情，深刻的议论，通过简练含蓄的语言，表达得极其鲜明、深刻，给读者以极大的感染。

（3）删繁就简

鲁迅先生主张：“竭力将可有可无的字、句、段删去，毫不可惜。”“可有可无的”——即与主题无关或关系不大的，应尽力删去；与主题有关的，也应尽力压缩。这样，就可如刘禹锡所说的“吹尽狂沙始见金”了。

语言不简练，常常是由于不必要的词语用得太多。有的属于堆砌，爱加一些没有实际意义的修饰语，如“天空的彩霞映照得场上格外通红。”“通红”，就是很红，已含有“格外”之意，不必加“格外”一词。有的属于赘余，就是废话多，没有多少实际内容。

此外，适当选用文言词语，也是使语言简练的好方法，还可增强文章的表现力。

4. 语言朴素

朴素与华丽是语言的两种不同风格。朴素的语言与华丽的语言都是美的，正如素装淡抹的“青衣”与浓妆艳抹的“花旦”，各有神韵，各具风姿。但朴素的语言以朴实无华、明白晓畅见长，具有天然的美，纯真的美，有“清水出芙蓉”的美好效果。如“野火烧不尽，春风吹又生”，“谁知盘中餐，粒粒皆辛苦”，“山重水复疑无路，柳暗花明又一村”，“春色满园关不住，一枝红杏过墙来”等等，都是朴素自然的文字，却成了千古绝唱。

如何使语言朴素呢？鲁迅先生说过“有真意，去粉饰，少做作，勿卖弄”的话，用来说明造就朴素的语言风格，应该是恰当的。

(1)“有真意”，且尚淳朴

高尔基曾说过：“真实和朴素是亲姊妹。”写作者首先要有真挚、朴质的感情，才能出之以淡远朴素的文笔；否则，必导致内容的空虚。而且往往容易这样，文章内容没有了，便只好挖空心思去玩弄辞藻，用华丽的词语去掩盖思想的贫乏。结果落得矫揉造作，不能感人。

(2)“去粉饰”，顺其自然

“清水出芙蓉，天然去雕饰。”朴素的语言的可贵之处在于不饰辞藻，不事雕琢，却能写得生动活泼，词切事明。古希腊哲学家亚里士多德说过：“太华丽的辞藻会使‘性格’与‘思想’模糊不清。”许多名篇佳作，语言通俗易懂，质朴自然，但表现力极强。“山高月小，水落石出”(苏轼《后赤壁赋》)，这八个字小学生都认识，极明白，但含义深刻，给人以无穷的想象的余地。《红楼梦》中对话全是口语，几句就能把人物写活。“孔乙己，你怎么连半个秀才也捞不到呢？”“半个”、“捞不到”，说得既恰当，又朴实，嘲笑的意味又极浓。可见真正好的语言，并不全是浓妆艳抹的词句。

(3)“少做作”，力求通俗

马克思说过：“你怎么说就怎么写。”语言是表达思想感情的，语言自然朴实，通俗易懂，明白如话，才能表达得真切，读起来也感到亲切。如朱自清在《春》里是这样写春天的景色的：“小草偷偷地从土地里钻出来，嫩嫩的，绿绿的。园子里、田野里，瞧去，一大片一大片满是的。”“桃树、杏树、梨树，你不让我，我不让你，都开满了花赶趟儿。”“花下成千成百的蜜蜂嗡嗡地闹着，大小的蝴蝶飞来飞去。”作者用朴素的语言，很自然地把大地苏醒、景象万千的春景写了出来。同样是写春景，有人却故意装腔作势：“乘晨曦，采几枝含苞的杨柳，这是春光的见证。”“我看见，你们炽热的鲜血流出青松绿衫的圈圈年轮，向春景探讨着人生。”什么是含苞的杨柳呢？杨柳怎个含苞呢？又怎么是春光的见证呢？鲜血怎能流出年轮？又怎向春景探讨人生？用语极不自然，读者很难理解。

(4)“勿卖弄”，造句宜淡

如果自以为“学识丰富”、“才华出众”，便卖弄“文才”，故作艰深，写一些谁也看不懂的话，那效果是可以想象的。实践证明，情意宜浓，词语宜淡，神奇自平淡中出，正是朴素的语言所具有的艺术魅力。

总之，语言准确是指用词要准确，造句要合乎语法规则、合乎逻辑；语言生动体现在词语富有形象感和描绘性、表现出叙述人的语气神情、句式变化多姿、恰当运用各种修辞手法等方面；语言简练可以用词精当、造句精短、语言含蓄、适当运用文言词语等方面努力；语言朴实是指规范不生造、质朴不矫饰、自然不做作、新鲜不空套。

(二)学习语言的途径

学习语言，有直接与间接两条途径。直接，是指置身于各种各样的生活环境之中，通过听觉向人民群众学习语言；间接，是指从优秀作品中吸取作家加工改造过的语言。两种方法对于提高语言表达能力都是必要的。

1. 向人民群众学习语言

生活是语言的宝库，人民群众是生活的主人。人民群众创造了世界，同样也创造了丰富的语言。人民群众的语言是极其丰富多彩、生动活泼，富有表现力和生命力的。学习语言最重要的是向生活学习，从群众的口语中吸收活的词汇和新颖的表达方法。比如我们写文章常用到副词“很”字，把事物写成“很黑”、“很白”、“很快”、“很直”、“很硬”、“很香”等等，而在人民的口语中，却说成“漆黑”、“雪白”、“飞快”、“笔直”、“梆硬”、“喷香”等等，这比单用一个“很”字，要生动形象得多。

从生活中学习语言，首先要多听，要随时随地从所接触的人当中吸取语言营养，街头巷尾，茶楼酒肆，都是我们学习语言的好场所。契诃夫曾经告诫青年作者到人民中间去，在偏僻的驿站上和农民的草屋里过夜，向他们学习语言；如果要坐火车，“务必要坐三等车，坐在普通人中间，要不然你就听不见一点有趣的谈话了”。其次还要多看，即勤于观察体验。因为语言是表现生活的，如果对生活没有细致观察、深切体验，那就无法去分辨和选择精确的语言，把所描写的对象生动形象地表现出来。俄国作家阿·托尔斯泰有过这样的教训，他说：“我曾做过这样的尝试：记了一些笔记，也偷听到一些句子。可是，当我后来把这些东西搬到小说里去时，我差不多落到了一个这样的下场：简直就跟一个画家把从死人身上割下来的鼻子，贴到画像上去的那种情形一样。”这就是因为没有把学习语言和观察体验生活结合起来，而只是孤立地去搜集词语。要想真正从生活中学到生动活泼、有表现力的语言，就要像老舍在《人·物·语言》中说的那样，“连人带话一起来，连东西带话一起来”。由此可见，广泛地和人民群众接触，熟悉他们的生活，吸取他们健康的、具有生活气息的语言，丰富我们的语言宝库，是提高我们运用语言能力的重要途径。

2. 向优秀作品学习语言

一个人的生活无法深入到社会的所有角落，单靠直接从生活中学习语言是不够的。因此，从阅读中向优秀作品学习语言就成了不可缺少的重要方面。“读书破万卷，下笔如有神”，“《文选》烂，秀才半”等经验是大家所熟悉的。它告诉我们一个秘诀：要学习语言，必须多读名著。凡是典范性的文章或作品，它的语言都是在全民族语言的基础上，经过文章家、作家的精心加工，认真提炼而形成的。毛泽东、鲁迅、郭沫若、老舍、赵树理等人是我国现代杰出的文章家，他们的语言精练、准确、新鲜而又生动活泼，为中国人民喜闻乐见。许多古典名著其语言也都是极好的。以《红楼梦》来说，它写于二百年前，用的是当时的北京话，今天读起来，仍然十分亲切，往往用几句话就能刻画出一个人物、一个场景，活灵活现，跃然纸上，给人留下十分深刻的印象。我们阅读这些作品，除了欣赏故事情节，领会思想意义，还应努力吸取它的语言艺术营养。

3. 丰富和积累词汇

要写好文章，必须有丰富的词汇，如果词汇贫乏，语言知识少，很难提炼出准确、凝练、富有表现力的语言。再说，世界上的事物是复杂的，要写出复杂的内容，必须有丰富的词汇。比如“叫”字，这是个动词，表示人或动物发出的声音，如狗叫、狼叫、狮叫、马叫、虎叫、鸡叫、鹊叫等，这样写，就很呆板，没味道。我们如果掌握了丰富的词汇，这样写：“狗吠”、“狼嗥”、“狮吼”、“马嘶”、“虎啸”、“鸡鸣”、“鹊噪”，这比前者单用一个“叫”字就好得多。这就是词汇丰富带来的效果。

要丰富语言，占有大量词汇，就要平时注意积累，建立自己的语言仓库。许多有成就的作家都有自己的语言手册。果戈理遗留下来的“随身笔记”里记录了丰富的人民生活的词汇，包括谚语、格言、习惯语和各种物品的名称，他在写《死魂灵》的时候，就创造性地运用了这些语言。著名犹太作家肖洛姆·阿莱姆非常注意收集词汇。他小时候受后母虐待，后母经常咒骂他。他每天晚上一边流泪，一边悄悄把后母骂他的刻毒词汇记下来，日积月累，记了一大本，然后按字母的顺序编成一本小辞典，命名为《后母娘的词汇》，后来在他的著作中，每写到人物刻毒咒骂和尖酸语言时，就从他《后母娘的词汇》里加以引用。平日的积累，大大丰富了他的词汇，为他以后写作运用语言提供了良好的条件。

要有丰富的语言，还必须有丰富的生活。语言是生活的反映，它源于生活，因此要热爱生活，熟悉生活，从生活中去获取丰富的语言。孔子说：“多识于鸟兽草木之名。”多识鸟兽草木之名，正是要多识鸟兽草木本身。如果不识鸟兽草木，哪能知鸟兽草木之名？“名”和“物”是统一在一起的。如鲁迅的散文《从百草园到三味书屋》，作者用丰富的语言形象生动地描绘出百草园的各种实物各景色，是以其丰富的生活为基础的。所以积累词汇，丰富语言，要在丰富生活、扩展知识面上下工夫。

4. 要多写多改，加强语言训练

准确、生动、简练、朴素的语言，是作者多写多改、认真加工、不断锤炼出来的。不经过辛勤的努力，就不会有纯洁、健康和富有表现力的语言。古今中外许多有成就的作家，对于语言的提炼都是十分重视的。“两句三年得，一吟双泪流”，“百炼成字，千炼成句”，这是我国古代作家锤炼语言的自白。

锤炼语言，就是锤炼字、词、句。字、词、句用好了，文章的语言也就精粹了。大家熟知的“红杏枝头春意闹”，就是因为“闹”字用得好，著一字而境界出；“君不见黄河之水天上来”，就因为“天上”这个词是别人想不到的，用这一词写出了气势，给人一无穷的想象的余地；“先天下之忧而忧，后天下之乐而乐”，说得好，就因为这句话概括了丰富的内容，包含着深刻的思想，《岳阳楼记》才成为名篇。要知道，这些语言并不是一下就写出来的，是作者经过字斟句酌，反复推敲的结果。王安石的有名诗句“春风又绿江南岸”，其中的“绿”字初为“到”，后改为“过”字，再改为“入”字，又改为“满”字，一直改了十来个，最后才确定为“绿”字。这个字改得好，不仅有气势，而且有色彩，用“绿”字就形象地表现出了江南春早的景色，可见多写多改，对锤炼语言是极有意义的。

训练素材及提示

【知识题】

1. 结构的含义和基本要求是什么？结构的内容和方法有哪些？
2. 过渡和照应、开头和结尾在文章中有什么作用？
3. 什么是叙述？叙述的要素和方式有哪些？
4. 描写的含义、对象、方法是什么？白描与细描有各有什么特征？
5. 抒情的概念、方法和要求是什么？
6. 什么是议论？其要素有哪些？常见的论证方法有哪些？
7. 说明的含义是什么？有何要求？
8. 运用语言的基本要求有哪些？如何使语言既准确、生动，又简练、朴素？
9. 我们应该怎样学习语言？结合自己的实际谈谈学习语言的途径。

【实践训练题】

1. 阅读分析

(1)分析《生命如风》这篇文章的结构特色。

生命如风

在风、雨、雷、电中,我偏爱风。

喜爱风,是因为风的来无影、去无踪;喜爱风,是因为风的温馨,风的热烈,风的潇洒,风的狂暴。

有人问我:"四季之风,你最偏爱哪种?"对我来说,这个问题的答案又怎能唯一?春、夏、秋、冬,每一个季节的风都有一种人生境界。

春风,太温柔太温柔,宛如婴儿的小手,亲抚你的脸。她默默送来梅的清香,捎来春的绿意。"吹面不寒杨柳风",不寒是假的,微寒总有吧?正是这丝丝微寒,使人不至于在这阳光灿烂的春日陶然睡去,而忘了"一年之计在于春"。哦,春风,你拂去冬的寒意,吹来了满眼的勃勃生机。这样美好的春风,教我怎能不爱?

夏天亮丽而生动的色彩造就了夏风的热烈。这热烈的夏风使人觉得胸襟开阔,使人想起遥远的海边踏浪,想去险峻的高峰歌唱,想在月明风清的夏夜里乘风揽月。朋友,闭上双眼,静静地感受夏风赠给你的这份清爽吧!

"一叶落而知天下秋。"叶落的时候,秋风早来了。"秋风秋雨愁煞人",可见秋风并不为人们所青睐,况且它还曾大胆地吹破过杜甫的茅屋,怎能不叫人记恨?但不管怎样,我爱秋风,而且偏偏是爱了那伤人而人避犹不及的萧瑟。萧瑟之于我,竟然是一种生命的绝美。我喜欢在秋日的黄昏,看秋风吹落满枝的枯叶,感受那份叶落归根的留恋。也喜欢在静静的秋夜独自爱步,自由地呼吸凉爽的空气。让秋风拂去我一身的疲惫,还我原来的清醒。白天难得有放松的时候,但这寂寂黑夜瑟瑟秋风,却让我的心胸开阔而澄清。我爱秋风!

我曾担心过冬风,担心刺骨的冬风会残酷地扼杀一切生命的绿色,担心狂暴的冬风会无情地吹熄萌发生命的灯。可我现在才知道,这种担心是多余的,冬风只是在履行它应尽的责任。试想,如果没有经过刺骨、狂暴的冬风的考验,如果没有经过冬天的洗礼,那生机勃勃的春风又何以出生?

四季之风,给了我太多对生命的感情:春风带给我生命的希冀;夏风告诉我生命的美好;秋风教会我冷静;冬风促使我拼搏。所以,要问我最喜欢哪一种风,我的答案有四种,随便哪一种,都是我的喜爱。正是因为四季之风,我才懂得了生活的道理,得到了生命的许多启示。

生命如风,我爱生命!我爱风!

(2)分析下面两篇文章的结构和表达特色。

无尽的思念,永远的牵挂

窗外,细雨霏霏,淅淅沥沥的小雨下个不停,似乎在倾诉对远方亲人的思念;屋内,暖意绵绵,邓丽君甜美悱恻的歌声缭绕回荡,好像在深情地呼唤异地游子的归来。我慵坐于电脑前,回想往事,感慨万千;思念佳人,泪珠涟涟……。雨丝长,情意也长;眼望穿,心更茫茫。蓉儿,我最牵挂的人,你到底在何方?你可知道,在福城,你的好姐妹对你朝思暮想、辗转难眠，千丝万缕的牵挂、无时无刻的思念和深情诚挚的祝福，萦绕在歌声间，寄托于美梦里，渗透进我的生命中……

往事如梦，记忆似烟。许多年来，如梦似烟的往事时常在我脑海里荡来荡去，飘忽不定；过去的一切，它是那么的遥远而又清晰、陌生而又亲切。还记得吗？蓉儿，二十五年前我们相识于大学校园，从相识到相知，再到相爱，乃至成为亲密无间、今生永相伴的姐妹，一切都那么的顺其自然，水到渠成。没有甜言蜜语，没有虚情假意，有的是朴素的话语，温暖的双手和无私的爱心。还记得吗？在大学，我们共同学习，一起玩耍。评论文学作品，讨论人生价值，对任课老师品头论足；看电影，瞎逛街；在教师进修学校空房子学跳交际舞，在教室里学邓丽君的歌曲："不知道为了什么，忧愁它围绕着我……"，声嘶力竭，真可谓"少女不知愁滋味，为学情歌强说愁"；还有那偷爬火车，湖上荡舟，桂林旅游，精彩极了；最有趣的是为你退还男同学的情书，我好像是一名光荣的地下工作者，进行神圣的地下工作，既神秘、紧张，又有高度的责任感，嘻嘻嘻……无忧无虑，快活逍遥，一切是那么的美好，令人难忘。

大学毕业，我们有幸分在本市不同的教学单位，工作兢兢业业，但联系紧密，隔三差五，总得聚一聚，畅谈各自的工作、生活情况。或爬山郊游，陶醉于美好的大自然中；或躲进房里，说说女孩的悄悄话，毕竟我们才二十多岁，有着火一样的热情，有着鲜花般的梦想。蓉儿，还记得吗？在福城时，每年春天，你都要到我这里来拔竹笋，高兴而来，满意而归。有一次，我们一行四人兴致勃勃地向后山进军，时值"春风又绿江南岸"的季节，"太阳竹间照，清泉石上流"，万事万物充满了生机，风儿暖了，花儿笑了，鸟儿也在欢快的啼唱……这美好的春景，给人以心灵的洗礼、性灵的超脱，我们尽情地拔啊、拔啊，一个劲儿往山窝里钻，袋子盛不下，脱下外套来包，甚至连扎头发的发带也用上了。看着这么多的春笋，我们高兴极了，欢歌笑语地往回走，一不留神，你一脚踩空，掉进水田里，泥水溅射，黄泥粘身，狼狈极了，开心极了，哈哈哈……。回到家后，竹笋炒腊肉，再加几个红辣椒，红白绿黄相间，美滋美味，叫人垂涎欲滴。

几年后，由于工作需要，你离开了福城。先后几次迁徙，你离我越来越远，相隔千山万水，我们见面的机会也越来越少。但岁月的流逝不仅没有使我们变得陌生和遥远，反而促使我们在心灵间更加熟悉和亲近起来，你甜美的笑靥、轻柔的话语、温柔的眼神时常在我脑海里映现；你善良的心灵、多情的关怀、坚强的意志时常在我心田荡漾；你对爱执着的追求等等又让我心疼难眠。时光的延伸把我们美好的感情浸泡得更加滋润、深厚、绵长，只有曾经真爱过，才会永远真心守候。面对远方的你，蓉儿，我的思念、我的牵挂，渐久渐浓、渐久渐深，我更能体会到"剪不断，理还乱，是离愁，别是一番滋味在心头"的深刻含义。新春佳节，你杳无音信，蓉儿，你可知道，你是我永远牵挂的人，也是我至亲至爱的人！

记得吗？蓉儿，当你在电话中告诉我你的感情生活出了问题时，我难过极了，匆忙赶往你家中，默默地凝望着你美丽而绝望的面容。我们泪眼想望，双手紧握，心领神会，共同承受感情波折掀起的风浪。爱情是个大难题，让人目眩神迷，它可以使人泪眼蒙眬，伤心欲绝，也可以叫人笑意荡漾，心花怒放。在这物欲横流的社会，天长地久的爱情确实很少很少，我很庆幸自己找到了真爱。人们常说，爱情是伟大的，也是自私的，可为了你，我愿意献出。我也明白这是不可能的，但爱之深，也就言之愚了。

曾记得？当我得知你在医院动了大手术时，我伤心极了，大哭了一场。我诅咒老天爷，为何对你如此不公？让不幸降临于身上。蓉儿，你是那么美丽善良，那么多才多艺，我愿意为你挨上这一刀,我愿意为你献出你所需要的……。我很想飞到你身边,可你需要的是卧床休息,我怕自己太激动反而影响你。我只有在福城,天天为你祈祷,日日为你祝福,祝蓉儿安然无恙,祝蓉儿温暖幸福!

回望往事,爱上心头。蓉儿,你听到了吗?我托付星辰,托付清风,向你问候:你定会走出潮湿的雨季,阳光将会在你心中绽放;你的未来将呈现出一片生机,放射出金灿灿的光芒。蓉儿,让我的祝福,化为一缕缕春风,永远温暖着你;让我的心,化作一朵朵白云,伴随你天涯海角,你是我永远牵挂的人!

洪水无情人有情　青春热血献乡邻
——记抗洪青年肖世强同学

8月7日至8日,我市普降暴雨,遭遇了百年难遇的特大洪涝灾害。洪魔袭来,山河咆哮,洪流滚滚,险情阵阵。面对严峻的现实,全市上下迅速行动起来,构筑了一道道与洪魔搏斗的钢铁长城,涌现出一批批可歌可泣的英雄人物,谱写出一曲曲动人心魄的生命赞歌。在这无数抗洪英雄中,有一位年仅十九岁的青年,为抢救人民的财产,而献出了自己年轻的宝贵的生命,他就是湖南省郴州职业技术学院的学生——肖世强同学。

肖世强同学系郴州职业技术学院2001级通信一班的学生。家住郴州市北湖区南溪乡长塘村十二组,依山傍水。8月7日夜晚,狂风呼啸,大雨倾盆,劳累了一天的世强同学早早就上床休息了,很快就进入了梦乡。"快点搬东西,洪水来临了。"世强同学被屋外的吼叫声惊醒,他连忙爬起身,迅速穿好衣裤,匆忙往外跑,他借助微弱的灯光,只见滂沱大雨中乡亲们在往高处搬东西,离他家二十多米的刘大叔家更是一片慌乱,因为刘大叔家处在溪流拐弯处,形势非常危急。肖世强毫不犹豫地冲进雨中,为刘大叔家搬运东西。"世强,你先把你家的牛、猪牵出来吧。"刘大叔看着这个热心肠的小伙子亲切地说。"没关系,先帮你搬完东西再说。"多么朴实的语言,多么美好的心灵。肖世强同学在暴风雨中不停地来回奔跑,心中只有一个信念,在洪水来临之前,为刘大叔多搬些东西,尽量减少损失。艰苦战斗二十分钟,肖世强同学感到身疲力竭,但他仍不退缩,与刘大叔一道义无反顾的冲进暴风雨中,冲进刘家,可谁知道这一去竟成了永诀,还未等他们再出来,凶猛的洪水就冲垮了石桥,也冲毁了刘家的房屋,刘家被洪水淹没,肖世强同学也被洪水卷走……雨下的更猛烈了,宛如在为无私的世强同学痛哭,更似为顽强的世强奏响最庄严最雄伟的乐章,为他的远去送行……

史学家司马迁有这么一句脍炙人口的名言:人固有一死,或重于泰山,或轻于鸿毛。肖世强同学不顾个人安危,为抢救他人的财产,而献出自己年轻的生命,他用他对他人的爱心和他自身的勇气,诠释了生命的意义。是他温暖的爱心和过人的勇气驱使他在滔滔洪水面前没有退缩,而是去帮助正处于困难中的他人,甚至不惜牺牲自己。这种爱,就是真爱。真爱,是黑暗中的钻石,是沙漠中的绿洲,是人类的铁篱笆。人生之旅,正需要这样一种非物质的光芒轻轻照耀。

8月14日,乡政府把肖世强同学不幸牺牲的消息告诉了郴州职业技术学院。噩耗传来,全院师生无不为之悲痛,为之惋惜,多好的学生,多好的孩子呀!班主任及通讯一班的同学们更是泣不成声。班主任哽咽着说:"他放假还对我说,他会提前几天返校,打扫卫生,为同学们多做些事。"同学们哭着说:"他不能死,我们还等着他一道去迎接新生呀!"浓浓的情,深深的爱,道不尽、诉不完。肖世强同学在校一年来的点点滴滴,历历在目,大家难以忘怀。

肖世强同学学习认真刻苦，工作兢兢业业，自觉遵纪守法，处处能起到模范带头作用，多次被评为“优秀干部”、“先进个人”。他担任通讯一班的保卫委员、学生会保卫部干部，工作非常辛苦，但他都能正确对待，不怕苦，不怕累，责任心强，赢得师生员工的称赞。

肖世强同学心地善良，乐于助人，经常帮助有困难的同学。记得上学期的某一天，他在值班室值班。半夜，办12班的一名女同学突患急病，急需去医院就诊。外面下着大雨，一片漆黑，他问明情况后，二话没说，背着这位女同学与另一位学生干部一道，把她送进了医院，并贴上自己为数不多的生活费，帮助女同学付清了医药费，并主动留下来照顾她一直到天亮。事后，这位女同学非常感动，“他真好，我又不认识他。这件事让我真正领略到真善美的含义，我也要向他一样多帮助别人。”……

生活是琐碎的，生命却不能琐碎。肖世强同学者在琐琐碎碎的日子里，年轻的生命却放射出了闪闪烁烁的光亮，宛如实在朴实、色彩鲜明的陶瓷碎片，折射出生命的光芒。

肖世强同学的事迹震撼着大家。院领导高度重视，学院党委李书记和学院赵院长马上召开紧急会议，号召全院师生开展向肖世强同学学习的活动，培养关心他人、勇于奉献的高尚品德；另一方面立即组织慰问组，亲赴北湖区南溪乡看望肖世强的亲属。

8月15日，我们怀着沉痛的心情前往北湖区南溪乡，大面积的山体滑坡阻碍了通往南溪乡的公路，山路也被冲下来的泥沙石块阻断，水流湍急，地形狭窄，泥泞小径，坑坑洼洼，我们只能艰难的徒步而行。近两个小时的跋涉，我们终于到达南溪乡，被肆虐的洪水扫荡过的南溪乡，到处横陈着“残渣余孽”，伤痕累累，令人目不忍睹。房屋倒塌，桥梁冲垮，稻田淹没，鸡鸭无影，水电不通，通信全无，公共基础设施全部瘫痪，真可谓“弹尽粮绝”。我们的心情愈加沉重，也真正体会到农民的艰辛。迈进乡政府的大门，唐乡长热情地接待了我们，并详细介绍了肖世强同学的先进事迹，“世强为人诚实，善良正直，他是我们南溪乡公认的好伢子。他这次不顾自己的生命，为抢救人民的财产而献身，大家深受感动。第二天上午在乡小学操场才发现他的尸体，埋葬他时，很多人都哭了，多好的伢子！”在乡政府，我们还见到了刘大叔，他被洪水冲了一百多米，后由于身强力壮，抱着一截树干，奋力游上来了，但因伤势过重，在乡政府临时安排的房子里住院。听说我们来了，他艰难地爬起身来，有护士搀扶着，眼含热泪，动情地说：“老师呀，世强真是个好孩子啊！他为了我们牺牲了，我们全家感激他，我们一辈子也不会忘记他……”辞别刘大叔，在乡干部的引导下，我们来到了世强同学家，他的母亲远在广东打工，至今还不知儿子牺牲的消息；而他的父亲，也许是遭受过于沉重的打击的缘故，显得格外的苍老，“老师，谢谢你们，谢谢你们来看我的孩子。我家世强从小就很懂事，家里穷，他从不抱怨，每次放学回来，都要上山去砍竹子，来去几十里，只赚几块钱，我让他留着，当作伙食费。现在他不在了，我不难过，我不难过，因为他做了一件非常有意义的事，我为我的孩子骄傲啊……”可敬的父亲，多么敦厚，多么质朴！

下山途中，我们来到墓地，沉痛悼念世强同学，四周挺拔的松树，笔直的楠竹，伟岸，刚健，庄严，充满生机，这不正是世强同学内在品质的真实写照吗？世强同学，老师来看你了，我们为你自豪！世强，安息吧！我们永远怀念你！德国著名诗人歌德说过：“你若是失去了财产，你只失去了一点儿；你若是失去了荣誉，你就失去了许多；你若是失去了勇敢，你就把一切都失去了。”肖世强同学虽然在舍己为人的义行中，失去了宝贵的生命，但是他为自己争得了荣誉，也证明了自己的勇敢。肖世强同学为了他人，献出了自己年轻的、宝贵的生命，他爱着别人，同时也将永远被别人爱着！肖世强同学永远活在人民心中！

（谢禾华）

（3）分析下面两篇高考美文的语言特色。

那阵风吹过

往事如观流水，来者如仰高山。纷繁人间千万之事，人生匆匆不过数十载。时光流逝，纵然我们记住了亲人的叮咛，友人的祝福，情人的蜜语，一些伤心往事难免淤积于胸，块垒难消。面对万千世事，我们该忘记什么又铭记什么呢？答曰：忘记失败痛苦，铭记美好快乐。

珍珠忘记了被河蚌困扰的痛苦，于是造就了盈泪的玉珠。

宝剑忘却了烈火下锤打的痛楚，于是露出了铿亮的刀锋。

胡杨忘却了沙漠中干渴的难当，于是创造了“死了三年不倒，倒了三百年不腐”的神话。顺着历史长河，无数旷达之士莫不泰然处之。

是那个“采菊东篱下，悠然见南山”的隐士，是那个“但识琴中趣，何劳弦上声”的雅人，是那个“戴月荷锄归”的农夫，对！是他，是这享誉文坛百千年的陶渊明。他不愿“为五斗米折腰”挂印归田园。他忘却了官场的失意，忘却了仕途的不达，却记住了世人的愿望，写出了心中的圣地——桃花源。

是那个“拣尽寒枝不肯栖”的寒鸦么？是那个“一蓑烟雨任平生，何妨行啸且徐行”的行者么？是那个高唱“大江东去”的诗人么？苏轼，一个被宋神宗称赞为“才与李白同，识比李白厚”的千古大家，在遭受小人泼来的污水，遭受贬谪后忘却了所有的失意。他在黄州种地酿酒，“夜饮东坡醒复醉”，在黄州“倚杖听江声”，在黄州写出“大江东去”。他总是那样的淡泊从容。他总是将所有的痛苦失意抛之脑后，铭记着世间之美。不然，何来“亲煮东坡肉”，何来“日啖荔枝三百颗，不辞长作岭南人”旷达与豪迈？

所以，我们应该忘记别人的嘲讽，如忘掉五年前的一次感冒一样；原谅别人对我们的伤害，如原谅天有晴有阴一样。我们要记住初生婴儿的第一次笑容，我们要记住八旬老太没牙的掩笑……

那阵风吹过，吹走了，吹走了失败痛苦；那阵风吹过，吹过后，铭记住，铭记住了美好快乐！

（四川考生）

空白中的独舞

见惯了满月光华，完满无缺，那一弯弦月却以沉默的睿智的空缺，让孤独者窥视人生的真谛。

观遍了浩荡沧海，无端无涯，那一涓细流却以灵动而隽永的渺小，让思想者探究生命的奥秘。

识尽了喧嚣红尘，拥堵繁盛，那一片空山却以沉稳而清新的寂寥，让归隐者顿悟宇宙的深义。

而后，生命以退让以不完满的空缺显现，于拥堵中开辟沉寂，于完满中留下空白。

茶：引恬淡上了心间

西方人喜欢咖啡，浓烈而沉重。那种如铁一般的黑，泛着机械和金属的光泽。细抿一口，使满口的苦涩，强烈的提神效果和密匝的水汽，通透而不留间隙地攫住你的思想，裹住你的神经，像一个霸道的人，一下子占据了所有的空间。所以西方人喜欢冒险，喜欢开拓和占有。

而茶，生于幽谷阴坡之上，浸润和风细雨的轻柔，吸取月华星辉的清幽，氤氲着若有若无的山岚野露，骨子里都透着股恬淡。而后细采嫩叶，细细手工研制，等到夜深人静，新月如钩，一壶紫砂，一注热水，高低缓就，慢慢冲泡，也不急，等着水汽渐散，再一个人去细细地品舌尖上的一股恬淡，隐隐地感觉那一抹幽香融了月色山情汇入了一片思绪的空白中，所以好饮茶的东方人，恬淡睿智，每个人都是哲人，都是思想者。

做人如饮茶，用微微淡漠，游丝般的幽香，给思绪给生活以更多的空间方可恬淡自如，从容不迫。

画：一片空白引情来

一片叶子，毕加索会细细地绘出它在阳光下那些清晰的脉络，高更会沉默着刻画叶子在阳光下的阴影，凡·高则会偏执地用大块大块的颜色涂抹叶子生之悲哀与死之疯狂。而无论是谁，则都过于具体，过于注重那些事物的表象，换句话说，他们都过于完满。

而中国的画家，则会在一卷长长的宣纸上，在大片的空白中，隐隐绘出那些寂寥的山，而后就只有一片孤单的叶，无助地停留在大片的空白中，就像它孤独地飘荡在天地。有穷之描绘展现无限之情怀。而这其中，空白，一个简单而深邃的形式，便承担起此重任，利用虚无而又充实的载体去负担一个天马行空，情溢天地的境地。

这是智者的抉择。

兴许人心如画，有时一点空白便要隐匿大大世界，而洞明世事之人，在于顿悟那一片的空白。

人：空自在心中

所谓一花一世界一鸟一天堂。

世界的本原也就隐藏在那片微小而不完满中。

佛陀拈花示众，众弟子皆不解，而唯有伽叶双手合十，口称“阿弥陀佛，弟子顿悟”，终继佛陀大业，这是人的智慧，在不完整的空白中，窥视了人间的真谛。

人如斯，当紧守一片空白，空在心中，便全然洒脱，生命意义也由此显现。

当我们在一片空白中独舞，悄然发现我们正拥有一片完满天地。

（福建考生）

2. 阅读修改

（1）下面是一篇以“风”为话题的作文片段，这段文字充满激情，语言优美，但举例没有注意时间性，议论与叙述照应不周，句与句之间缺少必要的过渡与衔接，造成思路不清，结构不严，逻辑性不强。请反复阅读，修改本文段，要调整所举事例的顺序，注意议与叙的对应关系，使文段衔接自然，照应周密，层次分明，逻辑严密，表意清晰流畅，让读者在慨叹语言雄辩之风的同时感受到思维严谨之美。

顶风而行，就得有高尚的品质。李白困窘，不肯“摧眉折腰”；子路家穷，只是背米养亲；张作霖手黑，也可为东三省而死……这些人就凭着一颗正义之心，凭着高尚的人格，凭着“既吾心之所善兮，虽九死其犹未悔”的精神，顶住了世俗之风，霸权之势。一个人只有品德高尚，才会不怕贫穷，不畏强暴，在正义与邪恶之间，选择良知，选择正义。当道义与生命夹击你时，你才会选择“投死为国，以义灭身”，当利益之风缚住你的手脚时，你才会恪守"男儿重义气,何用刀钱为";当功名的旋风卷起时,你才能"不畏浮云遮望眼"。只要我们能够坚守阵地,顽强对抗,顶风而行,至死不渝,相信没有正义之风吹不到的地方。

(2)下面这段文字有三句话,各有一处语病,请加以修改。

①北京奥运会组委会日前召开新闻发布会,宣布在今年4月15日起,举办第一届奥运歌曲征集活动。②征集活动将连续举行5届,每届评出10首歌曲进入北京奥运会主题歌候选歌曲。③这些候选歌曲广泛经过各界群众传唱,最终确定一首充分体现中国文化特色和奥林匹克精神的歌曲,作为北京2008年奥运会主题歌。

(3)下面语段中画线的句子有三处表达有误,请把它找出来,并加以改正。

目前,研制出抑制冠状病毒的有效疫苗还需要相当长的时间,在还没有特效药物的情况下,就要求我们发扬和衷共济这一中华民族长期以来的传统美德,激发广大生物、医药研究人员的积极性,群策群力,尽早研制出便捷的检测方法,开发出一整套检测系统,以遏制"非典"疫情的蔓延。

第一处是＿＿＿＿＿＿＿＿,改为＿＿＿＿＿＿＿＿。

第二处是＿＿＿＿＿＿＿＿,改为＿＿＿＿＿＿＿＿。

第三处是＿＿＿＿＿＿＿＿,改为＿＿＿＿＿＿＿＿。

3. 写作实践

(1)根据语境,仿照前面句子,接写句子,构成语意连贯的一段话。

①人需要祝福,需要快乐,需要思念。如果一滴水代表一个祝福,我送你一个东海;＿＿＿＿＿＿＿＿,＿＿＿＿＿＿＿＿。

②芳草萋萋,杨柳依依,春景给人的是勃发的踊跃之情。

秋高气爽,万山红遍,＿＿＿＿＿＿＿＿＿＿＿＿＿＿。

③照下面句子的形式和修辞手法,从"大树"、"鲜花"、"果实"中再选择两个作为"生命"的喻体展开叙写,与前一组句子构成意思相近的排比句。

假如生命是一株小草,我愿为春天献上一点嫩绿;

＿＿＿＿＿＿＿＿＿＿,＿＿＿＿＿＿＿＿＿＿＿＿;

＿＿＿＿＿＿＿＿＿＿,＿＿＿＿＿＿＿＿＿＿＿＿。

(2)将一般说法换成修辞说法,修辞说法换成一般说法。

①天赋是埋藏在矿里的黄金,才能是挖掘矿藏的矿工。

＿＿＿＿＿＿＿＿＿＿,＿＿＿＿＿＿＿＿＿＿＿＿。

②知识之岛越大,好奇的海岸线越长。

＿＿＿＿＿＿＿＿＿＿,＿＿＿＿＿＿＿＿＿＿＿＿。

③假如我有一些能力的话,我就有义务把它献给祖国。

＿＿＿＿＿＿＿＿＿＿,＿＿＿＿＿＿＿＿＿＿＿＿。

④我们不可能都是伟大的人,但我们可以总是向往于伟大的事物

＿＿＿＿＿＿＿＿＿＿,＿＿＿＿＿＿＿＿＿＿＿＿。

(3)在某班组织的对联交流活动中,有同学根据杜甫的《春夜喜雨》拟了上联"绵绵春雨润万物"。请你运用对仗的知识对出下联。

下联:＿＿＿＿＿＿＿＿＿＿＿＿。

(4)将下列内容概括成一句话新闻,不超过14个字。

中国科学院动物所的汪松教授上月在英国爱丁堡市接受了世界著名的爱丁堡科学

奖。1998 年起设立的爱丁堡科学奖,每年颁发给一位世界上有杰出贡献的科学家。汪松教授是中国获得这一奖项的第一人。

(5)根据下面一段话中的统计数据,请为这段话写一个结束句(不超过 20 字)。

最近,记者考察了某市最繁华的商业街,对这条商业街的商业用字进行了调查,发现整个路段的 747 个招牌中,含有不规范字的招牌多达 118 个,约占总数的 16%。在这 118 个招牌中共有 326 个不规范字。由此看来,______________________。

(6)在我们生活中,令我们感动的事例很多很多。有时是一个人物,有时是一件事情,有时是一种声音,有时是一种色彩,有时是一种状态,有时是一种场景……生活中你一定经历、体验过许多令你感动的事情。请以"感动"为话题写一篇作文。可以叙述经历,抒发感受;可以发表议论,评述世态;可以描写情景,再现生活等等。

写作要求:立意自定;文体自选;题目自拟;不少于 800 字。

写作提示:人的情感、情绪总要受到客观环境的影响,并受到偶发事件的牵动和制约。感动之于人即是如此。明白这一点,我们以"感动"为话题写作文,就要首先调动生活积累,回忆起曾经让我们感动的人或事,情或景,并选取其中内涵丰富,值得反复咀嚼、玩味的材料组织到文章里来。写这样的话题作文,可以抒情,也可以议论,但是组织上述材料作为文章的主体框架却是抒情、议论的基础。否则,所抒之情,所议之论就成了无源之水,无本之木,不但不能起到感染读者的作用,还会使读者望而生厌、敬而远之。所以,写这类文章,一定要采撷生活中足以令你感动、也能令读者感动的事情。

当然,上述材料在一篇文章里如何安排、如何使用,则可以因文而异。以记叙为主,将上述材料写成文章的主体部分,然后引发必要的抒情或议论,是一种写法;依据行文需要,将上述材料加以梳理,穿插在文章的各个部分,写成"形散神凝"的散文,也是一种写法;甚至只有叙事,没有抒情或议论,将感情融入叙事当中,含蓄地表达自己的情感,让读者自己去揣摩,去把玩,也未尝不可。文无定法,只要文章内容能够围绕话题,阐发"感动"的深层内涵,表现积极的价值取向,应该说,就都合乎题意要求。

(7)请以《校园一瞥》为题,写一篇 800 字左右的记叙性文章。

写作要求:主题鲜明,材料典型,结构严谨,并综合运用叙述、描写、议论、抒情和说明等多种表达方式。

写作提示:可先用描写把校园描绘出来;再用叙述、说明与通过访问老校友,把学校的发展简史写出来;然后运用议论进行分析;最后展示学校发展的远景规划。如果你热爱自己的母校,就请把感情注入字里行间。也可围绕主题,选择典型材料,精心安排结构,综合运用多种表达方式。

项目 4.3 观察与思考能力训练

训练目的与要求

通过学习和训练,能明确观察与思考在写作中的重要性,能运用观察方法观察生活,从而有效积累写作素材;能运用多种思维方法分析生活现象,提炼观点。

在训练过程中,有这样几点要求:

(1)要结合立意选材能力训练以及阅读能力训练的相关内容体会观察与思考的重要性；

(2)在具体语境中把握观察与思考方法的运用特点。

训练方法与步骤

对身边生活情境进行观察与思考，并讨论比较。

训练示例与分析

写作中如何运用观察思考的方法进行观察与思考？

示例一：

鲁四老爷的书房

天色愈阴暗了，下午竟下起雪来，雪花大的有梅花那么大，满天飞舞，夹着烟霭和忙碌的气色，将鲁镇乱成一团糟。我回到四叔的书房里时，瓦楞上已经雪白，房里也映得较光明，极分明地显出壁上挂着的朱拓的大“寿”字，陈抟老祖写的，一边的对联已经脱落，松松的卷了放在长桌上，一边的还在，道是“事理通达心气和平”。我又无聊赖地到窗下的案头去一翻，只见一堆似乎未必完全的《康熙字典》，一部《近思录集注》和一部《四书衬》。

【简析】概貌观察是以事物的整体轮廓为着眼点，然后对构成整体的各个局部进行分类细致的观察。以鲁迅先生描写的鲁四老爷的住室为例，可以看到，概貌观察描写注重用粗线条来勾勒人物、景物、事件及住室等，但在概貌观察描写的同时又伴随着局部的、具体事件的精雕细刻。

示例二：

打哈欠

在公共场合打哈欠，张开血盆大口朝前打的，是不拘小节的人；舒展两臂仰天打的，是目无他人的人；手帕掩脸偷偷打的，是害羞忸怩的人；手捂嘴巴轻轻打的，是讲究文明礼貌的人。

【简析】比较观察练习的重点应放在差异点上，可运用同中求异或异中求同的方法，以使观察更准确，更全面。例文通过“打哈欠”这个司空见惯的生理现象，让我们看到，大致相近的动作，只要神态、举止稍有变化，其表现的内心世界就不一样。这个“差异”是在比较观察中获得的。其他事物也是如此。

思考的威力有多大？生活中的事物常会引起你的思考吗？

示例三：

思考的威力

如果花瓶碎了，怎么办？大多数人的做法是，把碎片扔掉！只是一扔了事，全然不曾思考与之有关的规律。

那么，这里头有规律吗？有！将碎片按大小排列并称过重量之后你会发现：10～100克的最少，1～10克的稍多，0.1～1克的和0.1克以下的最多！尤其有趣的是。这些碎片的重量之间有着严整的倍数关系：最大碎片与次大碎片的重量比为16∶1，次大碎片与中等碎片的重量比为16∶1，中等碎片与较小碎片的重量比是16∶1，较小碎片与最小碎片的重量比也是16∶1。于是，发现了这一倍比关系的人便将此规律用于考古或天体研究，即只要有这个规律在，便可由已知文物、陨石的残肢碎片推测它的原状，从而迅速恢复它们的本来面貌！

妙！这就是思考的威力！这位聪明人就是丹麦科学家雅各布·博尔！

不慎打碎花瓶的经历，我们肯定有过，可是，当包含其间的规律从我们的身边淘气地溜走时，我们拥抱过它吗？花瓶碎了并不可怕，可怕的是：别一不留神，把我们的聪明与思考打碎了！

（《中外期刊文萃》2004年第8期 张小庭文）

示例四：

名人与思考

1. 学而不思则罔；思而不学则殆。——孔子

2. 如果一个人要想成功，他就必须思考；他必须思考，直至思考得头疼难忍。他必须为这个问题殚精竭虑。直至看起来问题的所有方面都已经被仔细考虑过了。——加拿大企业家汤姆森勋爵

3. 我是通过每星期思考一两次，使自己获得国际声誉的。——英国剧作家乔治·萧伯纳

4. 是我们的思想造就了我们的生活。——古罗马皇帝马库斯·奥勒斯·安东尼厄斯

5. 大脑：一个我们认为是我们用于思考的仪器。——新闻记者安布罗斯·比尔斯

6. 记住幸福并不依赖你是谁或你有什么，它只依赖你怎么想。——美国潜能开发大师戴尔·卡内基

7. 思考是最艰苦的工作，这也许是为什么只有这么少的人进行思考。——福特汽车公司创始人亨利·福特

8. 大多数商人不能进行创造性思考，因为他们无法逃脱理性的束缚。——广告大师大卫·奥格威

9. 大多数经理陷入麻烦是因为他们忘记了反复思考。——大学教师卡尔·维克多

10. 为学之道，必本于思。思则得知，不思则不得也。——晁说之

11. 我没什么办法，只是对于一件事情很长时间很热心地去考虑罢了。——牛顿

12. 不下决心培养思考习惯的人，便失去了生活中最大的乐趣。——爱迪生

支撑知识

文章是客观事物在作者头脑中的反映，要反映客观事物，必先正确地认识事物。而要正确地认识客观事物，就必须对客观事物做仔细的观察调查，进行认真的分析思考。因而学会观察与思考的方法，对我们的写作大有裨益。

一、观察

（一）观察的概念和作用

“观”是看的意思。“察”具有细看、详审之意。从心理学的角度来说，观察是一种有目的、有组织的、主动的知觉，是人们认识客观世界的门户。但不限于知觉，它常同积极的思维相结合。俄国伟大的生理学家巴甫洛夫十分重视观察，他的座右铭是：“观察、观察、再观察。”观察是有目的、有计划比较持久的知觉，是人们认识世界，进行创造性劳动的基础。观察力就是观察的能力，即善于观察出客观事物典型的不显著的特征的能力。观察力也是构成人的智力的要素之一。学习写作，必须学会善于观察，观察能帮助作者积累丰富的生活材料，观察还能促使作者养成思索的习惯，从而更深刻地认识生活；学习写作，必须十分注意培养自己的观察力。

观察是认识客观事物的重要方法。据视觉生理学的研究，一个正常的人从外界接受到的信息，有百分之九十以上是从视觉通道输入的，人的大量知识是通过它获得的。观察是认识的基础。一个人只有对周围事物不断地进行系统而周密的观察，才能获得大量的感性材料。在此基础上进一步进行研究，才可能从中发现规律。达尔文有一次偶然发现许多昆虫陷到一种特别的植物的叶子里。经过多次观察，他发现这种植物受到刺激后，能分泌一种“消化液”，把昆虫消化掉。对这种植物，他坚持观察，研究了十六年，最后写出了《论食虫植物》一书，为生物学作出了贡献。

观察对写作特别重要。观察是写作者认识事物的开始，观察也是丰富写作者知识的重要途径。博学多才的苏轼，曾由于观察不仔细，也闹过笑话。有一次，苏轼到王安石家里去，看到王安石桌上有一首《咏菊》诗还只写了两句：“西风昨夜过园林，吹落黄花遍地金。”苏轼认为菊花能耐秋霜，即使老来枯烂，也不落瓣，因暗笑王安石无知，便自作聪明，提笔续了两句：“秋花不比春花落，说与诗人仔细吟。”后来苏轼因政事贬谪湖北黄州，发现自己后花园中的菊花，满地铺金，竟是落瓣的，遂意识到自己原来对王安石的讥笑是错误的。

现实生活包括自然界和人类的社会生活实践。它是一切写作的永不枯竭的源泉。写作者若不深入生活，面向社会，培养自己多方面观察事物的能力，就不能获得写作需要的材料。“问渠哪得清如许，为有源头活水来。”若不到现实生活中去获得写作的第一手材料，就不能动笔，也无从写起。由此可见，为了正确地认识客观事物，直接从生活中获得写作的材料，每一个学习写作的人都要养成观察的习惯，培养敏锐的观察力。当然，写作观察，除需要有正确的观点作为指导外，还需有明确而具体的观察目的，以及对所观察对象的知识储备，掌握一定的观察事物的方法等。

（二）写作中观察的运用

达·芬奇的老师佛罗基奥说：“在一千只蛋当中从来没有两只蛋是完全相同的。即使同是一个蛋，只要变换一个角度看它，形状便立即不同了。”他道出了观察的要领。我们写文章时也要讲究观察的方式和方法。

1. 观察的程序

(1)写作前的多方面观察

即写作前对所反映客观事物做多侧面、多角度的观察，以获取第一手材料。茅盾先生说过：“我们观察人物，还要从各方面，从各种不同的场合来观察，比方仍以小商人为例子，他在铺子里做买卖的时候，我们应该观察；对待伙计学徒的时候，回到家里就跟老婆一起过生活的时候，我们也要观察；最好连做梦上茅房的时候也跟去看。”这就中肯地告诉我们，多方面地观察人情、物态，在写作前是必不可少的。

观察顺序一般是从自己身边的事物开始，逐步扩展到对整个社会进行观察。也就是说，多方面地观察事物，可按照从近身到远方、从已知到未知、从一般到特殊、从整体到部分、从简单到复杂等等的程序进行。

(2)写作中的确切观察

如果说多方面的观察事物是写作前的必备条件；那么，确切地观察事物，则是从写作实际出发的具体要求，一般要从结合社会、围绕主题、对比材料这些写作的基本点出发。

结合社会观察，就是在进行观察时，对读者需要什么，想知道什么，必须有深切了解。

有这样一段故事：《芝加哥每日新闻》的一位记者，为了贪图较轻松的西得克萨斯的生活方式，决定离开大城市，到《西得克萨斯日报》当采编主任。有一天，城镇上发生了火灾。出于记者职业的激情，他决定亲自去采访这个消息。采访后，他写了一篇内容充实、形式新颖的报道。但这篇稿子有一个漏洞。“扑灭这场火灾，他们用了多少水?”总编辑问他。这个事实，在干旱的西得克萨斯，对读者来说是重要的。由此看来，作为一篇文章的观察采写，必须结合社会的需要，即必须知道读者对什么感兴趣，他们当前生产、生活中亟待解决的问题是什么。

围绕主题观察，是指对能够支持、表现主题的材料予以特别的注意把它们搜集起来，在此基础上再进一步提炼主题。契诃夫说得好：“要知道在大理石上刻出人脸来，无非是把这块石头上不是脸的地方都有剔掉罢了。”这是一句非常发人深省的话。作为写作的“剔”的艺术，就是围绕主题进行观察。

我们知道，作为一般的写作训练，写作者总是要在主题思想确立之后，就开始集中力量观察和搜集那些能够说明、证明和发挥主题的材料。这种围绕主题进行观察，是一切作为传播媒介的文章所特有的，因为，观察那些和主题有关的细节，不仅是写作本身的需要，也是观察的继续，即对客观事物进行再认识的过程。

对比材料观察，直接涉及材料取舍技能的培养和运用。一般有两种情形：

对同一事物进行重复的观察时，要区分出后次观察同前次或前几次观察的差异和特点。例如，我们在进行“秋”的观察描写是，可连续几年进行观察，但每次观察所得都有要和以往不同，那就很难了。

对同类事物进行观察比较，要寻找出具有典型意义的材料。假如来到自由市场，对每个小商贩进行对比观察，就可以找出他们之中有代表性的一个。这种写作中又一次观察、又一次筛选的方法，对准确地运用材料是十分必要。

(三)观察的形式

在现实生活中捕捉观察对象，不讲究观察的形式，就很难确定正确的观察事物的途径和方法，若没有确定下来的观察途径与方法，何谈对客观事物的“捕捉”呢？在现实生活中捕捉观察对象的样式是很多的。譬如，从观察者的角度，可分为“潜入式”和“体验式”；从观察对象的角度，又可分为“综合式”和“单一式”。下边分别介绍这几种形式。

1. 潜入式和体验式

所谓“潜入式”，就是不被人们发现或注意，而又来到所要观察的对象跟前。有人把这类观察者称为“墙上的苍蝇”。这个比喻很恰当。在不受任何惊扰的情况下，所观察到的东西才是真实的、有价值的、本质的东西。如果不采用这“潜入”的方式，而变成一个“嗡嗡叫的苍蝇”，你所要观察的事件中的参与者、当事者就再也不能无视你的出现了。结果场面的原型开始更动，当事者的言行举止开始变化；有的较为拘谨，有的则故作姿态。此时，观察者若不能注意这些情况，就很容易堕入以假乱真的境地。

那么，怎样才能做到不引人注目的观察呢？方法是多方面的。首先，把自己扮成一个适合潜入者身份的人。例如对案情的观察，以公安人员身份比较适宜。其次，不暴露自己身份，边工作边观察，这也可归到“潜入式”之中，总之，这种观察方式，是在不暴露自己的真实身份、目的、任务的情况下进行的。

“体验式”和“潜入式”不同。正如巴尔扎克在谈到观察时说的那样：“当我观察一个人的时候，我能够使自己处于他的地位，过着他的生活，就如同《一千零一夜》里的法师一样，可以附在别人身上，借别人的口说出来。”“体验式”的观察者不是站在客观的、超然的观察者的立场，而是尽量使自己的观察活动跟被观察者的活动结合的一起，自然地进行观察。

可见，“体验式”的观察必须以亲自参加为前提。所以，俄国批判现实主义小说家冈察洛夫强调说：“在我本人心中没有诞生和没有成熟的东西；我没有看见，没有观察到，没有深切关怀的东西，是我的笔杆接近不了的啊！我有（或者曾经有）自己的园地、自己的土壤，就像我有自己的祖国，自己家乡的空气，朋友和仇人，自己的观察、印象和回忆的世界——我只能定我体验过的东西；我清楚地看见过和知道的东西。”这段话鞭辟入里地揭示了体验式观察的特点和作用。

2. 综合式和单一式

“综合式”的观察是指写作者对所要观察的对象，进行分散的观察之后，再把它们组合在一起进行观察。目的是提炼出反映客观事物的本质细节。据说唐朝诗人宋之问在游杭州的灵隐寺时，踽行长廊，禁不住吟起来：“鹫岭岹峣，龙宫隐寂寥。”开头两句倒十分切合眼前景物，然后接下去，却未得佳句。这时，一位在大雄宝殿坐禅的老僧，询问此情之后，思索一下说：“我想了两句，你看如何？”接着他吟了出来：“楼观沧海日，门听浙江潮。”这两句把灵隐寺开阔的远景一下子给鲜明地展示出来了，显得气象非凡。宋之问一听，诗兴勃起，一口气续成全篇。反复读之，深感老僧综合观察出灵隐寺地理环境的绝妙之处，甚为佩服。后来才知道老僧就是当世著名诗人骆宾王。诗中警句，正是骆宾王对灵隐寺周围的山山水水进行长期观察、深刻体验的结果。

“单一式”的观察是和“综合式”的观察相对的。它是就某一具体的观察对象，单一地进行观察，寻求其事物动态和变化规律。宋朝词人张先，善写小令。他写词不仅重视字句的锤炼，而且喜欢描写一种朦胧的境界。这就需要在观察时，去着意体验一种表面的朦胧，实际上是有规律的意境。例如，他自认为最得意的诗句是那三个“影”字句，即“云破月来花弄影”；“娇柔懒起，帘压卷花影”；“柳径无人，堕飞絮无影”。诗人之所以描绘得这样形象、逼真，是因为他细致地、单一地观察了“花影”、“卷花影”、“絮影”，寻找出“影”的规律的结果。

(四)观察的要求

鲁迅先生指出：“留心各样的事情，多看看，不看到一点就写。”艺术大师罗丹曾说过：“他们用自己的眼睛去看别人看过的东西，在别人司空见惯的东西上，能够发现出美来。”可见，观察要远观近察，事事留心；要养成习惯，时时注意。具体说来，应从以下以几方面入手。

1. 养成良好的观察习惯

很多人深居宝山不识宝，感到周围的事物，司空见惯，平淡无奇，因而视而不见，听而不闻，就是因为缺乏良好的观察习惯。所谓良好的观察习惯，是指以求知若渴的心理，善于把注意力集中在一定的观察范围和观察中心，去寻找生活中有价值的东西。这样，就能以钻探般锐利的眼光，从生活现象的矿藏中发现碎金璞，于泥沙混杂中攫取闪光的宝物。

写观察笔记是一种良好的观察习惯。写观察笔记能及时记录观察结果与感受，以备写作之需。俗话说，“好记性不如烂笔头”。养成动笔的习惯不仅仅是一种积累，也是观察的继续和深化，所以培养观察力要坚持不懈地记观察笔记。俄国著名作家果戈理曾经强调说：“一个作家应该像画家一样，身上经常带着铅笔和纸张，一位画家如果虚度了一天，没有画成一张画稿，那很不好。一个作家如果虚度了一天，没有记下一条思想，一个特点，也很不好。”坚持经常写观察笔记(或称生活札记)，有两方面的意义：一是练笔，一是养成观察习惯，积累材料。英国作家狄更斯从喧嚣的街市中走过，能按顺序背出沿途商店的名称，并讲出它们的店容装饰。这种观察、记忆的能力是惊人的。然而狄更斯并不轻信自己的记忆力，而还是寄希望于随时所作的观察笔记。托尔斯泰说：“我写了好多年札记。”高尔基有一大堆记录别人语言的小册子。唐代诗人李贺惯用诗囊，当代作家姚雪垠为准备《李自成》的创作写下了几万张卡片。这些札记、小册子、诗囊、卡片，就是各种形式的观察笔记，也是准备写作时用的材料仓库。

观察笔记的写作，可以是一些零碎材料的记载，如一句性格化的人物语言，一个显示心理活动的表情、动作，一个奇特的联想，一点独特的感受，一种有趣的自然现象，等等。这种观察笔记，往往只用三言两语，好像海滩拾贝，花丛采蜜，零碎驳杂，是一盘散乱的珍珠。观察笔记的写作，也可以讲究材料的选用和主题的提炼，或记叙一件小事，或描写一个场面，或说明一个物件，或记录一则心得，都非常讲究选材炼意；作者所要表达的思想，或开门见山，或卒章显志，或含而不露，或直抒胸臆，都注意章法技巧。一则观察笔记，就是一篇精美的文章，或者是已具雏形的半成品。

观察笔记的形式不拘一格，基本要求却是一致的：一要真实准确；二要集中具体；三要及时不误；四要坚持不懈。

2. 注意客观事物的特征

现实生活中的人和事是层出不穷、目不暇接的，不可能也不必要对所有的生活现象都进行观察。例如观察人，首先要注意发现性格上比较有特点的人，然后才有目的、有计划地观察他，从他的外表、举动、语言以及生活习惯等方面去更多地掌握他的性格特征，特别要注意观察他的思想感情及其变化。观察任何人物、事件、景物等等，都要竭尽全力去抓住它们的特征，深入它们的本质。任何事物都有一定的光、色、形、体，发展变化，彼此之间都有一定的时、空关系，相互影响，从这些外部现象的特征进一步观察它们的内部规律、本质特征。

3. 发现别人没有发现的东西

我们应从常见、易知、简单、浮面的生活现象中，看见别人看不到的东西，了解到别人没有了解到的东西；不能心不在焉，视而不见，听而不闻。必须有敏锐的观察力，做到“状难写之景，如在眼前”。例如一个学生写《乌云的联想》，却一反通常把“乌云”比作“黑暗”与“丑恶”的作法。她说：“乌云带来暴雨，冲尽大地上的一切污垢，把河山洗得更加洁净。云雨之后，骄阳喷出，世界更加美丽。”她还说：“万物生长靠太阳，但也不能缺少雨水。”她乌云鸣不平：“你创造的财富越充裕，你自己的形象就越丑陋……”此例说明，观察事物要有独见，不要被表面现象所迷惑，既要留心它的正面，也要留心它的反面，这才是全面观察事物的态度。

4. 留心观察自然界和社会一切现象

英国大作家狄更斯从喧嚣的市街中走过，能够背诵出各个商店的顺序和它们的店容装饰。被人称为“鹰眼”的列夫·托尔斯泰，也不例外。在他的笔记簿上有这样一条记载：“一只带黑毛的白色田凫飞过去，落下来。”以写作《新天方夜谈》和《宝岛》而获世界声誉的英国作家史蒂文生说：“我坐在路旁的时候，我不是打开书念，便是手拿铅笔和本子，或是描写风景，或是记下诗句。”至于高尔基，他说：“从十六岁开始，我就是作为一个别人私语的旁听者，一直活到现在的。”他有一大堆记录这种语言的小册子。

留心的观察来源于对生活的体验，对生活的爱。明朝画家石涛题《黄山图》一开头便说：“黄山是我师，我是黄山友。”他的印章上刻着“搜尽厅峰打草稿”。画画以留心观察为本，学习写作不也离不开观察吗？“用笔不灵看燕舞，行文无序赏花开。”从向大自然学习的观点看是有道理的。只有对事物进行长期地、细致地、耐心地观察，写出的文章才能体现生活的真谛。

在留心观察的基础上，写作者对生活要赋予激情。也就是说观察没有感情不行。杨朔在散文《荔枝蜜》中，为什么能对叽叽嗡嗡的蜜蜂，注入那样真挚的情感呢？就是因为他对生活，对勤劳的农民爱得深、爱得切；所以他才能“托物言志”，对寻常的不蜜蜂有了独特的观察和感受，进而赋予它以凝聚着最美好的思想感情的艺术生命。可见，感情是通过感官进行“捕捉”事物的纽带。

5. 掌握观察的方法

第一，综合观察与分解观察。

所谓综合观察，就是观察事物的全貌，从事物的整体上掌握它的特点。例如，从事物的发展来说，就是要观察它的全过程；从事物的构成来说，就是要观察它的各部分；从事物与事物的联系来说，就是要观察它们之间的相互关系。综合观察，能掌握事物的全局，避免对事物产生片面性认识。

所谓分解观察，就是观察事物的细节，掌握事物各个局部的特点。例如，从事物的发展来说，就是要分阶段观察；从事物的构成来说，就是要分部位观察。分解观察，可以避免对事物产生笼统的、模糊的认识。分解观察并不是要求对事物的全部细节主次不分地进行观察，而是要求去发现那些区别事物差异的细微之处。

要正确地认识一个事物，掌握它的特点，必须把对事物的综合观察和分解观察结合起来，既见树木，又见森林。方纪的散文《挥手之间》中有一段对人物动作的精彩描写，是综合观察与分解观察的真实记录，表现了作家观察的功力。

机场上人群静静地立着，千百双眼睛随着主席的高大身形移动，望着主席一步一步走近飞机，一步一步踏上飞机的样子。主席走到飞机舱口，停住，回过身来，向着送行的人群，人们又一次像疾风掠过水面，向飞机涌去。主席摘下帽子，注视着送行的人群，像是安慰，又像是鼓励。人们不知道怎样表达自己的心情，只是拼命地挥手。

主席也举起手来，举起他那顶深灰色的盔式帽。举得很慢很慢，像是在举一件十分沉重的东西，一点一点的，一点一点的，等到举过头顶，忽然用力一挥，便停在空中，一动不动了。主席这个动作给全体在场的人极其深刻的印象。这像是表明了一个思索的过程，作出了断然的决定。主席完全明白当时人们的心情，而用自己的动作把这种心情表达出来。这是一个特定的历史性的动作，概括了历史转折时期领袖、同志、战友和广大革命群众的亲密无间，以及他们的无比的决心和无上的英勇。

这段描写反映出作者观察的方法，既综合观察了毛主席走上飞机向人群告别的全过程，又分解观察了毛主席举帽挥手的细节性动作。

第二，比较观察与反复观察。

“有比较才有鉴别。”比较，是从认识事物的差异性或类似性来认识事物特征的一种好方法。例如，班上排队时，发现某同学入校时总是排在队列的前面，现在却站到队列的中间了；还发现他入校时做的新衣服现在有些嫌短了。在这一发现的观察过程中，就运用了比较的方法。一是拿这个同学的现在跟入学时比，先发现其差异，衣服嫌短了，从而发现其特点：他比入校时长高了。二是拿这个同学跟班上其他同学比，先发现其差异，他在队列中的位置变换了，从而发现其特点：他比有些同学身高增长得快。

比较观察的方法有两种：纵比观察和横比观察。

纵比观察就是对某一事物本身的各个发展阶段进行比较观察。通过纵比观察，可以发现事物在各个发展阶段的特点。前面讲的对那个同学身高的观察，就用了纵比观察的方法，不仅观察了他现在的身高，还观察了他入校时的身高，将这两个阶段观察的现象进行比较，这两个阶段一高一矮的特点就容易掌握了。

横比观察就是对不同事物进行比较观察。通过横比观察，可以发现不同事物之间的个性特征，将不同事物严格区别开来。前面讲的对那个同学身高增长情况的观察，除用纵比观察外，还用了横比观察的方法，不仅观察他本人身高增长的情况，还要观察其他同学身高增长的情况，两相比较，一快一慢的特点就突现出来了。又如拿苏州园林同各地园林进行横比观察，就容易发现苏州园林的一些特点。如“苏州园林可绝不讲究对称，好像故意避免似的”，“苏州园林与北京园林不同，极少使用彩绘”，等。

对任何事物的观察，都不是浅尝辄止就能深入其本质，发现其特征的。在条件许可的情况下，对观察对象，要进行多次反复的观察，对有些事物还要进行长期的观察。特别是纵比观察，要细致地观察事物发展的各个阶段非进行长期观察不可。横比观察虽不像纵比观察那样需要较长的时间，但要细致观察，比较出各事物的不同特征，反复观察还是不可缺少的。通过长期的、反复的观察，可以避免被某些偶然现象甚至反常现象所迷惑，能够准确地把握住事物的本质特征。

6. 处理好观察与体验、联想的关系

(1)观察与体验

周立波同志说：“收集在纸上的材料，对于写作，只有辅助作用，要紧的是带了自己的心去，去参加工作和斗争。把工作的地方当作家庭，把群众当作亲人，和他们一同进退，一同悲苦，一同爱憎。”他强调的是“带了自己的心去”“参加”，而不是无动于衷地去“参观”。只有“参加”了，并用了“心思”，才能体会得深，才会有切肤之感，方知“此中三昧”。

有些无法“参加”的事，则要设身处地，“进入角色”。刘熙载《艺概·诗概》说：“饥寒劳困之苦，虽告人，人且不知；知之，必物我无间者也。杜少陵、元次山、白香山，不但如身入间阎，目击其事，直与疾病之在身无异。”能够做到“物我无间”，目击群众的“饥寒劳困之苦”，产生“直与疾病之在身无异”的感受，算是有所体验，有所理解了。

对自然景物的体验，就是要感受自然景物在一定条件下的独特的景况。同是西湖，因季节、气候变化，而具有不同风韵。如“接天莲叶无穷碧，映日荷花别样红”，是诗人对红日映照下六月西湖景物的体验；“水光潋滟晴偏好，山色空蒙雨亦奇”，是苏轼对雨后初晴的西湖风光的体验。但是，西湖毕竟是西湖，人们从它那里体验到的是娇艳的美，总离不开西湖的光与色，这是由它的特点决定的。洞庭湖则另其特色。杜甫“吴楚东南坼，乾坤日夜浮”，是一种阔大的体验；孟浩然“气蒸云梦泽，波撼岳阳城”，是一种壮大的体验。人们从它那里体验到的是一种壮阔的美，总离不开它的气与波，这也是由它的特点决定的。可见，对自然景物的观察体验，也应该把握它的特点。

(2)观察与联想

在观察时，常常会情不自禁地产生联想，由此时此地的所见所闻，引起对彼时彼地所见所闻的回忆，以回忆的事物来补充或印证眼前的观察，或与眼前观察作比较、相映衬，从而加深和丰富自己的认识与感受。所以，观察中的联想是必然的，也是必要的。

刘勰《文心雕·神思》篇说：“神用象通，情变所孕。物以貌求，心以理应。”这里所说的“神思”不外乎三种情况。一是由此物象联想到彼物象，如由一片云彩的特殊形状联想到一头雄狮或一群奔马的形象；二是由某种事件引起某种感情，如看到丰收的景象联想到党的政策的英明而引起对社会主义的热爱；三是由某种现象联想到某种道理，如看到江河奔流而联想到光阴易逝，岁月难留，而应当积极进取的道理，或联想到某种发展规律的不可抗拒的力量，或联想到思想教育中的禁止与疏导，或联想到众川归海，人心向党，等等。

联想一定要以观察为基础，与观察相结合，既要能够如陆机《文赋》所说“精骛八极，心游万仞”，又要如刘勰《文心雕龙》所要求的“思接千载”、“视通万里”，还要力避凭空悬揣，胡思乱想。观察的对象与联想的内容，或者形似，或者神肖，或者情理相通，都要自然贴切，毫不牵强。

二、思考

言为心声，文如其人。思考在写作中具有重要的地位，思考水平的高低直接影响到写作水平。就拿陆游来说，他如果没有反对侵略、力举抗金的爱国主义思想，怎能写出“楚虽三户能亡秦，岂有堂堂中国空无人！”这样激昂悲壮的名句，创作出万世不朽的诗篇！有的同学写的作文能常中见新，是他有一颗火热的心且善于思考，发现了平淡生活的许多非凡的东西，并将这些独特的发现巧妙地写进文中，文章立意就会显得新奇。只有善于思考的人，才会善于发现。那么，怎样提高思考水平呢？

1. 提高求同思维能力

求同思维是一种集中思维的方式。例如对观察的几个生活素材进行思考，发现其中蕴涵的共同特征，有所感悟，行之于文。这是求同思维在写作中的具体运用。平时多做句段仿写练习，是一种提高求同思维能力的好办法。

2. 提高求异思维能力

求异思维又称发散思维，这种思维的特点是不拘常规，寻求变异，从多个角度、多个方面探索解决问题的方法。培养求异思维能力的方法有以下几种。

(1)同中求异

对相同的事物进行观察思考，往往会发现其中的细微差别。叶圣陶先生写苏州园林时，除了对不同的苏州园林进行比较观察，从不同的苏州园林的类似之处来认识它们的共同特点以外，还拿苏州园林同其他地方的园林进行比较观察，从它们的差异性来认识苏州园林的特点。

(2)变向求异

有时我们思考问题如果只习惯单向思维，常会遇到“此路不通”的现象，这时需要我们改变思路，才能得到解决问题的方法，这就是变向求异。例如有的同学学了某一作品，自己尝试给作品中的人物另外安排结局。

(3)设疑求异

观察思考生活时，设置种种疑问，往往能培养我们的求异思维能力。

训练素材及提示

【知识题】

1. 观察和观察力的概念和意义是什么？
2. 观察的程序和样式是什么？
3. 观察的方法有哪些？
4. 观察与体验、观察与联想有何关系？
5. 写观察笔记有何好处？

【实践训练题】

1. 仔细观察一个场景中人物之间的对话，然后抓住人物特点写一段话。

提示：人物对话的场景很多，如晚饭时，全家人围坐在一起，都谈些什么事，每人是怎样说的；在公共汽车上，乘客与售票员之间或乘客与乘客之间是怎样对话的；在班会上，大家讨论问题时，每个人是怎样发言的等等。

2. 观察课间同学们活动情况，然后以“课间十分钟”为题写一段话。

3. 21世纪世界教育的核心主题之一是“学会共同生活”，而“学会共同生活”的核心内容是“学会合作”。试围绕“学会合作”的话题，认真观察同学之间、学生与老师、学生与父母等人的合作，写一篇600字左右的文章，题目自拟，文体不限。

写作提示：合作的领域很多，同学们可以从自己的学习与生活中选取材料，可以写与老师、家长、同学、朋友等熟悉的人合作，也可以写与陌生人合作，还可以写与集体的合作，更可以写与“自己”合作(学会用理智控制自己的感情，或自己的毅力与勤奋等)。可从大处着眼，也可以从小处说起；可高屋建瓴叙谈，也可以小见大行文；既可写正面的(成功的)合作经历，也可写反面的(失败的)合作经历。可以写记叙文，也可写议论文。可以表达这样的主题：合作是事业取得成功的保证，合作万事兴。

4. 有人说：“友情，是人生一笔受益匪浅的储蓄。”请以“友情”为话题，结合自己在现实生活中所见、所闻及所感，写一篇文章，文题自拟，文体不限，600字以上。

写作提示：写作时思路要展开，友情可以是师生之间的，同学之间的，和父母亲戚之间的，也可以是和一种心爱物品之间的。可以写“友情是犯错误时的逆耳忠言”，也可以写“友情是倾盆大雨中的一把伞”；还可以写“友情是跌倒时的一把真诚的搀扶”等。写成记叙文应当化大为小，集中、深入地写一到两件事，把友情体现得充分、深刻，可采用倒叙的手法，使文章跌宕起伏。写议论文则着重谈对“友情”的认识，可通过典型事例加以论证。

5. 用3～5分钟时间谈谈自己今天在学校观察到的某个现象及由此产生的联想。

项目4.4 联想与想象能力训练

训练目的与要求

通过学习和训练，能明确联想与想象在写作中的作用，熟悉和初步掌握联想与想象的方法。

在训练过程中，有这样几点要求：

(1)以学生的主体活动为主，采用灵活多样的训练方式；

(2)要根据学生的实际，重点突破。

训练方法与步骤

依据具体需要，选择扩展想象、补充想象、假设想象等多种方式进行练习。

训练示例与分析

联想与想象对写作有何作用？

示例一：

局长的尾巴

吴志彬

我意外地发现了一个天大的秘密——我们德高望重、君临四方、才华横溢、风流倜傥的局长，竟然长了一根小尾巴！

那天因为晚上着了凉，一大早上班闹起了肚子，抓了一把卫生纸直奔厕所。我们局里的厕所是带内隔的那种，每间的木板门虚掩着。这事要搁往常，我肯定会先敲门，很绅士地问有人没有，可那天内急，如果再绅士，肯定得“山芋掉进裤裆里”。我鲁莽地拉开门的时候，一个人正背对我边提裤子边冲水，裤子提了一半，在两瓣丰硕的肥臀中间，赫然有一条小尾巴！小尾巴一尺来长，中间还漂亮地绕了个圈。

四目相对，皆惊愕不已，我一眼认出，他就是我们德高望重、君临四方、才华横溢、风流倜傥的局长。如今想来我可真蠢！我完全可以装出不在意的样子，对局长说些诸如您亲自上厕所之类的话就好了。可我当时脑袋像是被门给挤了，竟然惊慌地一再声明，我什么也没看见！真的，没看见！局长的脸在瞬间变幻了几种颜色，最后定格在苍白上。他呵斥了我一句：为什么不敲门！然后就愤然而去，那天之后，我发生了便秘。

局长一直待我不错，见我总是一脸慈祥的微笑，那是一种只有亲爹才能有的关爱之情。可自打我发现那个该死的秘密，再见他时，那些微笑的程度被删除了，换上的是一幅冰冷的桌面。我知道，我完蛋了。

终于有一天，局长把我叫到他的办公室，并关上了门。我知道，这是我最后的机会，是祸是福在此一举。局长当然有水平，说出的话远比那尾巴冠冕堂皇。他说，小吴啊，我对你一直是关心信任的，这一点你应该知道。但这次关于你副科转正的事遇到了点麻烦，有人提出，你的工作无话可说，可就是个人品行修养还要加强提高，比方说团结同志、友爱互助、不搬弄是非、尊重他人隐私……

我能说什么呢？我好像看见他屁股后面的小尾巴在得意地摇摆。局长终于言归正传了：那天你真的什么也没看见？我急于表功似的站起身：真的没看见！什么也没看见！要是我话到此处就好了。可是我又加了一段多余的表白：别说没看见，就是看见了，我向耶稣、圣母玛丽亚、观音老母、灶王爷还有灶王奶奶发誓，决不告诉第二个人，让它烂在肚子里！请局长放心！局长痛苦地低下头，一手卡住太阳穴，一手对我摆了摆让我离开。

我还是提了正科，不过是到一个边远省份的办事处就职。我的老婆很漂亮，我的孩子才6个月，我拒绝了。局长拍着桌子说：这是组织的决定，不去就下岗！

事到如今也没啥好怕了，我向上级举报了局长，说他是公报私仇，是杀人灭口，就为那条可恶的尾巴。上级纪检部门对我的反映很重视，责令局长停职去医院检查。小尾巴终于露馅，检查结果是，局长已经发生了变异，已经不是人了，属豺狼虎豹一类的动物，再迟发现，肯定要伤人。好险啊！

因举报有功，我继任了局长之职，真是因祸得福，当局长的感觉可真妙啊！我只用了一年的时间，就成了一个众人眼中德高望重、君临四方、才华横溢、风流倜傥的局长。可是有一天，我尾椎一阵瘙痒，脱下裤子用手一摸，我惊讶地发现自己长出了一条小尾巴，天啊！我该怎么办？

【简析】作者借助想象描述了一个近乎荒诞的故事，真实地写出了一些社会现象，立意新颖，构思巧妙，语言幽默风趣，读来引人深思。

示例二：

箭锋上的友情

周瑜在军营帐篷里来回踱着步，一只飞蛾在案台上的火烛旁飞来飞去。帐篷里忽暗忽明，帐篷门口站岗的士兵叹了口气，他明白帐篷里的人一定正被什么事所烦恼着，但同时他也明白像他这样的小人物又怎能替得了一个东吴大将着想？此时，帘幡被掀开了，周瑜从里面走了出来，一身的银甲在月光的照耀下闪闪发光。他的脸上没有表情，看上去像是在犹豫什么，又好像是下定了决心。周瑜就这样站了很久，旁边的士兵也只好就这样陪他站着。一时间，天地显得无限宽广，星星满布在黑色的夜空中，就好像一颗颗珍珠散落在了黑色的绸缎上。周瑜开始回想起几天前的事来……

三天前，在军营里的军事会议上。“公瑾兄，我看曹贼此次来势凶猛，并筑起了城墙。目前敌多我少，敌强我弱。你看我们是否要……”孔明摇着鹅毛扇缓缓地说，可是他还没说完就被周瑜打断了。“等等！孔明兄，小弟我有一建议，不如我们二人将各自的计策写在手上,一起拿出来看看,不知意下如何呀!”“好。”孔明笑着答应。一会儿两人都已准备好,周瑜心想打曹贼定要火攻,不知这孔明会不会……两人一起伸出了手掌。两只手上都写了一个火字。“哈哈……”两人顿时畅快地大笑起来。此时周瑜心中很是高兴,他对诸葛亮的智慧与谋略早有耳闻。但是能如此合他心意的却出乎意料。火攻需要弓箭,而东吴的弓箭却远远不及所需。诸葛亮却放声道:“公瑾兄,弓箭的事你就别操心啦!”所以他们约定三日之后诸葛亮交十万支弓箭给周瑜。

第二天,孔明出发。运用计谋与对天文知识的了解,他向曹操“借”了满满十条小船的箭。回到东吴时一个士兵的报告令他大吃一惊,草船上的箭并没有十万支,只有八万有余。诸葛亮摇着鹅毛扇陷入了深思。明日就要交箭了,周瑜视我如眼中钉,肉中刺。这可如何是好。

东吴的大将听说孔明借箭不足,皆大喜,都到周瑜的帐中找他贺喜。可周瑜听后却为之一震,“怎么? 他失败了?”周瑜有些不相信自己的耳朵,但现实却摆在了他的面前,孔明失败了,明日就可将这个麻烦除去,但是孔明的确是一个知己。倘若我俩共事一主该多好啊! 唉……周瑜苦恼着……

月光依旧照着,周瑜望向远处的天空,似乎已有些鱼肚白。他深吸一口气回到帐内。

第二天的军机会上吴、蜀双方气势十分紧张,张飞瞪着铜铃眼,赵云握着长枪,紧紧站在孔明身旁,看来他们已经做好拼死保护孔明的准备。“孔明兄,时限已到交箭吧!”周瑜说。“拿箭!”一声令下士兵们扛上了箭,孔明觉得不对,细细一点十万支,不多也不少。“这……”孔明纳闷了。周瑜走上前来递给他一支箭说道:“好! 不愧是卧龙先生啊!”孔明盯着周瑜递过来的那支箭,愣住了……

【简析】这是2006年福建高考优秀作文。从作文中来看,习作者有浑厚的阅读功底,且充分运用想象,创新所学知识,在不长的文章中塑造了一个全新的人物形象——善于谋略且又宽容大度的周瑜。“创新”是该文最大的亮色,文章见解新颖,材料新鲜,构思新巧,推理想象有独到之处,有个性色彩。此外,文章语言清新流畅,且规范严谨,可读性很强。

支撑知识

在人的智力活动中,想象占有十分重要的地位。一个创造性人才的素质智力核心是创造性思维的发展,而在创造性思维的发展中最关键的莫过于想象思维。对于个人来说,丰富的广阔的创造的想象力是他完整的审美经验和健全的思维与心理的体现,对于一个民族来说,是否具有丰富的活跃的开拓的想象力,是衡量民族素质高低的重要标志之一。俄国教育家乌申斯基说:“强烈的活跃的想象是伟大智慧不可缺少的属性。”著名物理学家爱因斯坦创立“相对论”,就是采取所谓“思想实验法”,在充分发挥想象力的基础上,经过严格的逻辑思维和严密的数学推导而成的。因之,有一位物理学家赞叹爱因斯坦的成就时说:“作为一个发明家,他的力量和名声,在很大程度上应归功于想象力给他的鼓励。”而爱因斯坦自己则说:“想象力比知识更重要,因为知识是有限的,而想象力概括着世界的一切,推动着进步,并且是知识进化的源泉。”可见,想象力直接关系着一个人创造力的发展。现实生活中的许多发明创造,都是从想象开始的。学生在学习各门课程中都要借助想象力。没有想象力,很难理解教材中的图形、图画,对教材中用描述方法表现的具体事物也很难知道它的具体样子,写作文干巴巴,不会有形象生动的描写。想象既然如此重要,那么何为想象呢?

一、想象、联想的概念

为了弄清什么叫想象,先得介绍一个概念——表象。表象是外界事物在人的头脑中留下的影像,它们是很具体的、很形象的。我们虽然没有去过朝鲜战场,但是,通过著名作家魏巍的《谁是最可爱的人》,我们立刻会想到大雪纷飞,条件异常恶劣的战场环境,也会很自然地从心中产生一种对人民志愿军的无比钦佩和敬仰的感情;我们虽然没有真正见识过恐怖的炼狱、地狱,也没有到过神话中所谓的天堂,但是,通过意大利著名作家但丁的名著《神曲》,我们却能在想象的空间里领略到地狱和天堂的奇妙对比。以上两例,有个共同特点,它们都能唤起我们一种未曾亲身经历过的心理活动,这就是想象。

所谓想象就是指在外界现实刺激的影响下,在头脑中对记忆的表象进行重新组合、加工改造,从而创造出新的形象的心理过程。比如说,我们读古诗《敕勒歌》:“敕勒川,阴山下。天似穹庐,笼盖四野。天苍苍,野茫茫,风吹草低见牛羊。”在我们脑子里就会出现一幅非常壮美的图画,而且每个人脑子里的图画都各不相同。这就是每个人想象的结果。每个人在想象的时候,不仅感知作用于他的事物,回忆过去经历过的事物的形象,而且把这些感知的和浮现的表象在头脑中经过组合、加工,形成了新的形象。

想象是一种温故创新的思维活动,是形象的联想、推测和虚构,是一种审美创造。在写作构思,乃至整个写作过程中都需要想象。正如黑格尔在《美学》中所说,艺术家“最杰出的本领就是想象”。

联想统属于想象之内,想象是在原有感性形象的基础上创造出新形象的过程。联想就是由一件事物想到另一事物的心理过程。它是由此及彼的一种思维活动,如将此时此地的观察与彼时彼地的观察融合起来,连接起来,用以丰富、加深作品所要表达的事物。它是观察的深化,是架设在此一事物与彼一事物间的桥梁,是联系眼前的事物与以往曾接触过的相似、相反或相关的事物之间的纽带。通过联想,可以从眼前的事物生发开去,由一点发散到另一点。

想象、联想是形象思维的一个手段。在实际运用过程中,要尽量甩开抽象的概念、判断、推理,使自己沉浸在想象、联想的形象世界里,与想象中的人物、环境、事件打交道,描绘它们,抒写它们,并为读者提供联想的线索、想象的余地,让他们通过想象、联想,用自己的生活经验和切身感受,补充丰富文章的生活画面。

想象、联想在写作中早已引起人们的普遍注意和广泛使用,我国的古典文论、诗论,对想象、联想早就作过深刻、生动的描述。这说明想象、联想对写作的意义是十分重大的,应该引起每个写作者的高度重视。

二、想象、联想的关系

联想和想象在概念上是有区别的,但在实际写作中往往是交织在一起,共同使用的。如《故乡》中闰土这个人物,文中写“我”见到眼前贫困不堪的闰土时,“脑里面回旋”的却是“角鸡、跳鱼儿、贝壳、猹……”这是联想。同样是闰土,作者写他的手“像是松树皮了”,从而想到他是个饱经风霜的苦命人,这是想象。它们的关系是既有区别,又有联系。

联想和想象是创新思维的两种不同形式,两者的联系在于都是由此及彼,都是依据现实想到其他内容,联想是想象想象的基础,想象是联想的升华。二者有很多共同点,一是联想和想象都不是凭空产生的,都要有一定的知识作为基础。比如李白的“飞流直下三千尺,疑是银河落九天”,大家都说联想的好,那么至少你要知道“银河”、“九天”这些词语、典故;你要想象一万年以后的世界,你就应该懂得一点基因知识、环保知识、宇宙和外星探索知识、电脑知识等等,要不然,你的想象就没有依据,想出来也不会精彩。有的人把好的想象和联想看成是灵感爆发得来的,其实,灵感也要以知识基础和思考习惯为前提。二是都要抓住事物的特征。把两件事物联想在一起,主要看它们有没有共同特征,比如长腿和圆规,大桥和彩虹,网络和高速公路;再如想象中的未来世界,要有未来世界的特征。三是最好得有创造性,想得新鲜、独特。比如人们把美国篮球明星乔丹比喻为“飞人”,这是有创造性的;把罗纳尔多称为“外星人”,这是第一次这样比,所以给人们留下了深刻的印象。

它们的区别在于:联想就是由一件事物想到真实存在的另一件与此性质相类似的事物,它基本上在由此及彼的轨道上运行,只是相关事物的再现,是从生活中的感觉所唤起,是由此及彼或由彼及此的思想飞跃,它所想到的事物是现实存在,两者有密切关系;而想象是由一件事物想到另外的不是真实存在的事物,是一种有目的的、主动的、创造性的思维活动,是作者在已有生活经验的基础上,经过主观能动性的合理推想,创造出新形象的一种重要手段,它所想到的事物一般不是现实存在,可以是现实事物的非现实组合。它的思维轨道是多向的、跳跃的,重在创造出新的形象。创造性是想象的核心,形象性、多样性、跳跃性是想象的主要特点。如在《天上的街市》这首诗里,作者是由天上的明星联想到街上的明灯,又由街上的明灯想象到天上必定有美丽繁华的街市和街市上闲游的平民、农民,于是又联想到传说中的牛郎织女,想象到他们提着灯笼、骑着牛涉过天河,在街上自由地行走,从而创造出一幅真切清新的画面和一个美丽动人、寓意深邃的形象。

联想是手段,不是目的。在文学作品中,联想可以丰富想象的内容,促进想象的发展,使人物形象更丰满,性格更鲜明突出,情节更生动感人,环境场面描写更充分发挥衬托人物、烘托气氛的作用。

想象则具有鲜明的目的性,合理的想象是为塑造形象、表现主题服务的。想象可以加深对文章的理解,辨别真假、善恶、美丑,提高鉴赏能力,丰富知识,接受美的陶冶,受到教育和启迪。

三、想象、联想的作用

想象力是人类所具有的一种极为重要的思维能力。马克思曾把想象力称作是“人类发展的伟大天赋”。写作,同样也需要想象力。高尔基指出:“艺术是靠想象而存在的。”想象力活跃在文学写作乃至自然科学等各类文章的写作中。巴尔扎克进行小说创作,就总是入迷地沉浸在想象之中。他曾一个人在房子里大声痛骂作品中一个行径卑劣的人物,他曾把自己的朋友当作作品中的人物而大声责问,他也曾脸色惨白、昏昏沉沉地倒在地板上想象着作品中人物死亡的景况,他甚至忘记了自己是巴尔扎克,回到家门口转身走开。《人间喜剧》中一个个栩栩如生、呼之欲出的人物,就正是在他丰富的想象中被创造了出来。对于自然科学、社会科学,列宁则曾说,如果没有想象力,“就不可能发明微积分”;如果没有它,连十月革命都不可设想。想象力是如此之神妙,正如爱因斯坦所说:“想象力比知识更重要,因为知识是有限的,而想象力概括着世界上的一切,推动着进步,并且是知识进化的源泉，严格地说，想象力是科学研究中的实在因素。”善于想象，写作时才能畅通思路，增强文章反映生活的广度和深度，否则就会感到文思枯竭，从而导致文章的内容单薄肤浅，导致文章的形式平直呆板。由此可见，想象力具有非常重要的作用。

1. 运用想象、联想，会使作者浮想联翩，为文章提供更多的素材

因为想象不受时间和空间的限制，所以作者可以凭借它把不同时间、空间的生活现象都聚拢到一起，甚至可以借助想象把微小的再造成庞大的，简单的生成复杂的，抽象的化作具体的，遥远的变成眼前的，破旧的翻成崭新的，反过来，也可以由大变小，由复杂变简单。只要你愿意，存在你脑海里的材料可以像变魔术一样任意变幻，从而获取人们从来没有见过，或不可能见过的景象、物象，这就大大拓宽了作者的取材范围，使文章内容更为丰富。如秦牧的散文《社稷坛抒情》，由“五色土”想到几千年劳动人民所创造的无与伦比的物质文明和精神文明，想到古代的农民、志士、思想家，想到朴素的唯物主义的“五行观念”，想到旧中国的四分五裂以及今天的真正统一，并对这一切作了形象生动的描绘。这种上下几千年，纵横几万里的丰富想象和联想，使我们体会到了我国古代刘勰所说“寂然凝虑，思接千载；悄焉动容，视通万里”的生动景象。

2. 利用想象、联想，可以拓展作者的思路，使文章内容深刻丰满，形式上跌宕多姿

人常说“文似看山不喜平”，但平与不平，并不以作者的主观意愿为转移，而是要看作者的想象、联想能力如何。同学们在写文章时出现思路不通、写不下去的一个重要原因就是不善于想象、联想，目光只盯在现有材料上，画地为牢，束缚了自己的路。运用想象、联想，就可以打破自身的限制，看到事物的多面性和多样性，或推想过去，或预见未来，把本不同质的事物结为一体，使本不相干的现象发生联系，把片段的、分散的生活印象熔铸成新形象，这样思维的范围拓宽了，思路自然也就开阔了，文章的主题也就进一步深化丰满了，文章的形式也就变化多姿、错落有致。如《诗经》里的《硕鼠》以揭露奴隶主的罪恶为目的，但作者不是直接地去表现主题，而是通过丰富的想象，创造了一个有血有肉的“硕鼠”形象，将大老鼠的行径淋漓尽致地展现在读者面前。可见，想象之于作文是出彩的重要条件，没有了想象，就不会有生动的形象、可爱的意象，甚而至于没有了文学。

3. 运用想象、联想，能促使作者用情感潜移默化读者、感动读者，从而增添文章的艺术表现力

别林斯基曾说：“诗人用想象来思考，他不证明真理，却显示真理。”必须依靠想象、联想的记叙文、散文，显示真理的效果如何，既取决于作者想象、联想的能力，也取决于作者想象、联想能不能将丰富的感情灌注在文章之中。作者只有感动自己了，然后才能感动读者。巴思楷尔在《思感录》中作过这样生动的比喻：“理性大声疾呼，也是枉然，因为它不会增饰事物。”而想象、联想却能够使读者在形象的感染之下，产生爱憎的力量，并用这种力量认识世界，改造世界。例如吴伯萧的散文《记一辆纺车》，作品由对延安大生产运动的回忆联系到自己的体会与感受，成功地表现了作为革命旗帜的延安精神。

四、想象、联想的要求

想象、联想不是胡思乱想，它必须遵循一定的规律，符合一定的规范，否则，就不符合要求。想象和联想只有符合一定的要求，才能达到产生形象的目的，才能具有创造性的功能，使文章内容更充实，形象更丰满、生动，使文章充满艺术的活力。

1. 想象和联想必须来自于过去的生活经验

高尔基在《论笑谈及其他》中说:“一切幻想都根源于现实,人不能凭空臆造任何东西。”人如果对生活缺乏直接的或间接的经验,便不能认识周围的对象,既不能思考这些对象,也不能描写这些对象。无数事实证明,一个人想象、联想能力的强弱,取决于他是否具有丰富的生活经验。丰富多彩的现实生活,为作者提供了展开想象、联想翅翼的广阔天地,问题只在于作者是不是生活的有心人,对客观事物能不能进行精细的观察,积累大量真实的材料。无生活经验,只是不切实际的胡思乱想,或搜索枯肠的苦思冥想,以及想入非非的杜撰编造,都是经不起生活的检验,更无生命力。

2. 想象和联想必须依靠记忆

有人说,想象不过是扩大或加以组合的记忆。还有人说,记忆储藏了想象和联想的宝贵积蓄。车尔尼雪夫斯基就曾举例说明过这个问题:“每一种事物都会使我们想到一些和它想象的事物。例如,我们看到雪豹时,我们就会想起老虎和豹;尤其是它使我们想起我们以前曾经见过的同一类的事物。比如,我们在查姆动物园中看到一只老虎,我们就会不由自主地想起以前在其他动物园中所见到的老虎。”记叙文,尤其是散文,作者之所以能够把许许多多的事物有机地织缀在一起,就是由于他们的记忆里储存着许许多多生动形象的生活素材。一旦主题形成之后,记忆里储存的生活素材就会活动起来,所有的生活事实、细节,都被思想的火光照亮了,向主题思想的光点聚集,各找各的位置,各显各的面目,从而充分发挥自身的作用。

3. 想象和联想必须和丰富的知识结伴

知识是人类进步的阶梯,丰富的知识对每个人都是重要的。对于写文章来说,有没有丰富的知识,关系着能不能把文章写好。古人强调行万里路,读万卷书,多识草木鸟兽之名,也是为了积累丰富的知识。作者的知识越丰富,思想才会越敏锐,想象、联想能力才会越活跃。因此,写作中无论写人、记事、状物、抒情,只有调动各种各样的知识,才能使想象、联想展开翅翼,或者比喻、对比,或者夸张、比拟,都可以使无比复杂的事物在各种知识的配搭、组合之下,显露其本质和特征。比如曹植的《七步诗》:“煮豆燃豆萁,漉豉以为汁。萁在釜下燃,豆在釜中泣。本是同根生,相煎何太急!”它是在特殊的条件、短暂的时间里写成的,但是假若作者没有关于煮豆,关于豆与萁的关系方面的知识,单纯的比拟手段,也帮不了他多大的忙。由此可见,想象、联想有赖于经验和知识的积累。只有刻苦努力,熟练掌握知识,大脑中储存起无穷无尽的知识,才会在想象、联想时左右逢源,得心应手。

五、想象、联想的方式

想象、联想在人类形成思维的远古时代,就以各种各样的具体方法、具体形式出现了。现在,随着写作经验的长期积累,想象、联想的具体方法也在不断发展着、变化着、丰富着。具体来说有以下方法。

1. 想象的方式分再造想象和创造想象两种

所谓再造想象就是根据已有的语言描述或其他手段显示,在头脑中形成有关事物形象的一种想象活动。我们学了《董存瑞舍身炸暗堡》,在头脑中产生董存瑞英勇顽强的形象;看了黄山风景的画片,在头脑中产生黄山优美景色的形象,这些就是再造想象。

所谓创造想象就是不依赖于现有的描述,作者独立地创造出前所未有的新形象的一种想象活动，这种想象活动具有极大的创造性。它比再造想象更为复杂，更具有独创性。文学艺术方面的创作，科学上的创造发明，都需要创造想象。文学作品中创造的典型形象，科学的幻想以及学生对未来的理想等，都属于创造想象。它不同于再造想象。例如，鲁迅先生塑造的阿Q形象，是创造想象，而读者阅读了《阿Q正传》后，头脑中呈现出阿Q形象，则是再造想象了。1986年上海高考作文题《二〇〇〇回母校》，就要求对十四年后的母校变化展开合理的想象，反映出对时间跨度和国家奋斗目标的正确理解，科学的远见和辩证观点的确立，这就是创造性的想象作文。由此可知，创造性想象是一种深层次的无法规范设计与构想的"神来之笔"，它需要人们去大量感知、整合、组接，也需灵性的培植。创造性想象不像联想那样有着极力把某种记忆图像恢复或复制出来的愿望，而是他们体验到的认识到的人类的种种情感。

2. 联想的方式

叶圣陶曾说："训练学生写作，必须注重于倾吐他们的积累。"运用学生积累，靠的就是联想。由于事物间存在着各种不同的联系，联想也有不同的方式和类型。常见的有如下几种。

（1）相似联想。这是由一种事物激发起对和它在性质上或者形态上类似事物的回忆。相似联想反映着事物间的相似性和共同性，一般的比喻都是借助相似联想。所以这种联想形式在审美活动中表现得相当普遍，所起的作用也特别突出。这种联想运用的机会比较多，一般比喻、比拟、象征等手法，从构思的心理过程看，都属于这一类。例如王维《相思》诗中的"红豆——相思"，李白的《望庐山瀑布》诗中的"瀑布——银河"，就是运用了相似联想；如鲁迅在《故乡》中称"杨二嫂"为"圆规"，就是由杨二嫂两条瘦长的腿想到圆规细长的腿；又如茅盾的《白杨礼赞》由白杨树写到北方的抗日军民，便是通过相似联想实现文思的跳跃的。

（2）接近联想。这是指由某一种事物的触发，引起对在时间或空间上接近的其他事物的回忆。例如古诗："春游芳草地，夏赏绿荷池，秋饮黄花酒，冬吟白雪诗。"这就是运用了接近联想。刘绍棠的《榆钱饭》由眼前的想"打油腻"吃榆钱饭，联想到旧社会用榆钱充饥，又联想到十年动乱时期靠榆钱饭度日，这一思维过程便是接近联想。又如由河水想起轮船，由教室想起黑板，由冬天想到下雪，由眼前的景物想到过去的景象等。

（3）对比联想。这是指由某一种事物的触发，引起对具有相反特点事物的联想。臧克家的诗《有的人》就是运用对比联想构思的典型范文。又如由天上联想到地下，由严寒想到盛夏，由好人好事想到不良现象。再如在大观园里，宝钗与黛玉，堪称"两峰对峙，双水分流"。在《项链》里，莫泊桑让他的女主人公用一生辛勤劳作获得的血汗钱，去换一条假项链，一真一假对比鲜明。写作中常用的对比、反衬手法，都与对比联想有一定的关系。

（4）因果联想。这是由具有因果关系的事物形成的联想。它可以由因及果，也可由果溯因。例如李白《静夜思》中的"明月——故乡"，杜甫的《茅屋为秋风所破歌》由自己遭受风雨之苦想到"安得广厦千万间，大庇天下寒士俱欢颜"便是。宋代张俞《蚕妇》诗中的"罗绮者——养蚕人"，就是运用了因果联想。又如见春雨而想到桃红柳绿，由瑞雪想到丰年，也都是因果联想。

以上是常见的四种联想，而使用频率最高的是相似联想。相似联想的思维过程，可分三步：确定抓具体事物的某些方面的特征→将这些方面的特征加以抽象的概括→提炼观点。

六、怎样想象、联想

创作永远离不开想象，但想象和联想一定要合理，即要符合生活社会发展规律，不可无根据的奇思怪想。在作文教学中，话题的展开，生动的描写，准确的说明，精辟的议论都离不开联想、想象。联想越丰富，想象力越强，视野便越开阔，思路就越灵活，越有利于语文知识的掌握和运用，使文章更充满生命力。怎样想象和联想呢?

1. 想象、联想要遵循其自身发展的规律

想象、联想也有其自身的规律，这些规律是构成想象、联想的依据，只有认真掌握这些规律，才能熟练地运用各种不同的方法。如取其形似，取其神似，取其质同，取其意反，等等。所谓形似，是指事物相互间的外形、色彩、声貌是相似的。花朵和美人是不同的事物，但给人的美感相似，所以可以用花比美人。再如《珍珠赋》里把稻谷比作“金黄的珍珠”，把棉花比作“雪白的珍珠”，把莲蓬比作“碧绿的珍珠”，都是取其形似。所谓神似，是指事物间相互的情调、神态、气质有相似之处，也可作为想象、联想的依据。“枯藤、老树、昏鸦”，形象是毫不相同的，但在一个天涯漂泊者的眼里，其情调神韵却是相同的，所以可以互相配合，构成一幅悲凉的图景。所谓质同，是指事物相互间的形式虽不相同，但其本质却有相同的地方，因而也可以成为想象联想的依据。“感人的歌声留给人的记忆是长远的。”由于有这个共同的作用，所以吴伯箫在《歌声》一文里可以用“云霞灿烂如堆锦，桃李兼红杏”，“我们是开路先锋”，“我的家在松花江上”三个不同时代的歌声起兴。所谓意反，是指事物之间形虽相似而意却相反，但也可以构成想象、联想的依据。写作中只有掌握这些由事物的本来规律所决定的规律，想象、联想的翅翼才能在广阔的生活天地里自由翱翔，达到极致。

2. 想象、联想要以丰富的感性材料作为基础

生活是想象之源，想象是作文的翅膀。想象、联想的内容总是来源于客观现实的。鲁迅先生曾说:“纵便写的妖怪，孙悟空一个筋斗十万八千里，猪八戒高老庄招亲，在人类中也未必没有谁和他们精神上相像。”我们要努力通过参加社会实践、调查研究、参观游览、欣赏艺术、读书学习等多种途径，增加与储存丰富的感性形象。比如，在读书过程中，联想和想象是紧密结合在一起的，广泛的联想引起丰富的想象，丰富的想象又引起新的联想。联想和想象在人们的读书学习中，有着非常重要的作用。通过联想和想象可以加深我们对读物思想内容的理解。我们知道，许多文学作品本身就充满了作者的联想和想象。例如李白的诗，由明月联想到家乡(《静夜思》)，把现实生活中的瀑布想象成银河从九天飞落(《望庐山瀑布》)。再如现代散文《白杨礼赞》由白杨树联想到北方抗日军民。这些作品不管是托物言志，还是借景抒情，都是以联想和想象为基础的。在读这些作品时，如果我们也能够按照作家的思路展开联想和想象，就能更好地领会这些作品所描绘的情景，深刻认识到作品的思想意义。

3. 想象、联想还要以理性的判断作为依据

想象必须合乎情理，它不仅要以生活和知识为基础，要有实实在在的内容，不切实际的胡思乱想，想入非非的杜撰编造，都不是想象、联想。而且，合理的想象和联想还要以科学的判断作为自己的依据的。歌德曾深刻地指出:“想象超过感觉之上而又为感觉所吸引。……它愈和理性结合，就愈高贵。”我们培养想象力，既要使思维活跃，又需要判断正确。

当然,想象、联想的具体方法,绝不止上述这些。但不管是哪种方法,其形式都是为内容服务的。想象、联想之所以成为写作构思和表达的一种重要手段,是因为它对表达主题有其不可抵估的作用。所以,归根结底,怎样展开想象、联想?怎样从想象、联想派生各种各样的表现方法?都要对突出中心,表达主题有利。总之,展开想象、联想,从内容出发,这是最重要的一条,也是最根本的一条。

训练素材及提示

【知识题】

1. 什么是想象?什么是联想?二者有何区别?

2. 想象、联想的作用和要求是什么?

3. 想象有哪几种方式?联想又有哪几种方式?请结合自己的实际,谈谈如何想象、联想?

【实践训练题】

1. 限时想象练习:

在10分钟内把下列词语依次连缀成篇,可以虚构情节及补充语句。

猿人　宇宙　桌子　风姿绰约　皮带

2. 试题:老师在黑板上画了一个圆,要求学生变化视角,多作换位思考,进行想象作文。老师可举例说:你可以把这个圆想象成一轮满月,然后以满月为重点,再用天幕、云彩、柳梢为陪衬,构成一幅美丽的画面,用文字描述这个画面就是想象作文,圆是可以想象成很多不同物体的,请根据老师的启发,把这个圆想象成另一物体,写一篇200字左右的想象作文。

写作提示:“O”可以看做一种符号,也可以当成一个数字,可以是一个事物的形状,也可以比作一种精神状态,然后通过形近、神似、质同、对比等联想方法,找出“O”与某些事物的联系点或相似点,就会产生许多新的想法。

(1)在学生的眼里,“O”作为成绩单上的分数,意味着学习上的失败,但对于积极进取者来说则是前进的起点。“O”可以比作自己与集体的关系,它经常默默排在兄弟数字的后面,哪怕是最小的兄弟“1”的后面,使1变成10,使10变成100等。

(2)在落水者眼里,也许是他企求的救生圈;在懒汉的眼里,也许是一个充饥的大饼;在天旱的农民眼里也许是一口清水注满的井;在单亲孩子的眼里,也许是家的破镜重圆。

(3)在文学家的眼里,“O”是一首诗中的长河落日,是思妇的泪珠,是望乡之梦,是一个大团圆的美好结局。

3. 请对2006年湖北高考优秀联想作文作出评价。

附2006年湖北高考题目:

成语:三思而后行,三人行必有我师焉、举一反三……,从以上带“三”字的成语中,能给你什么启示?

在汉语中“三”是个有意味的数词,构成了很多词语,比如:“三思而后行”,“三省吾身”,“举一反三”,“三人行必有我师”,“三个臭皮匠顶一个诸葛亮”等等,这些词语既是社会生产现象或人生经验的概括,又隐含着一定的文化意蕴和人生哲理。

请根据你对以上词语或你所熟悉的其他带“三”词语(注意“三”在词语中的含义)的

联想与感悟，写一篇文章，可以就某一个词语联想思考，也可以把几个词语联想起来思考。

要求：自订立意，自拟标题，自选文体，不少于800字。

作文1：

三生有幸遇上你

前生，今生，后世，这三生我所有的幸运都只是能够遇上你。

——题记

佛说，因果有缘，千百年的轮回皆由缘而起。我想，上辈子也就是前生，我一定是千万次的回眸，亿万次的寻觅，才能在滚滚人流中遇到了你，唯一的你！

我是一个受命运诅咒的孩子。在我很小很小的时候，上天就带走了我的妈妈……一个熟悉的身影，眨眼间消失了，那种感觉，那种心痛贯穿了我的整个生命。从此，我变得敏感多疑，寡言少语，心灵封闭，没有安全感，缺少人情味儿。

我以为我会一直这样生活下去，与空虚相伴，与孤独同眠。然而，三生有幸，我遇见了你……

我还记得第一次见到你，是在那个微凉的晚秋，枯黄的叶子漫天飞舞的时候。你作为小学三年级的班主任出现在我的视线里：微胖，短发，一身黑色衣服，笑时给人温暖，不笑时给人一种严肃。那时，我已习惯于独守自己的心灵世界，不容外人涉足，那是伪装到最后的坚强，也是不容任何人去打破的宁静，对你也没有任何多余的感情。

奇怪的是，你并未因我的冷漠而忽视我，还让我当了学习委员，掌管班上大小事务。一有机会，便表扬我，一有时间，便找我谈心，鼓励我多与人交往，不断地教我一些做人的基本道理。你心疼我，我知道，可是，我心里的冰块是那么牢固，那么寒冷……

时光在你的关心和我的冷漠中如白驹过隙，一晃三年过去了，我离开了你，升上了重点初中，与你的联系少了许多，但是，你始终没放弃过对我的感化与疼爱。

几年如一日，你对我关爱有加，问寒问暖，情浓如水。

中考前的那个下午，我记忆犹新。你托人送给我一封信，看到信封上的熟悉笔迹，我感受到世界上最美的亲情：加油，好好考，我始终相信，你是最棒的！我的眼泪潸然而下，心里有股暖流在涌动，我仿佛听见了自己心里的冰层开始破碎的声音，我不禁地笑了，这是妈妈“走”后，我第一次幸福而快乐的微笑。

考入县城重点高中后，我们学校与你家的距离更远了，但我们的心更近了。你时常拎着水果来看我，给了我全部的母爱。

你的信笺和电话成了我温暖的源泉，你的看望和谈心成了我愉悦的家园，你的汇款和米菜成了我幸福的粮仓，在我渴望的时候，你是春天般的及时雨。

高考临近，你发短信来说：“孩子，亲爱的：你要认真复习啊，好好考试，我一直认为你是最优秀的孩子！”老师，你不知道啊，我又一次落泪了，你老是惹我哭，惹得我激动地哭，惹得我高兴地哭……

今天是六月七日，高考的第一天第一科。此时，我想，你肯定捧着保温盒站在考场外，因为你说过，离这儿再远也一定来送考。今天不知为什么你来晚了，是拎的东西多了，还是堵车了？是节约车费步行艰难，还是走错了路？……如果你现在已经从百里之外赶到了这儿，我真的很想跑到考场外，拥抱你，亲吻你，对你说一声：“我想叫你一声妈，老师！”

妈，我三生有幸遇见了你，虽然你并不是我的亲生妈妈，但你满足了我对母爱所有的希望，妈，我爱你！是你教我懂得爱，懂得生活，懂得追求。上帝是公平的，它带走了一个亲妈，却还给我一个伟大的母爱！

三生有幸遇见你，希望我还有下一个“三生”，再下一个，生生世世，永远有幸与你相见！

妈妈，你听见了吗？但愿生我之身的妈妈升入天堂，爱我之身的妈妈永驻人间！

我爱你，妈妈！

作文2：

堪思量

老子说：“一生二，二生三，三生万物。”源远流长的中国、传统文化的长河里，有关“三”的哲理典故比比皆是，如“三省吾身”、“三缄其口”、“三思而行”等，不胜枚举。这些短语中的“三”，大都不是确指，而是包含有“多数”、“反复”等含义。可以这样说，在传统文化中，“三”凝聚着中国古代哲学思想的精华。

三省吾身

荀子曰：“君子日参省乎己，则知明而行无过矣。”看来，君子与凡人的差别不在于是否行无过，而在于是否能反思行为，反省自我。人非圣贤，孰能无过？何况一般的人呢！有了过失，没有什么害怕的。关键在于过失者要有时刻警醒自己的意识和行动，要在多次的反省中寻找失败的原因，总结失败的教训，“不贰过”，这才是获取成功人士的关键。

然而，反思自己是严格解剖自己的艰难过程，并非一蹴而就，它需要经历一次次痛苦的考验。“三省吾身”是循环往复的检讨，经历着恒久的折磨。反思愈频繁彻底，也就愈能达到至善至美的人生境地。

三思而行

这个词出自《论语》。鲁国的大夫季文子，做什么事情之前都要反复地考虑。孔子知道了，说：“想两次就可以了。”

像鲁国大夫季文子这样的人，有智慧，有才华，遇事再思就可以了，孔子认为用不着“三思”。后来，“三思而后行”，成为人生必不可少的思维方式和行为准则。一般的讲，我们遇到问题，应该动脑想一想。一思，确立做事的目的、方式、方法及原则；再思，从相反的方面去推敲做事的方式、方法和结果；三思，通盘考虑，全面衡量，筛选出最优方案，确保万无一失。只要是把问题考虑得周到了，想得仔细了，做到稳妥了，那么，也就达到了思考的真正目的。

应该看到，人们的过失大部分是由于莽撞不计后果造成的。特别是我们年轻人血气方刚，更易丧失理智，感情用事。所以，长辈教导的“凡事多动脑子，三思而行”，就显得十分重要了。

至此，不禁让我想起了《篱笆·女人·狗》中的主题歌的歌词，因为它对生活中的人们的劝诫很耐人寻味：“再也不能这样活/再也不能那样过/生活就得前思后想/想好了你再做。”

举一反三

“举一反三”的意思是告诫人们从一件事情类推而知道许多事情，其实就是一种由此及彼，以已知推理未知的方法。这个词语正好体现了在事物的纷繁复杂之中探寻一般规律的特征，所包含的“一”，即一条适用于解决一类问题的思想、经验和规律，体现无限的生活现象中蕴含有限的规律、有形具体的物象里面潜藏着无形抽象的生活哲理和智慧。因此推求规律先要尽可能穷尽其“三”，抽象其本质特征，形成解决问题的方法，再去指导实施疑难问题的解决策略。

“三”字是一台显微镜，让我们窥视出一种思维方法，一种哲学思想，一种人生智慧，其中的学问大着呢！

“三”字含义，堪思量哟！

模块 5

综合能力训练

核心能力能使人找到工作，资格证只能使人获得面试的机会。

——摘自《英国核心能力指南》

实训导航

本模块由专题活动设计能力训练、专题论文撰写能力训练、专题活动的组织与实施能力训练三个训练项目组成。

专题活动是一种群体性质的活动，是传递信息、表达思想、解决问题的好方法，因而我们在生活和工作中会经常遇见。能组织专题活动、撰写专题论文是我们应该具备的能力。本模块的训练能使我们学会怎样解决专题活动中出现的问题，并把专题活动做得有声有色，取得实际效果。

本模块任务的完成，涉及听说读写四个方面的能力训练，是对前面四大模块能力的综合运用的检验。

项目 5.1 专题活动设计能力训练

训练目的与要求

通过学习和训练,能明确专题活动策划内容,并能针对某一专题活动进行设计,写出书面文字材料。

在训练过程中,有这样几点要求:

(1)在理解基本理论的基础上运用技能,在运用技能的过程中掌握技能;

(2)注意比较教学法的运用。

训练方法与步骤

选用贴近学生实际生活的专题活动进行训练,分组讨论后,拿出最好的设计方案。

训练示例与分析

怎样作好专题活动设计?

示例:

唐诗擂台活动策划

一、活动准备

1. 活动室墙上,张贴"唐诗擂台"四个大字。在条件许可的地方,还可以在周围墙上张贴一些以唐诗为内容的条幅,空中悬挂一些灯笼、彩条,以增情趣。

2. 设裁判员两名。裁判员的职责是:出题、评判、计时、发奖。一般可聘请语文教师担任。

3. 通知参加活动的同学,每人带一些唐诗集,以便在活动中随时参阅。

4. 适当准备一些小型奖品或纪念品,以资鼓励。

二、活动方法

1. 个人独擂式

由一位同学上讲台担任"擂台主",其他同学作为打擂台人(以下分别称甲方、乙方)。比赛时,甲方以一当十,在裁判规定的活动项目内与全体同学对抗,每场比赛一般可打十个回合。比赛时双方得分机会均等。一场结束时,甲方得分数如超过乙方,即为获胜得奖;反之,即算被打下擂台。"擂台主"可自荐上台。

2. 小组对擂式

事先有组织地组成三至五人的小组,也可自愿结合。每场活动由两个小组进行对抗,在裁判指定的活动项目中开展比赛。每场对抗或以时间计算,或以回合计算。比赛时。双方得分机会均等,一场比赛结束时以得分多少评定胜败。

3. 个人多擂式

凡自愿参加活动的人，各自以课桌设擂。由裁判出题，凡设擂者都可举手回答，夺取分数。每场比赛以40分钟为宜，以得分最高者为冠军。凡是回答中答错或答非所问者，可以酌情扣分。某题目在有人答错的情况下，别人可以继续举手，进行夺标。

4. 集体群擂式

将全体参加者分成若干小组，每组五、六人，集体设擂。活动形式基本同“个人多擂式”。所不同的是，集体设擂夺标时，小组团体内部可以交头接耳、相互启发，并推荐代表来夺标。每场比赛以40分钟为宜，比赛结束时以积分最高者为冠。

三、活动项目

1. 背吟

在对抗类活动中，先由裁判员指定某一范围（如“唐代律诗”），然后由双方轮流在这一范围内背吟；背吟的间隙时间不得超过5秒钟，任何一方超过了就算被打败；在同一场次内，任何一方都不得重复背吟同一首唐诗；背吟中有一处背错就得扣分，任何一方累计错三处就算失败；背到一半背不下去了，允许重背一次或另拣一首，如再背不全，就算失败。在夺标类活动中，一般由裁判员指定背吟某一首唐诗，然后由设擂的各方举手抢背，背诵时有一处背错，非但得不到分，而且还要倒扣。

2. 带字

在对抗类活动中，先由裁判员提出背诵带某一个字的唐诗，然后由双方轮流背诵。例如背带“春”字的唐诗，甲方背“春眠不觉晓”，乙方背“春风吹又生”，甲方再背“春风不度玉门关”……如此回环往复。背到有一方背不出了（间隔10秒钟），则另一方得再背一句，以证明自己胜过对方。在夺标类活动中，则不必轮流进行，在裁判员提出要求以后，可以采取“脱口而出”的夺标办法，即谁先想到了，谁就一边举手一边大声地说出来，由裁判及时记上分数。每提出一个字来带背，算一个回合，一场比赛中可以举行多次回合。另外，在这项活动中，不仅可以带“字”，还可以带“走兽”，带“飞禽”，带“花草”等，以扩大“带”的范围，增添情趣。

3. 联句

在对抗类活动中，先由甲方背出唐诗联句中的上一句，如“床前明月光”，然后由乙方接口背诵下一句，即“疑是地上霜”。接着由乙方背吟上句，如“春蚕到死丝方尽”；然后由甲方接口背诵下句，即“蜡炬成灰泪始干”。如此回环往复。双方背吟的间隔时间不得超过5秒钟，背错或背不出，就算一个回合失利。在夺标类活动中，由裁判员吟唐诗联句的上一句，然后采取设擂者“脱口而出”的夺标法接口背下一句。谁先联出，即由谁得分；但联错了仍得扣分。

4. 接龙

在对抗类活动中，由甲方先随口吟一句唐诗，如“昔人已乘黄鹤去”，然后由乙方吟另一句唐诗——要求其中至少有一个字，与甲方吟的那一句中的某个字相同，如“君不见黄河之水天上来”。乙方吟出后，甲方接上去吟，要求同前，以此类推。双方间隔时间以10秒钟为限，决定胜负的办法同前。在夺标类中，可由裁判先吟一句，然后由设擂的各方采用“脱口而出”的夺标法接龙。第一个接龙者的依据是裁判员吟的那一句；第二个接龙者的依据则是第一个接龙者吟的那一句，以此类推。接错的扣分，由其他人继续往下接，接到5秒钟内无人接或裁判员喊停为止。

5. 报题

此项目仅适用于对抗类活动方式。先由甲方背吟某首唐诗的诗句，然后要求乙方将这首诗的题目与作者名字报出来。接着，由乙方背诗句，由甲方报题目与作者名字。双方间隔时间以5秒钟为限，决定胜负的办法同前。

【简析】这个专题活动采用擂台赛的方式进行，且活动项目灵活多样，能激发参与者的兴趣与热情；每个活动环节的设计能细化，便于操作。

支撑知识

一、什么是专题活动

专题活动是企业、单位或组织为达到一定的目的，在特定时间、场合下组织某种活动，并使活动的参与者都能直接体会到某种刺激的信息传播方式。

二、专题活动策划内容

1. 明确目的，设计主题

专题活动的目的是传递信息、交流思想、解决问题，通过活动树立企业、单位或组织的形象，提高其社会知名度和美誉度，增加组织内部凝聚力，为组织的发展创造一个和谐的社会环境。

(1)专题活动主题挖掘法：

①阶段深化式：把定题过程分逐步深入的几个阶段进行；

②主题辐射式：围绕初定主题进行多渠道的搜集资料过程，从而使主题逐步深化；

③主题立体式：对初定主题进行思考，将主题分解、细化，使之呈现立体化格局。

(2)设计主题应考虑以下因素：

①要能充分体现专题活动的目的，以实现目的为宗旨，切不可顾此失彼；

②要在分析公众的基础上加以设计，了解并适应公众的心理；

③要突出特色，形象生动，既富有激情，又贴切朴素，同时又要具有鲜明的个性，切不可空泛雷同；

④设计主题还应考虑本次活动与前后活动的连续性，给人以连贯、整体的感觉和印象，以便收到双倍的效果。

2. 确定活动内容及方式

确定采用的形式、规模，选择媒介等。专题活动的形式及规模，要根据目的、效果和公众对象来确定。专题活动的媒介选择主要为大众传播媒介与群体传播媒介，应根据活动的形式和对象加以综合利用。

活动方式有座谈、参观、答问、访谈、竞赛、新闻发布会、展览会、表彰会、专家报告会等；制造气氛的辅助活动有唱歌、口号、标语等。

3. 制定活动计划

包括活动内容、形式、人员安排、准备工作、活动过程的操作等。

4. 准备活动辅助材料、工具

如实物、图片、文字、音像、宣传品、模型等多种传播手段，突出主题，渲染气氛，传播信息。

5. 布置场地

确定适合专题活动举行的场地等。

为了更好完成策划，可拟写提纲：

(1)为什么要组织这次活动？活动要达到什么效果？

(2)活动可分哪些项目？各项目如何排列、如何关联？

(3)活动采取什么组织形式？由谁负责哪些项目？

(4)活动总共需要多长时间？各项目时间大致如何分布？

(5)活动所需经费、物资、工具有哪些？

训练素材及提示

【知识题】

1. 什么是专题活动？

2. 专题活动策划主要包括哪些方面？

【实践训练题】

1. 根据专题活动的相关知识，对选定的专题活动作出设计，并写出合乎文面要求的设计方案。(分组讨论)

2. 假如班上要举行元旦晚会，为了搞好这个活动，请制作一份专题活动设计书。

3. 假如你是班上的学习委员，为了提高全班同学的学习兴趣，营造良好的学习氛围，请拟定一份学习经验交流会的策划书。

4. 假如你是班长，打算在班上组织一次“如何搞好我们这个班集体”的主题班会，请为这次班会制作一份专题活动设计书。

项目5.2 专题论文撰写能力训练

训练目的与要求

通过学习和训练，能明确专题论文的写作格式及写作要求，熟悉专题论文撰写步骤，并能撰写专题论文。

在训练过程中，有这样几点要求：

(1)应综合阅读、写作模块的相关要求进行训练；

(2)通过写作实践来熟悉专题论文撰写步骤，把握运用技巧。

训练方法与步骤

根据阅读模块中的四类选文类型，选定一主题作为专题论文的论题，并完成论文的撰写。

训练示例与分析

怎样撰写专题论文？

示例：

略论朱熹的荒政思想

贾玉英

朱熹在多年的地方官仕途生涯中，亲眼目睹了灾荒之年饥民或流离失所，或饿死道路，或揭竿而起的现实，形成了较为系统的荒政思想。

一、提出“蠲免、赈恤本是一事”的主张

南宋淳熙六年(1179年)夏，天下大旱，宋孝宗诏令“监司、郡守条其民间利病”。朱熹遂上疏提出，“天下之务莫大于恤民”；推行荒政，“蠲免、赈恤本是一事，首尾相须”。如果“蠲免后时失实，使饥民已被输纳追呼之扰，然后复加赈恤，则与割肉啖口无异”。在朱熹看来，蠲免受灾地区的赋税与赈济是一体的。蠲免赋税为救灾之首，赈恤是救灾的重要环节，二者紧密相连。如果蠲免赋税不落实，受灾地区的饥民先受追输赋税骚扰，然后政府再去赈恤救济，就如割自身的肉给嘴吃一样，达不到安抚灾区老百姓的目的。朱熹还特别提出：“救荒之政，蠲除赈贷固当汲汲于其始，而抚存休养尤在谨之于其终。”也就是说，政府实施荒政，善始善终，蠲免、赈贷只是荒政的前期工作，要使灾区百姓恢复生业，还必须让其有喘息之机，不能“责以累年之逋负，与夫去岁倚阁之官物”，急于向灾民追收所欠钱物。朱熹的这一主张充分体现了其安民的思想。

二、主张减免苛捐杂税，备灾备荒

朱熹以陆贽“民者邦之本，财者民之心”的话，来表达自己的荒政思想。他主张减免苛捐杂税，以备灾荒。他在请求减免星子县税钱的奏疏中指出：该地区的“人户尽力供输，有所不给，则复转徙流亡，无复顾恋乡井之意；其幸存者，亦皆苟且偷安，不为子孙长久之虑，一旦小有水旱，则复顾而之他；观其气象，如腐草浮苴，无有根蒂”。朱熹在这篇奏疏中明确地提出，繁重的苛捐杂税使这些地区的农民，已无法生活，流亡大半，幸存者也是苟且偷安，一旦发生灾荒，将“复顾而之他”，四处逃亡，走上反抗的道路。朱熹还特别提出，朝廷要“勤恤民隐”，“莫若宽其赋税，弛其逋负，然后可以慰悦其心而感召和气”。朱熹认为，宋政府要消除灾区人民反抗的隐患，最好的办法是勤政体恤，减免苛捐杂税，宽其赋役，弛缓追输积欠租税，慰其民心，感召和气，以减少灾荒。朱熹的这一荒政主张，虽有天人感应的成分，但更突出了恤民的思想特征。

三、主张皇帝“直降睿旨”，减少救灾运作环节

宋代减免赋税的运作程序，要先由“户部行下漕司(转运司)，漕司委官核实”，“方得回申户部”，然后才能下令蠲减。宋政府在减免赋税运作的过程中，不仅程序繁杂，耽误时间，而且常常“多方沮难，未容便得蠲减”。朱熹请求皇帝“直降睿旨”蠲免赋税，减少运作程序，使灾区百姓“复得乐生安土”。宋孝宗对朱熹的请求，淡然视之。朱熹再次上疏强调说：如能“直赐蠲放”星子县的税钱，“于大农之经费不足以当九牛之一毛，而可以少宽百里之民，使得安其生业”。朱熹这些奏文的字里行间，都体现了“为民”的荒政思想。

四、主张从优推赏献助之人，以筹集救灾粮款

宋代赈济灾区的粮款，大部分由政府调集，同时也推行对捐纳助灾粮款者补授官职的制度，如乾道七年(1171年)八月，湖南、江南等地遇到了旱灾，为了劝诱富室上户赈济饥民，朝廷立格目推赏献助之人："无官人，一千五百石补进义校尉，二千石进武校尉，四千石补承信郎，五千石承节郎；文官一千石减二年磨勘，二千石减三年磨勘仍与占射差遣一次，三千石转一官仍占射差遣一次；五千石以上，武臣一千石减二年磨勘升一年名次，二千石减三年磨勘占射差遣一次，三千石补转一官占射差遣一次。"朱熹为调动献助者的积极性，主张在南康及浙东等灾区，实行"献助米斛人户并与减半推赏"的优惠政策。朱熹的这一主张，有利于调动献助者的积极性，以筹集更多救灾钱物，惠及灾区饥民。

五、主张恩威并行，维护灾区治安

针对灾区出现"强借劫夺之患"的社会治安问题，朱熹主张推行恩威并行政策。他指出，政府除制定制度禁约之外，"亦须先示存恤之意，然后禁其为非，庶几人心怀德畏威，易以弹戢。若漫不加省，待其生事然后诛鉏，则所伤已多，所费又广，况其不胜，何患不生?"朱熹请求朝廷早拨钱款，使赈灾官员"奉承布宣，遍行晓谕，即德意所孚"，"以销压祸乱之萌"。显然，这里朱熹所说的"恩"，是指及时赈济，使灾民不去为非，不走上反抗道路，把灾区的"祸乱"，消灭在萌芽之中。威，即逮捕镇压，"致之典宪，庶几奸民知畏，不至生事"。朱熹的这一荒政主张，虽有镇压农民起义的一面，但在当时的背景下，也有利于维护灾区社会秩序的安定，以便更快地恢复灾区的社会经济。

六、救荒之要，贵在及时

朱熹认为，政府推行荒政，要在及时，如果失去时机，救灾缓慢，就会费用高，且成效小。他在《秦救荒画一事件状》中写道："臣所奏请固皆今日所当施行，而此项(救荒)最为急切。窃恐大臣进呈之际，谩将一二项不甚紧要事节量行应副，却将此项沉匿，不为施行，俟臣再请，则又费月日，致失机会。且如明州籴米一事，臣本是四月二十三以后节次申奏，是时明州米船辐辏，正好收籴，乃不施行，及至六月十一日，方得指挥，则所有船米已为上户收籴殆尽矣。今朝廷施行事体缓慢，奸弊百端。不称陛下救焚拯溺之意，大率类此。"朱熹直言不讳地揭露了南宋政府荒政体制运行缓慢的弊病，表达了救荒宜及时不宜迟缓的思想和主张。

【简析】荒政，即救荒救灾的政务。本文节选自《略论朱熹的荒政思想与实践》。这是一篇史学方面的论文。其选题具有补充前说的意义，即在前人的研究基础上，丰富研究内容，使之条理化，并提出新看法。史学论文有古为今用的意义，讨论朱熹的荒政思想，其目的在于总结古人经验，供今天借鉴。

支撑知识

一、什么是专题论文

专题论文指对某一领域或专业的问题进行深入系统地研究，将研究成果以书面形式写成的文章。常见的类型有自然科学学术论文、社会科学学术论文、应用技术科技论文。

二、专题论文写作格式

根据国家标准 GB 7713—1987《科学技术报告、学位论文和学术论文的编写格式》的要求，论文应当由标题、作者署名、摘要、关键词、前言、正文、注释、参考文献目录等部分构成。

1. 标题

标题，又称题目，是文章的重要组成部分，通常是对学术研究过程或成果的直接阐述，是论文内容的高度概括，要求确切、鲜明、生动。如：《正确认识加入 WFO 的利与弊》、《再论粒子的二象性》。

2. 署名

署名是作者对研究成果拥有著作权和具有责任感的体现。

3. 摘要

摘要，又称提要，用于提示研究对象和目的，课题的基本观点、成果及意义等内容，主要起报道和检索作用。摘要一般撰写 300 ~ 500 字，精当概括论文的主要内容。

摘要一般都是在文章的其他部分完成后提炼出来的。

4. 关键词

关键词，又称主题词。其目的是为文献检索提供方便。学术论文主题词约 2 ~ 8 个，用于反映论文观点或主要内容。关键词书写在摘要的下面。

5. 前言

前言，也称引言、绪言、绪论等。前言包括研究背景、研究目的、研究范围、研究方法、主要观点及成果、评价意义诸方面的内容。

6. 正文

正文也称为本论，是论文内容的核心。这一部分直接表述科研成果。其结构根据需要有不同形式，常见的有并列式、递进式、过程式和综合式。

(1)并列式。是将总论点分为若干分论点，分论点之间为并列关系，内容紧密相连，但又分说不同的小问题。这种结构的优点是纲目清楚。其思路过程是：将总论点一一划分或分解，形成分论一一论证，再归纳为整体，即先概说整体，再逐一展开，最后归纳分析得出结论。

(2)递进式。是将总论点分为若干分论点，分论点之间的关系是层层深入、逐步上升的。这种结构的优点是符合人们认识事物的过程。其思路过程是：将总论点分解为起点和发展，前一个问题总是后一个问题的前提，层层推进，最后获得结论。

(3)过程式。是将研究过程作为整体结构。其思路过程是：问题的发现，问题的研究实验，分析和总结，最后导出的结论。

(4)综合式。是兼用上述方式，根据文章内容表述的需要灵活运用。

7. 注释

注释是论文对正文某些问题的解释。

8. 参考文献目录

其作用是：表示对他人成果的尊重；便于读者了解该领域情况，为读者研究或查找文献提供线索；反映作者对本课题、本领域的历史和现状的了解程度，使读者相信论文水平，增加资料的可信度。

三、专题论文撰写步骤

(一)选题

选题可从以下几个方面考虑。

1. 从业务强项或兴趣出发进行选题

术业有专攻,人或有偏好。历史上有很多成功的事例都说明对某一问题感兴趣,就易于钻研下去并取得成绩。因此,选择自己在专业学习中的强项问题或自己最感兴趣的专业问题作为自己的课题方向,有利于提高论文撰写质量。有了方向不等于有了恰当的课题,还应在调研的基础上,限制题目的外延,直至缩小到适合完成的程度为止。例如:①试论亚洲金融风暴对我国的影响→试论亚洲金融风暴对我国贸易的影响→试论亚洲金融风暴对我国民用商品贸易的影响。②谈我国拉动内需的政策效应→谈我国拉动内需下调利率的效应。

总之,要用限制的方法,逐步缩小课题外延,到适于毕业论文完成的容量即可。

2. 从实习或实践中所发现的问题中进行选题

现实工作或生产实践总会遇到些应当解决但尚未解决的问题。有些问题属于宏观问题,如体制、政策或技术发展水平等。这些问题,有些可以几个同学联合起来搞,但多数事关全局,毕业论文不宜选择;可选那些微观一些的课题,结合实践探讨对策或解决问题的方法。

所发现的问题不一定都是反面的,也可以是经验总结性的。例如:某单位扭亏为盈,就值得探讨其成功的经验是什么,总结得好,就具有参考和推广的价值。

3. 从有必要进行补充或纠正的课题中进行选题

学术问题总是在错误修正中,或扩大应用领域中,或与其他知识相结合中发展的。因此,选择课题时,同样可以采用这一思路。例如:前人研究《红楼梦》,有人提出“自传说”,也有人提出“政治影射说”,1950年后,对这些说法进行了批判和否定。近几年,又有人通过《红楼梦》创作方法的研究、小说人物特征的研究、小说反映历史事件的研究、大观园与圆明园的比较研究,再次提出“自传说”和“政治影射说”,其引用材料和视角都是全新的,从而引起了红学界的震动。我们在这里不评价该研究成果如何,只是借此说明,论文选题存在这种补充或纠正前说的思路。

选题的方向不仅有以上三种,从论文的价值来看,选题的理论意义和现实意义是首要的,在此前提下,可以发现生产或科研中亟待解决的问题、中外学术观点的异同问题、事关国计民生的问题、学科的现状与发展前沿性的问题等。

无论怎样选题,都必须考虑论文的时间要求和容量要求,以及自身的学术水平和研究条件,切不可脱离实际去选题,即不能选择方向虽好但无法完成的课题。

(二)搜集资料

选题和资料搜集紧密相关。平时不了解学科动向,没有一定积累,就不好确定论文的选题;只有确定了选题才能按照选题方向去搜集更多的资料;有时也会因新资料的影响,产生新的看法,再次修订选题。搜集资料是具体研究问题的开始,没有资料就无从分析问题。

资料可以用直接调查的形式获得,也可以通过图书馆或档案馆查阅获得。

现在有些学生是在学校具体安排论文工作后才开始搜集论文资料的。这种被动学习的态度,不利于科学素质的提高和撰写论文能力的提高,因为在此之前没有任何准备,平时没有积累。临毕业,学校还要安排毕业实习,撰写论文的时间只有三四个月,时间非常紧迫,给资料搜集工作带来一定困难。据了解,相当多的优秀毕业论文作者,是从大学二年级下学期开始,就有目的地去思考问题、搜集资料了。这不仅表明他们具有学习的主动性和探索问题的积极性,而且说明了占有丰富的资料是写好毕业论文的前提。

直接调查是获得资料的重要途径。调查形式是多样的,对于学生个人来说,主要还是通过直接观察、个别访谈、查阅有关档案、抽样发放问卷等方式进行。调查材料是第一手资料,反映的是现实实际情况,对认识课题的现实意义有重要作用。

到图书馆或档案馆查阅资料,可以获得多方面的有用信息。

(1)提供课题的研究状况。查阅资料,可了解自己的课题是否有人已经研究过。如果有人研究过,可以了解他们的观点是什么、他们的基础资料来源于何处,从中分析比较他们的研究得失,吸取经验,提高对本课题的认识;如无人研究,那么可以考虑有哪些相关资料可供借鉴,自己的选题究竟新在何处、有什么意义,迫使自己思考研究本课题的方法和途径。

(2)获得二手基础资料。已发表的论文或历史文献中具有大量的有用资料。某些基础性资料可帮助我们重新认识问题,因为同样的资料,站在不同的角度可以得到不同的认识。我们可以为证明自己的观点去摘抄、引用一些基础资料,但要注意,对任何资料的引用都不能断章取义。

(3)学习研究方法和论文的撰写方法。在搜集资料、研究资料的过程中,可以学习到其他学者研究问题的方法和撰写论文的方法。通过分析这些论文,找出作者的思路,探讨他们的研究方法,从而达到拓展自己思路的目的。

(三)分析资料

面对一大堆材料,如何取舍,如何安排呢?做好资料的分析工作需要以下步骤:

(1)将资料分类。资料分类是资料分析的重要步骤。分类标准要以资料反映的主要思想为依据。

(2)分析资料并从中导出结论。要分析每类资料能够导出的结论并把这些结论写出来,形成自己的见解。

(3)给每类资料拟写标题。根据对资料的分析,撰写资料标题。标题是资料中心思想的概括和结论的提示,将为我们取舍资料及安排资料在论文中的位置做准备。

(4)根据拟定的论题,分析各类资料的内容,进一步分析资料的意义或关系。

①资料和论题的关系。资料与论题通常有如下关系:其一,资料反映了论题的背景、历史或现状;其二,资料揭示了论题的原因或结果;其三,资料反映了论题的子类问题或局部问题。

②资料之间的关系。资料之间通常有如下关系:其一,同一问题的不同方面的认识;其二,同一问题的不同程度的认识;其三,同一问题的局部认识;其四,同一问题的对比认识等。

当然,也可能从中找出与论题无关联的材料,或该资料与其他资料没有内容上或逻辑上的联系,或联系的程度甚低,这类材料当然是必须舍弃的。

(5)根据资料的情况和它们之间的逻辑关系,分析总体结论并写出来。结论主要靠推理和综合这两种方法得出:①归纳法,即资料 A、资料 B、资料 C……都证明的共同性问题，即都能够证明要论证的问题。这个问题可以是总论点，也可以是分论点。②演绎法，即资料A是资料B的前提，资料B是资料C的前提……根据C最终证明了论点。这个论点可以是总论点，也可以是分论点。这种形式也适合因果关系。③比较取舍，即资料A与资料B相互比较，A利B弊，取A舍B，A证明了论点。这个论点可以是总论点，也可以是分论点。④分析与综合，即资料A是某论点的要素之一，资料B是某论点要素之一，资料C是某论点要素之一……根据要素A、B、C等综合为完整的论点。这个论点可以作分论点，更适合作总论点。

总之，要学会从整体上把握材料，并对材料进行去粗取精、去伪存真的工作，通过由此及彼的思考、分析和综合，探明事物之间的关系。要做到由表及里，完成从感性认识到理性认识的飞跃。

（四）撰写论文

1.根据初步研究结果，确定论文主体结构

有了分论，有了总的结论，就可以安排结构了。只要将各个分论按照内在的逻辑关系排列起来，就能够组成论文的主体。比较简单的方法是：将分论组织起来，形成短文，既可以做内容摘要的前期准备，也可以更好地检查文章结构的逻辑关系。

2.进一步提炼论点

在研究材料的过程中分析出来的论点或结论，还需要结合全文的整体进一步提炼，使之达到认识上升的新水平。应当做到：

①观点与材料相统一。分析整体所包括的内涵是否大于或小于总论题。一篇论文其观点能否被材料所证实是至关重要的。这就要求所要论证的问题和材料必须相一致，二者是高度统一的。若所要论证的问题大于材料，那么受材料的限制，就应当缩小论题，反之应当扩大论题。

②结论应当升华。结论应适当体现认识的升华。有了基本的结论，这个结论还存在哪些问题没有解决，有什么发展前景，可再分析以上升认识。

3.行文表达

在行文时需注意以下几方面的问题。

（1）注意过渡

全篇主要结构安排后，将材料组织成文，其间还需要增加过渡语，使之连贯起来。在撰写中，要注意层次和段落之间的过渡，不能使人摸不清文章的脉络。

（2）完善整体

一是根据现有材料凝结成文；二是技术修订，即根据已经完成的主体内容，修订标题，写提要、前言，整理参考文献目录。这些工作从表面看，不是论文的主体，所以很多人不重视。其实完善这些内容同样应当花费很大力气，不要图省事而直接影响文章的文面质量。

①标题。标题一般习惯在拟稿时先行撰写，但完稿后，要根据实际需要再行修订，使之概括论文的中心观点或内容，力图做到生动、吸引人。

②提要。根据全文总论点和分论点，概括全文内容。最为重要的是，提要要阐述清楚论文的意义，可以从理论意义和现实意义两方面来阐述。

③参考文献目录。要写清楚参考资料的出处、篇目名称和作者，不要缺项。

（3）语言的修改

①要把句子写通顺。通顺是最基本的要求。现在有的学生写的论文，常出现半截句

子，不完整；有的一句话中夹杂两种句式；有的用语不准确、不恰当。解决这些问题不一定必须有语法知识，可采用反复读的办法，找出读不通的句子，反复修改，直到读通为止。写东西是给别人看的，这是写作的目的，只要围绕这一目的反复修改，就能够使别人不但能读懂而且能读顺。在此基础上，应进行删削、补易、调改，最后推敲、润色。

②删削。写文章在思考问题时，常会出现语义重复的现象。要对重复的语句或内容进行选择，删除多余字句，尽量做到文字简练。

③补易。写文章，由于思考的间断，也可能造成文字不连贯的毛病，需要在句子中补上必要的词语，在段落之间补上必要的过渡语。有的是在内容方面，个别地方探讨得不够深入，需要少量补写。易，就是更换语词，更换局部内容，使表达更为准确、恰当，使内容更为完整、全面。

④调动。写文章，句子与句子之间、段落与段落之间谁前谁后，要讲究逻辑关系，需要认真思考。因此，对值得考虑的地方，可用调动的方法予以解决。所谓调动，就是移动语序、分句前后的位置、段落先后的位置。

⑤推敲。所谓推敲，即在一个段落里，对关键词语的选择是否恰当进行斟酌，当语义需要重复递进时，为了避免语言呆板，使表达更为准确生动，可选用同义词或近义词替代重复的词语。

⑥润色。即修饰语句，使语句更富有表现力，包括调整句式、增添修饰语或限定语等。

总之，在论文初稿写完之后，还应反复阅读思考，进行反复修改，“好文章是改出来的”。文章修改的情况有两种，即一种是大修大改，需要部分重写甚至是全篇重写；一种是小修小改，采用增删调换等方法进行。修改方法因人而异，因文而别。只有在认真写作的基础上反复琢磨，反复修改，撰写的论文才能趋于完美。

四、专题论文写作要求

（一）选题有创新

创新是文章的灵魂，论文的好坏就取决于此。“新”，主要表现为新的思想、新的见解、新的视角。选题时要注意三个问题，一是避免陈旧雷同，二是避免贪大求全，三是从身边选题。选题陈旧雷同和贪大求全都有悖创新，写出来的论文也谈不上有什么价值。论文题目小，观点集中，以小见大，就容易做到厚积而薄发。从业务强项或兴趣出发选题，或从实习、实践中所发现的问题中选题，就有真实的认识和感受，对现象和问题作缜密分析后，就能写出有独到见解的论文。

（二）题目要恰当

“文章要好，题目要巧”。好题目有三点共识：第一，贴切、醒目、生动，不能太平淡；第二，题目要小、短、简洁一些；第三，要有个性。总的来说，文章的题目要令人耳目一新。

（三）思路要清晰，结构严谨

论述欠完整，层次不清，思路混乱，逻辑性不强，是论文写作的大忌。使一篇文章结构完整，层次分明，条理清楚，必须拟好分层写作提纲，这样才能安排好层次，划分好段落。

训练素材及提示

【知识题】

1. 什么是专题论文？专题论文写作格式包括哪几个部分？
2. 专题论文的写作步骤是怎样的？
3. 怎样提炼论文主题？
4. 专题论文写作有何要求？

【实践训练题】

1. 分析下列两篇消息所报道的事实，说说对自己撰写专题论文有什么启发。

广州11岁小学生写出学生减负文章

在日前结束的“粤港澳儿童论坛”上，广州市小学生代表之一、11岁的东山区五年级学生吴琼提出了《请给我们自由的天空——关于小学生课余时间调查》提案，她以小学生的独特视角对学生减负问题及儿童权益提出思考与探讨，引起了广泛关注，在学校、老师、学生和家长中引起了强烈反响。

谈起做这次小学生课余时间调查的原因，吴琼坦言主要是平时接触到的身边例子引起了自己的关注。她有一位朋友，从3岁起就被父母逼着学钢琴，每天都要弹几个小时，为此丧失了许多与小朋友玩耍的童年时光，每每看到其他小伙伴能去玩，她都羡慕不已。现在她不仅性格内向，还对外称呼自己的妈妈为“恶魔”、“没人性的娘”！而另一位同学也是被父母逼着学钢琴，由于缺乏兴趣，她几乎是每天边哭边弹琴的，但父母却还骂她，不长进。吴琼说，自己班上大部分的同学周末都要上兴趣班，少则两个，最多的竟参加了美术、书法、舞蹈、奥数等十个兴趣班，另外还请了一个外教专门教英语。有的同学一到周末就要东奔西跑，连赶几个班。她在五年级100多名学生中展开了课余时间调查，在“周末参加了几项培训班”的问题上，表示没有参加的竟为0%，参加一项的占10%，参加2~4项的占50%，参加4项以上的占40%。而在“周末可供自己掌握的时间”问题上，结果更令人触目惊心。周末双休日48小时除去睡觉20小时后，可供学生自己掌握18小时以上的仅占5%，13~15小时的占25%，10小时以下的竟占70%，甚至有同学表示周末只有一小时的自主时间。吴琼说，自己也参加了好几个兴趣班。但这些班都是自己喜欢的，所以学起来一点都不觉得疲惫。吴琼说，她所在的班上，学校布置的作业一般晚上8时前可以做完，但父母布置了很多课外练习，再加上还要学习文艺等特长，有时到了11时多还不能休息……由于儿童正常睡眠时间本应有10小时，而他们往往最多睡8小时，上课时就常常会精神不集中，不会的知识就只好晚上回家补习，变成了恶性循环。

吴琼认为，家长不断给孩子施压的一个重要原因是家长太要面子。为了使自己的孩子成为“神童”，或者至少不比其他小朋友差，家长只能向孩子施压。孩子因为对所学的不感兴趣，想学感兴趣的也要附加一两门枯燥的学习内容作为条件。久而久之，孩子开始害怕父母、憎恨父母。有位同学为了防止父母偷看他的日记，竟然写两本日记，一本专写好话让父母“偷看”，而藏起的一本专写自己对父母重压的“控诉”。

吴琼认为，父母总想把孩子培养成天才和全才，所以带孩子去学这学那，从不顾他们自己的感受。不少孩子都表示：“真希望每天有48小时，24小时不够用啊！”对此，吴琼表示减负不仅是减功课，更要减压力。而父母也不应该只做纯粹的父母，更要成为孩子的朋友，只有这样才能架起沟通的桥梁。

（《广州日报》2004 年 8 月 1 日）

成都高中女生研究论文被公安部采用

记者日前从成都石室中学获悉，该校高三学生曹浪的研究论文《应当重视地名标志的逻辑性》已被公安部采用，将作为编制全国街道逻辑命名标准的依据。

2002 年底，石室中学承担了中国教育学会"十五"规划的一个重要课题——"高中阶段研究性学习的实施的研究"，题目由每个同学自主选择。有一次曹浪和班主任聊天，老师说起在外环路上开车却不知道从哪个出口出来，因为每个出口都指示着"市区"，没有具体的地点。联想到自己也经常遇到找路的困扰，曹浪灵机一动，何不把地名标志作为自己的研究课题呢？

在接下来一年多的时间里，曹浪走遍了成都的大街小巷。她发现，我国的地名命名通常以物或功能命名，缺乏方位和逻辑性，给外地人甚至本地人找路带来了极大的不便。她借助在省交管局工作的父亲曹锦的帮助，收集整理了以成都为主、包括美国在内的其他国家和城市的街道命名方式，设计了以坐标方式对街道进行逻辑命名的方案。同时，考虑到我国城市地名形成中的传统和文化，曹浪在研究中提出，可保留原有街道名，但应加上规范的坐标代码，以适应城市的发展。

去年公安部征集各方意见以编制我国警用城市街道逻辑命名的标准，曹锦将女儿的研究论文《应当重视地名标志的逻辑性》送了上去，随后收到了公安部的通知："《应当重视地名标志的逻辑性》已采用于我国公共安全行业标准《警用城市街道逻辑命名》的主体内容编制依据"。

（《四川日报》2004 年 5 月 13 日）

2. 根据阅读能力训练模块中的四大选文主题进行课外阅读，收集资料，并对选定的专题材料进行分析，写一篇专题论文。

项目 5.3 专题活动的组织与实施能力训练

训练目的与要求

通过学习和训练，能明确组织实施专题活动的措施与要求，能有条不紊地自主完成专题活动。

在训练过程中，有这样几点要求：

(1)应综合口语表达、阅读、写作模块的相关要求进行训练；

(2)通过实践来把握专题活动组织实施过程中遇到问题的解决技巧。

训练方法与步骤

根据专题活动设计组织实施专题活动，由学生自主完成，然后由学生总结活动的成败原因,教师点评。

训练示例与分析

组织实施专题活动应注意哪些问题?

示例:

郴州职业技术学院第六届校园文化艺术节活动方案

一、指导思想

以“三个代表”重要思想、科学发展观、中共中央国务院《关于进一步加强和改进大学生思想政治教育的意见》及胡锦涛总书记在十七大报告中《关于推动社会主义文化大发展大繁荣》精神为指导,在学院党委行政的统一领导下,全面贯彻教育方针,大力推进素质教育;面向全体学生进行爱国主义和集体主义教育,促进学生德智体美全面发展。活动坚持传播先进文化,弘扬民族精神和奥运精神,建设健康向上的校园文化,营造高雅的艺术氛围,构筑良好的育人环境。

二、活动主题、对象与时间

活动主题:迎奥运、讲文明、树新风、促和谐

活动对象:全院在校学生

活动时间:2008 年 4 月至 5 月

三、活动的内容与形式

本届校园文化艺术节活动的内容要紧紧围绕主题,热情歌颂祖国改革开放三十年来取得的辉煌成就,充分反映当代大学生热爱祖国、热爱社会主义、喜迎奥运、乐观开朗、积极向上的精神风貌,展示大学生为全面建设小康社会,实现中华民族伟大复兴而奋发努力的远大抱负,激发我院师生以校为荣、奋力拼搏的精神,促进学生加强专业学习、提高服务社会的能力,表现大学生高雅、健康的审美追求。

本届校园文化艺术节分喜迎奥运篇、思想道德教育篇、科技创新篇、文化艺术篇四大篇章。

(一)喜迎奥运篇

组织开展主题征文、象棋争霸赛、拔河比赛和篮球赛等活动。

(二)思想道德教育篇

按照《中共中央国务院关于进一步加强和改进未成年人思想道德建设的若干意见》精神,全面推进校园精神文明建设,以“建文明校园、树文明新风、塑文明形象、做文明学生”为主题,通过举办生动的文明教育活动,如组织开展“我是学院主人翁”全院卫生大扫除、“文明宿舍互相学”宿舍文化评比展示、演讲比赛、法律道德知识讲座、心理健康教育和“十七大”精神专题报告会等活动,充分发挥学生组织的辐射作用,调动广大学生积极参与到活动中来。营造良好的校园文明环境,着力提高青年学生的文明素质,培养良好的行为习惯。

(三)科技创新篇

结合我院职业教育的特点,以各系各专业为依托,广泛开展专业技能操作比赛,树立

专业能手，培养学生对本专业学习的浓厚兴趣，提高学生专业技能水平。要求各系至少组织两项以上的专业技能竞赛，艺术节结束时将举办技能竞赛获奖作品展示会。

（四）文化艺术篇

举办校园歌手大赛、书法大赛、红歌大合唱比赛、服装设计大赛、交谊舞大赛和“金话筒”主持人大赛等，展示和提高大学生的综合素质。

四、组织机构

1. 艺术节组委会：

顾　问：何建湘

主　任：支校衡

副主任：刘扩军

委　员：郭朝雄、袁常信、李岳彪、刘诗安、袁海林、谷爱国、曹述武、钟敏、薛良华、李志农、段群祥、李雪珍、肖腊梅、卢再球、陈道南、谢平楼、侯文星、李军雄、包晨阳、刘旺林、谢梦珊、李海飚、余和平、何亮、聂亮

2. 组委会下设部门：

办公室：李海飚、聂亮、肖华

宣传组：卢再球、张军、邝奕涛

活动协调组：曹述武、谢梦珊、段群祥、李雪珍、何亮

后勤保障组：李志农、李庆文

安全保卫组：余和平、邓华军

3. 由组委会统一组织，采用主办、承办、联办相结合的形式，做到院、系、班相结合。各系要按照学院的总体安排制定本系的具体活动方案，抓好各项活动的落实，并在活动中先行选拔优秀节目和作品，积极参加校园文化艺术节活动。

五、活动流程

1. 筹备阶段：2008 年 3 月 10 日 ~3 月 20 日。

2. 宣传发动阶段：2008 年 3 月 20 日 ~3 月 31 日。

3. 开展阶段：2008 年 4 月 1 日 ~5 月 20 日，由各承办单位按既定活动方案分头开展活动。其中 4 月 1 日 ~20 日各系组织每项活动的初赛，4 月 20 日 ~5 月 20 日为决赛阶段。

4. 评比表彰及闭幕式：2008 年 5 月举办。由优秀节目作品汇成一台节目，同时进行表彰。

六、评比表彰

为了推动第六届校园文化艺术节活动的广泛深入开展，本届校园文化艺术节活动将设立优秀组织奖和单项奖。优秀组织奖以系为单位进行评选，主要依据承办活动情况、宣传组织情况、上报材料作品情况、本系学生参加比赛项目和获奖情况等。单项奖以参赛队或个人在比赛项目中的成绩为依据，具体要求见各单项活动方案。

八、活动要求

1. 各系部要根据学院第六届校园文化艺术节活动的要求，成立相应的组织领导机构，制定相应的活动实施方案，突出本届校园文化艺术节活动的宗旨和主题。

2. 艺术节期间，各系部要积极开展普及艺术教育活动，鼓励学生积极参加艺术节活动，力争达到每个学生至少参加一项科技文化艺术活动的目标。

3. 各系部要充分利用板报、宣传栏、广播等，加强对本届校园文化艺术节活动的宣传，

努力营造良好的校园文化艺术氛围。要广泛发动和组织，充分调动广大师生的参与热情，确保今年的校园文化艺术节活动取得圆满成功。

4. 各系部要认真组织相关活动，及时上报活动资料和作品。

郴州职业技术学院

2008 年 2 月 24 日

附件一：活动篇章

活动篇章	活动内容	承办单位	负责人
喜迎奥运篇	1. “迎奥运、讲文明、促和谐、树新风”征文比赛	团委	李海飚
	2. 男子、女子篮球赛	体育部	何　亮
	3. 象棋争霸赛	团委	李海飚
	4. 拔河比赛	体育部	何　亮
思想道德教育篇	1. 法律道德知识讲座	基础课部 保卫科	肖腊梅 余和平
	2. “十七大”精神专题报告会	宣传统战部	卢再球
	3. “创文明高校，做诚信学生”演讲比赛	工商管理系	谢平楼
	4. 5. 25 心理健康教育	学生工作处	谢梦珊
科技创新篇	1. 模具设计大赛	机械系	包晨阳
	2. 数控机床操作比赛	机械系	包晨阳
	3. 单片机技术应用技能竞赛	工业自动化系	刘旺林
	4. 维修电工操作技能竞赛	工业自动化系	刘旺林
	5. 投标现场答辩大赛	旅游文法系	侯文星
	6. 现场导游大赛	旅游文法系	侯文星
	7. 营销技能竞赛	工商管理系	谢平楼
	8. 英语演讲比赛	工商管理系	谢平楼
	9. 绘画及手工制作竞赛	计算机系	李军雄
	10. Flash 设计大赛	计算机系	李军雄
	11. 会计技能竞赛	财会金融系	陈道南
文化艺术篇	1. 校园歌手大赛	工业自动化系 计算机系	刘旺林 李军雄
	2. 红歌大合唱比赛	财会金融系 机械系	陈道南 包晨阳
	3. 服装设计表演大赛	旅游文法系	侯文星
	4. 交谊舞大赛	体育部	何　亮
	5. “金话筒”主持人大赛	财会金融系	陈道南
	6. 书法大赛	基础课部	肖腊梅

附件二：各项活动具体实施方案（略）

附件三：校园文化活动艺术节一览表（略）

【简析】对于大型的专题活动来说，组织的强化与实施的细化很重要。学院的艺术节活动涉及的部门多，活动项目多样，为了保证活动的顺利进行，本次活动特设组委会，活动组织与实施落实到人。

支撑知识

一、专题活动的组织安排

1. 专题活动的筹备

(1)确定日期及日程安排,选择场所

确定专题活动的日期应注意利用或避开重大节日、纪念日。关键要考虑活动与重大节日、纪念日是否有联系。有些大型专题活动还要注意季节的选择。一般不在较短的时间内开展两项重大活动,以免影响或抵消应有的效果。

(2)确定主要参加者

专题活动的主要参加者包括主持人、政府人士、重要嘉宾等,其中主持人是关键人物,直接影响到专题活动的水平甚至成败。主持人的修养、素质、文化水平、风度仪表等在一定程度上体现着活动组织的整体风貌。主要参加者确定后,应提前印发请柬,以保证出席。

(3)制定宣传报道方案

首先确定这次活动主要宣传什么。要围绕主题,抓住重点。其次,在举办活动前尽早通知新闻媒体,并提供素材,得到新闻界的支持。新闻稿、解说词等也应提前准备好。

(4)组织精干的筹备人员队伍

专题活动在策划与实施中,需要各个环节的相互照应、密切配合。这样,一方面可保证质量,另一方面,还可展示活动组办方的实力与魅力。

(5)筹备各种设施、实物、礼品

要根据专题活动的需要提早筹备现场的各种设备。这是一项繁琐复杂而又必须仔细的工作,如现场电源、灯光、音响、投影仪、摄像机等的准备和调试。

现场实物,如组织微缩景观、组织标志、组织产品或产品模型等,也应提前准备好。小礼品应尽量体现组织独到的风格,既有纪念意义,又要考虑实用价值,还应具有广告效果,同时成本低廉。现场的装饰与布置应别致新颖,独具匠心,不落俗套,服从于大型专题活动的主题需要,其中主席台与记者台应是考虑的重点。

(6)预算费用开支

活动的各种开支都要事先估计到,以便量入为出,并留有余地。大型专题活动的经费通常包括:

①场地及设备租用费用;

②设计或布展的费用;

③职员费用,包括所有工作人员的薪金、餐饮和交通等费用;

④通讯以及交际费用;

⑤宣传费用,主要用于刊登广告、印刷宣传品、礼品、联络记者等;

⑥其他费用,如保险及保运费用等。

2. 专题活动的现场组织

现场组织工作主要包括向导、登记、接待、发放宣传品和纪念品、解决临时发生的有关问题等。具体事项如下。

(1)活动前的检查

活动即将展开,人、财、物各方面都要准备好,因此,活动前的全面检查是必不可少的。其中有两点要特别注意。

①确保所有事项都条理清晰。登记资料和其他相关信息,应使各种人都能读,可考虑使用音频磁带、用盲文印刷、提供大号字印刷材料。

②注意气味。一些人对香水、花露水和浓重的化学气味过敏或高度敏感。因此,要对所有工作人员提出要求。

(2)设立入场登记台

为使人们能轻松、快捷地登记入场,可考虑设置咨询台或登记台,张贴会场平面示意图。

(3)佩带徽章、名牌

为方便工作,所有工作人员都应佩带徽章或名牌。

(4)准备接待休息室

应在接待休息室内放置主办方标志或旗帜,可放置电话机、传真机、电脑、留言条和笔等。此外,还应备有急救箱。

(5)安排接待、服务人员

配备精通业务和服务的人员,事先组织培训,回答客户和观众的提问。

3. 方案调整与进程控制

活动的计划方案确定后,仍应根据各种反馈信息不断调整、修正方案,以提高活动的质量。在大型专题活动实施过程中,则应尽力把握进程,除非特殊情况发生,否则应严格执行原定计划,以便控制整个活动过程,收到预期效果。

为了预防意外情况发生,还应为大型活动准备备选方案。

尽管详细筹划能把可能出现的问题减少到最低程度,然而,紧急的和意外的事件仍可能发生,它将打乱原有的安排。可能出现的问题分以下几种:

人员——发言人或其他关键与会者生病或迟到;

场地——重复预订房间造成的冲突,取暖或通风系统出现故障;

设备——缺少合适的设备;

资料——宣传材料的不足或短缺,资料没有送到会议地点。

(1)人员缺席

如果发言人、参加者或关键代表缺席,要根据会议的类型采取不同的备用人选。如果外部发言人缺席,可以安排由内部演讲者就相关主题演讲。如果有一位发言人实在无人代替,可能要导致议程随之修改。你可以临时额外给每一位发言人 10 分钟提问时间,以弥补发言人的缺席。

(2)地点变更

如果内部会议地点因某种原因不可使用,可用其他房间替代,但应该在办公室适当的地方张贴会议地点改变的通知。公司外部会议地点的临时改变则问题严重,特别是在很难通知参会人的情况下。你可以先和会议地点的管理人员协商,由他们提供替换的会议室。如果不得不换地方,则应从较宽范围的会议地点来考虑,例如附近的大学、学院、休闲设施、剧院都可能有适合的大厅、讲座会场或会议室。

(3)设备不足

如果是内部会议，秘书应该掌握企业内可用的音像设备的类型和存放位置的清单。如果是外部会议，需要事先了解活动当地可以租用到设备的公司及活动当地的文具和设备供应商名称、地址和电话号码，例如投影机的灯泡供应商等；备有紧急维修工程师的姓名、地址和电话号码。

(4)资料的短缺

秘书可以采取下列备用措施弥补印制材料的不足，永远带一份活动安排及活动中需要使用的文件的原稿，以便在活动地点可以重新复印。如果准备的材料没有及时送到会议地点，而对参会代表产生影响时，行政人员应该向大家解释情况，并告知大家替代方案正在进行。

4. 专题活动的总结

活动结束后，要进行全面的总结和评估，找出经验与不足，以便今后的活动借鉴。

二、专题活动实施能力要求

对组织者和参与者来说，都应具备一定的综合能力，包括口语表达能力、获取信息的能力、写作能力、临场应变能力等。各项能力要求详见前面四个模块的训练。

训练素材及提示

【知识题】

1. 专题活动的现场组织包括哪些方面？
2. 主办一个专题活动应做好哪些工作？

【实践训练题】

1. 评论下列材料中的活动设计：

××大学“旋梯”文学社2000年度第一学期活动计划

为了贯彻学校关于大力鼓励学生依法开展课外文艺活动的意见，我社制定活动计划如下：

一、任务和要求

1. 通过各项活动，进一步激发同学们的学习兴趣，提高阅读、写作能力，培养文学新苗。

2. 把读书活动、社会实践、经常练笔三者结合起来，增长知识，丰富积累，形诸笔端。本学期举办文学作品欣赏两次。每周练笔不少于两篇。

3. 继续办好油印刊物《旋梯》分小组轮流出版，共4期。

4. 参加省、全国的作文竞赛、演讲比赛，力争出优秀成绩。

5. 向省、市报刊推荐好作品，一学期发表的习作不少于5篇。

二、措施

1. 开学初，改选并充实原有的文学社社委，由3人增至5人。

2. 继续做好聘请辅导老师的工作，校内增聘两名，校外聘两名。

3. 加强与兄弟学校文学社联系。10月份，组织部分社员外出取经。

4. 争取学校团委、学生会的支持，多方筹集活动经费，为独立开展活动创造条件。

5. 学期结束，评选优秀社员，对不能履行文学社章程者劝其退社，以补新社员。

2000 年 9 月

2. 按照事先做好的专题活动设计，完成专题活动。

附　录

☑ 中华人民共和国国家通用语言文字法

☑ 教育部、国家语委关于进一步加强学校普及普通话和用字规范化工作的通知

☑ 普通话水平测试等级标准(试行)

☑ 容易读错的字词

☑ 文学名句集萃

☑ 常用语文工具书简介

☑ 国家职业汉语能力测试(ZHC)简介

附录1　中华人民共和国国家通用语言文字法

（2000年10月31日第九届全国人民代表大会常务委员会第十八次会议通过）

中华人民共和国主席令

第三十七号

《中华人民共和国国家通用语言文字法》已由中华人民共和国第九届全国人民代表大会常务委员会第十八次会议于2000年10月31日通过，现予公布，自2001年1月1日起施行。

中华人民共和国主席　江泽民

2000年10月31日

目　录

第一章　总则

第一条　为推动国家通用语言文字的规范化、标准化及其健康发展，使国家通用语言文字在社会生活中更好地发挥作用，促进各民族、各地区经济文化交流，根据宪法，制定本法。

第二条　本法所称的国家通用语言文字是普通话和规范汉字。

第三条　国家推广普通话，推行规范汉字。

第四条　公民有学习和使用国家通用语言文字的权利。

国家为公民学习和使用国家通用语言文字提供条件。

地方各级人民政府及其有关部门应当采取措施，推广普通话和推行规范汉字。

第五条　国家通用语言文字的使用应当有利于维护国家主权和民族尊严，有利于国家统一和民族团结，有利于社会主义物质文明建设和精神文明建设。

第六条　国家颁布国家通用语言文字的规范和标准，管理国家通用语言文字的社会应用，支持国家通用语言文字的教学和科学研究，促进国家通用语言文字的规范、丰富和发展。

第七条　国家奖励为国家通用语言文字事业做出突出贡献的组织和个人。

第八条　各民族都有使用和发展自己的语言文字的自由。

少数民族语言文字的使用依据宪法、民族区域自治法及其他法律的有关规定。

第二章　国家通用语言文字的使用

第九条　国家机关以普通话和规范汉字为公务用语用字。法律另有规定的除外。

第十条 学校及其他教育机构以普通话和规范汉字为基本的教育教学用语用字。法律另有规定的除外。

学校及其他教育机构通过汉语文课程教授普通话和规范汉字。使用的汉语文教材，应当符合国家通用语言文字的规范和标准。

第十一条 汉语文出版物应当符合国家通用语言文字的规范和标准。

汉语文出版物中需要使用外国语言文字的，应当用国家通用语言文字作必要的注释。

第十二条 广播电台、电视台以普通话为基本的播音用语。

需要使用外国语言为播音用语的，须经国务院广播电视部门批准。

第十三条 公共服务行业以规范汉字为基本的服务用字。因公共服务需要，招牌、广告、告示、标志牌等使用外国文字并同时使用中文的，应当使用规范汉字。

提倡公共服务行业以普通话为服务用语。

第十四条 下列情形，应当以国家通用语言文字为基本的用语用字：

（一）广播、电影、电视用语用字；

（二）公共场所的设施用字；

（三）招牌、广告用字；

（四）企业、事业组织名称；

（五）在境内销售的商品的包装、说明。

第十五条 信息处理和信息技术产品中使用的国家通用语言文字应当符合国家的规范和标准。

第十六条 本章有关规定中，有下列情形的，可以使用方言：

（一）国家机关的工作人员执行公务时确需使用的；

（二）经国务院广播电视部门或省级广播电视部门批准的播音用语；

（三）戏曲、影视等艺术形式中需要使用的；

（四）出版、教学、研究中确需使用的。

第十七条 本章有关规定中，有下列情形的，可以保留或使用繁体字、异体字：

（一）文物古迹；

（二）姓氏中的异体字；

（三）书法、篆刻等艺术作品；

（四）题词和招牌的手书字；

（五）出版、教学、研究中需要使用的；

（六）经国务院有关部门批准的特殊情况。

第十八条 国家通用语言文字以《汉语拼音方案》作为拼写和注音工具。

《汉语拼音方案》是中国人名、地名和中文文献罗马字母拼写法的统一规范，并用于汉字不便或不能使用的领域。

初等教育应当进行汉语拼音教学。

第十九条 凡以普通话作为工作语言的岗位，其工作人员应当具备说普通话的能力。

以普通话作为工作语言的播音员、节目主持人和影视话剧演员、教师、国家机关工作人员的普通话水平，应当分别达到国家规定的等级标准；对尚未达到国家规定的普通话等级标准的，分别情况进行培训。

第二十条 对外汉语教学应当教授普通话和规范汉字。

第三章　管理和监督

第二十一条　国家通用语言文字工作由国务院语言文字工作部门负责规划指导、管理监督。

国务院有关部门管理本系统的国家通用语言文字的使用。

第二十二条　地方语言文字工作部门和其他有关部门，管理和监督本行政区域内的国家通用语言文字的使用。

第二十三条　县级以上各级人民政府工商行政管理部门依法对企业名称、商品名称以及广告的用语用字进行管理和监督。

第二十四条　国务院语言文字工作部门颁布普通话水平测试等级标准。

第二十五条　外国人名、地名等专用名词和科学技术术语译成国家通用语言文字，由国务院语言文字工作部门或者其他有关部门组织审定。

第二十六条　违反本法第二章有关规定，不按照国家通用语言文字的规范和标准使用语言文字的，公民可以提出批评和建议。

本法第十九条第二款规定的人员用语违反本法第二章有关规定的，有关单位应当对直接责任人员进行批评教育；拒不改正的，由有关单位作出处理。

城市公共场所的设施和招牌、广告用字违反本法第二章有关规定的，由有关行政管理部门责令改正；拒不改正的，予以警告，并督促其限期改正。

第二十七条　违反本法规定，干涉他人学习和使用国家通用语言文字的，由有关行政管理部门责令限期改正，并予以警告。

第四章　附则

第二十八条　本法自2001年1月1日起施行。

附录2　教育部、国家语委关于进一步加强学校普及普通话和用字规范化工作的通知

（2000年2月29日）

教语用[2000]1号

为了贯彻改革开放以来第三次全国教育工作会议和1997年全国语言文字工作会议精神，落实《中共中央国务院关于深化教育改革全面推进素质教育的决定》和国务院批转教育部《面向21世纪教育振兴行动计划》的有关要求，教育部、国家语言文字工作委员会于1999年12月召开了学校语言文字工作会议。会议总结了50年来学校语言文字工作的经验，分析了学校语言文字工作面临的形势和任务，明确了今后工作的目标和措施。根据《中华人民共和国教育法》"学校及其他教育机构进行教学，应当推广使用全国通用的普通话和规范字"的规定，现就进一步加强学校普及普通话和用字规范化工作通知如下。

一、提高对加强学校普及普通话和用字规范化工作的认识

1. 说好普通话、用好规范字、提高语言文字应用能力，是素质教育的重要内容。做好学校普及普通话和用字规范化工作，对于掌握科学文化知识、培养创新精神和实践能力、全面提高素质，对于继承和弘扬中华民族优秀的传统文化、培养爱国主义情操、增强民族

凝聚力都具有重要意义。

2. 面对信息化时代的到来,必须大力加强信息技术教育。中文信息处理是我国信息技术发展的重点,语言文字规范化标准化是中文信息处理的先决条件,普及普通话和用字规范化有利于提高语言文字信息处理和交换的效益和水平。因此,应该加大学校普及普通话和用字规范化工作的力度,以适应加强信息技术教育的需要。

3. 推进全社会用语用字的规范化,基础在教育。语言文字能力的培养应该从小抓起,使学生在义务教育阶段就具备说普通话、用规范字的能力,并在非义务教育阶段得到巩固和提高。这对于充分发挥教育对全社会的基础作用和积极影响,实现2010年普通话在全国初步普及、汉字社会应用基本规范的目标,具有重要意义。

二、工作目标要求

4. 学校普及普通话和用字规范化工作的目标是:到2005年,教师和学生的普通话水平基本达到规定的要求;普通话基本成为各级各类学校及幼儿园的教学语言,即师生在教学中使用普通话;成为城镇学校及幼儿园的校园语言,即师生员工在教学、会议、宣传和其他集体活动中使用普通话。教材(含讲义、教学辅助读物)用字,教学、公务和校园环境用字符合国家颁布的规范标准和要求。有条件的大中城市和经济发达地区的学校,应争取提前实现上述目标;已达标的学校要巩固成绩,不断提高规范化水平。工作难度较大的地区、偏远乡村可适当推迟达标时限,但最迟应在2010年以前达标。

5. 教育行政部门和各级各类学校要把普及普通话、用字规范化工作列入议事日程,制定切实可行的工作计划,建立必要的工作制度,形成上下一致、齐抓共管的工作格局,确保目标按期实现。根据人事部、教育部和国家语言文字工作委员会联合印发的《关于开展国家公务员普通话培训的通知》(人发[1999]46号)精神,教育行政部门公务员和学校管理人员的普通话水平应不低于三级甲等,新录用公务员和学校管理人员的普通话水平亦应达到上述标准。

6. 普通话合格应作为教师业务考核内容和录用教师条件之一,教师应达到《教师资格条例实施办法》规定的普通话等级标准:各级各类学校和幼儿园以及其他教育机构的教师应不低于二级乙等,其中语文教师和对外汉语教师不低于二级甲等,语音教师不低于一级乙等。教师应当具备正确使用规范汉字的能力,其中语文教师应熟悉汉字的各项规范标准。小学和幼儿园教师应能熟练运用汉语拼音。在实施“跨世纪园丁工程”和对教师进行继续教育的过程中,应注意加强教师语文素质的培训。

7. 说好普通话、用好规范字是学生应具备的基本能力。经过义务教育阶段教育的学生应能说比较标准的普通话,非义务教育阶段的学生应在已有基础上继续巩固提高;师范专业和其他与口语表达关系密切的专业的学生的普通话水平应经测试达到规定的等级。学生应能掌握规定数量的汉字,做到书写正确、端正、有一定速度,其中与文字应用关系密切专业的学生应熟悉汉字的各项规范标准。小学毕业生应学好汉语拼音,能利用汉语拼音识字、学习普通话。

8. 以少数民族语言授课为主的民族学校的普及普通话达标要求和时限,以及对师生的普通话水平要求,由当地教育行政部门和语言文字工作部门规定,其中汉语课教师的普通话水平应不低于三级甲等。

三、工作措施

9. 切实采取措施,把提高学生语言文字规范意识和语言文字应用能力的要求纳入各级各类学校的培养目标和有关课程标准，纳入教育教学和学生技能训练的基本内容，纳入学校工作日程和常规管理，渗透到德育、智育、体育、美育和社会实践等教育活动中。

10. 有计划地开展普通话培训测试工作，以测促训，以训保测。1954 年 1 月 1 日以后出生的教师和教育行政部门公务员，师范专业和其他与口语表达关系密切的专业的学生，均应参加普通话培训和测试。对教师的业务考核和教学基本功培训考核等应提出语言文字规范要求，考核结果作为聘用、晋级和评优的条件之一。师范专业和其他与口语表达关系密切的专业的学生，普通话达不到合格标准者应缓发毕业证书。

11. 充分发挥语文课在普及普通话、用字规范化中的主渠道作用。语文教学要重视提高学生语言文字规范意识和语言文字应用能力，切实改变重知识、轻能力的倾向，全面提高学生的语文素养。中小学语文教学要规范学生的口头语言，提高口语交际能力，培养良好的听说习惯和语言习惯。各级职业学校以及其他院校与口语表达关系密切的专业应在教学中增加普通话口语交际方面的内容，师范院校应进一步加强口语课教学，并在课时安排和考试、考查等环节上给予保证。要进一步推广小学语文“注音识字、提前读写”等教改实验，逐步扩大实验范围。

12. 加大语言文字规范化宣传力度，做好科学研究工作。要在师生中开展形式多样、富有实效的语言文字规范化宣传教育活动并面向社会做好宣传、咨询和服务工作，特别是要精心组织并开展好每年一度的推广普通话宣传周活动。有条件的学校应引导师生关注社会语文生活，监督、评测语言文字的社会应用。有关高等学校要积极参与语言文字和中文信息处理等方面的基础研究和应用研究，为国家制定语言计划和语言文字规范标准，推进语言文字规范化标准化工作，提供理论和技术支持。

13. 加强学校普及普通话、用字规范化工作的检查评估。要将这项工作纳入教育质量评估指标体系和精神文明创建活动，作为教育督导、检查、评估的一项内容。各地应结合本地实际制定相应的评估标准及其操作办法，有计划地开展检查评估工作。要注意总结经验，及时发现问题，不断改进工作。

四、加强对学校普及普通话和用字规范化工作的领导

14. 各级教育行政部门、语言文字工作机构要认真贯彻国家语言文字工作方针政策，执行语言文字法规、规章和规范标准，充分认识进一步做好学校普及普通话和用字规范化工作的重要意义，切实加强对学校语言文字工作的领导。

15. 建立、健全各级语言文字工作机构。各级教育行政部门负有主管语言文字工作的责任。省（自治区、直辖市）、市（地、州、盟）两级教育行政部门要有专门的语言文字工作内设机构，并有专职工作人员，县和县级市要有机构和人员专管或兼管，以切实做好学校和全社会的语言文字工作。

16. 做好学校语言文字工作是各级教育行政部门有关职能机构的共同责任。各级语言文字工作机构要积极、主动协调各有关方面，指导、督促各级各类学校切实做好普及普通话和用字规范化工作，为全面推进素质教育、实现我国新世纪的语言文字工作目标作出贡献。

附录3 普通话水平测试等级标准(试行)

一级

甲等 朗读和自由交谈时,语音标准,词汇、语法正确无误,语调自然,表达流畅。测试总失分率在3%以内。

乙等 朗读和自由交谈时,语音标准,词汇、语法正确无误,语调自然,表达流畅。偶然有字音、字调失误。测试总失分率在8%以内。

二级

甲等 朗读和自由交谈时,声韵调发音基本标准,语调自然,表达流畅。少数难点音(平翘舌音、前后鼻尾音、边鼻音等)有时出现失误。词汇、语法极少有误。测试总失分率在13%以内。

乙等 朗读和自由交谈时,个别调值不准,声韵母发音有不到位现象。难点音较多(平翘舌音、前后鼻尾音、边鼻音、fu—hu、z—zh—j、送气不送气、i—u不分、保留浊塞音、浊塞擦音、丢介音、复韵母单音化等),失误较多。甲等乙等方言语调不明显。有使用方言词、方言语法的情况。测试总失分率在20%以内。

三级

甲等 朗读和自由交谈时,声韵母发音失误较多,难点音超出常见范围,声调调值多不准。方言语调较明显。词汇、语法有失误。测试总失分率在30%以内。

乙等 朗读和自由交谈时,声韵调发音失误多,方音特征突出。方言语调明显。词汇、语法失误较多。外地人听其谈话有听不懂情况。测试总失分率在40%以内。

附录4 容易读错的字词

一、容易读错的字

隘 (狭隘) ài	狙 (狙击) jū	肄 (肄业) yì	咂 (咂嘴) zā
迸 (迸发) bèng	咀 (咀嚼) jǔ	缜 (缜密) zhěn	甫 (神甫) fǔ
庇 (包庇) bì	沮 (沮丧) jǔ	肓 (膏肓) huāng	眨 (眨眼) zhǎ
贬 (褒贬) biǎn	矩 (矩形) jǔ	擂 (擂台) lèi	蹿 (蹿个儿) cuān
砭 (针砭) biān	霾 (阴霾) mái	璞 (璞玉) pú	攥 (攥紧) zuàn
跛 (跛脚) bǒ	捺 (按捺) nà	姊 (姊妹) zǐ	癖 (怪癖) pǐ
哺 (哺育) bǔ	淖 (泥淖) nào	箴 (箴言) zhēn	纂 (编纂) zuǎn
糙 (粗糙) cāo	嫩 (鲜嫩) nèn	珐 (珐琅) fà	慨 (感慨) kǎi
谄 (谄媚) chǎn	斡 (斡旋) wò	帆 (帆船) fān	脯 (胸脯) pú
笞 (鞭笞) chī	毗 (毗邻) pí	绢 (手绢) juàn	舷 (舷窗) xián

续表

炽（炽热） chì	媲（媲美） pì	蹦（蹦跳） bèng	憎（憎恨） zēng
瞅（瞅见） chǒu	缫（缫丝） sāo	舂（舂米） chōng	撇（撇开） piē
梏（桎梏） gù	吮（吮吸） shǔn	祛（祛除） qū	谬（荒谬） miù
犷（粗犷） guǎng	湍（湍急） tuān	蹭（磨蹭） cèng	濒（濒临） bīn
涸（干涸） hé	膝（膝盖） xī	撅（撅人） juē	攫（攫取） jué
汲（汲取） jí	跹（翩跹） xiān	瞥（一瞥） piē	舜（舜帝） shùn
矫（矫正） jiǎo	淆（混淆） xiáo	镍（镍币） niè	砌（堆砌） qì
酵（发酵） jiào	楔（楔子） xiē	髓（骨髓） suǐ	撰（撰写） zhuàn
揪（揪住） jiū	酗（酗酒） xù	秸（秸秆） jiē	转（旋转） zhuǎn
灸（针灸） jiǔ	拙（拙劣） zhuō	鳔（鱼鳔） biào	尽（尽管） jǐn
撷（撷取） xié	伺（伺候） cì	纤（纤维） xiān	歆（歆羡） xīn
锃（锃亮） zèng	嫉（嫉妒） jí	腆（腼腆） tiǎn	皈（皈依） guī

二、专用词

（一）姓氏

卜 bǔ	过 guō	洗 xiǎn	朴 piáo	单 shàn	要 yāo
召 shào	句 gōu	冠 guàn	佘 shé	应 yīng	尉迟 yù chí
那 nà	燕 yān	乐 yuè	曾 zēng	纪 jǐ	万俟 mò qí
仝 tóng	蒙 méng	区 ōu	覃 qín	曲 qū	幺 yāo
员 yùn	解 xiè	葛 gě	翟 zhái	华 huà	种 chóng
缪 miào	宁 nìng	逄 páng	仇 qiú	任 rén	长孙 zhǎng sūn
查 zhā	观 guàn	繁 pó	乜 niè	哈 hǎ	令狐 líng hú

（二）地名

蚌(bèng)埠	安徽省市名	华(huà)山	陕西省山名
泌(bì)阳	河南省县名	济(jǐ)南	山东省市名
秘(bì)鲁	南美洲国名	监(jiàn)利	湖北省县名
亳(bó)州	安徽省市名	丽(lí)水	浙江省县名
郴(chēn)县	湖南省县名	六(lù)安	安徽省市名
东莞(guǎn)	广东省市名	内蒙(měng)古	自治区名
汾(fén)河	山西省河名	汨(mì)罗江	湖南省水名
海参崴(wǎi)	俄国地名	渑(miǎn)池	河南省县名
邗(hán)江	江苏省县名	番(pān)禺	广东省市名
镐(hào)京	西周的国都	梁山泊(pō)	古地名
鄱(pó)阳	江西省湖名	任(rén)丘	河北省市名
汕(shàn)头	广东省市名	歙(shè)县	安徽省县名
燕(yān)山	山名	深圳(zhèn)	特区名

(三)其他专用名词

皋陶(yáo)	古人名	镆铘(yé)	古代宝剑名
禽滑(gǔ)厘	古人名	郦食(yì)其(jī)	古人名
仆射(yè)	官名	吐(tù)谷(yù)浑	古民族
夏无且(jū)	古人名	单(chán)于	匈奴君王称号
射(yè)姑	山名	冒顿(mò dú)	匈奴单于名
女娲(wā)	神名	龟兹(cí)	古国名
伍员(yún)	古人名	吐蕃(tǔ bō)	古民族名
无射(yì)	钟名	可汗(kè hán)	古代北方少数民族君王称号
樊於(wū)期	古人名	屠岸贾(gǔ)	古人名
曹大家(gū)	古人名	鞑靼(dá)	民族名

(四)农村常用词

水泵(bèng)	鸟铳(chòng)	牛轭(è)	马厩(jiù)	铡(zhá)刀	搓(cuō)板
畚(běn)箕	石磙(gǔn)	饭甑(zèng)	垫褥(rù)	青稞(kē)	牛虻(méng)
稻穗(suì)	西瓜瓤(ráng)儿	饽(bó)饽	栀(zhī)子花	乌桕(jiù)	菱(líng)角
笊(zhào)篱	晒簟(diàn)	牛绹(táo)	猪圈(juàn)	栅(zhà)栏	轱(gū)辘
箬(ruò)笠	筛(shāi)子	碾(niǎn)槽	潲(shào)桶	火钳(qián)	船棹(zhào)
奶酪(lào)	荨(qián)麻	水獭(tǎ)	苜蓿(mù xu)	稗(bài)子	芦荻(dí)
枇(pí)杷	扮(bàn)桶	谷囤(dún)	苫(shān)席	砧(zhēn)板	桅(wéi)杆
犁铧(huá)	竹笕(jiǎn)	木屐(jī)	粪凼(dàng)	豆豉(chǐ)	栎(lì)树
花蕊(ruǐ)	红苕(sháo)	芫荽(yán suī)	藿(huò)香	马鬣(liè)	簸箕(bò ji)
簸箩(bǒ luo)	笸箩(pǒ luo)	掸帚(dǎn zhǒu)	蒲(pú)磙	笤(tiáo)帚	碌碡(liù zhóu)
蓑(suō)衣	筦(yuān)箕	石臼(jiù)	篾(miè)席	菜畦(qí)	粳(jīng)稻
卤(lǔ)菜	缫(sāo)丝	苋(xiàn)菜	荸(bí)荠	牛犊(dú)	茭(jiāo)白
尺蠖(huò)	斑鸠(jiū)	莴苣(jù)	土坯(pī)	土圩(wéi)子	日塍(chéng)
阉(yān)鸡	晌(shǎng)午	墒(shāng)情	磨(mò)米(豆腐)	蒯(kuǎi)草	籴(dí)米
补蔸(dōu)	蠕(rú)动	甘蔗(zhe)	莜(yóu)麦	胚(pēi)胎	山坳(ào)
藠(jiào)头	耙(bà)田	碾(niǎn)米	抠(kōu)	汲(jī)水	粟(sù)米
沼(zhǎo)气	沟圳(zhèn)	茼蒿(hāo)	腌(yān)菜	蚂蟥(huáng)	蝙蝠(biān fú)
薅(hāo)草	沏(qī)茶	撒(sǎ)种	锯(jù)木	瓠(hù)瓜	踩(cǎi)青	祭祀(jì sì)
饴(yí)糖	瘴(zhàng)气	蝉蜕(chán tuì)	瓠(hù)瓜	蕹蕹(wèng)	泥淖(nào)
旮旯(gā 1á)	麦茬(chá)儿	锄(chú)头	箍(gū)桶	修葺(qì)	坍塌(tāntā)
夯(hāng)地	排渍(zì)				

三、容易读错的成语

济济(jǐ)一堂	孜孜矻矻(kū)	一抔(póu)黄土
身无长(zhàng)物	深恶(wù)痛绝	怙(hù)恶不悛(quān)
力能扛(gāng)鼎	刚愎(bì)自用	暴殄(tiǎn)天物
余勇可贾(gǔ)	负隅(yú)顽抗	虚与委蛇(wēi yí)
暴虎冯(píng)河	自怨自艾(yì)	审时度(duó)势
一曝(pù)十寒	强(qiǎng)词夺理	翘(qiáo)首以待
半身不遂(suí)	果实累累(léi)	唾(tuò)手可得
畏葸(xǐ)不前	因噎(yē)废食	莘莘(shēn)学子
相(xiàng)机行事	箪食(sì)壶浆	风流倜傥(tì tǎng)
睚眦(yá zì)必报	卷帙(juàn zhì)浩繁	饮鸩(zhèn)止渴
令人发(fà)指	度(duó)德量(liàng)力	老牛舐(shì)犊
良莠(yǒu)不齐	户枢不蠹(dù)	蚍蜉(pí fú)撼树
前倨(jù)后恭	风声鹤唳(lì)	差强(chā qiáng)人意
否(pǐ)极泰来	罄(qìng)竹难书	三缄(jiān)其口
相形见绌(chù)	不胫(jìng)而走	假途灭虢(guó)
穷兵黩(dú)武	剜(wān)肉补疮	沆瀣(xiè)一气
卖官鬻爵(yù jué)	如法炮(páo)制	茕茕孑(jié)立
越俎(zǔ)代庖	言简意赅(gāi)	纵横捭阖(bǎi hé)
图穷匕见(xiàn)	载歌载(zài)舞	屡见不鲜(xiān)
心宽体胖(pán)	乳臭(xiù)未干	恬(tián)不知耻
为虎作伥(chāng)	风驰电掣(chè)	咄咄(duō)逼人
怒不可遏(è)	忧心忡忡(chōng)	兵不血(xuè)刃
暴戾恣睢(suī)	殒身不恤(xù)	繁文缛(rù)节
负隅(yú)顽抗	犯而不校(jiào)	家给(jǐ)不足
大腹便便(pián)	徇(xùn)私舞弊	亘(gèn)古未有

四、难以辨认的轻声词

棒槌	闺女	利索	铺盖	张罗	答应	部分	包涵	规矩
凉快	收成	折腾	叫唤	扫帚	柴火	红火	骆驼	跳蚤
状元	懒得	漂亮	打扮	火候	苗条	稳当	先生	意思
名堂	眉毛	打算	机灵	能耐	动弹	勤快	打听	街坊
疟疾	牌楼	扎实	快活	铁匠	休息	行当	云彩	名字
学问	浪头	队伍	盘算	栅栏	莲蓬	篇幅	知识	点心

附录5 文学名句集萃

1. 他山之石,可以攻玉。——《诗经》
2. 投我以桃,报之以李。——《诗经》
3. 如临深渊,如履薄冰。——《诗经》
4. 前事不忘,后事之师。——《战国策》
5. 满招损,谦受益。——《尚书》
6. 星星之火,可以燎原。——《尚书》
7. 言必信,行必果。——《论语》
8. 有则改之,无则加勉。——《论语》
9. 工欲善其事,必先利其器。——《论语》
10. 往者不可谏,来者犹可追。——《论语》
11. 鸟之将死,其鸣也哀;人之将死,其言也善。——《论语》
12. 不患寡而患不均,不患贫而患不安。——《论语》
13. 得道者多助,失道者寡助。——《孟子》
14. 君子之泽,五世而斩。——《孟子》
15. 天将降大任于斯人也,必先苦其心志,劳其筋骨,饿其体肤,空乏其身。——《孟子》
16. 千里之行,始于足下。——《老子》
17. 民不畏死,奈何以死惧之。——《老子》
18. 鸡犬之声相闻,老死不相往来。——《老子》
19. 君子之交淡若水,小人之交甘若醴。——《庄子》
20. 井底之蛙,坐井观天。——《庄子》
21. 蓬生麻中,不扶而直;白沙在涅,与之俱黑。——《荀子》
22. 防民之口,甚于防川。——《国语》
23. 言之无文,行而不远。——《左传》
24. 凡事预则立,不预则废。——《礼记》
25. 仁者见之谓之仁,知者见之谓之知。——《周易》
26. 路漫漫其修远兮,吾将上下而求索。——《离骚》
27. 大风起兮云飞扬,威加海内兮归故乡。——《史记》
28. 风萧萧兮易水寒,壮士一去兮不复还。——《史记》
29. 桃李不言,下自成蹊。——《史记》
30. 智者千虑,必有一失;愚者千虑,必有一得。——《史记》
31. 水至清则无鱼,人至察则无徒。——《汉书》
32. 临渊羡鱼,不如退而结网。——《汉书》
33. 不入虎穴,焉得虎子。——《后汉书》
34. 山不厌高,水不厌深。周公吐哺,天下归心。——曹操《短歌行》

35. 前车之覆，后车之鉴。——《曹操集》
36. 本是同根生，相煎何太急。——曹植《七步诗》
37. 名编壮士籍，不得中顾私。捐躯赴国难，视死忽如归。——曹植《白马篇》
38. 问君何能尔，心远地自偏。采菊东篱下，悠然见南山。——陶渊明《饮酒》
39. 盛年不重来，一日难再晨。及时当勉励，岁月不待人。——陶渊明《杂诗》
40. 云日相辉映，空水共澄鲜。——谢灵运《江中孤屿》
41. 天际识归舟，云中辨江树。——谢朓《之宣城郡出新林浦向板桥》
42. 余霞散成绮，澄江静如练。——谢朓《晚登三山还望京邑》
43. 日出众鸟散，山暝孤猿鸣。——谢朓《郡内高斋闲望答吕法曹》
44. 男儿宁当格斗死，何能佛郁筑长城？——陈琳《饮马长城窟行》
45. 时危见臣节，世乱识忠良。投躯报明主，身死为国殇。——鲍照《代出自蓟北门行》
46. 非淡泊无以明志，非宁静无以致远。——诸葛亮《诫子书》
47. 鞠躬尽瘁，死而后已。——诸葛亮《后出师表》
48. 天苍苍，野茫茫，风吹草低见牛羊。——《敕勒歌》
49. 宁为玉碎，不为瓦全。——《北齐书》
50. 近朱者赤，近墨者黑。——傅玄《傅鹑觚集》
51. 悟已往之不谏，知来者之可追。——陶潜《归去来兮辞》
52. 木欣欣以向荣，泉涓涓而始流。——陶潜《归去来兮辞》
53. 墙上芦苇，头重脚轻根底浅；山间竹笋，嘴尖皮厚腹中空。——解缙
54. 兼听则明，偏信则暗。——《新唐书》
55. 黑云压城城欲摧，甲光向日金鳞开。——李贺《雁门太守行》
56. 千淘万漉虽辛苦，吹尽狂沙始到金。——刘禹锡《浪淘沙》
57. 试玉要烧三日满，辨材须待七年期。——白居易《放言》
58. 曾经沧海难为水，除却巫山不是云。——元稹《离思》
59. 海上生明月，天涯共此时。——张九龄《望月怀远》
60. 业精于勤，荒于嬉；行成于思，毁于随。——韩愈《进学解》
61. 山不在高，有仙则名；水不在深，有龙则灵。——刘禹锡《陋室铭》
62. 苦恨年年压金线，为他人作嫁衣裳。——秦韬玉《贫女》
63. 溪云初起日沉阁，山雨欲来风满楼。——许浑《咸阳城东楼》
64. 历览前贤国与家，成由勤俭败由奢。——李商隐《咏史》
65. 三山半落青天外，二水中分白鹭洲。——李白《登金陵凤凰台》
66. 锦江春色来天地，玉垒浮云变古今。——杜甫《登楼》
67. 少年辛苦终身事，莫向光阴惰寸功。——杜荀鹤《题弟侄书堂》
68. 夕阳无限好，只是近黄昏。——李商隐《登乐游原》
69. 大漠孤烟直，长河落日圆。——王维《使至塞上》
70. 独在异乡为异客，每逢佳节倍思亲。——王维《九月九日忆山东兄弟》
71. 不是一番寒彻骨，怎得梅花扑鼻香？——裴休《宛陵录》
72. 落花人独立，微雨燕双飞。——晏几道《临江仙》
73. 芳草有情，夕阳无语，雁横南浦，人倚西楼。——张耒《风流子》

74. 欲知方寸，共有几许新愁？芭蕉不展丁香结。——贺铸《石州慢》

75. 桂华流瓦，纤云散、耿耿素娥欲下。——周邦彦《解语花》

76. 春慵恰似春塘水，一片縠纹愁。溶溶曳曳，东风无力，欲避还休。——范成大《眼儿媚》

77. 儿时曾记得，呼灯灌穴，敛步随音。任满身花影，独自追寻。——张兹《满庭芳》

78. 千万缕、藏鸦细柳，为玉尊、起舞回雪。——姜夔《琵琶仙》

79. 常恨世人新意少，爱说南朝狂客。把破帽、年年拈出。——刘克庄《贺新郎》

80. 东风似旧，问前度桃花，刘郎能记，花复认郎否？——刘辰翁《摸鱼儿》

81. 而今听雨僧庐下，鬓已星星也。悲欢离合总无情，一任阶前，点滴到天明。——蒋捷《虞美人》

82. 伤心秦汉经行处，宫阙万间都做了土。兴，百姓苦；亡，百姓苦。——张养浩《山坡羊》

83. 人生自古谁无死，留取丹心照汗青。——文天祥《过零丁洋》

84. 人有悲欢离合，月有阴晴圆缺。——苏轼《水调歌头》

85. 大江东去，浪淘尽，千古风流人物。——苏轼《赤壁怀古》

86. 爆竹声中一岁除，春风送暖人屠苏。千门万户瞳瞳日，总把新桃换旧符。——王安石《元旦》

87. 衣带渐宽终不悔，为伊消得人憔悴。——柳永《蝶恋花》

88. 管中窥豹，略见一斑。——《世说新语》

89. 不要人夸好颜色，只留清气满乾坤。——王冕《墨梅》

90. 彼所谓君者，非有四目两喙，鳞头而羽臂也；状貌咸与人同，则夫人固可为也。今令人之好，聚人之所争，慢藏诲盗，冶容诲淫。欲长治久安，得乎！——邓牧《君道》

91. 千锤万击出深山，烈火焚烧若等闲。粉身碎骨全不怕，要留清白在人间。——于谦《石灰吟》

92. 滚滚长江东逝水，浪花淘尽英雄。是非成败转头空。青山依旧在，几度夕阳红。白发渔樵江渚上，惯看秋月春风。一壶浊酒喜相逢。古今多少事，都付笑谈中。——杨慎《临江仙》

93. 同舍生皆被绮绣，戴朱缨宝饰之帽，腰白玉之环，左佩刀，右备容臭，烨然若神人。余则缊袍敝衣处其间，略无慕艳意；以中有足乐者，不知口体之奉不若人也。——宋濂《送东阳马生序》

94. 观其坐高堂，骑大马，醉醇醲而饫肥鲜者，孰不巍巍乎可畏，赫赫乎可象也？又何往而不金玉其外，败絮其中也哉？——刘基《卖柑者言》

95. 而庭阶寂寂，小鸟时来啄食，人至不去。三五之夜，明月半墙，桂影斑驳。风移影动，珊珊可爱。——归有光《项脊轩志》

96. 人生孰无死？贵得死所耳。……含笑归太虚，了我分内事。——夏完淳《狱中上母书》

97. 恸哭六军俱缟素，冲冠一怒为红颜。——吴伟业《圆圆曲》

98. 长将一寸身，衔木到终古。我愿平东海，身沉志不改。大海平无期，我心无绝时。——顾炎武《精卫》

69. 可怜辽海月，不作汉时秋。白草连天尽，黄河到日流。——屈大均《塞上曲》

90. 江山代有人才出，各领风骚数百年。——赵翼《论诗二首》

100. 落红不是无情物，化作春泥更护花。——龚自珍《己亥杂诗》

101. 我劝天公重抖擞，不拘一格降人才。——龚自珍《己亥杂诗》

102. 我自横刀向天笑，去留肝胆两昆仑。——谭嗣同《狱中题壁》

103. 大胆设想，小心求证。——胡适

104. 人生得一知己足矣，斯世当以同怀视之。——鲁迅《赠瞿秋白》

105. 横眉冷对千夫指，俯首甘为孺子牛。——鲁迅《自嘲》

106. 一句英国古话，说结婚仿佛金漆的鸟笼，笼子外面的鸟想住进去，笼内的鸟想飞出来；所以结而离，离而结，没有了局。……法国也有这么一句话。不过，不是说的鸟笼，说是被围困的城堡，城外的人想冲进去，城里的人想逃出来。——钱钟书《围城》

107. 死了倒也罢了，若不想到二位有老母倚闾，亲朋盼信活着又怎么着，无非多经几番的枪声惊耳，弹雨临头。——周作人《挽刘和珍、杨德群联》

108. 你站在桥上看风景，/看风景人在楼上看你。/明月装饰了你的窗子，/你装饰了别人的梦。——卞之琳《断章》

109. 事志所向，一往无前，愈挫愈奋，再接再厉。——孙文《学说自序》

110. 世上无难事，只要肯登攀。——毛泽东《水调歌头·重上井岗山》

111. 气节是我国固有的道德标准，现代还用着这个标准来衡量人们的行为，主要原因是所谓读书人或士人的立身处世之道。气和节似乎原是两个各自独立的意念。《左传》上有“一鼓作气”的话，是说战斗的。后来所谓“士气”就是这个气，也就是“斗志”；这个“士”指的是武士。孟子提倡的“浩然之气”似乎就是这个气的转变与扩充。他说“至大至刚”，说“养勇”，都是带有战斗性的。“浩然之气”是“集义所生”“义”就是“有理”或“公道”。后来所谓“义气”，意思要狭隘些，可也算是“浩然之气”的分支。现在我们常说的“正义感”，虽然特别强调现实，似乎还可以算是跟“浩然之气”联系着的。至于文天祥所歌咏的“正气”，更显然跟“浩然之气”一脉相承。

——朱自清《论气节》

112. 生活是多么宽广，/生活是海洋。/凡是有生活的地方就有快乐和宝藏。

——何其芳《生活是多么宽广》

113. 老是把自己当作珍珠/就时时怕被埋没的痛苦/把自己当作泥土吧/让行人把你踩成一条路——鲁藜《泥土》

114. 弱小的草呵！/骄傲些罢！/只有你普遍的装点了世界。 ——冰心《繁星》

115. 他活着别人就不能活的人，/他的下场可以看到：/他活着为了多数人更好地活着的人，/群众把他抬举得很高，很高。——选自臧克家《有的人——纪念鲁迅有感》

116. 也许，一场暴风会把她连根拔去。但，纵然死了吧，她的腰也不肯向谁弯一弯！

——流沙河《草木篇·白杨》

117. 它似乎即将倾跌进深谷里/却又像是要展翅飞翔——曾卓《悬崖边的树》

118. 欲悲闻鬼叫，我哭豺狼笑。洒泪祭雄杰，扬眉剑出鞘。——《天安门诗抄》

119. 卑鄙是卑鄙者的通行证，/高尚是高尚者的墓志铭。——北岛《回答》

120. 如果海洋注定要决堤，/就让所有苦水都注入我心中；/如果陆地注定要上升，/就让人类重新选择生存的峰顶。——北岛《回答》

121. 月亮被撕成闪光的麦粒/播在诚实的天空和土地。——北岛《人民》

122. 黑夜给了我黑色的眼睛/我却用它寻找光明。——顾城《一代人》

123. 我必须是你近旁的一株木棉,/作为树的形象和你站在一起。——舒婷《致橡树》

124. 与其在悬崖上展览千年/不如在爱人肩头痛哭一晚。——舒婷《神女峰》

125. 哪怕天涯海角/岂在朝朝夕夕/你在我的航程上/我在你的视线里。——舒婷《双桅船》

126. 中华民族的历史有多么沉重/我就有多少重量/中华民族有多少伤口/我就流出过多少血液。——江河《纪念碑》

127. 我被自己所铸造的牢笼禁锢着/几千年的历史,沉重地压在肩上。——杨炼《大雁塔》

128. 陌生人,我也为你祝福/愿你有一个灿烂的前程/愿你有情人终成眷属/愿你在尘世获得幸福/我只愿面朝大海,春暖花开。——海子《面朝大海,春暖花开》

129. 家乡的风/家乡的云/收聚翅膀/睡在我的双肩。——海子《麦地》

130. 有关大雁塔我们又能知道些什么/我们爬上去/看看四周的风景/然后再下来。——韩东《有关大雁塔》

131. 女人在某一辉煌的瞬间隐入失明的宇宙/是谁伸出手来指引没有天空的出路/那只手瘦骨嶙峋/要把女性的浑圆捏成棱角/翻手为云覆手为雨。——唐亚平《黑色沙漠·黑色洞穴》

132. 我是软得像水的白色羽毛体/你把我捧在手上,我就容纳这个世界。——翟永明《女人·独白》

133. 乡愁是一湾浅浅的海峡/我在这头/大陆在那头。——余光中《乡愁》

134. 我之所以相信未来,是我相信未来人们的眼睛——她有拨开历史风尘的睫毛,她有看透岁月篇章的瞳孔。

——食指《相信未来》

附录6　常用语文工具书简介

青年同志学习语文,会遇到各种各样的问题,要解决这些问题,当然可以请教老师。但如果能自己学会查阅工具书,就等于有老师一直相伴在你的身边,随时可以请教,岂不是能收到事半功倍之效?这里,我们根据大家在学习语文的过程中可能会遇到的问题,向大家介绍一些常用的语文工具书,以备不时之需。

一、怎样查字?

1. 查常用字

学习语文,首先会遇到文字障碍。如果是不认识的常用字,可以先通过查《新华字典》(商务印书馆修订版),来掌握一个字的音、形、义。《新华字典》收录单字八千五百个左右(包括异体字),字头用大字排印;它的体例,是先注音,后释义,所收单字按汉语拼音字母的顺序排列,声母、韵母相同的同音字按四声的顺序排列,一个字因意义不同而有几个读音或声调的,就分列几个字头,用拼音注明不同的读音。注音后再释字义,字义分析细密,解释简明通俗。而且这部字典字、词兼收,在单字外还收相关的常用词。字典附有

《部首检字法》和《四角号码检字法》，如不知字的读音，可通过部首或四角号码来查字的音、形、义。另有一部《同音字典》收字略多，也具有同样的功能。

如要查古汉语常用字，上述字典就不能满足需要，可以使用《古汉语常用字字典》（商务印书馆出版）。该书收古汉语常用字三千七百多个，按汉语拼音音序排列，字头用大字排印，注音用汉语拼音字母和注音字母，然后分条解释字义。书后还附有难字表、古汉语语法简介等。

2. 查冷僻字和古字

在阅读过程中，常会遇到冷僻字，读文言文，更会接触许多现在不常用的古字，包括通假字、异体字和繁体字，这时可查《康熙字典》。此书共收四万七千多字，按子、丑、寅、卯等十二支分为十二集，每集再分上中下三卷，按二百十四个部首把字辑录在十二集内，同部首的字，按笔画从少到多排列。每个字下面先用古代的反切法（即取上一字的声母，取下一字的韵母和声调）注音，再注直音（即同音字）；后释字义，分别解释字的本义，列出出处，再引证各种古书为例，还列出这个字的别音和别义，用“又”字标明。由于这部书收字多，而且所引资料较丰富，所以是一部阅读古籍的常用工具书。但此书罗列甚多而不分主次，释义有时过于简略，还有不少错误，使用时应该注意。查找冷僻字和古字的音、形、义的工具书，还有民国初年编的《中华大字典》、近年新编的《汉语大字典》等。如果专门要了解汉字的形体，探讨汉字的字源，许多通假字产生的原因，应借助东汉许慎编的《说文解字》。此书每个字都是先解说字的原始意义，然后讲字体结构，对其中的某些字还说明读音。它对汉字作了系统的分类，开创了部首方法，确立了汉字六书体系，为我们阅读古书提供了许多宝贵的原始资料。

3. 查字韵

阅读古代韵文如诗、词、曲，需要掌握字韵。遇到这方面问题，可以查《佩文韵府》、《诗韵合璧》、《诗韵新编》等书。

二、怎样查词语?

1. 查常用词语

查找由两个以上的字组成的词、词组，可以使用《现代汉语词典》（商务印书馆出版）。这是一部以普通话语汇为主的中型词典，收字、词、词组、熟语、成语等约五万三千条。单字按拼音字母音序排列，然后罗列以这单字为首字的词语，它注音、释义都较精确，每条词语都标音，收了大量现代常用的词语，也酌收一些常见的方言词语、书回通用的文言词语、某些习见的专门词语等。此书是目前最好的一部现代汉语词典，影响很大。

2. 查古代词语

查找文言文中的古代词语，可先查新编本《辞源》（商务印书馆出版）。这部书是专收古代词语和文史知识的古汉语工具书，对阅读古籍十分有用。它在单字下注汉语拼音和注音符号、反切，一个字有几个读音的，分别注音。释义简明确切，并注意词语的来源和演变；多义的单字，其解释以本义、引申义、假借义为先后。凡举书证，都注明作者、篇目和卷次。为阅读古籍需要，全书用繁体字排印。此外，由罗竹风主编的《汉语大辞典》，共十三卷，收词语约三十五万余条，是目前我国规模最大、最权威的查找词语的工具书。新编《辞海》（上海辞书出版社出版），虽已修订为一部百科性的词典，但同时也可查找常用词语和古代词语。其他大型词典，如《辞通》、《联绵字典》、《中文大辞典》、《大汉和辞典》等，也均各有特色，可以使用。

3. 查文言虚词

阅读文言文,理解文言虚词是个难点,要解决这方面的问题,可以使用专门解释虚词的工具书。杨伯峻的《文言虚词》(中华书局出版),收词三百多个,每个虚词的用法讲得通俗而明白,引用的例句大都出自常见的古代作品,每个例句都有现代汉语的译文,深入浅出。该书采用按每个虚词的笔画多少排列,并附有音序索引,最便于初学古文的读者使用。与此同类的有吕叔湘编的《文言虚字》。杨树达的《词诠》(中华书局出版)收古籍中常见的介词、连词、助词、叹词及一部分代词、副词共五百余个,按注音字母音序编为十卷。每个文言虚词先标明其词类,然后分举各种音、义,再引文句作为例证,解释系统全面,有重要的参考价值。其他如裴学海《古书虚字集释》(中华书局出版)等,也可供查找。

4. 查其他词语

查成语,可用《汉语成语词典》(商务印书馆出版)、《中国成语大词典》(上海辞书出版社出版)等;查方言,可用《方言藻》、《汉语方言词汇》;查俗语,可用《通俗编》、曹聪孙《中国俗语选释》;查谚语,可用《中华谚海》、《中国谚语资料》、《汉语谚语词典》;如查古代文学作品中惯用词语,可用张相《诗词曲语辞汇释》、王锳《诗词曲语辞例释》和《唐宋笔记语辞汇释》、陆澹安《小说词语汇释》;如查古代文学作品中的方言俗语,可用徐嘉瑞《金元戏曲方言考》、朱居易《元剧俗语方言例释》、《宋元语言词典》等;如查各科词语,可用新编《辞海》、《大百科全书》等综合性词典,以及各科专门词典。

三、怎样查诗文字句和典故的出处?

阅读古代的诗文,常会遇到引用前人的诗文字句,或者引用典故作为一种修辞手段;阅读现代文章,其中也时或会引用古代诗文字句,如何查找诗文字句和典故的出处呢?这就得依靠索引和类书了。

索引这种工具书,把书中一个字、一个词、一个句作为单位,按照字、词、句的首字笔画或者部首、音序加以排列,用以检索诗文中字句的出处。有的书有专书索引,可一索即得,如叶圣陶编《十三经索引》(中华书局出版),把《周易》、《尚书》、《毛诗》、《论语》、《孟子》等十三种经书,以句为单位,按首字笔画多少为序,编成索引,每句下面注明原文出处,极便翻检。其他专书索引有《毛诗引得》、《庄子引得》、《淮南子通检》、《杜诗引得》、《世说新语引得》等。

类书这种工具书,是古人所编,它把许多性质相同的材料,从各种不同的书籍里按句或按段摘录下来,然后分门别类编纂成书。由于这类似于今天的资料汇编,就给人们提供了查找古代诗文字句和典故出处的方便。现在通常所见的类书,有唐代的《初学记》、《北堂书钞》、《艺文类聚》,宋代的《太平御览》、《册府元龟》、《事物纪原》,明代的《永乐大典》,清代的《佩文韵府》、《骈字类编》、《渊鉴类函》、《子史精华》,以及《古今图书集成》等。

此外,还可根据诗文中的关键词语,充分利用各种综合性辞典和成语辞典来进行查找,因为它们在举例时往往引用古代诗文字句,并注明出处,使用起来比类书方便。近年来,我国还出版了专门查找典故的辞典,如《常用典故词典》、《中国典故大辞典》等。

四、怎样查篇目和作者?

为了便于人们利用各种书刊中的资料,方便查阅,于是各种各样的索引应运而生,通过它们可以查找篇目和作者。常见的索引有:

1. 综合性的索引

有《中国近代期刊篇目汇录》、《全国报刊索引》、中国人民大学编《复印报刊资料索引》、《人民日报索引》等。

2. 专题或专科性的索引

有《52 种文史资料篇目分类索引》、《中国语言学论文索引》、《中国古典文学研究论文索引》、《国学论文索引》、《中国史学论文索引》、《世界史论文资料索引》、《外国文学论文索引》、《鲁迅研究资料索引》、《图书馆学论文索引》等。

3. 古籍篇目和作者索引

查文章篇目的,有《全上古三代秦汉三国六朝文篇名目录及作者索引》、《元人文集篇目分类索引》、《明经世文编分类目录》、《清代文集篇目分类索引》等。查诗词篇目和作者的,有《全汉三国晋南北朝诗作者引得》、《全唐诗索引》、《唐五代人交往诗索引》、《全宋词作者词调索引》等。

五、怎样查书籍?

查书籍的工具书就是书目,可按不同需要使用不同内容和类型的书目。

1. 综合性的书目

我国历代正史中有《艺文志》和《经籍志》,通过它们可以了解古代图书流传变迁的情况,这类著作有《汉书·艺文志》、《隋书·经籍志》等。还有各种官私书目,如《崇文堂书目》、《千顷堂书目》等。如要了解辛亥革命以来至新中国成立前出版的书籍,可查《民国总书目》。要了解新中国成立后出版的各种新书,可查《全国总书目》和《全国新书目》。

2. 古籍书目

要了解现存的古籍和丛书,可查《中国丛书综录》、《中国近现代丛书目录》、《中国善本书目提要》。要了解新中国成立后所出版的各种古籍(包括原集、注本、译本和选本),可查北京版本图书馆所编的《古籍目录》,以及《八百种古典文学著作介绍》、《中国古典文学名著解题》等。

要了解古籍编纂经过、版本源流、文字异同、内容得失等,可查《四库全书总目》、《续修四库全书提要》、《贩书偶记》、《北京图书馆善本书目》等。

3. 地方志书目

要利用各地地方志中的文献资料,可查阅《中国地方志综录》、《中国地方志联合目录》、《北京图书馆方志目录》、《方志艺文志汇目》等。

六、怎样查地名?

语文学习中会涉及地理方面的问题,也需要通过有关工具书来查找、解决。查找今地名,可使用《中国地名词典》。有关历代疆域沿革变化的资料,可查历代正史中的《地理志》,以及记载版图疆域的专书,如《元和郡县志》、《太平寰宇记》、《元丰九域志》、《明一统志》、《大清一统志》、《读史方舆纪要》等。有关古今地名沿革变迁的工具书,有《中国地名大辞典》、《中国古今地名大辞典》、《历代地理沿革表》、《中外地名辞典》等。

七、怎样查人物?

1. 查人名

查人名的综合性工具书,有《中国人名大辞典》、《世界人名大辞典》、《中外人名辞典》等。查专科或专题性的人名,根据所收资料的性质、时代和对象,使用的工具书有《中国历代书画篆刻家字号索引》、《宋元明清书画家年表》、《清代书画家字号引得》、《中国美术家人名辞典》、《外国哲学社会科学人名录》、《当代国际人物词典》等。

还有专门查找人物的别名、室名、笔名的专题工具书,如《自号录》、《别号录》、《室名别号索引》、《古今人物别名索引》、《现代中国作家笔名录》等。专门查找姓氏的工具书,有《姓氏录源》、《古今姓氏辨正》、《中国古今姓氏辞典》等。专门查找帝王年号、庙号、谥号、史讳的工具书,有《历代帝王庙谥年讳谱》、《二十一史四谱》、《历代国号帝王庙号年号笔画索引》、《历代讳名考》、《历代讳字谱》、《史讳举例》等。专门查找历史人物生卒年和有关传记资料的工具书,有《历代人物年里碑传综表》、《历代名人生卒年表》、《疑年录汇编》等。专门查找古人同姓名的工具书,有《古今同姓名录》、《历代同姓名录》、《古今同姓名大辞典》等。专门查找唐代人行第的,有《唐人行第录》。

2. 查传记

查找人物传记资料的工具书,有史书列传及索引,如《二十五史人名索引》、《二十四史传目引得》、《三国志人名录》、《唐人传记索引》、《清代七百名人传》等;有学科类传记,如《中国文学家大辞典》、《中国文学家列传》、《中国学术家列传》、《中国史学家评传》、《列朝诗集小传》等;有地方志中的人名索引,如《宋元方志传记索引》;有年谱,如《中国历代年谱集目》、《历代名人年谱》、《中国历代名人年谱综录》、《中国年谱辞典》、《宋人年谱集目》等;查找现代人物传记,可使用《中华民国史资料丛稿》中的《民国人物传》;查找当代人物,可使用各种专科人物传记,如《中国现代文学家辞典》、《中国艺术家辞典》、《中国科学家传略辞典》、《中国语文家辞典》、《中国戏曲曲艺家词典》、《中国现代社会科学家传略》、《中共党史人物传》等。此外,还有《四十七种宋代传记综合引得》、《辽金元传记三十种综合引得》、《八十九种明代传记综合引得》、《三十三种清代传记综合引得》等,已形成系列化的古代人物传记索引,极为有用。

八、怎样查年代?

我国历史上曾用过多种历法,其中使用时间最长的是夏历(又称阴历、农历);我国还曾使用多种纪年法,重要的有帝王年号纪年、干支纪年等。查找年代的工具书,历表方面有《中西回史日历》、《两千年中西历对照表》、《中国近代史历表》、《公元干支推算表》等;历史年表方面有《中国历史纪年表》、《中国历史中西历对照年表》等;史事年表方面有《中外历史年表》、《世界大事年表》等;专科年表方面有《中国文学年表》、《清季重要职官年表》等。

查找年、月、日的别名别称,可使用《岁阳名表》、《十二岁名表》、《月季异称表》、《十二生肖与十二地支相配表》等。

以上所介绍的语文工具书,只是举其常用又常见的,大家可以根据自己的具体条件和可能选择使用,不必局限于此数种,只要解决问题就行。近年来科学技术迅猛发展,电子工具书大量出版,如《中国大百科全书》、《辞海》等都已有光盘版,因特网上也有多种在线工具书可供检索,我们可以借助电脑加以利用,以求收到更好的效果。

(方智范)

附录7 国家职业汉语能力测试(ZHC)简介

一、什么是ZHC?

ZHC是“国家职业汉语能力测试”的汉语拼音缩写。ZHC由中国劳动和社会保障部职业技能鉴定中心(OSTA)组织国内语言学、语言教学、心理学和教育测量等方面的专家开发研制。ZHC是考查应试者在职业活动中实际应用汉语能力的国家级测试。合格者可以获得OSTA颁发的“国家职业汉语等级证书”。

ZHC是一项核心职业技能测试,面向所有就业者。职业汉语能力是指人们在职业活动中运用汉语进行交际和沟通的能力,运用汉语获得和传递信息的能力。职业汉语交际能力是从事各种职业所必备的基本能力,直接影响到每个从业人员的工作成效。

二、谁使用ZHC?

ZHC服务于政府机关、企事业单位和学校,服务于各种人力资源开发和培训部门。ZHC成绩是这些部门人员招聘、选拔、任命和晋升的重要参照依据。

三、ZHC的特点

(一)ZHC是目前我国唯一的、最具权威性的、用于考查一个人在职业活动汉语运用能力的国家级测试。

(二)ZHC重点考查应考者在工作场所和职业情境中实际应用语言的能力,而不是在校园学习、学术研究等其他情景中的语言能力。

(三)ZHC考查作为职业核心能力的汉语交际能力,这种能力不同于从事某种具体工作的特定职业技能。

(四)ZHC不同于其他的语文考试,主要考查应试者运用汉语进行交际的能力和逻辑思维能力。ZHC着重考查语言能力而非语文知识;着重考查“语言”本身,而非“文学”和“人文”;着重考查在职业活动中进行交流和沟通的能力。

(五)ZHC是标准化证书考试。ZHC在预测、等值、题库建设、分数体系设计、主观评分误差控制各方面有一系列严格的技术要求,是公正的、科学的个人核心能力考试。

四、ZHC的考试内容

ZHC的考试内容包含阅读理解和书面表达两部分,共有102道题,考试时间150分钟。

ZHC目前采用纸笔考试,1~100题为客观题,填写答题卡;101~102题为主观题,在答题纸上笔答。

ZHC满分为1000分,按成绩从低到高分为初等、中等、高等三个等级。应试者同时获得相应等级的“国家职业汉语水平测试等级证书”。

参考文献

[1] 欧阳友全. 口才学[M]. 长沙:中南大学出版社,2005.
[2] 王箕裘. 口才训练教程[M]. 北京:中国财政经济出版社,1996.
[3] 程在伦. 讲演与口才[M]. 北京:高等教育出版社,1997.
[4] 李珉. 普通话口语交际[M]. 北京:高等教育出版社,1999.
[5] 龚竞异. 普通话训练与测试[M]. 北京:高等教育出版社,2005.
[6] 唐树芝. 口才与演讲[M]. 北京:高等教育出版社,2004.
[7] 李翠芳. 演讲与口才[M]. 西安:西安地图出版社,2006.
[8] 朱东润. 中国历代文学作品选[M]. 上海:上海古籍出版社,1980.
[9] 徐中玉. 大学语文[M]. 北京:高等教育出版社,2000.
[10] 施也频. 实用语文[M]. 上海:华东师范大学出版社,2000.
[11] 李达轩. 大学语文[M]. 北京:中国文史出版社,2003.
[12] 王光祖,杨荫浒. 写作[M]. 上海:华东师范大学出版社,1989.
[13] 刘忠惠. 写作[M]. 长春:东北师范大学出版社,1991.
[14] 史民周. 写作概论[M]. 陕西:陕西师范大学出版社,1991.
[15] 吴亦农. 写作原理[M]. 长沙:中南工业大学出版社,1984.
[16] 张德实. 应用写作[M]. 北京:高等教育出版社,2003.
[17] 王武镝. GCT 语文考前辅导教程[M]. 北京:清华大学出版社,2006.
[18] 乔桂英. 阅读学习方法指导学[M]. 北京:中国书籍出版社,2007.